KB048453

모두의 몫을 모두에게

지금 바로 기본소득

모두의
몫을
모두에게

금민
지음

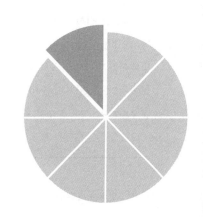

동아시아

누구나 시간여행을 꿈꾼 적이 있을 것이다. 이 책은 우리를 기본소득의 과거와 현재 그리고 미래로 안내한다. 기본소득 시간여행이다. 먼 과거로 가면 기원전 1세기 키케로를 만나게 된다. 키케로는 대지와 자연물은 모든 인류의 원천적 공유였다고 주장하였다. 원천적 공유를 사적으로 점유한 사람은 가난한 사람에 대한 부조의 의무를 갖는다. 키케로의 원천적 공유에 입각해서 기본소득을 정당화하기는 힘들다. 기본소득은 가난한 사람에 대한 부조가 아니기 때문이다. 너무 멀리 갔다. 다시 방향을 틀어서 현재에 가까이 가야 한다.

다음은 18세기의 토머스 페인이다. 페인은 이중적 소유권 이론을 주장하였다. 대다수 사상가들은 사적 소유가 성립되면, 원천적 공유가 사적 소유로 바뀌는 것이라고 보았지만, 페인은 자연적 소유와 인공적 소유로 이중화된다고 보았다. 사적 소유물이라고 할지라도 자연적 소유라는 형태로 공통부가 남아 있다는 것이다. 이러한 공통부로부터 나오는 수익을 배당하는 것이 기본소득이다. 공통부의 균등한 분배로서의 기본소득의 사상적 기원을 토머스 페인에게서 명확하게 찾은 것이 이 책의 가장 흥미롭고 독창적인 부분이다. 기본소득을 위해서 사적 소유를 부정할 필요는 없다. 여전히 존재하는 공통부를 찾아내면 된다.

페인을 거쳐서 현재로 온다. 플랫폼 기업이 경제 세계를 지배하고 있다. 플랫폼 기업은 빅데이터를 활용해서 막대한 수익을 올린다. 이 책은 빅데이터가 개인의 노력의 집합이 아니라 질적으로 다른 공통부라는 것을 보여준다. 그러나 빅데이터는 과세하기 쉽지 않다. 그래서 공유지용익권, 공유지분권, 공동소유권 같은 대안들이 모색된다. 이와 같이 다양한 방식으로 공통부를 배당하게 되면 민주주의도 한층 발전하게 되어, 공유자 민주주의라는 새로운 사회로 전환된다.

책에서 가장 흥미로운 점은 기본소득의 미래를 보여준다는 것이다. 기본소득은 또 하나의 인간적인 자본주의인가? 아니면 새로운 사회주의인가? 이 책은 이 질문을 피해 가지 않고 정면으로 다루고 있다. 기본소득은 생산주의적 복지국가를 공통부를 선분배하는 새로운 복지국가로 전환시킨다. 이 사회는 일자리가 보장되는 사회가 아니라 필요노동시간이 단축되는 사회이다. 시간이 젠더 평등하게 재분배되고, 정의로운 생태적 전환이 이루어진 사회이다. 단순하게 생존이 보장되는 사회를 넘어서 정의롭고 지속 가능한 사회를 꿈꾸는 사람들에게 이 책은 좋은 길잡이가 될 것이다.

_강남훈(기본소득한국네트워크 대표, 한신대학교 경제학과 교수)

격변기를 살아가는 사람들에게는 무엇보다 정확한 현실 진단에 기반한 전망과 예측이 절실하다. 그것은 우리가 꾸는 꿈의 밑그림을 그리는 걸 도와주기 때문이다.

우리의 절실함에 화답하듯, 기다리던 책이 등장했다. 우리의 일상을 급속도로 변화시키고 있는 현재의 자본주의 격변이 무엇을 의미하는지, 자본주의는 어디를 향하고 있는지, 어떻게 무자비한 자본주의에 맞설 것인지에 대한 답이 필요하다. 자본주의의 파괴적 기술혁신과 플랫폼 자본주의로의 전환, 빼앗긴 빅데이터와 그로 인한 부의 독점의 심화, 생태적 위기와 대중 민주주의의 한계는 새로운 방식의 복지국가와 사회 시스템의 근본적 변화를 요구한다. 이 모든 것들을 꿰뚫어 볼 지혜, 밑그림부터 새롭게 그려낼 용기 그리고 성실함이 필요하다.

이 시점에서 금민 소장이 우리에게 『모두의 몫을 모두에게』라는 답을 내놓았다. '모두의 것을 모두에게' 돌려주는 기본소득은 재산 소유 민주주의를 넘어선 공유자 민주주의로의 확장, 젠더 평등의 관점에서 분배 페미니즘으로의 전환, 시장주의에서 벗어난 다층적 활동을 통한 생태적 전환을 가능하게 할 것이다. 이 책은 이 모든 것들을 성실하고 치밀하게 담아내고 있다.

다행히 우리는 금민 소장의 지혜와 용기와 성실함에 도움을 받아 우리가 꿈꾸는 세상을 향한 밑그림을 조금 더 지혜롭게 그려나갈 수 있다. 그리고 그 밑그림에 각자의 도구를 사용하고, 각자의 색깔로 채색을 입혀, 그림을 그려낼 용기를 낼 수 있을 것 같다. 이제 『모두의 몫을 모두에게』 돌려주어야 할 때다.

_서정희(기본소득한국네트워크 이사, 군산대학교 사회복지학과 교수)

기본소득이라는 아이디어는 예언자 카산드라처럼, 진리를 앞질러 말하지만 믿는 이 없는 저주를 받은 것처럼 보인다. 놀라운 통찰력으로 기본소득의 원형을 제시한 페인의 '마지막 위대한 팸플릿'인 『토지 정의』가 오랫동안 잊힌 것이나, 빈곤을 퇴치하는 가장 훌륭한 방법이 '보장 소득'을 주는 것이라고 말한 마틴 루서 킹 2세가 아직도 민권 운동의 상징으로만 남아 있는 현실이 기본소득이라는 아이디어의 이런 운명을 잘 말해준다.

그럼에도 기본소득 아이디어는 역사 속의 위기마다 끊임없이 불려 나왔다. 기본소득의 네 번째 물결이라고 하는 오늘날, 기본소득 아이디어가 다시 고개를 든 것은 자본주의적 성장의 한계, 제4차 산업혁명의 불길한 전망, 생태 위기 등을 배경으로 한다. 여기에 민주주의의 위기를 더해야 할 것이다. 이런 다중적 위기에 현금 형태의 경제적 보장을 해주는 것은 사람들이 제대로 살아갈 수 있을 뿐만 아니라 힘을 가지게empowerment 하여 더 나은 세계를 모색할 수 있게 할 수 있다.

하지만 이 아이디어의 근원으로 내려가 정당성을 확보하는 동시에 현실에 맞는 정책으로 벼려내는 것은 간단한 일이 아니다. 금민 소장은 『모두의 몫을 모두에게』로 이 만만찮은 일을 해냈다. 이는 그가 법학과 정치철학에 몰두했을 뿐만 아니라, 독일과 한국에서 급진적이면서도 현실적인 정치 운동에 직접 몸담았기에 가능한 일일 것이다. 그가 국민기본소득제를 제시한 것은 10년도 전이지만, 지금이라도 『모두에게 모두의 몫』을 만나는 것이 다행이라 생각하는 것은 아직 시대의 폭풍우를 대비할 시간이 있기 때문일 것이다. 『맥베스』의 세 번째 마녀가 "그때는 해 지기 전일 거야"라고 대답한 것처럼 말이다.

_안효상(기본소득한국네트워크 상임이사)

그간 기본소득 논의의 초점은 주로 기본소득을 필요로 하는 사회적 상황에 맞춰지고, 무조건성·보편성·개별성이란 기본소득의 원칙도 효과의 측면에서만 정당화되었다. 정작 논의되어야 할 '무엇을' 분배하는지의 문제와 '왜' 모두에게 분배되어야 하는지의 문제는 논외였다. 그래서 기본소득은 21세기의 새로운 사회계약이나 분배정의의 문제가 아닌, 특정한 조건에서 특정한 효능을 발휘하는 또 하나의 복지제도 정도로만 인식되곤 했다.

그래서 이 책이 더 반갑다. 저자는 기본소득을 '공통부의 무조건적·보편적·개별적인 배당'으로 재정의함으로써 앞의 문제를 해결해내고 있다. 토지, 천연자원, 생태환경, 빅데이터와 같은 공통부는 '모두의 것'이다. 모두의 것으로부터 나온 수익은 어떤 한 사람에게 귀속될 수 없으며 어떤 누구의 기여를 따질 수 없는 몫이기에 '모두의 몫'이다. 모두의 몫은 모든 사람에게 무조건적으로 평등하게 분배되어야만 한다. 이처럼 공통부가 기본소득의 원천이라는 점을 분명히 할 때, 기본소득의 분배원리는 왜 무조건적이고 보편적이며 개별적일 수밖에 없는지 비로소 해명된다. 책의 전반부는 고대 그리스 철학부터 20세기 사회주의 이론까지 가로지르며, 공통부 배당의 성격을 규명하기 위한 치밀한 논증들로 구성되어 있다. 후반부에서 이 논증들은 민주주의, 젠더 평등, 생태적 전환으로 나아가며 다시 현실정치의 문제로 되돌아 나아가고 있다.

책에서 '4차 산업혁명'으로 표현되는 플랫폼 자본주의로의 이행, 이로 인한 경제적 불평등의 심화에 대해 공유지분권 모델과 공동소유형 배당을 대안으로 제시한 점은 특히 주목할 필요가 있다. 기본소득은 기술혁신을 지연시켜 자본주의적 위기를 늦추려는 전통적 노동주의 전략도, 기술혁신이 자동적으로 사회혁신을 이끌어낸다는 기술결정론적 환상도 거부한다. 기본소득은 기술혁신을 촉진하려는 동시에 기술·플랫폼·데이터의 통제력을 모두의 것으로 되돌리려는 개입 전략이며, 디지털 전환으로 인한 노동시장의 위기를 경제적 풍요로 전환하려는 이행 전략이다. 이제 기본소득 도입은 피할 수 없는 미래다. 이는 미래 사회로 나아가기 위해 전 사회가 반드시 마주쳐 논쟁해야 할 주제가 되어가고 있다.

　개인적으로, 이 책이 독자들에게 금민 소장을 우리 시대의 사상가로서 선보인다는 점에서 매우 기쁘다. 기본소득이라는 주제로 저자가 펼치는 고유하고 독창적인 사상은 원전의 충실한 해석에서 이어진 견고한 이론적 토대와 현실의 정책가로서의 유연한 정세 인식 속에서 비롯된 것이다. 많은 이들이 오랜 기간 기다려온 저작인 만큼, 더 많은 독자들에게 흥미롭게 읽히길 바란다. 개인적으로, 그는 나를 기본소득 운동으로 이끌었던 스승의 역할을 했다. 뜬눈으로 밤잠 설쳐 한 권의 책을 세상에 낸 그의 노고에 다시 한 번 존경과 찬사의 말을 전한다.

_용혜인(기본소득당 전 상임대표)

모두의 몫은 모두에게, 각자의 몫은 각자에게

이 책의 목표는 '모두의 몫을 모두에게'라는 요구의 정당성과 기본소득이 가져올 전환적 효과를 입증하는 것이다. 모두의 몫은 당연히 모두에게 돌아가야 한다. 사회가 생산한 부에서 특정한 경제주체의 노력에 배타적으로 귀속시킬 수 없는 모든 것은 모두의 몫으로 돌려야 한다. 노동을 하든 하지 않든 모두의 몫은 모두에게 평등하게 돌아가야 한다. 모두의 몫을 노동 여부나 자산에 따라 선별적으로 분배하는 것은 정당하지 않다. 모두의 몫은 특정주체의 성과로 귀속시킬 수 없기 때문이다. 그렇다면 그것은 모든 사람 각자에게 무조건적으로 평등하게 분배되어야 한다. 모두의 몫을 모두에게 돌려준 이후에야 비로소 성과에 따른 분배를 논할 수 있다. 일한 사람들 각자에게 일한 만큼의 몫이 돌아가기 위해서는 무엇보다 먼저, 모두의 몫에 대한 무조건적·보편적·개별적인 평등분배가 이루어져야 한다.

모두의 몫이란 무엇인가? 모두의 것으로부터 발생한 수익을 뜻한다. 즉, 모두의 몫이 무엇인가를 따지기 위해서는 모두의 것이란 무엇인가를 먼저 논해야 한다. 과연 무엇을 모두의 것으로 볼 것인가. 가령 지구는 누구의 것일까? 지구는 모든 사람의 것이다. 토지를 개간한 사람이 토지가치를 증대시켰는지는 몰라도 토지 그 자체를 창조한 것은 아니다. 건물을 지은 사람이 대지를 만들지도 않았다. 토지 그 자체의 원천적인 소유권은 법적인 소유권과 무관하게, 인류의 개별적인 구성원 모두가 공동으로 가지고 있는 것이다. 그렇다면 토지의 활용으로부터 발생하는 수익을 개인이 독차지하는 것은 정당하지 못하다. 여기에서 나온 수익의 일부는 개별적인 사회구성원 모두에게 무조건적으로 돌아가야 한다.

토지뿐만 아니라 천연자원 또는 생태환경은 원래 인류 모두에 속한 자연적 기초이고 인류 모두의 것이라고 보아야 한다. 천연자원을 채굴한 사람이 채굴을 통하여 천연자원의 가치를 증대시켰을지라도 천연자원 자체를 창조한 것은 아니다. 법적 소유권을 떠나서, 천연자원은 원래 모두의 것이고 채굴로 발생하는 수익의 일부는 모두에게 조건 없이 배당되어야 한다. 나아가 생태환경은 세대와 세대를 넘어 인류 모두의 것이며, 현세대의 인류에게는 무분별한 개발로 생태환경을 파괴하지 않을 책임이 있다. 수익활동 과정에서 생태환경에 부담을 끼친 기업이 여기에서 발생하는 수익을 독차지하는 것은 정의로운 분배가 아닐뿐더러, 반反생태적이기까지 하다. 토지 그 자체, 천연자원, 생태환경 등은 모두의 것이며 이로부터 나온 수익의 상당한 부분은 자연적 공통부共有富이다. 자연적 공통부는 모든 사람 각자에게 무조건적으로 분배되어야 한다.

자연적 공통부가 인류 모두의 것인 자연적 기초로부터 흘러나온 수익이라면, 인공적 공통부란 누가 얼마만큼 기여했는지를 따질 수 없고 어떤 특정인의 성과로 귀속시킬 수 없는 수익이다. 사이먼Herbert Simon이 말했듯이, 모든 소득의 90%는 이전 세대에 의해서 축적된 지식의 외부효과라고 말할 수 있다.[1] 이와 같은 외부효과가 개별적인 사회구성원 모두에게 무조건적으로 다시 할당될 때에만 비로소 정의로운 분배가 이뤄졌다고 말할 수 있다. 지식은 사회구성원 모두의 공통자산이고, 사회구성원 모두는 이러한 공통자산의 수익을 공유해야 한다. 오늘날 빅데이터의 형성과 활용에 의해 발생하는 수익도, 마찬가지 맥락에서 인공적 공통부로 볼 수 있다. 인공적 공통부의 분배는 데이터의 중심성과 함께, 이 시대의 플랫폼 경제체제의 가장 중요한 문제로 떠오르고 있다.

플랫폼 자본주의와 빅데이터

2008년 경제위기 이후 OECD 국가들의 초저금리 정책과 양적완화는 금융수익률의 하락을 낳았고, 고수익을 추구하는 위험 자본은 디지털 테크Tech 기업으로 몰려들었다. 이렇게 몸집을 불린 구글Google, 페이스북Facebook, 아마존Amazon 등의 기업은 2017년에 이르러서는 시가 총액 글로벌 5대 기업에 이름을 올리게 될 정도로 커다란 경제적 비중을 차지하게 된다. 플랫폼 기업들의 이윤은 네트워크 효과로부터 나온다. 이용자 집단이 크면 클수록 네트워크 효과도 커진다. 더 많은 사용자를 모을수록 플랫폼 기업의 이윤도 커져간다. 즉, 산업자본과 달리 플랫폼 기업에서는 수확체감이 아니라 수확체증의 법칙이 나타난다.

여기에서 핵심이 되는 것이 데이터이다. 플랫폼 기업의 이윤창출 메커니즘은 물적자원이나 인적자원이 아니라 데이터를 기초자원으로 한다. 더 많은 데이터의 집적은 더 많은 이윤을 가져다주며 네트워크 효과를 증대시킨다. 더 많은 데이터는 다른 기업들과의 경쟁 수단이기도 하며 자율주행, 스마트시티, 전자결제 등 다른 영역의 비즈니스로 진출하기 위한 교두보가 되기도 한다. 디지털 경제에서 플랫폼의 고유 기능은 데이터의 추출과 이용이다. 데이터를 기반으로 하는 가치창출은 플랫폼을 통해 제공되는 서비스의 구체적 형태와 무관하며 오늘날 대다수의 플랫폼 기업들에서 드러나듯이 네트워크 효과가 나타날 수 있는 모든 영역으로 확장될 수 있다. 가령 구글은 검색엔진을 통해 수집한 데이터를 기반으로 광고영업을 하며, 다른 한편으로 수집된 데이터를 기반으로 인공지능을 개발하고 자율주행 사업에 뛰어들었다. 이러한 경향의 종결점은 생산과 재생산의 전 영역에 걸친 사회 인프라가 플랫폼 기업의 수중에 놓이는 상태일 것이다. 플랫폼 자본주의와 함께 소유의 시대가 종식을 고하는 것이 아니라, 플랫폼이라는 사회 인프라에 대한 독점적 소유가 등장한다.

'모두의 몫을 모두에게'라는 원칙은 플랫폼 자본의 데이터 인클로저에 대한 대항 프로젝트이다. 이 원칙의 실천적 핵심은 네트워크 효과로 발생한 수익의 대부분은 모두의 몫이라는 선언이기 때문이다. 이러한 요구에 도달하기 위해서 먼저 던져야 할 것은 '빅데이터는 누구의 것인가'라는 질문이다. 플랫폼 비즈니스와 인공지능 개발에서 필수적인 빅데이터는 플랫폼 없이는 형성되지 않으며 플랫폼 기업은 플랫폼을 소유한다. 그렇다면 플랫폼을 소유한다고 해서 빅데이터를 오롯이 소유하는 것은 과연 정당한가?

농지는 미개간지를 개간함으로써 성립한다. 개간 이전에 농지는 존재하지 않았지만 개간에 의해 토지 그 자체가 창조된 것이 아니다. 마찬가지로, 빅데이터는 플랫폼에 의해 형성되지만 플랫폼이 디지털 활동을 창조한 것은 아니다. 플랫폼의 가장 중요한 기능은 데이터 인클로저이다. 플랫폼은 디지털 활동을 데이터의 형태로 물질화하는 동시에 울타리를 쳐 배타적으로 활용하고 가치화하기 위한 장치이다. 데이터 기반 가치창출에 대한 플랫폼 자본의 배타적 전유는 플랫폼 없이는 빅데이터가 형성되지 않는다는 한 측면에만 근거한다. 하지만 현실의 다른 한 측면은 플랫폼이 디지털 활동을 창조한 것은 아니라는 점이다. 개별적 데이터 활동의 결과물인 빅데이터는 모두의 공동소유이고 플랫폼 자본은 이러한 빅데이터를 활용하여 수익을 얻는다. 그렇다면 모든 사람은 빅데이터에 대한 모두의 공동소유권에 근거하여 네트워크 효과로 발생한 수익의 일부를 모두의 몫으로 돌려받을 정당한 권리가 있다.

기본소득은 공통부의 분배정의를 실현한다

기본소득은 자산 심사나 노동에 대한 요구 없이 모두에게 무조건적 개별적으로 주어지는 정기적인 현금 이전이다. 달리 표현하면 현금성·정기성·무조건성·보편성·개별성을 가진다고 할 수 있다. 이 정의는 기본소득을 현존하는 복지제도와 구별해준다. 현금이라는 특성에 의해 기본소득은 교육이나 의료와 같은 공공서비스와 구별되며, 정기성에 의해 기본소득은 성년에 도달할 때 일회적인 종자돈의 형태로 지급되는 사회적 지분급여와 구별된다. 현존하는 복지국가의 공적 이전소득과 기본소득의 차별성을 드러내주는 특히 중요한 지표는 무조건성·보편성·개별성이다. 20세기 복지국가의 이전지출은 기여의 원리에 따른 사회보험을 한 축으로, 필요의 원리에 따른 공공부조를 다른 한 축 삼고 있었으며 주로 가계

단위로 지급되었다. 하지만 기본소득은 ①노동을 요구하지도 않고, 노동할 의사에 대한 증명 없이도 무조건적으로, ②필요 여부를 가리는 자산 심사 없이 모두에게, ③가구 단위가 아니라 각 개인에게 지급된다. 이렇게 무조건성·보편성·개별성은 기본소득의 종차를 분명히 드러내는 핵심적 지표로 볼 수 있지만 이것만으로는 기본소득의 고유한 원천을 드러내지는 못한다. 그저 기능적으로 이해될 뿐이다.

반면에 기본소득을 '공통부의 무조건적·보편적·개별적인 배당'으로 다시 정의한다면, 기본소득의 원천이 무엇인지가 분명하게 드러난다. 거꾸로 살펴보면, 기본소득의 원천이 공통부라는 점을 명확히 할 때 무조건적·보편적·개별적 소득이전이라는 특유의 분배방식도 원천에 적합한 분배방식으로서 훨씬 명확하게 이해할 수 있다. 모두의 몫인 공통부를 분배하는 데 어떠한 조건에 따라 대상을 선별하는 것은 정당하지 않기 때문이다. 공통부는 기여에 따라 분배할 수 없으며, 자산 심사에 따른 선별적 이전소득 형태로 분배하는 것도 결코 정당하지 않다. 전체 사회의 수준에서 '각자에게는 성과에 따라 분배하라'라는 분배 원칙이 유효하려면, 무엇보다 먼저 특정인의 성과로 귀속시킬 수 없는 모두의 몫은 모든 사람에게 조건 없이 평등하게 분배되어야 한다.

여기서 주장하는 기본소득은 국가가 제공하는 공공서비스를 대체하는 것이 아니다. 공공서비스의 확충과 기본소득의 도입은 함께 이루어져야 한다. 공통부의 무조건적·보편적·개별적 배당으로서 이 책이 주장하는 기본소득은 노동의 성과에 따른 분배와 충돌하지 않는다. 오히려 공통부의 평등배당이야말로 '성과에 따른 분배 원칙'을 철저하게 따른 결과이다. 특정한 누군가의 기여로 배타적으로 귀속시킬 수 없는 공통의 몫에 관한 분배원칙이기 때문이다. 어떤 사람의 기여에 따른 몫을 그 사람에게 돌려주어야 하듯이 누구의 기여로도 귀속시킬 수 없는 모두의 몫은 모두에게 분배되어야 한다.

기본소득이 도입되면 어떤 한 사람의 소득은 그 사람의 경제적 기여에 따라 크기가 달라지는 조건적 소득과, 사회구성원으로서 무조건적으로 획득하게 되는 기본소득이라는 두 가지 구성부분을 가진 복합소득으로 구성된다. 누구에게나 경제활동과 무관한 조건 없는 소득최저선이 보장된다는 점에서 기본소득은 무조건적인 선先분배 소득이라고 볼 수 있고, 반면에 시장소득은 개별적 성과에 따라 추가적으로 획득하게 되는 조건적 소득이라고 말할 수 있다. 이와 같은 무조건적 소득의 크기는 어느 정도여야 하는가에 대하여 경제적 효과와 같은 기능적 원칙보다 정당한 분배의 원칙을 먼저 확인할 필요가 있다. 개별적인 성과로 귀속시킬 수 없는 공통부의 크기가 GDP의 10%라면 10%를, 만약 그러한 몫이 엄청나게 커서 거의 90%라면 90%를 모두에게 개별적으로 조건 없이 동등하게 분배하여야 한다.

기본소득이 노동시장에 미치는 효과와 관련하여, 우리는 노동과 무관한 기본소득의 도입은 노동시장에서 임금을 상승시킬 것이라고 본다. 더욱이 기본소득의 액수가 높아지면 높아질수록 임금상승 효과도 커지고 이는 더 많은 자동화 압박을 낳을 것이라는 점에 주목한다. 근로장려세제와 같은 노동연계복지가 저임금노동의 고용주에게 보조금을 지급하는 효과를 낳는 것과 반대로, 기본소득은 일자리에 대한 선택권과 협상력을 제공하고 임금상승 효과를 낳는다. 한쪽으로 산업노동과 전형적인 서비스노동을 자동화하면서 다른 한쪽으로 재생산 영역, 돌봄과 여가, 문화예술을 플랫폼 경제를 통해 상품화하는 오늘날의 자본주의를 넘어설 최초의 열쇠는 기본소득 도입에서 찾을 수 있다.

자본주의적 제약을 넘어 기술혁명을 가속시킨다

오늘날의 파괴적인 기술혁신은 사회적 위기를 낳고 있다. 노동력의 불안정화와 양극화를 넘어 전통적인 고용관계의 해체와 전면적인 저임금화가 진행되고 있는 현재의 경제적 사회적 위기에 대한 해법 또한 기술혁신과 함께 늘어나는 공통부를 모두가 평등하게 나누는 것에서 찾을 수 있다. 전 세계가 신보호주의의 물결 속에 휘말리고 신냉전의 기류가 꿈틀거리는 세계에서 역사상 유례없는 파괴적 기술혁신이 진행되고 있다. 미국과 영국이 중심이 된 신보호주의의 근본적인 원인은 선진국 중간선거권자의 빈곤화, 중간선거권자의 자본량과 평균자본량의 격차, 곧 자산 및 소득불평등의 심화에 있다. 숙련편향 기술변화에 의한 불평등의 심화를 개도국 노동과의 경쟁에 돌리는 방식으로 집권에 성공한 신보호주의는 이제 단순한 관세보복을 넘어 전 세계적 기술패권경쟁으로 전개되고 신냉전을 초래한다.

자본주의는 기업 간 경쟁을 통해 기술혁신을 촉진하지만, 다른 한편으로는 자본주의가 발생시키는 사회적 위기에 의해 기술혁신이 제약되기도 한다. 디지털 전환과 자동화는 생산성의 향상이 일자리, 임금, 소득과 동조하지 못하는 순환의 위기와 불평등의 증대로 표현된다. 이러한 위기는 기술혁신의 속도를 늦추는 방식으로 해결되지 않는다. 위기는 오히려 자본주의적 제약을 제거함으로써 해결될 것이다. 디지털 전환·인공지능의 개발·자동화에 대한 이 책의 입장은 기술혁명으로 늘어나는 모두의 몫을 모두에게 되돌리는 길을 모색하자는 것이다. 모두의 몫을 모두에게 되돌려줄 때에만 기술혁명이 자본주의적 제약을 넘어 더 한층 가속화하며 이러한 과정을 거쳐 탈희소성의 경제가 등장하게 될 것이다.

이 책에서는 '노동은 신성하다'가 아니라, '인간은 존엄하다'라는 관점에서 임금노동 일자리를 바라본다. '제한된 시공간에서 일자리 지키기'가 비록 매우 방어적인 저항에 불과할지라도 일말의 사회적 의미를 가지는 이유도 바로 인간이 존엄하기 때문이다. 임금노동 자체가 신성하기 때문이 아니다. 일자리가 사회적으로 중대한 의미를 가지는 이유는 무엇보다도 기본소득이 도입되지 않은 사회에서는 대다수 대중의 생계가 일자리와 임금소득에 달려 있기 때문이다.

하지만 공통부의 무조건적·보편적·개별적 배당과 더불어 자동화와 기술혁명은 더 이상 일자리를 없애는 재앙이 아니라 풍요의 경제를 앞당기는 축복이 될 수 있다. 동시에 이 책은 기술혁신에 의해 자동적으로 해방된 사회가 등장할 것이라는 낙관을 비판한다. 그러한 낙관론은 기술이 사회형태를 결정한다는 잘못된 관점에 서 있다. 이 책은 기술은 사회적으로 촉진되거나 사회적으로 제약된다는 정반대의 관점에 서서 해방적 기술변화를 위한 개입을 시도하며, 그러한 개입의 단초를 기술혁신에 의해 생산된 공통부의 무조건적·보편적·개별적 배당에서 찾는다.

모두의 몫을 모두에게 돌려주는 다양한 방법

모두의 몫을 모두에게 되돌리기 위한 방식이 여러 가지 있다. 이 책에서 다루고자 하는 기본소득 도입방식은 이 중 네 가지이다. 첫 번째는 조세기반 기본소득이다. 20세기에 형성된 조세국가를 활용하여 국가가 공통부를 거둬들이고 모든 개별적 시민에게 기본소득으로 이전하는 것이다. 적어도 두 가지 유형의 공통부에 대해서는 조세기반 기본소득이 가장 합리적인 해결방식이다. 하나는 토지공통부이다. 부동산의 사적소유자에게 토지보유세를 걷고 모두에게 무조건적 개별적 토지배당을 지급하는 것은, 토지 그 자체에 대한 모든 사람의 원천적인 공동소유를 보호하는 길이다. 또 다른 하나는 생태세와 생태배당의 연동이다. 생태세 수입을 개별적인 사회구성원 모두에게 조건 없이 동등하게 분배한다면, 생태세에 의해 자원절감기술의 발전을 강제하면서도 생태배당으로 저소득층의 에너지평등권을 보장할 수 있고, 나아가 에너지평등권의 보장을 통하여 생태세율을 사회적 저항 없이 지속적으로 올림으로써 자원절감기술의 발전이 더 많은 자원소비로 이어지는 리바운드 효과를 방지할 수 있다. 근본적으로, 이 책은 모든 소득에는 지식의 외부효과가 큰 비중을 차지한다고 생각한다. 따라서 개인소득세를 재원으로 하는 기본소득은 공통부 배당의 기본이다.

하지만 조세기반 기본소득이 가지는 두 가지 난점에 주목해야 한다. 하나는 생산성과 일자리, 일자리와 소득의 탈동조화가 심각해져서 근로소득 대중과세가 어렵게 된 21세기 자본주의의 현실이며, 다른 하나는 디지털 공통부를 독식하고 있는 글로벌 플랫폼 기업에 대한 법인세 과세가 국민국가적으로 조직된 조세제도에서는 당장 도입되기 어렵다는 점이다. 플랫폼 기업의 고정사업장이 있는 국가만이 법인세를 과세할 수 있지만 글로벌 플랫폼 기업의 수익은 전 지구적인 네트워크 효과에서 발생한다. 고정사업장의 난점은 단순히 법인세 과세에만 해당되는 문제가 아니다. 플랫폼 기업의 수익도 주주들에게 분해되기 때문에 개인소득세에 과세하면 된다고 생각할 수 있지만, 여기에서도 마찬가지의 문제가 발생한다. 플랫폼 기업의 대주주는 어떤 한 국가에 거주하고 그 국가에 배당소득세를 내겠지만 그가 얻은 수익은 전 인류의 빅데이터로부터 비롯된 것이다. 소득세 기반의 기본소득은 이처럼 글로벌 불평등으로 이어지는 문제를 해결할 수 없다. 이러한 난점들은 조세기반 기본소득 이외에 또 다른 해법에 대해서도 생각하도록 우리를 이끈다.

또 다른 해법들에 대해 살펴보기 이전에 조세기반 기본소득과 관련하여 반드시 확인해둘 사항이 있다. 그것은 조세로 환수한 공통부는 거둔 액수 그대로 조건 없이 모든 개별적인 사회구성원에게 1/n로 분배되어야 한다는 점이다. 이는 기본소득 재정의 본질적 특성이며, 기본소득을 공통부의 평등한 배당으로 이해하는 한에서 반드시 지켜야 할 원칙이다. 공통부의 주인은 개별적인 사회구성원 모두이다. 그렇기에 국가는 조세로 환수한 공통부를 정책적 고려와 무관하게 원래의 몫 그대로 평등하게 나누어 공유자 개개인에게 되돌려주어야 한다. 이를 통해 기본소득은 국가의 시혜가 아니라 개별적 시민들의 권리라는 점이 명확하게 드러난다. 설령 공통부의 일부가 일반재정에 충용할 수 있다고 하더라도, 공통부로 환수된 전액을 국가의 재정적 재량권에 맡기는 것은 명백하게 공통부 배당의 이념에 위배된다.

엄격하게 말하자면 공통부 배당에서 국가는 조세추출 기구로서 공통부를 환수하고 재분배하는 기능만을 담당할 뿐이다. 기업 수익이 고용을 통해 가계소득으로 분해되는 전통적인 생산자본과 달리 디지털 기술기업의 수익은 기술적 실업을 야기한다. 이러한 상황에서는 조세기반 기본소득을 노동소득 감소를 대체할 기능적 재분배의 일종으로 이해하기 쉽다. 하지만 그와 같은 이해방식에서는 일자리 보장이나 근로장려세제와 같은 정책과 준별되는 기본소득의 특징이 분명하게 드러나지 않는다. 조세기반 기본소득도 기능적 소득 재분배가 아니라 공통부의 선분배로서 이해할 때에만 노동소득 감소에 대한 다른 대응책과 구별되는 기본소득만의 특징이 분명해진다.

글로벌 차원의 플랫폼 자본에 대한 과세의 난점으로 조세기반 기본소득의 도입이 어렵다면 다른 방식의 공통부 배당을 모색해야 한다. 농업혁명과 토지 인클로저가 진행되던 18세기 말에 토지 공통부의 배당은 급진적 사회개혁의 중요 의제로 떠올랐다. 당시에 제안되었던 모델 중에는 조세기반의 배당 이외에도 토지 용익권 경매 모델이 있었다. 그것은 토지에 대한 공동소유권을 도입하되 토지의 효율적 이용을 위하여 7년 주기로 토지 용익권을 경매하고 이로부터 발생하는 수익은 모든 주민에게 무조건적으로 배당하자는 제안이었다. 여기에는 조세를 통해서는 지대의 철저한 환수가 어렵다는 전제가 있었다. 오늘날에도 주파수 등은 이용 기간을 한정해서 경매되지만 그 수익은 사회구성원 모두에게 무조건적으로 평등하게 분배되지 않는다. 공유재 용익권의 경매로 발생하는 수익을 모두에게 무조건적으로 배당할 필요가 있다. 이처럼 기본소득과 결합된 용익권 경매 모델의 도입 가능성은 경매의 대상이 되는 공유재의 고유한 특성에 크게 좌우되겠지만 다양한 방식으로 활용할 수 있을 것이다. 하지만 토지나 주파수처럼 경합적 재화에 대해서만 적용할 수 있는 용익권 경매모델의 한계를 염두에 둔다면, 조세기반 기본소득만큼 보편화될 수 있는 또 다른 방법을 모색할 필요가 있다.

가장 유력한 방법은 공유지분권 모델이나 공동소유에 입각한 공통부 배당 방식이다. 이러한 모델은 신자유주의와 플랫폼 자본주의로 비롯된 조세기반 침식이라는 난점을 피하면서도 기본소득의 보편적 재원으로 삼을 만한 해법이다. 20세기의 시장사회주의자들은 사회적 총자본의 일정 비율을 공유주식 자본으로 전환하고 이를 재원으로 무조건적·보편적·개별적 사회배당을 실시하자고 주장했다. 그리고 이러한 주장은 오늘날에도 유럽의 급진좌파에서 되풀이된다. 신자유주의 이전의 사회민주주의는 완전고용을 전제하고 전후 복지국가를 형성했다. 전후 복지국가의 핵심적인 제도는 강제적 사회보험제도였다. 그들은 완전고용에 입각한 고임금·고성장이 가능하다면 강제적 사회보험만으로도 충분히 빈곤이 예방될 것이라고 예상했다. 실업·질병·사고 등으로 소득능력을 잃거나 또는 퇴직하여 소득능력의 결핍이 생길 때 사회보험으로 소득 보장이 가능하다면 자산심사와 결부된 공공부조는 최소한으로 줄어들 것이다.

1980년 이후 신자유주의 시대가 펼쳐지면서 일자리 양극화, 일자리와 소득의 탈동조화, 저임금화로 이와 같은 가정은 무너졌다. 결과적으로 공공부조의 규모는 추세적으로 증가했지만 사회 전체의 빈곤화를 막기에는 언제나 부족했다. 2008년 위기 이후 현재까지 급속도로 진행 중인 기술혁명은 이러한 경향을 더욱 강화하고 있다. 신자유주의로의 투항이 아닌 새로운 형태의 사회민주주의가 가능하려면, 거기에는 반드시 사회구성원 모두의 공유지분권과 이로부터 나오는 무조건적·보편적·개별적 배당이 필요하다. 설령 20세기 시장사회주의자들이 주장했던 것처럼 모든 회사의 주식의 일정 비율에 대하여 공유지분권을 설정하는 것이 아니더라도, 사회구성원 모두가 원천적으로 보유하는 빅데이터 공동소유권을 근거로 하여 플랫폼 기업들의 주식 일부를 공유지분권으로 돌리자는 주장은 새로운 형태의 사회민주주의가 내걸어야 할 최소 강령일 것이다.

하지만 빅데이터에 대한 공동소유권이나 플랫폼 기업에 대한 공유지분권만을 주장할 것이 아니라 네트워크 효과로 발생한 수익 전체를 모두의 몫으로 돌려야 한다고 주장도 충분히 현재성을 가질 수 있다. 그와 같은 주장에서 20세기 사회주의를 넘어서는 새로운 형태의 사회주의가 어떤 것일까를 가늠해볼 수도 있다. 새로운 형태의 사회주의에서는 공통부의 무조건적·보편적·개별적 평등배당이 필수적 요소가 되어야 한다. 사회구성원 모두가 공동소유자라고 가정하면, 공동소유의 수익을 조건 없이 모든 개별적인 사회 구성원에게 동등하게 배당하는 것은 지극히 당연한 일이다.

하지만 이처럼 무조건적·보편적·개별적 배당과 결합된 공동소유는 오늘날의 자본주의 사회의 공기업이나 20세기 사회주의 국가의 국영기업과 같은 공적소유public ownership와는 전혀 다른 종류의 소유형태이다. 공적소유는 사회구성원 모두의 공동소유가 아니라 국가의 소유이고, 수익의 분배도 국가의 재량에 따를 뿐이다. 기본소득과는 거리가 멀다. 20세기 사회주의는 공통부를 배당하지 않았으며 소득 분배는 임금의 형태로 이루어졌다. 공동소유에 입각하여 공통부를 배당하는 새로운 형태의 사회주의는 먼 미래의 이야기만은 아닐 수 있다. 현존하는 공적소유를 무조건적·보편적·개별적 배당과 연동된 공동소유common ownership로 전환하는 시도, 또는 도시 인프라의 디지털 전환을 위한 공동소유형 플랫폼 수립 등은 지금 당장에도 시작할 수 있는 일이다.

20세기 사회주의 국가의 계획경제는 구체적인 자원분배를 중앙에서 결정했다. 하지만 기본소득의 경우에 무엇을 구매할 것인가는 전적으로 개별적 선택에 맡겨진다. 이 점이야말로 기본소득과 국가사회주의적인 계획경제의 가장 큰 차이점이다. 1930년대에 기본소득을 지지했던 경제학자 콜G. D. H. Cole의 말을 빌리자면 "계획경제의 과제란 무엇이 소비되어야 하는가를 지령하는 것이 아니다"[2]. 기본소득은 시장소득에 앞선 선분배predistribution이며 이를 통해 소득불안정성이 사전에 제거된다. 또한 국가가 기본소득 재정규모를 결정한다는 것은 총소득 중에서 비시장적 소득 분배의 규모가 사전에 결정된다는 의미를 가진다.[3] 즉, 계획경제는 구체적인 자원분배의 사전적 조정이 아니라 비시장적 소득 분배의 규모의 사전적 확정으로 이해해야 하며, 구체적인 자원분배는 시장을 거치도록 해야 한다는 것이다. 이와 같은 특징은 공유지분권 배당이나 공동소유형 기본소득뿐만 아니라 조세형 기본소득에 이르기까지 모든 유형의 기본소득에서 나타나는 공통적 특징이다. 따라서 기본소득에는 새로운 유형의 계획경제가 내장되어 있다고도 말할 수 있다.

마지막으로, 어떤 유형의 기본소득 모델이든 분배되는 것은 공통부이며 그렇기에 무조건적·보편적·개별적인 분배방식을 따라야 한다는 공통성이 강조되어야 한다. 조세기반 기본소득은 법률적 소유권과 무관하게 모두의 몫을 모두에게 되돌리는 방법이며, 용익권 경매모델이나 공유지분권 모델, 나아가 공동소유의 수익 배당 모델은 모두의 것을 모두의 소유로 되돌림으로써 모두의 몫을 모두에게 평등하게 분배하는 방식이다. 조세기반 기본소득이 사적 소유권에 대해 친화적이라면 다른 세 가지 대안은 현실적 소유제도의 변화를 전제한다. 하지만 현실의 세계에서 공통부 배당의 네 가지 실현형태를 경합적으로 바라볼 필요는 없다. 개인소득세를 중심으로 한 조세형 기본소득을 일종의 기본값으로 둘 수 있다. 여기에 용익권 경매모델, 공유지분권 모델, 공동소유에 근거한 공통부 배당을 덧붙일 수 있다.

플랫폼 기업에 대한 공유지분권이나 공동소유형 플랫폼의 의의를 강조하자면, 이러한 모델들의 의의는 소득 분배 차원에만 한정되지 않는다는 점이다. 두 모델은 '모두의 것을 모두에게' 돌려줌으로써 소득 분배 차원에서도 '모두의 몫을 모두에게' 되돌린다. 소유권과 관련된 변화는 디지털 전환 시대의 민주주의의 위기에 대해서도 일정한 해법이 될 수 있다. 빅데이터 공유기금이 플랫폼 회사에 대해 일정 지분을 가지고 있다면, 공유기금은 수익을 배당받을 뿐만 아니라, 프라이버시 문제, 플랫폼 노동통제, 스마트시티의 사회 인프라의 운영 등에 대해서도 감시 자본주의적 폐해를 없애는 개입 정책을 적극적으로 펼칠 수 있다. 결과적으로, 플랫폼 기업에 대한 공유지분권 모델은 산업자본주의 시대의 노동자 공동결정권과 비슷한 효과를 낳을 것이다. 더 나아가, 공동소유형 플랫폼에서는 데이터를 수집하고 활용하는 플랫폼의 전체 과정에 대해 공유자 민주주의를 훨씬 더 깊숙이 관철할 수 있을 것이다. 플랫폼 기업이 사회구성원 모두의 공동소유일 경우에 개별 기업에 대한 노동자 자주관리에서 나타나는 연성예산제약과 같은 문제점도 등장하지 않게 될 것이다. 이러한 변화를 위한 지렛대는 빅데이터에 대한 우리 모두의 공동소유권이며, 따라서 플랫폼 자본주의 시대의 가장 중요한 질문은 '빅데이터는 과연 누구의 것인가'이다

이 밖에도 화폐금융제도의 개혁과 기본소득의 연동은 이미 더글러스Clifford Douglas의 사회신용론 이후로 오래전부터 논의되던 또 다른 도입방식이라고 말할 수 있다. 2008년 금융위기 이후 주요 국가들의 초저금리 정책은 양적 완화로 조성된 자금을 공공서비스 확충이나 녹색 인프라 구축에 사용하자는 좌파적 제안을 낳았다. 2015년 영국 노동당 코빈 지도부의 '인민을 위한 양적 완화quantitative easing for people' 정책이 대표적 사례이다. 균형재정 이데올로기에 대한 비판은 2019년 미국 대선에서도 민주당 후보들이 현대화폐이론Modern Money Theory, MMT을 논의하게 만들었다. 이와 같은 논의보다 훨씬 더 근본적인 금융개혁인 주권화폐sovereign money 시스템은 보다 분명하게 기본소득과의 접점이 발견된다. 부분지급준비제도의 전액준비제도full reserve banking로의 전환으로 신용화폐를 공급하는 민간은행으로부터 국가가 실질적 발권력을 되찾자는 주권화폐론은, 신규 발행되는 화폐의 일정량을 기본소득 형태로 시민들에게 동등하게 분배하게 되면 기본소득론과 결합될 수 있다.[4] 다만 이 책에서는 이와 같은 논의를 따로 다루지 않고 이후의 과제로 남겨둔다.

사회적·생태적 전환을 위해서

기본소득이 해방적 잠재력을 발휘한다면 위기에 처한 자본주

의를 넘어서는 사회적·생태적 전환 또한 노려볼 수 있다. 공통부의 무조건적·보편적·개별적 배당으로서 기본소득은 이러한 전환에서 지렛대의 역할을 한다. 기본소득은 소득불평등에 대하여 가장 탁월한 완화 효과를 발휘한다. 이는 그간 기본소득 운동이 공유해왔던 전망이다. 만약 공유지분권 모델이나 공동소유 기반의 기본소득이 도입된다면, 소득불평등뿐만 아니라 자산불평등도 완화하거나 제거할 수 있다. 이 점이야말로 지금까지의 기본소득론과 구별되는 이 책의 요지이다. 기본소득의 원천은 공통부이며, 기본소득은 공통부 분배의 새로운 방식이다. 하지만 이때 분배란 소득 분배만이 아니라 자산 분배를 포함하며 소유권의 분배 문제까지 연결된다. 이 책에서 분배정의를 논할 때, 이는 소득 분배만을 뜻하지 않으며 보다 고전적인 의미에서 소유권을 포함한 모든 자원의 분배를 의미한다.

그간 기본소득 운동은 기본소득의 노동시장 효과에 대해서도 다각도로 연구해왔다. 생계수준 이상의 기본소득은 개별적 노동자에게 강력한 거부권을 부여하고 임금수준을 획기적으로 올리게 될 것이다. 이러한 효과야말로 기본소득이 임금노동에 미치는 효과 중에서 가장 중요한 요소이다. 나아가 임금수준의 상승, 임금노동을 넘어선 창조적 활동의 증대, 전체적인 측면에서의 지식생산성 증대에 의하여 기술혁신이 가속화될 것이다. 이 책은 기본소득이야말로 기술혁신을 촉진하면서도 기술발전의 성과를 자본이 독차지하지 않도록 만드는 중요한 지렛대라는 점을 강조한다. 물론 노동시장이나 사회재생산에서의 젠더 불평등이 기본소득 도입만으로 저절로 해소되지는 않을 것이다. 하지만 기본소득은 젠더 불평등을 해소하기 위한 유리한 조건을 제공한다.

기본소득은 단순히 자본주의의 소비기반을 형성하며 자본순환을 돕는 기능만 가지고 있는 것이 아니다. 일자리와 무관하게 제공되는 기본소득은 투자친화적인 재정, 통화, 인프라 정책에 의존하여 일자리를 창출하려는 생산주의적 압박을 감소시킴으로써 생태적 전환에 기여한다. 근본적으로 분배가 평등하게 이루어질수록 생산주의적 압박도 줄어들고 생태적 전환도 용이해질 것이다. 과세 효과의 측면에서 살펴보더라도, 생태세와 생태배당의 연동은 생태세율을 꾸준히 올리면서 생산기술의 생태적 전환을 강제할 조건이 된다.

공통부를 모두에게 무조건적 기본소득으로 분배하는 사회에서 사회구성원 모두는 참정권만이 아니라 소득기반에 있어서도 공통성을 가지게 된다. 모두에게 개별적으로 자유롭게 처분할 수 있는 일정 소득이 부여된다는 것은 자유의 실질적 기초가 생긴다는 뜻이며 민주주의에 실질적 기초를 부여된다는 뜻이다. 그간 기본소득 운동은 기본소득 도입으로 신자유주의 시대의 대중민주주의의 위기가 해소되고 정치가 재활성화될 것이라고 전망해왔다. 이 책에서 강조하는 공유지분권 모델이나 공동소유에 기초한 기본소득이 도입되면 재산소유자 민주주의property owning democracy를 넘어서서 공유자 민주주의commoner democracy의 기초가 수립될 것이며, 이러한 변화는 신자유주의 이전의 민주주의 황금기의 회복을 뜻하는 대신에 새로운 형태의 민주주의로의 전환을 의미하게 될 것이다.

기본소득은 '모두의 몫을 모두에게'라는 원칙을 표현한다. 이 원칙은 새로운 사회의 기초 규범이며 동시에 지금 여기에서의 해방적 프로젝트의 기본원칙이다. 말하자면 '모두의 몫을 모두에게'는 새로운 사회를 향한 이행의 경로이자 운동의 원칙이다. 모두의 몫을 모두에게 돌려줄 때에만 현재의 경제적 사회적 위기가 해소되고 인간의 보편적 해방이 앞당겨질 것이다. 모두의 몫을 모두에게! 이러한 원칙의 실현은 사회형태의 변화와 함께 이루어질 수밖에 없으며, 바로 여기에서 공통부의 무조건적·보편적·개별적 분배의 해방적 성격이 드러나게 된다. 이 책은 이 원칙에 내재한 필수적인 이론적 문제들 및 현실적 맥락을 다룬다.

차례

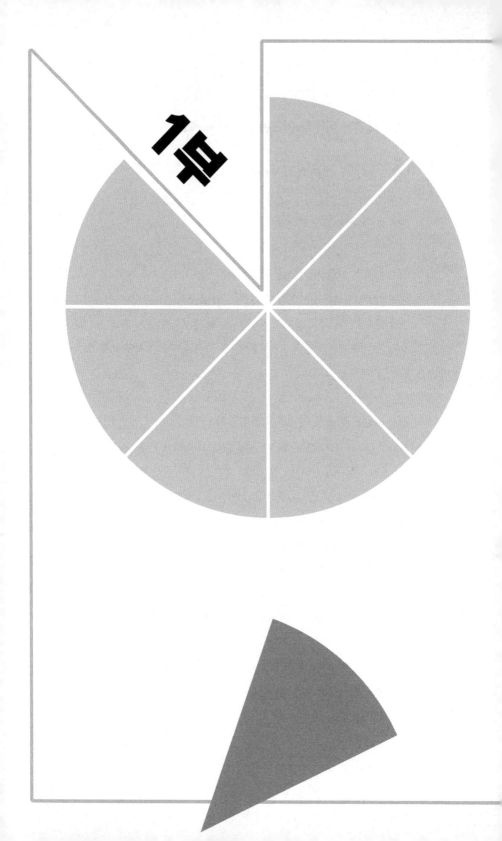

1부

기본소득이
우리의 **정당한**
권리인 이유

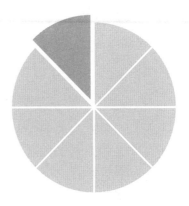

1장

모두의 것과 각자의 것

기본소득은 공통부의 무조건적·보편적·개별적 배당이다. 이 정의에서 기본소득의 두 가지 고유한 특징이 드러난다. 하나는 기본소득의 원천은 공통부라는 점이며, 다른 하나는 기본소득에만 나타나는 특유한 분배원리이다. 성과에 따라 분배되는 시장소득이나 필요에 따라 선별적인 공공부조와 달리 기본소득은 무조건적·보편적·개별적으로 사회구성원 모두에게 평등하게 분배된다. 두 가지 특징은 서로 연관되어 있다. 공통부는 모두에게 평등하게 분배되어야 할 몫이므로 노동 여부나 자산에 따라 선별적으로 분배될 수 없다. 따라서 무조건적·보편적·개별적 평등분배는, 기본소득의 원천이 공통부라는 점에서 기인하는 특성이다.

공통부의 분배방식에는 여러 가지 형태가 있을 수 있다. 그중 공유지분권 모델이나 공동소유에 근거한 배당과 달리, 조세기반 기본소득은 현실의 사유재산제도를 인정한다. 하지만 조세기반 기본소득에서도 공통부가 분배되기 위해서 필수적인 전제가 있다. 자원의 공유권이 사적소유권에 우선한다는 것이다. 사회적 사실성facticity의 영역에서는 사적소유권을 인정하더라도 규범성normativity의 영역에서는 사회구성원 모두의 공유권이 사적소유권에 대해 우선성priority을 가져야만, 공통부를 조세로 환수하고 기본소득 형태로 배당하는 제도가 정당성을 얻게 되는 것이다. 따라서 기본소득의 모든 유형에는 공통부 개념이 전제되어 있다. 이 점에서 공통부 개념과 소유론의 상관관계를 짚어보는 것은 기본소득의 정당성과 관련하여 필수적인 절차이다. 이러한 논의는 단순히 사회정책적 효과의 관점에서 기본소득의 필요성을 입증하는 기능주의적 접근을 목표로 하는 것이 아니다. 이를 넘어서 기본소득에 대하여 좀 더 근본적인 정당성을 부여할 것이다.

공동소유와 공통부 배당의 관계는 2장에서 다룬다. 그에 앞서 1장에서 다룰 문제는 사적소유권과 공통부 배당, 다시 말해서 개인의 것과 모두의 몫 사이의 관계이다. 1장의 출발점은 모든 유형의 기본소득에 공통적으로 전제된 규범적 공유 개념이다. 사적소유권이 성립하는 사회에서도 조세로 공통부를 회수하고 사회구성원 모두에게 조건 없이 평등하게 분배할 수 있다. 중요한 점은 이와 같은 조세형 기본소득에는 자원에 대한 공동소유권이 전제되어 있다는 점이다. 공유 개념은 조세형 기본소득의 정당성을 확보하기 위한 근거이다. 달리 말하자면, 비록 사실성의 영역에서는 사적소유권이 유효하더라도 규범성의 영역에서는 공유가 사적소유권에 대해 우선성을 가진다고 전제할 때에만, 조세형 기본소득 제도가 정당성을 얻는다.

하지만 1장의 과제는 공유의 규범적 우선성에 대한 논증을 훨씬 넘어선다. 고대부터 근대에 이르기까지 사적소유권 이론은 곤궁에 빠진 사람들에 대한 부조 의무를 사적소유권에 부과하였고, 지구와 자연물에 대한 모든 인류의 원천적 공유communio primaeva가 이러한 의무를 정당화했다. 이는 규범적인 수준에서 공유 개념에 우선성을 부여한다고 하더라도 이로부터 기본소득이 저절로 정당화되는 것은 아니라는 점을 보여준다. 따라서 공통부에서 출발하는 기본소득에 대한 정당화 논증은 좀 더 치밀해져야 한다. 기본소득은 규범적 공유 개념을 우회할 수 없지만, 거꾸로 기본소득만이 규범적인 공유 개념으로부터 끌어낼 수 있는 유일한 결론인 것은 결코 아니다.

원천적 공유는 현재의 법률적 소유관계가 어떠하든지 대지와 자연물은 원래 모두의 것이라는 개념이다. 기본소득론의 기원을 이루는 페인Thomas Paine과 스펜스Thomas Spence의 출발점도 바로 이 지점이었다.[1] 하지만 18세기 말의 급진파였던 이 두 사람이 원천적 공유 개념의 원저작권자인 것은 아니다. 이 개념의 역사를 되돌아보기 위해서는 기원전 1세기의 키케로Cicero에까지 거슬러 올라가야 한다. 그럼에도 페인은 원천적 공유 개념의 역사에서 중요한 분기점으로서의 지위를 가진다. 페인 이전의 사상가들은 이 개념으로부터 오직 가난한 사람에 대한 부자의 부조의무를 끌어냈을 뿐이지만, 페인은 이로부터 선별적 부조가 아니라 무조건적 배당을 끌어냈기 때문이다.

그렇다면 자세히 살펴보아야 할 점은 '페인 이전의 사상가들이 원천적 공유 개념을 전제했음에도 불구하고, 어떤 이유에서 부자의 부조의무나 정치공동체의 공공부조 의무에만 머물게 되었는가'이며, 다른 한편으로는 "원천적 공유로부터 공통부 배당을 끌어내는 페인의 논거는 무엇인가'이다. 이 두 가지는 상호 연관된 과제이다. 즉, 공유 개념에 기초한 부조론의 논증구조를 밝히는 것은 거꾸로 페인처럼 공유 개념에 기초하여 무조건적 배당론을 전개하기 위한 개념적 지렛대가 무엇인가를 살피는 일이기도 하다. 이는 기본소득, 곧 공통부의 무조건적·보편적·개별적 배당의 논증구조에 대한 일정한 시사점을 제공한다. 이러한 작업에 의해, 소유와 부조의 이중구조를 낳을 뿐인 약한 공유 개념과 기본소득으로 이어지는 강한 공유 개념의 차이가 좀 더 분명해질 것이다.

1. 소유권과 부조의무, 배당받을 권리

키케로의 소유론은 원천적 공유를 전제했다.[2] 마찬가지로, 스콜라 철학의 정점인 13세기 토마스 아퀴나스Thomas Aquinas의 소유론도 원천적 공유 개념에서 출발한다.[3] 이러한 전통은 16세기의 비베스Johannes Ludovicus Vives에게로 이어진다. 그의 「빈민 원조에 관하여De subventione pauperum」는 '유럽 사회정책의 첫 논문'이라는 평가를 받는다. 비베스는 "신이 창조한 모든 것은 모든 인류의 공유물"이라고 전제하고 이로부터 공공부조의 정당성을 끌어낸다.[4] 17세기 자연법철학에서도 원천적 공유 개념은 자연법적 소유론의 출발점이었다. 그로티우스Hugo Grotius, 푸펜도르프Samuel Pufendorf, 로크John Locke의 소유론에서는 사적소유권이 수립되기 이전의 출발 상태를 원천적 공유라고 가정한다.[5]

하지만 이들 중 누구도 기본소득에 관한 구상을 발전시키지는 않았다. 키케로와 아퀴나스는 원천적 공유 개념에서 가난한 사람을 도와줄 부자의 의무를 끌어냈을 뿐이다. 비베스는 앞선 사상가들과 달리 가난한 사람들에 대한 부조의무를 부자가 아니라 정치공동체에 부과한다. 이 점에서 비베스는 공공부조론의 출발점이라는 의의를 가지지만, 그럼에도 불구하고 원천적 공유의 규범적 효과는 부조의무를 넘어서지 못한다. 한편 로크는 부조를, 부자 또는 정치공동체의 의무가 아니라 가난한 사람들의 권리로 파악했다.[6] 이는 분명한 차별점이지만, 그럼에도 불구하고 로크 또한 '가난한 사람들의 권리'를 넘어, 원천적 공유 개념을 무조건적·보편적·개별적 배당의 권리로까지 연결짓지는 못했다.

키케로·아퀴나스의 소유권 이론과 부조의무

부자의 부조의무는 사적소유권의 허용 조건

키케로는 대지와 자연물은 모든 인류의 공유였다고 가정하고, 사적소유권의 성립을 선점先占, prima occupatio에 의하여 설명한다. 언뜻 보기에 키케로의 선점론은 일방적인 점유의 사실성에 의지하여 사적소유권의 성립을 설명하는 것 같지만, 정작 그의 논변에서 핵심이 되는 것은 암묵적 동의pactum tacitum 개념이다. 키케로가 암묵적 동의라는 개념을 제시한 이유는 불평등의 정당화를 위해서였다. 선점은 개별적인 소유의 불평등을 낳을 수밖에 없는데, 키케로는 이러한 불평등을 정당화하려면 사실상의 선점 행위만으로는 불충분하다고 본 것이다. 불평등의 정당화를 위해 키케로는 사실성의 차원에 동의의 요소를 접목시킨다. 즉, 키케로의 선점론은 다음과 같은 논증 구조를 가지게 된다. 어떤 이의 선점 행위에 대해 다른 사람들의 항의가 없다면 선점은 암묵적 동의를 뜻하고, 이러한 동의에 의해 소유권이 성립된다.[7] 이처럼 선점을 암묵적 동의의 표징으로 간주하는 키케로의 소유권론은 17세기 자연법철학에서 그로티우스와 푸펜도르프가 계승한다.[8]

주목할 점은 키케로의 소유론에는 암묵적 동의 이외에도 사적소유권의 정당화를 위한 또 다른 조건이 있다는 것이다. 그것은 가난한 사람에 대한 부자의 부조의무이다. 사적소유권이 성립한 이후에도 부자들은 가난한 사람을 부조할 의무를 진다.[9] 암묵적동의는 사적소유권의 성립을 정당화하지만, 부조의무마저 면제해 주지는 않는다. 오히려 부조의무가 충족됨으로써 동의에 의해 창설된 사적소유권이 최종적으로 정당화된다. 이로부터 키케로 소유권론의 출발점이었던 모든 사람의 원천적 공유권은 부조의무라는 다른 형태로 대체되어 그 규범적 효력을 부분적으로 유지한다고 해석할 수 있다.

키케로의 소유론에서 암묵적 동의는 사적소유권을 성립시키는 규범적 근거이다. 선점과 이에 대한 암묵적 동의 없이는 사적소유권이 성립하지 않는다. 하지만 암묵적 동의에 의해 사적소유권이 성립하더라도 이를 통해서 원천적 공유의 규범적 효력이 완전히 정지되는 것은 아니다. 원천적 공유는 사적소유권의 성립 이후에도 사적소유권자의 부조의무라는 형태로 규범성을 유지한다. 이점에서 원천적 공유 개념은 여전히 사적소유권을 제한하는 규제적 기능을 가진다. 그럼에도 페인이나 스펜스처럼 원천적 공유 개념에서 공통부 배당 개념이 전개되지 않는다는 점을 고려한다면, 키케로의 공유 개념을 약한 공유 개념의 전형이라고 말할 수 있다. 불평등에 대한 규제 기능을 중심에 두고 비교하자면, 공통부 배당을 낳는 공유 개념은 강한 공유 개념이고, 부조의무를 낳는 공유 개념은 약한 공유 개념이라고 말할 수 있다.

공유와 사적소유에 대해 중립적인 논변의 한계

키케로의 공유 개념은 사적소유권 보유자들의 부조의무만을 낳는 약한 공유 개념의 전형이지만, 그렇다고 키케로가 사적소유에 확고한 규범적 기초를 부여한 것도 아니다. 키케로에게 사적소유를 성립시키는 계기는 선점행위에 대한 암묵적 동의이다. 하지만 이와 같은 동의론적 정당화는 근본적인 취약성을 가지고 있다. 이미 수립된 사유재산제도도 동의에 기초하여 언제든지 다시 폐지되거나 변경될 수 있다는 점이다. 훗날 로크는 소유권의 기초를 동의에서 찾는 이론의 불안정성을 인식한다.[10] 동의라는 계기를 끌어들이지 않고 사적소유권의 기초를 일방적인 노동투입에서 찾았던 로크와 비교하자면, 암묵적 동의로 성립되고 부조의무에 의해 최종적으로 뒷받침되는 키케로의 사적소유권은 정당성이 몹시 약하다.[11]

키케로의 소유권 논증에서 동의와 부조의무는 서로 구분되는 고유한 기능을 가진다. 암묵적 동의가 사적소유권 성립의 적극적 논거라면 부조의무는 사적소유권에 사회적 책임성을 부여함으로써 한계를 설정하는 소극적 논거이다. 암묵적 동의 개념이 사적소유권의 창설적 기초를 설명한다면 부조의무 개념은 허용 조건을 설정한다. 결국 키케로에게 사적소유는 동의라고 하는 매우 취약한 기초를 가지지만 이와 더불어 원천적 공유의 규제적 기능도 부조의무라는 약한 형태로 구체화된다. 전체적으로 볼 때, 키케로는 원천적 공유와 사적소유 중에서 어디에도 규범적 우선성을 부여하지 않았다. 오히려 키케로는 원천적 공유가 용익권usus fructus ■과 같은 내포적 권리inclusive rights의 형태로 지속될 수도 있다고 보았다.[12] 하지만 용익권 체제로서의 공유 상태가 지속된다고 하더라도 공통부의 무조건적 평등배당이 이루어지는 것은 아니다. 용익권에 입각한 분배원리는 일한 만큼 수익을 거두는 것이지, 기본소득처럼 개별적 성과와 무관한 분배방식이 아니다. 여기에 관해서는 이어지는 2장에서 자세히 논의한다.

공유와 사적소유 사이에서 중립적인 키케로의 논변구조는 후대의 아퀴나스에게서 다시 나타난다. 아퀴나스는 "사물의 공유는 자연권"이라고 말하지만, 그 이유는 "자연법이 모든 것을 공유하라고 명령하기 때문은 아니다"라는 점도 명확하게 밝힌다. 오히려

■ 다른 사람의 소유물을 일정 기간 동안 사용하여 이익을 얻을 수 있는 권리

"자연법은 소유형태의 차이에 대해 어떤 우선성도 부여하지 않으며 실정법에 속하는 인간의 합의에 따라 소유형태가 달라질 수 있다"라는 설명에서 이 문제에 관한 그의 입장을 엿볼 수 있다. 이러한 논변에서 전체적인 균형점은 소유형태에 대한 자연법적 중립성이다. 자연법적 중립성에 근거하여, 아퀴나스는 "사적소유도 자연법에 반하지 않으며 인간 이성의 발견에 의해 자연법에 첨가된 것"이라고 말한다.[13]

사적소유권은 인간 이성의 필요에 의해 도입되며, 그 목표는 사물의 소속관계 확정과 법적 안정성이다. 이러한 변화는 자연법에 반하지 않으며 오히려 자연법의 영역을 확장시킨다. 하지만 아퀴나스는 이와 같은 방식으로 사적소유권이 자연법 질서의 일부가 될 때, '자선을 베풀 의무'도 자연법에 동시에 첨가된다는 점을 강조한다.[14] 굶어 죽게 된 사람이 먹을 것을 훔치는 것은 자연법적으로 허용되어 있다고 말하면서, 아퀴나스는 곤궁한 사람들의 필요가 사적소유권에 앞선다는 점을 재차 강조한다. 이와 같은 아퀴나스의 부조론에 따르면 장 발장은 처벌받지 않았을 것이다.

키케로와 아퀴나스는 '원천적 공유의 지속'과 '사적소유권' 사이의 양자택일을 사회적 합의와 실정법에 맡김으로써, 사적소유권에 대해 자연법에 의한 직접적인 정당성을 부여하지 않았다. 그들은 소유형태에 대해 중립적인 입장을 취했다고 말할 수 있다. 하지만 합의와 실정법에 의해 사적소유권이 도입될 경우에 대해서는 분명한 허용 조건을 붙였다. 키케로와 아퀴나스는 부자들에게 가난한 사람에 대한 부조의무를 부과했고, 소유의 불평등은 오직 부조의무에 의해서만 최종적으로 정당화될 수 있다고 보았다. 여기에서 유의할 점은 부조의무도 원천적 공유권에서 나온다는 점이다. 이는 원천적 공유 개념을 논증하는 일만으로 자동적으로 공통부의 평등배당이 정당화되지 않는다는 점을 보여준다. 가난한 사람에 대한 부조도 원천적 공유 개념에 의존한다. 고대와 중세의 부조론의 기초는 원천적 공유 개념이다.

키케로와 아퀴나스의 소유론에 입각한 사회는 세 가지 요소로 이루어져 있다. 공유지의 내포적 용익권, 배타적인 사적소유권 그리고 가난한 사람에 대한 부자들의 부조의무의 세 가지이다. 이러한 사회상은 고대와 중세 사회의 실제 모습과도 어느 정도 일치한다. 하지만 여기에 공통부 배당이 들어설 자리는 없다. 일부 토지의 소유형태가 공동소유라고 해도, 여기에서 공동소유권의 핵심은 모두에게 열려 있는 내포적 용익권이다. 따라서 공유지 수익의 분배는 무조건적·보편적·개별적 평등배당이 아니라 개별적인 용익권의 행사로 얻게 되는 성과에 따른 차등 분배이고, 여기에 공통부의 평등배당은 들어설 자리가 없게 된다.

키케로와 아퀴나스의 소유론은 공유지의 내포적 용익권과 부조의무와 결합된 사적소유권이라는 두 가지 선택지에 대해 열려 있으며, 둘 사이에서 규범적 중립성을 지킨다. 하지만 어떠한 경우에도 거기에는 기본소득과 같은 분배방식이 들어설 여지가 없다. 사회적 합의에 따라서는 사적소유권이 도입되지 않고 공유지가 지속될 수도 있다는 가정은 오히려 키케로와 아퀴나스에게 조세기반 기본소득과 같은 발상마저 차단했을 것이다.

반면에 페인의 공통부 배당론은 영국에서 2차 인클로저enclosure■로 토지사유제가 확립되던 시대를 배경으로 한다. 페인

■ 소유권을 명확하게 하기 위해서 울타리를 쳐서 영역과 자산을 확보하는 것

이 제안한 조세기반 공통부 기금의 형성과 개별적 무조건적 배당은 인클로저가 완료된 상태에서 원천적 공유의 규범성을 되살리려는 강력한 논변이다. 아울러 토지나 천연자원처럼 인클로저가 이미 완료된 상태가 아니고 현재 진행 중인 상태, 즉 지식·빅데이터·네트워크 등 인공적 공유자산에 대해 급속도로 진행 중인 인클로저를 염두에 둔다면 공유지분권 유형이나 공동소유 배당형 기본소득이 조세기반 기본소득보다 더 적절한 대안이 될 수 있다. 여기에 대해서는 2장과 3장에서 자세히 살펴볼 것이다.

생존수단이 없을 때 부조받을 권리

로크의 『통치론 제1부』와 부조받을 권리

『통치론 제2부Second Treatise』와 비교할 때 『통치론 제1부First Treatise』는 거의 주목을 받지 못했다. 하지만 이 저작은 부조론의 역사에서 커다란 중요성을 가진다. 『통치론 제1부』에서 로크는 "정의justice가 사적소유나 상속에 권원title을 부여"하듯이 "자애charity는 다른 생존 수단이 없을 때 극단적인 가난에 빠지지 않을 만큼을 다른 사람의 풍요로부터 가져갈 수 있는 권원을 모든 사람에게 부여한다"라고 썼다. 나아가 로크는 "신은 한 사람을 다른 사람의 자비에 맡겨두지 않았다"라는 점에서, 재산을 소유하고 있지 않으며 상속받을 것도 없는 가난한 사람들에게 부조받을 권리charity rights가 부여되어야 하는 이유를 찾았다.[15] 여기에서 로크가 강조하는 것은 자비에 의존하는 수동적 처지와, 부조를 요구할 권리를 가진 적극적 지위의 차이이다.

로크의 자연권 이론의 체계 안에서 부조받을 권리는 소유권이나 상속권과 마찬가지로 권원entitlement이며 자연법적으로 '보호된 권리protected rights'이다. 로크의 권리론에서 보호된 권리란 이 권리에 대응하는 타인의 의무가 존재한다는 뜻이다. 로크는 부자의 부조의무를 덕성과 같은 내적 의무가 아니라 가난한 자가 보유하는 부조받을 권리에 대응하는 외적 의무로 파악했다. 푸펜도르프는 홉스의 '만인과 만물에 대한 만인의 권리'를 비판하면서 권리에는 언제나 대응하는 의무가 있고 의무에는 언제나 대응하는 권리가 있다는 학설을 수립한다.[16]

로크는 푸펜도르프의 '권리와 의무의 조응론correlation theory'을 계승했고 부조론, 소유론, 사회계약론에 일관되게 적용했다.[17] 따라서 로크의 권리론에서는 부조를 요구할 가난한 사람의 권리라는 대응 개념을 전제하지 않는다면 부자나 정치공동체의 부조의무도 논증될 수 없다.[18] 부자의 부조의무는 사회계약의 체결 이후 국가의 공공부조로 전환된다. 사회계약의 목표는 "사회의 모든 사람의 보존"이다.[19] 따라서 사회계약에 의해 수립되는 국가에서는 가난한 사람의 부조 요구권과 국가의 부조의무가, 마치 자연상태에서 부자의 부조의무와 가난한 사람의 부조받을 권리가 대응하듯이 서로 맞짝을 이루게 된다.

로크의 권리론은 부조의 권리적 성격을 명확하게 한 최초의 이론적 틀이다. 하지만 부조받을 권리란 조건적 권리에 불과하다. 로크도 이를 분명히 한다. 부조받을 권리는 "생존을 위한 수단이 달리 없을 경우 극도의 결핍으로부터 자신을 보존"하기 위하여 행사될 뿐이다.[20] 결국 부조받을 권리란 가난이나 질병과 같은 특수한 조건을 전제로 성립하는 사후적이고 조건적 권리에 불과하다. 아무리 부조가 권리라고 해도 조건성을 벗어날 수 없다. 빈곤에 빠지기 이전에는 그러한 권리 자체가 성립되지 않는다.

결국, 기본소득에 대한 권리, 곧 자산 유무나 노동 여부와 관계없이 공통부를 동등하게 배당받을 만인의 무조건적 권리unconditional rights라는 발상은 로크의 정치철학에서 매우 이질적인 것이라고 말할 수 있다. 오히려 로크에게 명확하게 나타나는 특징은 노동소득의 우선성과 공공부조의 보충성이다. 로크에게서 노동과 소유는 '정의'의 영역이자 1차 분배이며, 부조는 '자애'의 영역이며 2차 분배일 뿐이다.

부조는 원천적 공유 개념의 잔여적 규범성

권리논변의 형태로 부조론을 전개함으로써 로크는 부조론의 역사에서 하나의 이론적 분기점을 만든다. 그럼에도 원천적 공유 개념의 규범적 효과는 공공부조 요구권 이상으로 나아가지 않는다. 이 점에서 로크는 여전히 키케로까지 거슬러 올라가는 낡은 전통에 머물러 있다. 원천적 공유로부터 출발하여 부자의 자선이나 선별적 공공부조로 귀결되는 이론적 전통과의 단절, 일종의 지적 혁명을 이룬 것은 18세기 말의 페인과 스펜스이다. 이러한 지적 혁명의 핵심을 명확히 드러내기 위해서는 '어째서 페인 이전의 공유 개념에서 공통부 배당론이 등장할 수 없었는가'라는 질문에 답해야 한다.

이를 위해서 소유권 논증에서 원천적 공유 개념의 논증 기능을 분석하고 유형화할 필요가 있다. 원천적 공유 개념에서 공공부조 이외에 다른 것이 나올 수 없었던 이유는 페인 이전의 사상에서 원천적 공유와 사적소유가 맺는 매우 특수한 관계 때문이다. 키케로에서 로크에 이르기까지 다양한 형태로 제시되어온 소유론은 원천적 공유로부터 사적소유권의 성립을 논증하며, 동시에 사유재산제도가 등장하여 더 이상 원천적 공유권이 행사될 수 없는 상태에 대해서는 부조 제도를 원천적 공유권의 대체물로 본다. 부조 제도는 이미 사유재산제도가 수립된 사회에 대하여 원천적 공유 개념이 남기고 있는 잔여적 규범성이라고 볼 수 있다.

이와 같은 논증구조는 소유와 부조의 이중구조 또는 노동과 부조의 이중구조로 나타난다. 이러한 이중구조에서 부조는 예외적 상황에 대비하는 보충성을 가질 뿐이며 우선성은 소유와 노동에 부여된다. 이때 노동과 소유는 같은 뿌리를 가지고 있으며, 부조는 노동이 불가능하여 사적소유권을 성립시킬 수 없는 특수한 처지에 빠진 사람들에 대한 매우 예외적인 구제수단이다. 2절에서는 이와 같은 특징이 가장 분명하게 드러나는 로크의 소유론을 다룬다.

노동의무와 공통부 아퀴나스·비베스·로크의 예

아퀴나스, 어쩔 수 없는 어려움과 게으름의 구분

페인 이전의 이론에서 원천적 공유의 규범적 효과가 부조론을 벗어나지 못하는 이유는 노동의무의 문제와도 밀접하게 연관되어 있다. 여기에서는 이러한 상관관계가 특징적으로 드러나는 아퀴나스·비베스·로크의 부조론을 살펴본다. 아퀴나스에게 인간의 최고목적은 노동이 아니라 종교적 삶이지만,[21] 노동의 기능을 '생계유지', '게으름의 극복', '탐욕의 억제', '가난한 자에 대한 부조'라는 네 가지로 유형화함으로써 아퀴나스는 노동을 의무로 간주한다.[22]

노동의 기능에 대한 설명은, 어쩔 수 없는 어려운 상황에 빠진 사람들의 구걸은 자연법적으로 정당하지만 게으름에서 비롯되는 구걸은 금지된다는 결론으로 이어진다. 게으름은 부자의 부조의무를 성립시키는 조건이 아니다. 나아가 게으른 자의 구걸을 금지한다는 것은 가난한 사람에게 노동의무를 부과하는 것과 일맥상통한다.[23] 이처럼 아퀴나스에게 노동은 인간의 자기목적이 아님에도, 게으름을 금지함으로써 가난한 사람들에게 노동의무를 부과하는 결과를 낳게 된다.

비베스, 공공부조와 노동의무의 연동

　　비베스의 공공부조론은 좀 더 명확하게 노동의무를 전제한다. 1526년 비베스가 브뤼헤Brugge/Bruges의 시장에게 보낸 보고서 「빈민 원조에 관하여」의 두 번째 책에서 비베스는 공공부조의 네 가지 원칙을 제시한다.[24] 첫째 원칙은 자산심사이다. 비베스는 누구에게 얼마만큼 공공부조를 제공할 것인지를 정확하게 산정해야 한다는 원칙을 제시하고, 성직자가 아니라 공무원이 가장 효율적으로 심사할 수 있다는 설명을 덧붙인다. 비베스는 교회나 부자가 행하는 사적 자선보다 공공부조를 우선시했다. 이것은 빈곤을 자연적 질서의 일부가 아니라 사회적 실패로 보았던 16세기 인문주의의 영향과 더불어, 우연과 자의에 맡겨진 사적 자선과 비교할 때 공공부조가 구체적인 필요성에 대한 심사에서 훨씬 더 효율적이라고 생각했기 때문이기도 하다.[25]

　　비베스가 제시한 공공부조의 두 번째 원칙이 바로 노동의무이다. 비베스는 모든 인간, 특히 가난한 자나 실업자는 노동의무를 짊어진다고 강조했으며, 노동능력 여부는 의사가 판단하도록 했다. 세 번째 원칙은 정부의 과제로서 공공 일자리 창출인데, 비베스는 국가나 도시 당국이 실업자들에게 일자리를 제공할 의무가 있음을 분명히 한다. 여기에 덧붙여 네 번째 원칙으로 비베스는 훈육의 중요성을 강조한다. 국가는 빈민이 노동을 즐기도록 훈육하여 유용한 사회구성원이 되도록 이끌어야 한다.[26]

아퀴나스가 곤궁에 빠진 자의 구걸은 허용하면서도 게으른 자의 구걸은 금지했던 반면에, 비베스는 국가의 일자리 제공 의무를 도입함으로써 빈민의 구걸을 일절 금지한다. 아퀴나스가 빈곤이란 자연발생적으로 일어날 수도 있는 일이라고 보고 부자의 부조의무를 논증했던 것과 달리 비베스는 빈곤을 국가적 실패로 보았다. 일자리를 제공하고 노동기율을 훈육해야 할 국가가 잘 작동한다면 빈곤은 발생할 수 없다고 본 것이다. 비베스에게 노동의무는 인류에게 내린 '신의 계명'이었으며, 이에 따라 구걸을 무조건적으로 금지했고 이를 공공부조의 전제조건으로 삼았다.[27]

역사상 최초의 공공부조론이라고 말할 수 있는 비베스의 「빈민 원조에 관하여」는 후대에 큰 영향을 끼쳤다. 이는 비베스가 직접 개입했던 플랑드르의 이퍼르Yper 지방정부의 공공부조 정책만이 아니라 1576년 영국의 빈민구제법The Poor Relief Act[28]을 비롯하여 16세기 공공부조제도 전반에 큰 영향을 끼쳤고 18세기까지 흔적을 남긴다. 몽테스키외Montesquieu는 "국가는 모든 시민에게 안전한 생활수단, 음식, 적당한 옷과 건강을 해치지 않는 생활방식을 제공할 책임이 있다"라고 말하면서 공공부조를 국가의 본질적 기능의 하나로 규정한다.[29]

비베스가 제시한 공공부조의 원칙들은 오늘날의 복지제도 속에도 부분적으로 남아 있다. 특히 자산심사 원칙은 오늘날의 선별적 소득보장제도에 그대로 이어지고 있다.[30] 비록 노동의무, 공공근로와 훈육의 원칙은 오늘날의 복지제도에 그대로 남아 있지는 않지만, 노동요건work requirement의 부과와 현금이전money transfer을 결합시킨 노동연계복지Workfare의 정신적 뿌리를 비베스에게서 찾을 수 있다. 자산심사, 노동의무, 공공근로와 훈육을 조건으로 하는 비베스의 공공부조론은 기본소득과 정반대의 관점을 범주적으로 보여준다. 특히 징벌성과 낙인성과 관한 비베스의 입장은 기본소득의 정신과 정반대이다. 비베스는 다른 사람들에게 본보기가 될 수 있도록 수급자에게는 더 적은 배급과 더 혹독한 일을 부여해야 한다고 말한다.[31]

로크, 노동의무와 부조요건의 분리

노동을 '신의 계명'으로 본다는 점에서 로크도 비베스와 마찬가지이지만 '노동의무가 공공부조의 조건인가'라는 문제에서는 확실한 차이를 드러낸다. "신이 명령한" 노동의무를 언급하면서 로크는 노동이 "인간의 필요Wants"에 따른 것이라는 세속적 관점도 동시에 강조한다.[32] 무엇보다도 노동의무를 부조의 전제조건으로 삼지 않았다는 점도 간과할 수 없다. 로크에게 부조에 대한 요구권은 노동할 수 없을 경우에 발생하는 것이지, 노동의무를 전제로 한 권리가 아니다. 물론 로크도 비베스와 마찬가지로 빈민에게 일자리를 제공하는 구빈원Workhouse의 설치를 주장했으며 이러한 주장을 담은 「빈민법에 관한 에세이」(1697)라는 원고를 남기고 있다.[33] 하지만 이것은 로크가 무역위원회 위원으로서 제출한 정책건의에 불과하며, 그의 분배정의론의 체계적 구성부분으로 볼 수는 없다.

『통치론 제2부』의 논증 구조를 체계적으로 검토해보면, 로크의 소유권 논증에서 노동의무는 노동 투입에 따른 소유획득을 신학적으로 뒷받침하는 기능을 가질 뿐이다. 로크는 노동이 사적소유를 성립시킨다는 자신의 소유권 이론에 신학적 근거를 부여하기 위하여, 노동을 신이 부여한 의무로 설정했다. 뒤에서 자세히 살펴보겠지만, 이와 같은 신학적 자연법의 구조물은 로크의 소유론의 핵심 논변이 아니다. 그럼에도 로크야말로 노동중심적labor-centered 소유론과 소유중심적property-centered 분배정의론을 최초로 명료하게 제출한 사상가라는 점만은 분명하다. 비베스의 공공부조론에서 노동이 차지하는 위치보다 로크의 분배정의론에서 노동이 차지하는 역할은 훨씬 더 중심적이며, 이 점은 로크에게 공통부 배당의 관점이 등장할 수 없도록 만드는 주된 이유가 된다.

노동의무를 부조의 전제조건으로 보지 않더라도, 나아가 아예 노동의무 개념을 전제하지 않는다 하더라도 노동으로 발생하는 소유나 소득에 우선성이 부여되는 논증구조에서는 공통부 배당 개념이 등장할 여지가 없다. 로크의 경우는 이를 명확하게 보여준다. 노동 및 노동소득의 우선성은 공통부 배당 개념과 상호 배타적이다. 2장에서 자세히 살펴보겠지만, 18세기 프랑스 대혁명기의 토지공산주의자 바뵈프Babeuf나 20세기 소비에트 사회주의의 사례처럼 사적소유를 철폐하고 공적소유public property로 전환한다고 하더라도 노동을 사회구성원의 의무로 간주한다면 공통부 배당에 관한 논의는 아예 전개될 수 없다.

이 점에서 보자면, 사회주의의 역사는 사회구성원 모두의 소유인 공동소유common ownership의 역사가 아니라 국가나 정치공동체의 소유인 공적소유public ownership에 입각한 노동공동체의 역사, 즉 공적소유와 보편적 노동의무의 두 기둥을 가진 건축물의 역사였다고 말할 수 있다. 아울러 노동을 사회구성원 모두의 의무로 보지 않더라도, 20세기 복지국가처럼 완전고용 가설에 입각하여 노동투입이나 자본투입에 의한 시장소득을 1차적인 소득원천으로 간주할 경우에도, 노동 여부와 무관한 무조건적 기본소득에 대한 발상은 처음부터 차단된다. 노동소득 또는 시장소득의 우선성의 원칙하에서는 복지국가의 부조의무는 보충적이며 조건적이며, 부조받을 권리를 인정하더라도 그것은 조건적 권리에 지나지 않게 된다.

2. 로크의 소유론, 정의와 자애의 이중구조

로크의 소유론은 노동소득의 우선성과 공공부조의 보충성을 명확하게 보여준다. 물론 여기에 동의하지 않을 정반대의 해석도 있다. 로크의 소유론을 둘러싸고 양극단의 해석이 충돌해왔기 때문이다. 한 극단에는 로크가 결코 배타적인 사적소유권을 옹호한 적이 없으며 결과적으로는 자본주의에 반대되는 소유론을 펼쳤다는 견해가 있다.[34] 다른 한 극단에는 로크의 소유론을 노동 투입에 의하여 배타적인 사적소유권을 정당화하는 '소유개인주의possesive individualism'의 전형이자, 역사적으로는 '농업자본주의'의 소유론으로, 결과적으로 복지나 재분배와 전혀 상관없는 이론으로 읽는 입장이 있다. 물론 이러한 양극단의 해석에 대해서 그동안 많은 비판이 있었다.[35]

오랜 기간 동안 로크의 정치철학을 해석하면서, 서로 충돌하는 내용들을 무시하는 자의적인 발췌 해석이 자행되었지만, 이러한 방법론적 편향을 넘어서는 체계적인 독해 또한 꾸준히 시도되었다. 로크의 정치철학 전반과 특히 소유론은 언뜻 보기에 서로 충돌하는 요소들을 포함하고 있다. 오랫동안 자의적 발췌 해석이 자행되었고, 이를 넘어서기 위해 텍스트의 역사적 문맥을 살피려는 시도도 나타났다. 하지만 이와 같은 새로운 방법론은 철학 텍스트에 대한 지나친 역사화를 가져왔다. 이와 같은 방법론적 역사주의의 과잉은 서로 충돌하는 요소들을 하나의 이론적 전체 안에 정연하게 배치하려는 체계적 독해의 계기가 되었다.

로크의 자연법 철학에 대한 체계적 독해는 『통치론 제1부』와 『통치론 제2부』의 밀접한 연관관계를 강조한다. 또한 『통치론 제1부』 5장에서 로크가 전개하는 좁은 의미의 소유권 이론을 밖에서 둘러싸고 있는 로크의 자연법 철학의 전체 구조를 살펴보고, 이로부터 좁은 의미의 소유권 이론의 효력 범위를 한정 지었다. 특히 시먼스Simmons는 궁핍이나 노동불능을 조건으로 부여되는 '부조받을 권리'를 노동 투입에 의해 성립하는 사적소유권과 동등하게 로크의 자연권 철학의 독립적인 두 축으로 보았다.[36]

이처럼 소유권과 '부조받을 권리'의 이중구조를 로크의 자연권natural rights 이론의 기본구조로 보면, 설령 사적소유권 이론에서 '소유획득의 노동 이론labor theory of property acquisition'[37]의 통상적인 해석을 따르더라도 로크의 권리론 전체를 배타적인 사적소유권에 대한 무제한적 옹호로 볼 수 없게 된다. 오히려 로크의 권리론의 전체적 구조는 사적소유권 중심의 정의론이 아니라 보다 넓은 범위의 이론체계로서 정의와 자애의 두 영역과 소유와 부조의 두 요소를 모두 포괄하는 이중구조를 가진다.

앞으로는 이와 같은 이중구조에 주목하면서 공통부 배당 문제를 다룰 것이다. 특히『통치론 제2부』에서 로크가 소유권의 한계로서 충분성 단서sufficiency-proviso를[38] 제시했음에도 이로부터 공통부 배당론을 전개할 수는 없는 로크 소유론의 내적 한계를 짚을 것이다. 이러한 한계를 검토하는 일은 페인과 스펜스의 지적 혁명의 성격과 구조를 이해하는 가늠자가 된다. 다시 말해, 위에서 언급한 체계적 해석들에 근거하여 로크 소유론의 전체 구조를 가능한 한 체계적으로 재구성하고, 로크 체계 안에서 공통부 배당 개념이 등장할 수 없도록 만드는 논증구조를 드러낼 것이다.

원천적 공유의 이중적 논증 기능

『통치론 제2부』 5장「소유에 관하여Of Property」는 현대 자유지상주의libertarianism에 커다란 영향을 미쳤다.[39] 여기서 로크는 분명하게 "땅은 하느님이 인류의 공유물로 부여하신 것"이라는 말로 이 장을 시작한다. 하지만 자유지상주의 논변은 그 문장을 스쳐 지나친다. 여기에는 자기보존self preservation의 권리뿐만 아니라 지구에 대한 모든 인류의 원천적 공유 개념까지 담겨 있다.

로크의 소유론에서 배타적 소유권에 대한 무제한적 옹호를 읽어내는 우파 자유지상주의는 이와 같은 원천적 공유 개념의 논증 기능을 부정하고 오직『통치론 제2부』의 역사적 맥락에만 관련될 뿐이라고 해석한다. 즉, 그것은 로버트 필머 경Sir Robert Filmer의 '세계에 대한 아담의 사적소유권'에 대해 로크가『통치론 제1부』에서 전개한 반론을 재차 환기시키는 구절에 불과하며,[40] 단지 필머와의 논쟁이라는 맥락에서만 유의미할 뿐이지『통치론 제2부』의 논의에 어떠한 연결점도 없다는 것이다. 이러한 해석들은 로크의 문장에서 드러나는 고유 개념을, 이어지는 '소유 획득에 관한 노동 이론'과 연관 짓지 않는다.

그런데 로크가 원천적 공유 개념에서 출발하는 이유는 노동 투입에 의한 소유권 성립의 가능 근거를 확보하기 위함이다. 설령 개별적인 공유자들이 자신의 인격, 행위, 노동에 대해 배타적 소유권을 가지고 있다고 할지라도, 만약 대지가 그 자신을 포함하여 모든 인류의 공유가 아니라 어떤 특정인의 사적소유라면 일체의 접근과 이용, 노동 투입이 애초에 불가능했을 것이기 때문이다. 로크도 강조하듯이, 남의 땅을 개간한다고 토지 소유권을 얻을 수 있는 것은 아니다. 원천적 공유 개념을 전제할 때에만 모든 사람이 공유자로서 사적소유권을 형성할 잠재적인 자격을 가지게 된다.

'소유획득에 관한 노동 이론'은 공유자들의 합의가 아니라 누구에게도 허락받을 필요 없이 일방적으로 노동 투입에 의해서 사적소유권이 성립된다는 설명이고, 이러한 논증을 뒷받침하기 위해서라도 원천적 공유 개념은 이론적으로 필수불가결한 요소이다. 명확하게 말하자면, 원천적 공유 개념이야말로 사적소유가 발생할 수 있는 가능 근거이다. 키케로·그로티우스·푸펜도르프의 선점론이든, 로크의 '소유획득에 관한 노동 이론'이든, 사적소유의 성립을 설명하려면 원천적 공유 개념을 전제할 수밖에 없다. 나아가 동의라는 계기 없이 일방적 노동투입만으로 소유권의 성립을 설명하려는 로크의 이론 체계에서 원천적 공유 개념은 더욱 필수적인 출발점이라고 말 할 수 있다.

하지만 정작 중요한 점은 로크의 소유론에서 원천적 공유 개념이 보다 적극적인 논증 기능을 가진다는 점이다. 만약 원천적 공유 개념이 그저 사적소유권을 성립시킬 가능성만을 부여할 뿐이며 더이상의 규범적 규정성을 가지지 못한다고 해석한다면, 이 또한 텍스트를 체계적으로 읽지 않은 것이다. 『통치론 제2부』에서 원천적 공유는 5장에서 처음 등장하는 개념이 아니다. 1장에서 자연법의 기초에 대해 설명하면서 이미 등장하는데, 여기서 로크는 "자연의 단일한 공동체의 공유"라는 표현을 사용함으로써 생명권의 불가양도성, 공유자로서의 독립성과 불가침성을 강조한다. 이는 5장에서 소유권 이론을 본격적으로 전개하기 이전에 이미 로크가 원천적 공유 개념에 자연법적 근거를 부여하고 있음을 보여준다.

동시에 이는 원천적 공유 개념이 사적소유권의 가능 근거일 뿐만 아니라 사적소유권에 대해 일종의 유보 조건을 설정하는 자연법적 제한 논거argument of limitation로서도 기능할 수 있다는 점을 시사한다. 즉, 원래 모두의 것이고 어느 누구에게 배타적으로 속한 것이 아니기에 누구나 사적소유를 형성할 수 있지만, 그러한 방식으로 성립한 사적소유권도 다른 사람들이 여전히 대지에 대한 공유자 자격을 잠재적으로 보유한다는 점에 의해서 제한받는다고 해석해야 한다. 결과적으로, 로크의 소유권 이론에서 원천적 공유 개념은 사적소유권의 가능 근거이자 제한 근거라는 이중적인 논증 기능을 가진다.

제한 근거로서 원천적 공유 개념은 사적소유권에 한계를 설정한다. 로크가 『통치론 제2부』 5장에서 언급한 재산권의 한계들 중에서 규범적으로 유효한 것은 미개간지가 충분하여 노동에 의해 사적소유권을 성립시킬 기회가 다른 사람에게도 충분히 남아 있어야 한다는 유보 조건이다.[41] 흔히 충분성 단서sufficiency-proviso라고 불리는 이러한 유보 조건 이외에도 부패하지 않아야 한다는 단서spoilation proviso도 거론되지만, 썩지 않는 화폐를 축적하게 된 시대가 되면 사적소유권은 이러한 단서를 우회하게 된다고 설명하면서 로크 스스로 이 단서의 규범적 기능을 폐기한다.[42]

충분성 단서의 위반과 결과론적 정당화의 한계

충분성 단서의 훼손은 이미 예정되어 있었다.『통치론 제2부』 5장에서 로크는 모두에게 충분할 만큼 미개척지가 남아 있는 대표적 사례로 '아메리카 대륙'을 들지만, 이 또한 언젠가 모조리 개간될 수밖에 없다. 충분성 단서를 미개간 자원에 대한 모든 사람의 동등한 몫으로 해석하여 로크의 소유론을 좀 더 평등주의적으로 바라보더라도,[43] 지구의 완전한 개간이라는 문제 상황이 해소되지는 않는다. 더욱이 로크는 완전한 개간은 신의 명령이자 인간 이성의 명령이라고 단언한다.[44] 이처럼 개간 노동이 자연법적 의무로 파악되는 한에서는 미개간지가 한 뼘이라도 남아 있으면 자연법적 노동의무는 결코 해소되지 않게 된다.

물론 개간된 땅도 지속적인 노동 투입을 필요로 할 것이기에, 미개간지가 사라지더라도 노동의무는 지속된다. 하지만 노동의무의 수행이 지속적으로 소유권을 형성하는 계기가 될 수 있는지는 전혀 다른 문제이다. 미개간지가 없으면 노동의무의 수행은 소유권을 성립시키지 못한다. 인류가 노동의무를 성실히 수행하여 미개간지가 모두 사라지고, 결국 모든 토지의 주인이 정해지고 공유지조차 "협약에 의한 공유지"[45]여서 함부로 개간하여 사적소유권을 성립시킬 수 없는 상태가 오면, 그 뒤로는 누구도 노동의무의 수행을 통해 새로 사적소유권을 형성할 수 없다. 모든 토지가 개간된 상태를 전제할 때 로크의 '소유획득의 노동 이론'은 미개간지가 모두에게 충분하게 남겨져 있어야 한다는 충분성 단서를 위배하게 된다.

모든 토지의 소유권자가 정해진 후부터 로크의 소유권론은 현재 상태에 대한 규범적 규제능력을 상실하며, 오직 사적소유권의 역사적 기원에 대한 정당화론에 불과하게 된다. 그런데 노동투입에 의한 소유획득론이 현존하는 사적소유권의 역사적 정당화의 차원으로 협소해지는 것은 그나마 덜 치명적이다. 이보다 치명적인 문제가 남아 있다. 로크의 자연법 체계에서 모든 사람의 원천적 공유권은 노동투입으로 사적소유를 성립시킬 수 있는 원천적 가능성이고, 모든 사람에게 보장되어 있어야 하는 무조건적 권리이다. 이는 노동투입으로 토지에 대한 소유권을 수립할 수 없는 시대에도 무조건적으로 보장되어야 한다. 이미 모든 토지가 개간되어 누군가의 사유재산이 되었으므로 더 이상 개간할 권리가 보장되지 않는다고 말하는 순간, 로크의 자연법 체계에는 한 줌의 규범적 기능도 남지 않게 된다. 결과적으로 '소유획득의 노동 이론'은 로크 소유론의 출발점인 원천적 공유 개념과도 충돌하게 된다. 로크의 소유론에서 충분성 단서는, 원천적 공유 개념이 사유재산제도에 대해 설정한 한계이기 때문이다.

로크의 소유론은 이러한 난점을 피해 갈 수 없다. 하지만 로크는 이러한 난점을 충분히 인식하고 있음을 드러내면서 '소유획득의 노동이론'과 별도의 보충적인 논거를 제시한다. 로크는 '소유획득의 노동이론'에 뒤이어 아메리카 인디언 논변이라고도 불리는 구절을 마치 부록처럼 덧붙인다. 아메리카처럼 "거대하고 생산적인 영토의 왕이 영국의 일용 노동자보다 의식주 면에서 더 못살고 있다"[46]. 이 구절은 바로 앞에서 로크가 전개한 전前고전파preclassic 노동가치론, 즉 "상품가치의 99/100는 자연이 만든 가치가 아니며 노동에 의해 증대된 가치"[47]라고 말하는 대목을 보충한다. 그런데 이 구절로 미루어 해석할 때 로크는, 모든 토지가 사유재산이 되어 더 이상 원천적 공유권에 입각한 개간이 이루어질 수 없는 시대가 도래하면 '물질적 부의 증대와 임금노동'이 모든 인류가 보유하는 원천적 공유자 지위에 대한 적절한 보상compensation이 될 수 있다고 생각했을 것이다.[48]

아메리카 인디언 논변은 사유재산제도의 수립이 전체적인 효용을 증대시키고 이 과정에서 임금노동 일자리와 같은 대체 수단에 의하여 공유권 상실을 보상할 수 있다면, 충분성 단서의 위반에도 불구하고 사적소유권 제도는 정당할 수 있다는 논변으로 읽을 수 있다. 이를 통해 로크는 '소유획득의 노동 이론'의 권리론적 틀과 독립적인 새로운 종류의 정당화 논변을 제공했다고 볼 수 있다. 이러한 논변은 일종의 보상논변compensation argument, 곧 최소수혜자에 대한 보상과 전체적 효용의 증대가 불평등을 정당화한다는 논변이며, 이는 훗날 후생경제학의 칼도-힉스기준Kaldor-Hicks criterion■과 유사한 어떤 것으로 이해될 수 있다.[49]

보상논변은 결과론적 정당화consequentialist justification의 일종으로, 정당성의 기준은 내적 가치intrinsic value가 아니라 효용극대화

■ 누군가의 희생이 있더라도 무리내에서 총효용이 증가한다면 사회적으로 납득되어야 한다는 이론

라는 외적 척도에서 부여된다. 이와 정반대로 정당성 기준을 내적

가치에서 찾는 논변을 의무론적 정당화deontological justification라 부른다.[50] 굳이 논증 유형을 구분하자면, '소유획득의 노동이론'은 의무론적 논변의 일종이다. 노동의 투입으로 인격이 합체되었다는 『통치론 제2부』의 설명에서,[51] 사적소유권은 노동투입을 통한 인격의 합체라는 내적 가치에 의하여 정당화된다. 반면에 아메리카 인디언 논변은 사적소유권을 인격의 합체라는 내적 가치가 아니라 효용의 극대화라는 외적 척도에 의해 정당화한다. 로크의 소유론에서 중심적인 논변은 '소유획득의 노동이론'과 같은 의무론적 논변이며, 토지가 모두 개간된 상황을 예비하여 로크가 도입한 결과론적 논변은 중심 논변이라기보다 보충적인 기능을 가질 뿐이다.

결과론적 정당화 기능은 의무론적 논증에 비해 제한적일 수밖에 없다. 사적소유권의 내적 가치가 정당성의 기준이 아닌 한에서 사적소유권은 목적이 아니라 수단에 불과하게 되며 효용극대화라는 결과를 기준으로 효과적인 수단인가 아닌가에 따라 그 가치가 판단될 뿐이기 때문이다. 만약 사적소유권이 사회적 부의 증대라는 결과를 낳지 않는다면, 수단으로서의 가치도 없어지게 된다. 이 문제를 좀 더 자세히 살펴보자.

『통치론 제2부』 5장에서 로크는 임금노동과 생산수단에 대한 배타적인 소유권의 관계를 본격적으로 다루지 않았다. 비록 '하인servant'의 노동생산물은 주인의 소유라고 말하는 대목이 등장하지만,[52] 이를 그대로 자본주의적 임금노동에 적용하기는 어렵다. 하지만 임금노동자가 생산결과물을 전유할 수 없는 자본주의적 임금노동에 대한 로크의 입장을 아메리카 인디언 논변을 통해 유추할 수는 있다. 아메리카 인디언 논변은 생산수단의 소유자가 아니기 때문에 노동생산물을 소유하지는 못하는 "영국의 일용 노동자"

의 처지를 아메리카 인디언 추장보다 의식주 면에서 더 낮다고 말하고 있는 셈이기 때문이다.[53]

하지만 아메리카 인디언 논변은 결과론적 정당화에 나타나는 고유한 난점을 그대로 가지고 있다. 즉, 자신의 노동을 통해 사적 소유권을 수립할 기회가 모두에게 충분할 정도로 남아 있지 않은 조건, 곧 로크 식으로 말하자면 누구나 자유롭게 개간할 수 있는 미개간지가 사라진 조건을 가정해보자. 이때 임금노동이 소유권을 성립시키는 독립적 노동에 대한 대체 수단일 수 있으려면 최소한 누구에게나 임금노동 일자리가 제공되어야 하며 또한 임금노동을 통해서도 물질적으로 안정된 삶을 영위할 수 있어야 한다. 만약 완전고용사회가 더 이상 불가능하거나 일자리의 질이 생계를 누릴 수 없는 수준으로 하락한다면 임금노동은 원천적 공유권의 대체 수단이 될 수 없으며 사유재산제도는 충분성 단서를 충족시킬 수 없게 된다.

아메리카 인디언 논변에는 생계가 가능한 완전고용이 전제되어 있다. 완전고용의 가정은 규범적 우선성을 공유로부터 사유재산제도 쪽으로 이동시킨다. 원천적 공유의 규범성이 약화될수록 공통부 배당이 들어설 자리는 더욱 좁아진다. 이러한 상태에서 사유재산제도가 최소한의 규범성이라도 유지하려면 임금노동을 통해 생계유지가 가능한 상황이 지속되어야 한다. 실업과 불안정노동의 확대로 인하여 빈곤한 사람들이 늘어나는 정반대의 상황이 진행된다면, 사유재산제도는 정당성을 잃는다. 물론 로크의 이론체계 안에는 이와 같은 상황에 대한 예비가 들어 있다. 로크는 '소유획득의 노동 이론'에 대해 병행적인 규범체계로서 '부조받을 권리' 개념을 제시하기 때문이다. 공공부조는 완전고용이 달성되지 않는 예외상황에서도 사적소유권에 대한 최소한의 규범적 정당화를 수행한다.

하지만 로크의 부조론을 뜯어보면, 공공부조는 완전고용이 불가능한 상황에 대한 대체제도가 아니라 그저 개별적 예외상황에 대한 보완제도에 불과함을 알 수 있다. 완전고용 상태라고 하더라도 노동능력을 상실할 수 있다. '부조받을 권리'는 이와 같은 예외적인 상황에 대비할 수 있도록 한다. '부조받을 권리'는 『통치론 제2부』뿐만 아니라 『통치론 제1부』에도 등장한다는 점에도 주목할 필요가 있다.[54] 하지만 실업이나 생계유지가 어려운 불안정노동의 확산은 '정의의 영역'에서 원천적 공유권에 대한 침해이며 이는 '자애의 영역'에 속하는 공공부조에 의해 치유되지 않는다.

표준 상황으로서 완전고용과 예외 상황으로서 선별적 공공부조의 배치는 로크의 분배정의distributive justice의 두 축인 '정의와 자애'에 대응한다. 물론 이 두 가지 원리 중에서 우선적인 것은 '정의'이며, 로크에게 정의는 노동의 성과에 따른 분배를 뜻하고 사적소유권은 이와 같은 분배의 결과로 성립된다. 전체적으로 볼 때, 로크의 정의론은 '소유론적 정의론proprietary theory of justice'이라고 말할 수 있다. 왜냐하면 '자애의 원리'는 노동성과에 따른 분배원칙을 예외적인 상황에 대해서 보완할 뿐이지 대체하는 것은 아니기 때문이다.

두 가지 원칙은 대등하지 않다. '자애의 원칙'은 오직 예외적으로 노동능력이 없는 사람들에 적용되며 이 영역은 분배정의의 외부에 놓여 있다. '자애의 원리'는 질병, 사고, 장애, 은퇴로 인한 노동능력 결여 등 특수한 처지에 입각한 조건적인 공공부조를 정당화한다. 이와 같은 논증구조에서 오늘날의 선별적 복지급여로 이어지는 접점이 발견될 수는 있지만, 거기에 공통부의 무조건적인 평등배당이 들어설 자리는 없다.

만약 정반대의 상황이 전개된다면, 즉 노동능력이 없는 사람들만이 아니라 일자리가 없는 사람들이 늘어나는 상황, 공공부조를 필요로 하는 사람이 폭발적으로 늘어나는 상황이 전개된다면, 임금노동 일자리가 원천적 공유권의 대체수단이며 이를 통해 사적소유권이 정당화 된다는 결과론적 논변의 규범적 유효성은 의심스럽게 된다. 이처럼 고용 상황이 심각해지면 오히려 공통부의 평등한 배당에 결과론적 정당성이 부여된다. 오늘날의 논의 맥락에서도 공통부 배당은 완전고용 시대의 종말이라는 부인하기 힘든 사실성에 의해 뒷받침되고 있다. 하지만 이와 같은 사실성의 차원은 공통부 배당의 필요성을 강화할 뿐이지 충분한 정당성을 제공하지는 않는다. 인간다운 삶이 가능한 괜찮은 일자리에 의한 사유재산제도의 정당화가 상황 변화에 대해 가변적이듯이, 공통부 배당의 필요성도 일자리 없는 사회라는 상황이 어떻게 바뀌는가에 가변적일 수밖에 없기 때문이다.

결과론적 논변은 효용을 극대화하는 수단에 대해 정당성을 부여할 뿐이며 수단의 내적 가치에 대해서는 무차별적이다. 만약 전반적인 경제상황이 호전되어 완전고용이 다시 가능해진다면, 마치 충분한 노동소득을 얻게 된 사람이 선별적 공공부조 제도에서 제외되듯이, 결과론적 정당성의 관점에서만 따지자면 공통부 배당 제도도 더 이상 유지될 이유가 없어진다. 항구적이고 지속적인 제도로서 공통부 배당을 정당화하기에 결과론적 논변은 이처럼 분명한 한계를 가진다. 효용의 극대화에 의해 정당성을 부여하는 결과론적 논변은 무조건적 배당의 원리를 대체할 수 없다. 단지 공통부 배당의 원리는 결과론적 논변이나 효과 분석에 의해 뒷받침될 때 좀 더 다층적인 정당성을 얻게 될 뿐이다.

인격적 합체 논변과 가치증대 논변

로크의 소유론의 전체적인 틀을 다시 한 번 요약해보자. 로크에게 소유권 성립의 조건은 노동의 첨가이고, 사적소유가 성립하는 곳에서 원천적 공유는 끝난다. 로크에게 소유권은 공유지 안에서의 내포적 권리가 아니며 이 점에서 '소유'와 '공유'는 대립적이다. 하지만 원천적 공유에서 사유재산제도로 넘어가더라도 공유 개념은 소유권의 한계를 논하는 단서 조항 속에 흔적을 남긴다. 아울러 로크는 충분한 미개간지의 존재라는 단서 조항이 충족되지 않는 상황을 대비하여 임금노동 일자리를 원천적 공유권에 대한 대체권리로 간주하는 보완논거도 제시한다. 임금노동 일자리의 부족이라는 상황에서도 '부조받을 권리' 개념은 원천적 공유권에 대한 대체권리로 해석될 수 있다. 일자리 없는 사회와 같은 가장 극단적인 상황을 전제하면 로크의 소유정의론은 규범적 유효성을 상실하게 되지만, 이러한 극단적 상황에서도 원천적 공유 개념은 공공부조에 의해 최소한의 규범적 효력을 유지한다.

전체적인 틀을 살펴보자면, '소유획득의 노동이론'이 사적소유권의 수립에 대해 정당성을 부여하는 창설적 기능을 가지는 반면에 원천적 공유 개념은 사적소유권의 가능 근거, 제한 근거, 보완 근거라는 세 차원의 논증기능을 가진다. 이와 같이 복합적인 규범적 기능에도 불구하고 로크의 공유 개념은 약한 공유 개념에 속한다. 비베스와 달리 로크는 부조의 권리성을 명확히 했지만, 동시에 비베스와 마찬가지로 공유자의 지위를 사전적ex ante 배당을 받을 정도로 공고하게 이해하지 않았으며, 오직 곤궁에 빠졌을 때 사후적ex post 부조를 받는 정도로 약하게 설정했다. 그 이전의 이론과 마찬가지로 로크에게도 사유재산제도의 수립 이후의 원천적 공유는 사적소유의 성립과 함께 소멸하며 오직 소유권의 한계에 관한 논변 속에 잔여적 규범성을 남길 뿐이다.

아래에서는 로크 소유정의론에 공통부 배당 개념이 들어설 자리가 없었던 이유를 다른 각도에서 살펴볼 것이다. 아래에서는 로크 소유론의 출발범주인 원천적 공유 개념과 무관하게 '소유획득의 노동 이론'을 독립적인 틀로 간주하고 그 안에서 인격적 합체 논변mixing argument과 가치증대 논변의 상관관계를 따져본다. '소유획득의 노동 이론', 특히 인격적 합체 논변은 로크의 소유론 안에서 상대적으로 독립적인 부분이다. 자유지상주의적 해석처럼 합체 논변을 로크 소유론의 다른 요소로부터 떼어내어 독립적으로도 고찰할 수도 있다. 『통치론 제2부』에서 로크는 자기보존을 위해 외적 사물을 "전유할 수단means to appropriate"에 대한 권리를 당연히 파생시킨다는 점을 밝힌다.[55] 이 권리로서 모든 사람은 인격·신체·행위·노동에 대한 자기소유권self ownership을 가진다고 전제하고, 이어서 외적 사물에 노동을 첨가함으로써 인격에 대한 자기소유권을 외적 사물에 대한 소유권으로 확장해간다는 합체 논변을 전개해나간다.[56] 이러한 서술 구조는 수차례에 걸쳐 반복된다. 따라서 '소유획득에 관한 노동 이론'의 핵심 논거는 인격적 합체이다.

이 논변이 로크의 소유론의 다른 구성부분과 분리될 수 있을 정도로 상대적으로 독립적으로 보이는 이유는 로크의 '인격person'

개념 때문이다. 『통치론 제2부』에서 로크는 "인격에 관한 소유property in his own person" 개념을 사용하지만,[57] 그 앞에서는 모든 사람을 신의 "소유물workmanship"이라고 말한다.[58] 두 가지 진술은 얼핏 모순을 일으키는 것처럼 보이지만, 로크의 체계에서는 전혀 그렇지 않다.[59] 인격 개념은 『인간오성론An essay concerning human understanding』(1689)에 등장하는데, 여기에서 로크는 인격이란 인간과 인간 간의 관계의 전제로서 "법률적 개념a forensick term"이라고 설명한다.[60] 즉, '인격' 개념은 인간이 신의 창조물인가 아닌가라는 종교적 문제에 대해 중립적이며, 『통치론 제2부』 여러 곳에 등장하는 신학적 논변에 전혀 영향을 받지 않는 세속적 논변의 출발점을 이룬다.

설령 인간을 신의 소유물이라고 보더라도 누구나 인격에 대해서는 자기소유권을 가진다. 인격에 대한 자기소유권은 타인의 존중 의무에 의해 보호받아야 하며, 이와 같은 권리와 의무의 조응관계에 의하여 인격 개념은 개인들 상호간의 사회적 관계의 기초가 된다. 타인의 존중 의무에 의해 보호되는 불가침적 사적소유권의 논증을 위해서 인격에 대한 자기소유권은 필수불가결한 출발범주이다. 나아가, 인격에 대한 자기소유권의 확장은 합체 논변의 핵심이다. 외적 대상에 합체되는 것은 노동이지만, 이를 통해 일어나는 규범적 결과는 외적 사물로 인격의 확장이다.

17세기의 지배적인 소유권 이론은 여전히 키케로의 전통에 머물러 있었다. 그로티우스와 푸펜도르프는 키케로의 전통에 따라 선점과 암묵적 동의로 소유의 기원을 설명했다.[61] 앞에서 밝혔듯이, 선점론에서 소유권 창설의 핵심 논거는 선점행위가 아니라 암묵적 동의이며, 로크도 이를 명확하게 알고 있었다. 로크는 "공유물의 일부를 자신의 것으로 만들기 위해 모든 공유자의 동의가 필요했다면 인간은 이미 오래전에 굶어 죽고 말았을 것"이라고 비웃는다.[62] 물론 여기에서 로크가 말하고 있는 것은 암묵적 동의가 아니라 명시적 동의이다. 하지만 동시에 로크는 암묵적 동의에 의존할 때 사적소유권의 정당성 기초가 대단히 불안정하게 된다는 점도 인식했다. 그래서 공유자들과 어떠한 계약도 맺지 않고 어떻게 사람들이 소유권을 가지게 되는가를 밝히는 것이야말로 자신의 논증목표라고 말한다.[63]

'소유획득의 노동이론'은 동의에 기초한 소유권 논증에 대한 대항체계였다. 하지만 선점론과 '소유획득의 노동이론'의 차별성은 '소유권 성립의 계기가 선점 행위인가 노동투입인가'가 아니다. 차이는 동의의 규범적 기능에 관한 상반된 인식에서 드러난다. 핵심적인 대립은 공유자의 암묵적 동의가 소유권 성립의 근거인가 아니면 동의 없이 일방적으로 소유권을 성립시킬 수 있는가에서 발생한다. 선점조차 단순한 깃발 꽂기가 아니라 개간과 같은 노동투입일 수 있다. 따라서 타인의 동의 없이 일방적인 노동투입에 의해 소유가 성립함을 논증하기 위해서는 노동이라는 계기 그 자체가 아니라 노동을 통한 인격적 합체가 강조되어야 한다. 로크의 설명에서 규범적 핵심은 외적 사물에 대한 인격의 합체이며 노동투입은 외적 사물의 세계로 인격의 확장을 위한 수단이자 매개에 불과하다. 정확하게 말하자면 로크에게 소유권은 노동투입에 의해 창설되는 것이 아니라 노동투입에 의하여 인격이 외적 사물로 합체됨으로써 성립한다.

공유자들의 동의 없이도 노동투입에 의해 일방적으로 배타적인 소유권이 성립되는 이유는 애당초 인격에 대한 자기소유권에 대해서는 타인의 동의가 필요하지 않았다는 점과 관련된다. 인격에 대한 배타적인 자기소유권을 전제하지 않는다면, 노동에 대한 자기소유권을 거쳐 노동 및 활동에 대한 자기소유권과 그 결과물에 대한 배타적인 자기소유권으로 확장되어 나가는 논변구조는 성립하지 않는다. 합체 논변의 핵심은 노동투입도 아니며 노동투입으로 인한 가치증대도 아니고 외적 사물과의 인격적 일체화이다. '인격'에 대한 자기소유권을 전제하지 않는다면 이러한 논증체계는 정합적이지 않다. 결국 합체 논변의 규범적 질을 결정하는 것은 노동 개념이 아니라 인격에 대한 배타적 소유 개념이라고 보아야 한다.

그렇다면 이제 따져보아야 할 것은 '인격적 합체 논변이 과연 임금노동이나 자본주의적 사적소유를 정당화할 수 있을까'라는 문제이다. 이는 대단히 의문스럽다. 임금노동자의 노동에 생산수단 소유자의 인격이 합체된다고 말할 수는 없을 것이기 때문이다. 인격에 대한 자기소유권이 구매한 노동력에 대한 소유권을 거쳐 노동성과에 대한 소유권으로 확장된다고 설명하는 순간 사회관계의 기초로서의 독립적 인격 개념이 흔들리게 된다. 인격적 합체 개념을 구매한 임금노동에 적용하는 순간 로크의 자연법철학은 내적 일관성을 잃어버리는 것인데, 인격에 대한 자기소유권 개념의 합리적 핵심은 인격의 독립성이고 이는 로크 권리론의 출발점이기 때문이다. 나아가, 인격의 독립성은 자유로운 임금노동의 기초로서 반드시 확보되어야 하며 독립적 인격 개념 없이는 봉건적 예속노동만이 가능할 뿐 자본임노동 관계는 아예 형성되지 않는다는 점도 유의할 필요가 있다. 결국 자본주의적 사적소유에 대한 정당화는 인격적 합체 논변이 아닌 다른 방식으로 이루어질 수밖에 없다.

물론 로크는 인격적 합체 논변만을 제시한 것은 아니다. 합체 논변의 중심적 기능과 비교할 때 매우 보충적인 역할에 머물 뿐이지만 로크는 노동에 의해 외적 대상의 가치가 증대되었기 때문에 노동이 소유권을 성립시킨다는 논변을 사용하고 있다.[64] 가치증대 논변이라고 부를 만한 이러한 논변이 자신의 노동에 의해 외적 대상의 가치를 증대시킨 경우뿐만 아니라 임금노동에 기초한 자본주의적 가치증대에 대해서도 동일한 정당화 기능을 달성할 수 있는지는 의심스럽지만, 이는 분명 합체 논변에 의한 정당화보다는 덜 파국적인 결과를 낳을 것이다.

가치증대 논변을 생산물의 가치를 증대시킨 원인에 관한 논변이 아니라 가치증대의 효과에 관한 논변으로 바꾸면, 그것은 앞서 살펴본 '아메리카 인디언 논변'과 비슷하게 된다. 그러한 논변은 자본주의에 의하여 달성되는 사회적 효용과 부의 증대를 주된 논거로 삼아 자본주의적 사적소유를 정당화한다. 아마도 로크는 이러한 사정을 어렴풋이 인식했으며, 그래서 아메리카 인디언 논변과 같은 결과론적 논변을 자신의 소유론에 보충했을 것이다.

훗날 자유지상주의적 로크주의자라 볼 수 있는 노직Nozick은 로크의 합체 논변에 대해 거칠게 항의했다. "토마토 주스 캔을 바다에 던지는 행위를 통해 우리가 바다에 대한 소유권을 얻는 것이 아니라 토마토 주스 캔에 대한 소유권을 잃는 것이 아니냐"라는 노직의 항의는 가치증대라는 계기를 소유권의 정당성 근거로서 부각시킨다.[65] 외적 대상의 가치를 증대시키지 못한 노동투입은 소유권을 성립시키지 않는다. 가치증대 논변의 한계를 드러내려면 노직의 항의를 반대 방향으로 뒤집어 볼 필요가 있다. 예를 들어, 만약 어떤 사람이 양어장을 만들어 바다의 가치를 증대시켰다면 그 사람은 바다 그 자체를 정당하게 소유하게 되는가? 이러한 질문은 가치증대 논변의 틀 안에서 공통부 배당론의 가능성을 시험하고 있다. 이러한 질문은 공유 개념의 규범적 효과가 공공부조론에 머물 뿐인 로크의 논변구조와 공유 개념으로부터 공통부 배당론을 전개하는 페인의 논변구조를 체계적으로 비교하기 위한 중요한 단서를 제공한다.

『토지 정의Agrarian Justice』(1797)에서 페인은 '인공적 소유' 개념을 통해 사적소유권에 일정한 정당성을 부여했고, 그 이유는 외적 대상으로의 인격적 합체 때문이 아니라 개간에 따른 가치증대 때문이었다.[66] 이 점에서 페인과 노직의 입장은 다르지 않다. 하지만 가치증대의 규범적 효과와 관련하여 중요한 차이가 발생한다. 페인에게 가치증대 논변은 가치가 증대한 대상에 대한 '인공적 소유권'을 발생시키기도 하지만 결코 가치증대 이전의 공유권을 박탈하는 효과를 낳지 않는다. 즉, 가치를 증대시킨 사람은 가치가 증대한 부분에 대해서만 권리를 가질 뿐이고, 가치증대 이전의 원래의 권리는 모두에게 그대로 남아 있다. 페인은 비록 개간에 의해 토지의 가치증대가 이루어졌다고 하더라도 개간한 사람이 토지 그 자체를 만든 것은 아니기에 모든 사람의 원천적인 공유권인 '자연적 소유권'도 여전히 인정되어야 한다고 말한다.[67]

페인은 이와 같은 '자연적 소유권'를 사유재산제도하에서 우회적으로 실현할 수 있는 방법을 찾았다. 그것은 국가가 조세를 걷어서 두 종류의 공통부 배당, 즉 사회적 지분급여와 노인기본소득을 실시하는 것이다.[68] 조세를 걷는다는 것은 가치증대분에 대해서 일정한 몫을 거두어들인다는 뜻이며 배당은 이를 '자연적 소유자'에게 재분배한다는 뜻이다. 정확하게 말하자면 페인의 주장은 가치증대에 의해 사적소유권은 정당화되더라도, 가치증대분 전체를 사적소유권에 귀속시키는 것은 정당하지 않다는 것이다.

로크의 합체 논변에서 합체 이전의 공유 상태에서의 권리는 소유권의 한계와 같은 소극적 제한근거를 통하여 흔적만 남겨질 뿐이다. 하지만 페인의 가치증대 논변은 가치가 증대되기 이전 상태에서의 만인의 '자연적 소유권'을 무효화하지 않으며 가치증대분에 대한 일정한 몫으로 변환시킨다. 페인이나 노직과 마찬가지로 로크도 가치증대 논변을 내놓지만, 전체적으로 볼 때 보조적인 논거로만 사용할 뿐이다.[69] 『통치론 제2부』5장의 서술에서 드러나듯이, 로크의 체계에서 사적소유권의 창설은 일단 합체 논변의 영역이고, 가치증대 논변은 인격의 합체에 의해 이미 정당화된 소유권에 대해 보충적인 정당성을 제공하는 방식으로 마치 부록처럼 덧붙여질 뿐이다.

물론 로크의 소유론의 건축술에서 합체 논변이 차지하는 논증적 지위를 과도하게 해석할 필요는 없다. 앞서 밝혔듯이, 합체 논변을 다른 요소들에 대하여 독립적 부분으로 떼어내어 읽는 것은 결코 체계적 독해가 아니다. 소유권의 한계를 설정하면서 부조받을 권리에 대해 근거를 제공하는 원천적 공유 개념의 규범적 기능에 대해서도 합체 논변만큼 비중을 두어야 한다. 로크의 소유론은 한편으로 소유권을 정당화하면서도 다른 한편으로 소유권의 한계와 의무를 설정하고 소유권에 대응하는 권리인 '부조받을 권리'를 논증하는 이중적 구조를 가진다. 이와 같은 이중적 구조에도 불구하고, 원천적 공유 개념이 사적소유권을 직접적으로 창설하는 계기는 아니라는 점도 명백하다. 원천적 공유자 자격은 사적소유를 성립시킬 가능 근거이지만 소유권은 이와 같은 가능근거로부터 직접적으로 성립하지 않는다. 원천적 공유 개념은 소유권의 한계를 설정하고 의무를 부여하지만 한계와 의무가 부여되기 위해서는 그 이전에 소유권이 이미 성립되어 있어야 한다.

로크의 논증구조에서 소유권을 성립시키는 것은 '소유획득의 노동 이론'이다. 여기에서 중요한 점은 '소유획득의 노동이론'은 합체 논변뿐만 아니라 가치증대 논변을 포함하지만 두 가지 논변 중에서 중심적 지위를 차지하는 것은 합체 논변이라는 점이다. 바로 이와 같은 내적 건축술, 곧 합체 논변의 중심성과 가치증대 논변의 보조적 지위야말로 로크의 소유론에 공통부 배당에 관한 어떠한 시사점도 등장하지 못하도록 만드는 요인이라고 말할 수 있다. 훗날 페인은 로크의 소유론에서 합체 논변을 폐기하고 가치증대 논변만을 받아들인다. 이러한 선택을 통해 페인은 공통부 배당에 명확한 소유권적 기초를 부여한다.

공통부 배당론은 공통부의 사적 전유에 대한 대항담론이다. 공통부 배당론의 합리적 핵심은 노동이나 자본의 사적 투입에 의해 가치증대가 이루어진 부분만이 사적 전유의 대상이며 그 이외의 부분, 즉 누구의 행위로 특정할 수 없는 외부효과에 인한 가치증대는 모두에게 평등하게 분배되어야 한다는 것이다. 가치증대 논변은 적어도 공통부의 사적 전유를 제한하는 부정적 논증기능을 가질 수 있고, 적극적으로는 외부효과에 의한 가치증대에 대한 무조건적·보편적·개별적 배당을 옹호하는 긍정적 논증기능도 가질 수 있다.

가치증대 논변은 약간의 가치증대 또는 아무런 가치증대도 없이 오직 사적소유권에만 근거하여 공통부를 배타적으로 전유하는 것은 부당하다는 인식을 낳는다. 이러한 인식은 지식이나 네트워크와 같은 외부효과로 인한 가치증대는 공통부로 취급하여 모두에게 조건 없이 평등하게 분배해야 한다는 분배정의론으로 이어진다. 반면에 인격적 합체 논변에는 설령 대부분의 가치증대가 지식이나 네트워크 등에 의한 외부효과로 발생한 것이더라도 물적 인적 자본투자는 인격적 합체를 낳기 때문에 공통부의 사적 전유가 정당하다는 정반대의 결론이 함축되어 있다.

3. 페인의 이중적 소유권 이론

소유와 부조, 정의와 자애의 이원론 해체

부조의 권리성은 로크에서 최초로 등장한다. 로크 이전의 이론에서 부조는 가난한 사람의 권리가 아니라 부자나 정치공동체의 의무에 지나지 않았다. 로크에게 부조받을 권리란 "생존을 위한 수단이 달리 없을 경우"에 한하여 물질적으로 곤궁에 처한 사람들에게 부여되는 자연권이다. 하지만 이러한 권리는 정의의 영역에 속하지 않는다. 로크에게 정의의 영역은 오직 사적소유권에 한정된다. 로크는 부조받을 권리를 자애의 원칙 위에 정초한다.[70] 부조받을 권리를 자연권으로서 인정한다는 점에서 로크의 자연권 이론은 소유권 중심의 정의론보다 넓은 범위를 가진다. 로크의 자연권 이론은 정의론과 자애론이라는 서로 독립적인 두 영역을 모두 포괄한다.

부조의 권리성을 인정했다는 점을 제외하면 로크는 그 이전의 이론들과 마찬가지로 정의와 자애, 소유와 부조의 이중적 구조를 보여준다. 이에 반하여 페인은 공통부의 무조건적 배당이 "정의이 며 결코 자애가 아니다"라는 점을 명확히 함으로써 전통적 이중구 조를 해체한다.[71] 페인에게 공통부 배당은 정의의 문제이기 때문 에, 전통적인 부조 개념과 전혀 다른 이론적 지위를 가진다. 부조 는 정의의 바깥에서 자애의 원칙에 의해 정당화 되지만 공통부의 무조건적 배당은 정의론의 차원에서 정당화되어야 한다.

페인의 정의론은 분배정의를 자원이나 수익에 대한 적법한 소 유권의 문제로 간주한다는 점에서 로크와 마찬가지로 '소유론적 정의론'의 유형에 속한다. 하지만 로크에게 전형적으로 나타나는 정의와 자애의 이중구조 및 이를 뒷받침하는 소유론과 부조론의 이중구조는 해소되며 일관되게 소유론의 틀 안에서 공통부 배당이 논증된다. 페인은 가난한 사람들에 대한 부조를 대신하여 공통부 의 무조건적 배당을 제안하면서 이와 같은 배당을 받을 권리에 대 해 사적소유권과 마찬가지로 소유권적 기초를 부여한다. 공통부의 무조건적 배당은 페인의 『토지 정의』에서 소유론의 내적 구성부분 이다. 이 점에서 페인의 권리론은 로크 보다 훨씬 일관되게 소유권 적 접근을 한다고도 말할 수 있다.

일관된 소유론적 접근은 『인간의 권리 제2부Rights of Man, Part the Second』(1792)와 비교할 때 『토지 정의』에 나타나는 페인의 이 론적 발전의 핵심이다. 『인간의 권리 제2부』에서 페인은 누진세를 통해 마련한 재원으로 50세에서 59세의 시민에게 연간 6파운드를, 60세 이상에게는 연간 10파운드를 지급하고, 15세 이하의 자녀를 둔 어머니에게는 연간 4파운드의 모성수당maternity allowances을 주 며, 남는 재원은 교육과 결혼지원금 등에 사용하자고 제안한다. 물 론 여기에서 페인은 모성수당이나 노인수당을 제안하고 있을 뿐이며 노동가능연령에 대한 현금이전 계획은 전혀 포함되지 않았다.[72] 하지만 노동가능연령에 대해서는 실업자를 근로시키는 구빈원을 제안할 뿐이다.[73] 이 점에서 보면 『인간의 권리 제2부』의 페인은 비베스의 전통에서 크게 벗어나지 않는다.

보다 중요한 지점은 모성수당이나 노인수당에 대해서 페인은 그것이 결코 "국가의 시혜나 자선이 아니라 권리"라는 점을 강조하지만,[74] 그것이 권리라면 도대체 어떤 종류의 권리인지에 대해서는 명확히 설명하지 않는다는 점이다. 『인간의 권리 제2부』의 전체적 문맥에 비추어볼 때 페인이 제안한 모성수당이나 노인수당과 같은 권리는 정치개혁과 관련되며 페인이 그러한 권리에 대해 소유권적 성격을 부여했다는 근거는 전혀 나타나지 않는다. 『토지 정의』에서 비로소 페인은 토지 공통부를 배당받을 권리를 사적소유권과 마찬가지로 소유권의 일종으로 보았다. 페인은 국가에 의한 공적 이전소득에 소유권적 기초를 부여함으로써 전통적인 자애론을 해체하고 소유정의론의 영역 안으로 포괄시켰다. 페인에게 공통부 배당의 권리는 소유권의 일종이기 때문에 사적소유권과 마찬가지로 보호되어야 한다.

이를 위하여 페인이 고안한 이론적 장치는 이중적 소유권 이론이다. 전통적 이론들과 마찬가지로 페인은 대지에 대한 모든 사람의 원천적인 공유로부터 출발한다. 하지만 페인은 대지가 개간되어 사적소유권이 등장한 이후에도 원천적 공유가 모든 사람의 "자연적 소유natural property"의 형태로 존속된다고 보았다. 페인이 수행한 지적 혁명의 핵심 바로 여기에 놓여 있다. 이를 위해 페인은 "자연적 소유"와 "인공적 소유 혹은 획득한 소유artificial or acquired Property"를 구분하는 매우 정교한 이중적 소유권dual ownership 이론을 전개한다.

이처럼 공통부 배당에 소유권적 기초를 부여함으로써 페인은 자연적 소유이든 인공적 소유이든 정의의 원칙에 따라 동일하게 보호되어야 함을 강조할 수 있게 된다.[75] 페인 이전의 소유권 이론에서 원천적 공유 개념은 사적소유권의 한계를 설정하거나 사적소유권에 부조 의무와 같은 사회적 책임을 부여하는 잔여적 기능만을 가졌을 뿐이지만, 페인에게 원천적 공유는 '자연적 소유'로 재개념화되어 사유재산제도의 수립 이후에도 소유권적 성격을 유지하게 된다. 이 점이야말로 원천적 공유 개념의 역사에서 전환적 사건이라고 말할 수 있다.

이중적 소유권 이론의 네 가지 구성요소

페인의 이중적 소유권 이론은 네 가지 요소로 구성된다. 첫째는 '자연적 소유' 개념이다. 키케로까지 거슬러 올라가는 원천적 공유 개념을 페인은 사적소유권의 수립 이후에도 여전히 유효한 '자연적 소유'로 개념화했다. 두 번째는 페인이 '인공적 소유'로 개념화한, 개간된 토지에 대한 사적소유권이다. '인공적 소유'는 개간으로 인한 가치증대에 의해 발생하며, 이처럼 사적소유권이 등장하게 되는 역사적 발전을 페인은 불가역적 과정으로 본다. 세 번째 요소는 '자연적 소유'와 '인공적 소유'를 분리하는 것은 불가능하다는 관점, 곧 "개간에 의한 개량을 지구 그 자체로부터 분리하는 것의 불가능성"이다.[76] 네 번째 요소는 두 종류의 소유권은 동일하게 보호되어야 한다는 관점이다. 이와 같은 동일한 보호의 원칙은 '자연적 소유'에 관한 평등뿐만 아니라 '인공적 소유'의 불평등도 보호한다. 다음에서는 이와 같은 네 가지 요소를 차례로 검토함으로써 페인의 이중적 소유권 이론에 좀 더 분명한 윤곽을 부여할 것이다.

원천적 공유와 자연적 소유

"신이 부자와 빈자를 창조했다고 말하는 것은 틀렸다. 신은 남자와 여자를 창조했을 뿐이다. 신은 남자와 여자에게 그들의 자손들을 위하여 대지를 주었다."[77] 『토지 정의』의 서문에 등장하는 이 구절은 영국 란다프Llandaff의 성공회 주교 왓슨Richard Watson이 페인의 『이성의 시대The Age of Reason』(1794)를 비판할 목적으로 작성한 팸플릿 『바이블을 위한 변론An Apology for the Bible』(1796)에 대한 재반박이다. 서문에서 페인은 불평등의 신학적 옹호에 맞서 대지에 대한 모든 개별적 인류구성원의 원천적 공유를 주장한다. 이 대목은 로버트 필머 경이 내세운 '세계에 대한 아담의 사적소유권'에 맞서, 로크가 원천적 공유 개념을 주장했던 것을 떠오르게 한다.[78] 훗날 페인의 이중적 소유권 이론을 비판하게 되는 스펜스도, 키케로부터 로크까지 이르는 긴 역사를 가진 원천적 공유 개념을 페인이 다시 꺼내 들었다는 점에 대해서는 높이 평가한다.[79]

대지에 대한 "인류의 공동소유" 개념은 페인의 소유권 이론의 출발점이다.[80] 이 개념은 페인의 『토지 정의』에서 왓슨에 대한 비판이라는 당대적 맥락을 넘는 체계적 의미를 가진다. 서문 앞에 실린 헌정사에서 페인은 '인공적 소유 혹은 획득한 소유'와 '자연적 소유'를 구분한 후, 앞의 경우는 "평등이 불가능"하며 뒤의 경우는 "평등이 필수적"이고, 바로 이 "자연적 소유의 평등이야말로 이 작은 에세이의 주제"[81]라고 밝히고 있다. 또한 "평등은 때로는 오해되었고, 때로는 과잉 강조되었으며, 때로는 침해되었다"라고 덧붙인다. 자연적 소유 개념을 통해 침해된 평등을 회복하려고 했다면, 인공적 소유 개념은 '과잉 강조된' 평등에 대한 일종의 정정을 뜻한다. 자연적 소유 개념이 왓슨 등과 같은 불평등 옹호에 대한 비판적 장치라면, 인공적 소유 개념은 바뵈프와 같은 토지공산주의에 대한 비판을 함축한다.

페인은 자연적 소유 개념에 대해 무조건적·보편적·개별적 권리로서의 성격을 부여한다. 페인은 "세계의 모든 개인은 특정한 종류의 소유 또는 그것의 등가물에 대한 정당한 요구를 가지고 태어난다"라고 주장하는데, 여기에서 말하는 "특정한 종류의 소유"란 "자연적 소유"를 뜻한다.[82] 다른 곳에서 페인은 '자연적 소유'를 "지구의 거주자로서 모든 사람"이 보유하는 "만인의 공통적 권리the common right of all"라고 명확하게 정의한다.[83] 이를 통해 페인에게 원천적 공유란 사적소유권이 등장하기 이전의 상태를 설명하는 개념이 아니라, 사유재산제도 아래에서도 유효한 규범적 개념임을 알 수 있다.

『토지 정의』에서 페인은 역사발전을 수렵, 목축, 농업, 상업의 네 단계로 설명하는 애덤 스미스Adam Smith의 '이론적 역사theoretical history' 또는 '추측적 역사'conjectural history를 따른다.[84] 스미스는 수렵과 목축의 시대에는 토지에 대한 배타적 소유권이 아직 성립하지 않았다고 보았다. 하지만 스미스의 단계구분에 나타나는 농업시대 이전의 공유 개념은 역사발전에 대한 인과적 설명을 위해 도입된 것일 뿐이며 결코 규범적 개념이 아니다. 반면에 페인은 사유제산제도의 성립 과정을 설명하기 위해 스미스의 역사발전 4단계설에 따르고 있지만, 스미스와 달리 페인에게 원천적 공유는 단순히 서술적 개념이 아니라 자연권이다.[85] 페인의 공유 개념은 사유재산제도가 수립된 이후에도 여전히 유효한 규범적 개념이며, 공유의 규범성은 공통부 배당으로 구체화된다.

이 점에서 페인의 공유론은 18세기 영국의 지배적 조류였던 스코틀랜드 역사학파와 단절적이며, 오히려 17세기 자연법 전통과 이어진다.[86] 스코틀랜드 역사학파의 '추측적 역사'에 등장하는 범주들은 경험적 범주이지만, 사회계약론 전통의 '가상적 역사hypothetical history'의 범주들, 즉 로크의 『통치론』(1689)이나 루소의 『인간불평등 기원론』(1754)에 등장하는 범주들은 규범적 기능을 가진다. 규범적인 공유 개념은 원천적 공유가 사유재산제도에 의해 해소된 이후에도 소유권 제한, 공공부조, 공통부 배당 등 여러 형태의 대체제도를 통하여 현존하는 사유재산제도에 대한 교정 기능을 가진다. 이러한 가능성들 중에서 페인은 '자연적 소유' 개념과 함께 이중적 소유권 이론을 전개함으로써 공통부 배당론을 펼쳤다고 말할 수 있다.

인공적 소유의 정당성과 역사적 불가역성

사유재산제도의 불가역성에 대해 페인은 두 가지 논거를 제시한다. 하나는 공유의 재수립은 물질적 생산력의 증대라는 문명의 이점을 포기하는 것이라는 주장이며, 다른 하나는 정의의 관점에서도 자연상태로의 복귀는 정당하지 않다는 것이다. 첫 번째 논거는 이미 『인간의 권리 제2부』에도 등장한다. 페인은 상업화와 문명의 장점을 "행복과 풍요felicity and affluence"라고 보며, 비문명적 삶의 "고난과 결핍hardship and want"에 대비시킨다.[87] 이와 달리 『토지

정의』는 문명의 이중적인 측면, "휘황찬란한 겉모습"과 "극도의 비참함"을 대비시킨다. "문명화된 나라들에서 가장 풍요로운 인간과 가장 비참한 인간을 찾아볼" 수 있다. 빈곤은 오직 문명의 산물일 뿐이며, "자연상태에는 빈곤이 없다".[88] 그럼에도 불구하고 "문명상태에서 자연상태로 돌아가는 것은 불가능"하다. 문명 상태는 경작, 기술, 과학의 도움으로 자연상태보다 더 적은 토지로 "열 배 이상" 많은 인구를 부양할 수 있기 때문이다. 결국 자연 상태로 복귀한다는 것은 인구의 9할이 생계를 이어나갈 수 없다는 것을 의미한다.[89]

흥미로운 점은 페인의 계산법이 "개간된 땅과 개간되지 않은 땅의 생산물을 10:1로" 추산한 로크를 정확하게 따른다는 점이다. 흥미롭게도 페인의 배당 계획을 위한 재원은 이러한 증대분을 제외한 원래의 생산물에 해당되는 1/10의 몫으로, 페인은 이를 10%의 상속세로 거두어들이자고 제안한다.[90] 하지만 자세히 살펴보면, 문명의 이점에 대한 페인의 입장은 로크와 상당한 차이가 있다. 페인은 로크와 마찬가지로 문명의 생산력에 주목하지만, 끌어내는 결론은 전혀 다르다. 로크는 "아메리카 대륙의 거대하고 생산적인 영토의 왕이 영국의 일용 노동자보다 의식주 면에서 더 못살고 있다"라는 결과론적 논변으로 사유재산제도를 옹호하지만, 페인은 "유럽 빈민과 비교하자면, 인디언의 생활은 지속적인 휴일"이라고 말하면서 인디언의 처지는 단지 유럽의 "부자와 비교할 때에만 나쁘게 보인다"라고 로크를 정정한다.[91]

실제로 페인은 『인간의 권리 제2부』에서도 유럽 빈민의 처지를 "인디언의 처지보다 못하다"라고 설명한다. 이러한 언급은 페인이 유럽 빈민의 처지를 가장 부유한 아메리카 원주민보다 낫다고 말한 로크와 애덤 스미스의 전통을 벗어나 문명화된 빈곤을 직시했음을 보여준다.[92] 페인은 인디언의 처지를 유럽의 부자와 빈민들의 중간지점에 놓음으로써 문명의 이점과 해악을 동시에 드러낸다. 이러한 장치들은 "문명화된 삶의 이점들을 보존하면서 동시에 그 문명이 만들어낸 해악을 치유"[93]하는 개혁 과제를 제시하려는 페인의 저술 목표와 깊은 상관관계를 가진다. 문명의 이점을 보존하며 동시에 해악을 제거하는 개혁은 바로 페인이 제출한 공통부 배당 계획이다.

사유재산제도의 역사적 불가역성에 관한 두 번째 논거는 정의의 문제이다. 페인은 토지에 대한 사적소유를 공유로 되돌린다면 토지를 경작한 사람의 노고의 결과를 빼앗는 부정의한 결과가 나온다고 본다.[94] 이 논거는 페인의 인공적 소유 개념과 직결된다. 전체적으로 평가할 때, 페인의 불가역성 논거는 루소의 불가역성 논거와 전혀 다른 성격을 가진다. 『인간불평등 기원론』에서 루소는 사유재산제도를 인간 본성이 타락하게 된 원인으로 보았다. 아울러 루소는 모든 것이 공유였던 자연상태로 복귀할 수 없는 이유를 인간 본성의 타락에서 찾았다.[95] 반면에 사유재산제도의 불가역성에 대한 페인의 입장은 물질적 부의 증대라는 결과론적 논변을 한 축으로 하고, 다른 한 축으로는 권리와 정의의 문제에 주목한다. 이 두 가지 논거는 모두 바뵈프의 토지공유제와 공동경영 방식의 사회화 계획에 페인이 결코 찬성할 수 없었던 이유일 것이다. 실제로 페인은 사적소유를 공동소유로 전환하려는 생각을 전혀 가지고 있지 않았는데,[96] 그 이유는 사적소유의 역사적 불가역성에 대한 그의 입장과 뒤에 다룰 자연적 소유와 인공적 소유의 분리불가능성과 관계된다.

그런데 두 논거는 성격이 전혀 다르기 때문에, 어떤 것이 주된 논거이며 어떤 것이 보조적인지를 따져볼 필요가 있다. 하나는 결과론적 논증 또는 공리주의적 논증이며 다른 하나는 권리정의론적 논증이다. 자연적 소유권을 최소수혜자에 대한 보상에 의하여 전체적 효용을 증대시키는 일종의 보상 논변으로 해석하면,[97] 페인의 배당론은 로크의 '아메리카 인디언' 논변과 크게 다르지 않게 된다. 물론 "대가에 의한 보상"이나 "대체적 시민권"이라는 표현은 『토지 정의』에 명백히 등장하기에 페인이 결과론적 논증과 권리정의론적 논증을 모두 사용하는 절충적인 입장을 취했다고 해석할 수도 있다.[98] 하지만 후생의 증대조차 보상의 근거가 아니며 보상의 효과에 불과하며, 그렇다면 보상 개념 역시 권리정의론적 맥락에서 해석하는 것이 페인의 전체 사상과 좀 더 어울린다.

사상가라기보다 팸플릿 저자로만 받아들여졌던 페인에 대하여 최초의 체계적인 해석을 시도한 램은 페인의 『인간의 권리 제1부』의 출발점이 개인 권리의 불가침성이라는 점에 주목한다.[99] 페인은 개인들의 권리의 불가침성은 현재의 모든 개인과 미래의 모든 개인들에 대하여 보장되어야 하며 그중에서 가장 중요한 것은 생활living이라고 말하면서 버크Burke와 대척점에 선다. 생활의 권리는 "삶과 자기보존에 대한 권리"이며 이는 "삶을 유지하기에 필수적인 자원에 대한 권리"로 확장되어야 한다, 이 권리는 투표권, 저항권 등 다른 모든 권리에 우선하는 권리이다. 이와 같은 점에 주목하면 공리주의적 해석에 대한 대안이 만들어진다. 사유재산제도의 불가역성에 대한 두 가지 논거 중에서 주된 논거는 권리논변과 인공적 소유의 정당성이며, 공리주의적 논변은 보조적이다.[100]

그렇다면 인공적 소유에 대한 페인의 정당화는 전체 체계에서 매우 중요한 요소가 된다. 앞에서 소개한 로크의 합체 논변에 대한 노직의 비판을 다시 한 번 정리해보자면 다음과 같다. 노직의 비판은 "노동이 가치를 만들고 가치 형성에 의해 권리가 생긴다"라는 논변과 "노동이 가치도 만들며 권리도 성립시킨다"라는 논변의 차별성을 겨냥한다.[101] 첫째 논변에 따르면 가치를 증대시키지 못한 노동은 권리도 성립시키지 못한다. 로크의 소유론은 두 번째 유형에 속한다. 로크 역시 가치증대 논변을 등장시키지만 권리는 가치증대와 무관하게 노동투입만으로 성립한다. 노동투입이 인격적 합체를 일으키기 때문이다. 페인의 인공적 소유 개념은 정확하게 첫 번째 유형으로 분류할 수 있다. 페인은 자연적 소유와 인공적 소유를 구분하면서 인공적 소유는 개간에 의해 발생하며 이때 개간은 오직 가치증대분에 대한 소유권만을 만들어낸다고 말한다. 페인에 따르면, 로크와 달리 개간에 의해 토지에 인격이 합체되는 것이 아니라 가치증대만이 이루어진다. 이와 같이 가치증대에 의해 정당성을 획득하는 인공적 소유는 배타적 사적소유이며 상속과 매매가 가능하다.[102]

페인의 가치증대론에는 명백한 공백이 존재한다. 공백은 이미 성립한 '인공적 소유'를 전제하지 않고서는 '자연적 소유'의 가치를 양화할 수 없다는 점과 관련된다. 개간 이전의 황무지나 농업 시대 이전의 토지는 교환의 대상이 아니며 가치를 가질 수 없다. 자연적 소유 개념이 이와 같은 원천적 소유에 소유권적 토대를 가지고 있는 한에서 자연적 소유는 가치증대에 의해 성립하지 않는다. 페인도 이를 분명히 한다. 자연적 소유는 "만인의 공통적 권리"이며 "지구가 존재하는 한에서 존속한다".[103]

하지만 이러한 설명은 '인공적 소유'에 의해 증대된 가치를 제외한 몫을 자연적 소유자에게 되돌려준다는 발상에 대해 커다란 난점이 된다. 그것은 애초에 '자연적 소유'는 가치로 양화될 수 없는 것이었다는 난점이지만 페인은 이러한 난점을 정확하게 인식하고 있지 못했다. 개간을 통해 인공적 소유를 획득한 최초의 사람은 가치를 증대시켰다기보다 가치를 창조했다. 자연적 소유의 가치는 최초의 개간에 의해 인공적 소유가 성립함으로써 동시적으로 형성되며 그 이후에도 개간에 의한 가치증대와 함께 동시적으로 증대한다. 결국 개간이 없었더라면 자연적 소유의 가치에 대해서도 논할 수 없고 자연적 소유권자들에게 되돌려주어야 할 몫도 없는 것이 된다. 하지만 이 문제는 지금까지의 페인 해석에서 전혀 다루어지지 않았다.[104]

페인이 공통부 배당의 근거로서 '자연적 소유'와 '인공적 소유'의 분리불가능성을 거론한다는 점과 개간에서의 협동에 대해서도 강조한다는 점은 이 문제에 대한 하나의 해결책이 될 수 있다. 페인은 "개인적 소유도 사회의 효과effect of society이며 사회의 도움 없이 한 개인이 개인적 소유를 획득하는 것은 불가능하다"라고 분명하게 말한다.[105] 그렇다면 '사회의 효과'와 자연적 소유 개념의 논리적 상관관계를 재구성해볼 수 있다.

원천적 공유는 노동투입에 의해 '인공적 소유'로 전환된다. 이 과정은 가치창조이자 가치증대라고 말할 수 있다. 그런데 이 과정을 거쳐 탄생하는 것은 인공적 소유뿐만이 아니다. 이 과정은 자연적 소유에 대해서도 일정한 양의 가치로 표현될 수 있도록 만든다. 자연적 소유는 원래 가치를 가지지 않지만 원천적 공유가 인공적 소유로 전환됨으로써 가치를 가지게 된다. 자연적 소유와 인공적 소유의 두 종류가 하나로 합체된 상태에서는 자연적 소유도 가치를 가지며, 곧 몫이 부여되어야 한다. 인공적 소유를 확립하는 노동은 자연적 소유에 대해서도 가치를 부여한다.

여기에서 중요한 점은 '자연적 소유'의 가치는 그 스스로 부여되는 것이 아니라 사회적 협동에 의존하는 개간 노동에 의해 생성되는 것이라는 점이다. 페인이 개간은 혼자의 힘으로 이루어지는 것이 아니라고 말할 때 그는 개간에 의한 가치의 형성과 증대가 사회적 협동의 산물이라는 점을 지적하는 것이다. 이와 같은 사회적 협동의 몫을 페인은 자연적 소유로 개념화했다고도 해석할 수 있다. 그렇다면 노동투입에 의한 가치증대량을 제외한 부분, 즉 특정 요소로 환원 가능한 증대량을 제외한 모든 부분, 곧 페인이 '사회의 효과'라고 부른 외부적 효과의 총합은 자연적 소유의 몫이라고 말할 수 있다.

이러한 해석을 통해 페인이 '사회의 효과'를 언급한 보조적 논거와 그의 핵심 논거인 '이중적 소유권 이론'은 서로 수미일관하게 접합된다. 이러한 해석은 이중적 소유권 이론에 입각한 공유지분권 모델에서 어느 정도가 공유지분권이어야 하며 어느 정도가 사적 자본이어야 하는가의 비율 문제에 대한 시사점을 준다. 자본투입의 효과가 아닌 외부효과로 인한 몫은 모두 공유주식 자본으로 보아야 한다. 이렇게 파악된 공유지분권 모델은 외부효과로 인한 모든 것을 모두의 소유로 간주하는 모델이라고 말할 수 있다.

자연적 소유와 인공적 소유의 분리불가능성

페인이 말하는 분리불가능성은 물리적인 분리불가능성이지, 가치량의 분할이 불가능하다는 뜻이 아니다. 페인이 착안한 지점은 비록 개간된 땅과 그 이전의 황무지는 시간적 차이를 가질 뿐인 동일물이라서 물체적으로 둘을 나눌 수 없지만 가치량으로는 분할할 수는 있다는 것이다. 페인의 체계에서 이와 같은 분리불가능성 명제는 사적소유권 옹호의 논거이자 동시에 공통부 배당의 핵심 논거로서 작용한다. 분리불가능성은 한편으로 사유재산제도의 불가역성을 뒷받침해준다.

그런데 공유상태로의 복귀는 현실적으로 불가능하거나 윤리적으로 허용되지 않음에도 불구하고 여전히 모두에게 공유권에 부여되어 있다는 딜레마가 발생한다. 이러한 딜레마를 해결하는 방법은 공통부의 무조건적·보편적·개별적 배당이다. 페인은 자연적 소유를 우선적인 권리로 보았고 아울러 인공적 소유도 보장하고자 했기에 사적소유권의 폐절이 아닌 다른 방식으로 교정적 정의를 수립하고자 했다. 『토지 정의』에서 토머스 페인이 제안한 사회적 지분급여나 기초연금을 그와 같은 교정적 정의의 구체화로 볼 수 있다. 사유재산제도의 불가역성과 공유의 규범적 우선성 사이의 딜레마는 페인이 공통부 배당론을 전개하기 위하여 도입한 고유한 출발 조건이기도 하다.

페인은 로크의 합체론을 대상에 대한 인격적 합체가 아니라 물리적 합체, 즉 자연적 소유와 인공적 소유의 물리적 합체로 이해한다, 자연적 소유는 인공적 소유에 "흡수absorbed"되어 물리적으로 "분리불가능"하다.[106] 하지만 이러한 상태는 자연적 소유에 대한 부정의이고 회복을 필요로 한다. "인간이 지구를 창조한 것은 아니므로 설령 인간이 대지를 점유할 자연적 권리를 가진다고 해도 대지의 일부를 영원히 자신의 배타적 소유로 떼어낼 권리를 가질 수는 없다".[107]

누구도 경작을 근거로 하여 자연적 소유의 몫까지 자신의 배타적 소유라고 주장할 수는 없다. 토지에 대한 인공적 소유로 말미암은 부정의를 교정하기 위해 페인은 자연적 소유 개념을 도입하지만, 인공적 소유로부터 자연적 소유를 분리해내어 개별적인 인류 모두에게 실효적 지배권의 형태로 되돌려주는 것은 애당초 불가능하다. 토지에 대한 사적소유를 공유로 되돌리는 것은 인공적 소유마저 폐절하는 것이 된다. 그래서 페인은 자연적 소유의 몫을 토지에 대한 실효적 지배권이 아닌 대가the equivalent를 통해 보상하자고 한다. 대가에 의한 보상과 더불어 페인의 자연적 소유 개념은 대체적 시민권an equivalent civil right의 지위를 얻게 된다.[108]

페인은 자신의 계획의 긍정적 효과에 대해 언급한다. "여기에서 제안된 계획은 누구에게도 손해를 끼치지 않으면서 모든 사람에게 혜택을 줄 것이다. 계획은 개인의 이익과 함께 공화국의 이익을 공고하게 만들 것이다."[109] 이러한 계획은 "즉각적으로는 맹인, 장애인, 노인빈곤이라는 세 종류의 비참함"을 없애는 효과를 가진다. 하지만 페인은 계획의 목표가 "장기적으로 미래 세대에게 빈곤에 대한 예방 수단을 제공한다"라는 점을 강조한다.[110] 사후적인 구제보다 빈곤 예방을 강조한 대목이야말로 공통부 배당의 선분배적 본질을 잘 드러낸다. 즉, 기본소득은 빈곤에 빠진 후에 조건적으로 부여되는 공공부조와 달리 사전적인 무조건적 권리라는 점이 분명해지는 것이다.

하지만 빈곤 예방과 같은 장기적 효과조차 페인이 자신의 계획이 정당하다고 보았던 주된 근거는 아니다. 페인이 자신의 계획에 정당성을 찾은 지점은 만인은 토지에 대한 자연적 소유권을 가진다는 것과 사유재산제도하에서는 정치공동체가 조세로 재원을 마련하여 모두에게 되돌려줌으로써 만인의 원천적 공유권을 대체하는 시민적 권리를 실현해야 한다는 관점, 일종의 공유정의론justice theory of commons이다. 페인의 체계의 핵심은 후생의 증대, 빈곤의 예방 등과 같은 사회적 경제적 정치적 효과에 주목하는 결과론적 논증consequentialist argument이 아니다. 마찬가지로 분리불가능성 명제의 논리적 귀결로서 보상Compensation 이론도 『토지 정의』의 중심이 아니며 보충적인 논변일 뿐이다.[111] 물론 페인은 "토지소유 체제 도입에 의한 자연적 유산의 손실에 대한 부분적 보상"으로서 자신의 공통부 배당 계획을 정당화하기도 했다.[112]

하지만 페인이 말하는 보상이란 자연적 소유의 상실에 대한 보상이 아니라 인공적 소유의 등장으로 말미암아 더 이상 개간할 권리를 가지지 못하게 된 상태에 대한 보상으로 읽어야 한다. 페인의 분리불가능성 명제는 인공적 소유를 보장하면서 어떻게 공유정의를 실현할 수 있는가를 탐색하기 위한 개념적 장치로 보아야 한다. 이렇게 접근할 때 그의 공통부 배당 계획은 회복불가능한 원천적 소유에 대한 보상이 아니라 여전히 유효한 자연적 소유의 실현으로 해석될 수 있다. 이를 통해 페인은 로크의 충분성 단서를 뛰어넘는 해법을 제시했다.

자연적 소유와 인공적 소유의 동일한 보호

페인은 자연적 상속권을 박탈당한 모든 사람들의 권리를 옹호하고 이들의 어려운 처지에 관심을 기울이면서도 법률적 토지소유자의 권리도 마찬가지로 옹호한다. "현재의 소유자에게 잘못이 있는 것은 아니다"라는 언급에서도 그런 입장이 드러난다.[113] 자신의 계획이 "누구에게도 피해를 끼치지 않으면서 모든 사람에게 혜택을 줄 것"이라는 언급도 비슷한 맥락에서 해석할 수 있다.[114] 이와 같은 동일한 보호의 원칙은 법률적인 토지소유권과 마찬가지로 원천적 토지공유권에 대해서도 소유권적 성격을 부여해야 한다는 페인의 고유한 입장의 귀결이다. 달리 말하자면, 개간을 한 사람의 토지소유권과 모든 사람의 원천적인 자연적 소유권을 동등하게 보장하기 위하여 페인은 이중적 소유권 이론을 발전시켰다고 해석할 수 있다.

극단적 자유지상주의와 극단적 평등주의의 통합적 체계

'자연적 소유'와 '인공적 소유'를 구분함으로써 사적소유권 제도 안에서 공통부 배당이 가능하게 된다. 이 점으로부터 페인에게서 조세형 기본소득의 원형을 찾을 수 있다. 페인의 '이중적 소유권' 이론은 토지에 대한 배타적인 사적소유와 지대수익의 재분배, 곧 자유지상주의적libertarian 요구와 평등주의적egalitarian 요구가 하나의 이론적 틀 안에서 공존할 수 있도록 한다.[115] 자유지상주의와 평등주의라는 두 가지 요구를 각각 극단까지 전개할 뿐만 아니라 두 극단을 하나의 질서정연한 체계 안에 통합했다는 점이야말로 페인의 지적 혁명의 핵심이다.

페인의 인공적 소유 개념은 로크처럼 미개간지가 모두에게 충분히 남겨져 있어야 한다는 제한, 곧 충분성 단서를 가지지 않는다. 개간을 통해 획득하는 인공적 소유에는 한계가 없다는 점은 페인이 18세기 중반부터 19세기 전반까지 진행된 영국의 농업혁명에 대해 긍정적인 인식을 가지고 있었음을 보여준다. 페인의 인공적 소유는 농업자본주의적 축적에 대해 열려 있는 개념이다. 이 점에서 페인은 로크보다 훨씬 더 자유지상주의적이다.

이제 페인의 소유권 이론의 평등주의적 요소를 살펴보자. 페인은 자연적 소유 개념과 함께, 로크의 원천적 공유 개념을 뛰어넘어 평등주의를 극단으로 밀어붙인다. 앞서 살펴보았듯이, 로크의 원천적 공유 개념은 사적소유권 획득의 가능근거이자 소유권의 한계를 정하는 제한 근거일 뿐이고 사적소유자들에게 지대수익의 재분배를 요구할 권리를 낳지 않는다. 하지만 페인의 자연적 소유 개념은 이와 정반대로 공통부 배당, 곧 지대수익 재분배의 근거로 기능한다.

페인의 자연적 소유 개념은 단순히 사적소유권 제도가 성립되기 이전의 역사적 상태에 대한 서술적 개념이 아니라 그 이후에도 강력한 규범적 유효성을 가진다는 점이 중요하다. 자연적 소유의 규범성은 개간된 토지에 대해서도 지대수익의 평등한 재분배를 요구할 수 있을 만큼 강력하다. 자연적 소유 개념을 통하여 페인이 사적소유권에 한계를 두었다는 통상적 해석은 페인의 이중적 소유권 이론의 핵심을 잘못 이해한 것이다. 자연적 소유 개념은 처분, 이용, 수익과 관련하여 사적소유권의 한계를 두려는 통상적인 논변을 훨씬 넘어서는 강력한 규범성을 가지고 있다. 공통부의 개별적인, 무조건적 배당이 바로 자연적 소유의 규범성이다. 페인이 계획한 사회적 지분급여와 노인기본소득은 자연적 소유에 따른 평등한 지대수익 배당을 사유재산제도 하에서도 우회적으로 실현한다. 이와 같이 강력한 규범성은 로크의 충분성 단서와 같은 소유권 한계 논변을 페인에게 불필요하게 만든다.

물론 로크의 충분성 단서를 미개간지에 대한 모든 사람의 동등한 몫으로 해석하기도 한다. 그러한 방식으로 로크 소유론을 좀 더 평등주의적으로 해석한다고 할지라도, 평등주의적 로크는 페인보다 덜 평등주의적이다. 개간된 토지도 '인공적 소유'와 '자연적 소유'의 합체로 간주하여 개간된 토지에 대해서도 '자연적 소유'에 입각한 지대수익의 평등한 재분배를 논증하는 페인의 이중적 소유개념이 평등주의적 로크 해석보다 훨씬 더 평등주의적이다.

페인과 현대 복지국가

역사적으로 페인의 소유권 이론은 18세기 공화주의와 19세기 사회주의 사이의 교량이라고 평가할 수 있다.[116] 하지만 페인의 공통부 배당론을 단순히 "배아적 복지국가embryonic welfare state"[117] 이론으로 평가하는 것은 페인을 지나치게 단순화하고 일정하게 왜곡하는 것이다. 물론 재분배라는 문제에 초점을 맞추고 복지국가론의 넓은 맥락에서 페인을 논할 수 있지만,[118] 현대 복지국가의 원형을 페인에서 찾는 논의[119]는 그의 이중적 소유권 이론과 공통부 배당론의 핵심을 잘못 파악했다고 말할 수 있다.

현대 복지국가는 페인의 두 가지 제안인 사회적 지분급여와 노인기본소득 중에서 어떤 것도 포괄하고 있지 않다. 현대 복지국가는 무조건적 배당 대신에 필요에 따른 공공부조와 개별적 기여를 전제로 하는 사회보험체제의 이중적 건축술에 기반하여 운영되고 있다. 거기에서 무조건적·보편적·개별적 배당은 찾아볼 수 없다. 이러한 점에서 페인은 복지국가의 원형을 보여주었다기보다는, 오히려 현대 복지국가를 넘어 21세기적 재분배제도에 대해 시사점을 던져주고 있다는 점에서 의의를 찾을 수 있다.

2장

모두의 것에서 나오는 모두의 몫

기본소득, 곧 공통부의 평등배당은 어떠한 구체적 소유형태하에서만 한정적으로 가능한 것이 아니다. 이는 반드시 공동소유common ownership에서만 공통부 배당이 이루어질 수 있는 것은 아니라는 뜻이다. 사유재산권이 지배적인 사회에서도 공통부 배당은 가능하다. 비록 공통부 수익은 사적으로 전유되겠지만 국가나 정치공동체는 이를 다시 조세로 환수하여 개별적인 사회구성원 모두에게 배당할 수도 있다. 공통부 배당론의 출발점인 『토지 정의』에서 페인은 토지소유자들에게 조세를 걷어 사회적 지분급여와 노인기본소득의 방식으로 배당하는 모델을 제안했다.

　사적소유권의 이론사에서 부자의 부조의무나 공공부조론을 넘어 공통부 배당론으로 발전하는 궤적을 탐색해보자. 결정적인 전환은 페인의 이중적 소유권론이다. 그것은 "토지는 모든 인류의 자연적 소유이며, 개간한 사람이 인공적 소유를 가진다고 하더라도 모든 인류에게 자연적 소유에 근거하여 토지 공통부의 일부분을 분배받을 권리가 있다"라는 주장이다. 이러한 이중적 소유권론이 조세형 기본소득의 기저에 놓여 있다. 만약 토지보유세를 걷어 개별적인 사회구성원 모두에게 무조건적으로 나누어준다면 거기에는, 건물을 짓거나 땅을 개간한 사람이 토지가치를 증대시켰음을 인정하더라도 토지 그 자체는 모든 사람의 것이라는 관점이 깔려 있다고 말할 수 있다.

　조세형 기본소득은 사적소유가 지배적인 상태에서 작동하는 공통부 배당 모델이다. 그렇다면 공동소유 상태에서는 어떤 분배모델이 등장할까? 2장에서 다룰 문제는 공동소유와 공통부 배당의 상관관계이다. 먼저 공공소유(국가의 배타적 소유)에서는 수익이 국민 모두에게 무조건적으로 분배될 필연성은 없으며 정부의 처분에 따를 뿐이라는 점을 밝혀두자. 더 중요한 점은 사회구성원 모두의 공동소유 상태라고 하더라도 모든 종류의 공동소유에서 무조건적·보편적·개별적 배당이 내적 분배원리로 등장하는 것은 아니라는 점이다. 그렇다면 과연 어떤 종류의 공동소유에서 기본소득은 소유형태에 적합한 분배방식이 되는가? 2장에서는 기본소득을 내적 분배원리로 포함하게 되는 공동소유의 구체적인 유형을 탐색함으로써 이 질문에 대한 답을 찾아갈 것이다.

1. 누구의 것이어야 하는가

스펜스는 『유아의 권리The Rights of Infants』(1797)에서 페인의 모델을 비판하면서, 모든 토지를 공동소유로 전환하되 경매를 통해 7년 주기로 사인私人에게 임대하고 임대료를 배당하는 모델을 제시했다. 스펜스의 모델은 역사상 최초로 제안된 공동소유형 기본소득이다. 페인이 『토지 정의』에서 인공적 소유 개념을 통해 토지에 대한 사적소유권을 옹호했던 것과 정반대로 사적소유권을 도둑질로 보았다.

스펜스는 페인이 『토지 정의』에서 원천적 공유 개념을 도입한 점은 환영할 만하지만, 페인의 배당 계획은 "빈약하고 보잘 것 없는 후원금stipends"에 불과하여 도둑이 훔친 것의 일부를 희생자에게 돌려주는 "비열하고 모욕적인" 것이라고 비판한다.[1] 스펜스는 토지에 대한 사적소유를 공동소유로 전환해야 한다고 주장했고, 페인의 계획에는 사적소유를 공동소유로 전환하려는 계획이 전혀 담겨 있지 않다는 것이야말로 진정한 문제라고 보았다. 이는 스펜스가 페인과 달리 경작자의 노동에 의해 부가된 가치에 의해 토지에 대한 사적소유권이 형성되었다는 가설을 믿지 않으며 전적으로 '찬탈'에 의해 성립한다고 보기 때문이다.[2] 페인의 이중적 소유권론을 부정하며 토지는 무조건 공유지여야 한다고 주장하는 셈이다.

그럼에도 불구하고 공유지를 사인에게 임대하고 임대료를 배당하자는 스펜스의 모델은 공동소유에 기반한 노동공동체 모델과 확연히 구별된다. 페인과 마찬가지로 스펜스도 토지의 사적 이용의 효율성을 인정했다고 볼 수 있다. 다만 효율적인 사적 경제적 활용을 공동소유와 결합시키고 이로부터 공유지 임대료 수익의 개별적 보편적 무조건적 배당을 끌어낸다. 스펜스가 제안한 '공동소유에 근거한 임대료 배당' 모델은 페인의 조세형 모델에 대한 반론으로 등장했으므로, 이론사적으로 보자면 조세형 모델이 공동소유형 모델보다 먼저 제출되었다.

조세형 기본소득 모델은 모두의 몫을 모두에게 되돌리는 공통부 분배정의를 실현할 수 있지만 자본주의적 사적소유를 폐기하지 않는다. 둘은 별개의 문제이다. 조세와 배당의 결합은 사적소유의 실정법적 세계와 공통부의 정의론적 세계라는 두 개의 영역, 비유하자면 현실의 왕국과 이념의 왕국을 서로 연결하는 고리라고 말할 수 있다. 조세형 기본소득은 소유권 체제의 변동 없이도 도입할 수 있다는 장점을 가진다. 또한 조세형 기본소득뿐만 아니라 스펜스의 임대료 배당 모델까지도 사적 경제와 사적소유권 체제의 경제적 효율성을 암묵적으로 전제하고 있다는 점도 강조할 필요가 있다.

하지만 토지나 생태 환경, 지식공유자산이나 네트워크 효과처럼 본성상 모두에게 속한 것이라면, 단지 그 수익을 모두에게 분배할 뿐만 아니라 수익 원천도 모두의 소유로 삼는 것이 모두에게 더 좋을 뿐만 아니라 더 효율적인 해결방식일 수 있다. 경제적 효율성의 관점에서도 사적소유가 효율적인지 공동소유가 효율적인지는 여전히 열려 있는 논점이다.[3] 더욱이 지금처럼 지식 공통부가 증대해 가는 상황에서는 자본주의적 사적소유의 규범적 정당성 논쟁은 첨예해질 수밖에 없다. 정의의 원칙이든 효율성의 관점이든 여러 근거에서 공통부의 원천을 공동소유로 돌리자는 주장을 시대에 뒤쳐졌다고 치부하거나 낡은 사회주의적 해법이라고 미리 단정할 필요는 없다. 공통부의 무조건적·보편적·개별적 평등배당이 이루어지는 여러 형태의 공동소유 모델을 구상할 수 있을 것이며, 또한 여기에서 강조해야 할 점은 이와 같은 모델들이 종래의 사회주의와는 분명히 다르다는 점이다.

공동소유와 공통부 분배는 어떤 방식으로 결합될까? 언뜻 보면 소유권의 특정한 형태에는 특정한 분배원리가 전제되어 있는 것처럼 보인다. 사적소유는 이러한 결합관계를 가장 분명히 드러낸다. 생산수단의 사적소유자가 물적 비용과 노동비용을 빼고 남은 수익을 배타적으로 전유하는 것은 당연하게 여겨지는데, 그것은 그가 소유자이기 때문이지 다른 어떤 이유는 없다. 자신의 노동에 기초를 두었는가의 문제와 상관없이 사적소유자는 수익을 배타적으로 전유하며 이는 사적소유의 당연한 결과로서 받아들여진다. 그렇다면 사적소유에 대립적인 소유형태인 공동소유는 사적 전유와 정반대의 분배원리인 평등배당과 결합되는 것일까? 자세한 논의에 앞서 확인해둘 점은 공동소유의 구체적인 형태는 매우 다양하다는 사실과 모든 종류의 공동소유에 대하여 평등배당이라는 분배방식이 적용되는 것은 아니라는 사실이다. 특정한 소유형태는 특정한 분배방식을 내포하지만, 공동소유의 형태가 다양한 만큼 분배방식도 다양할 수밖에 없다.

무조건적 평등배당은 성과에 따른 차등 분배와 대립적인 분배방식이다. 하지만 무조건적 배당과는 결코 결합될 수 없고 노동성과의 원리를 내적 분배원리로 가질 수밖에 없는 공동소유 유형도 있다는 점이 중요하다. 그렇다면 질문을 뒤집을 필요가 있다. 즉, '기본소득이 소유관계에 적합한 분배방식이 될 수 있는 공동소유는 어떤 유형인가'라는 질문이다. 이 문제를 좀 더 자세히 따져보자. 먼저 국가나 그 밖의 정치공동체의 소유인 공공소유와 공동소유의 구별부터 출발하여 논의를 풀어가자.

예를 들어 공공소유의 대표적 유형인 자본주의 사회의 공기업은 수익을 국민 전체에게 평등하게 배당하지 않으며, 공공소유의 또 다른 유형이라고 말할 수 있는 20세기 소비에트사회주의의 전인민적 소유도 수익을 국민 전체에게 평등하게 배당하지 않았다. 결국 "생산수단에 대한 공공소유는 소득 분배에 대한 특정한 유형을 포함하지 않는다". 공공소유의 수익 분배는 소유자인 국가나 정치공동체가 결정한다. 수익을 기본소득으로 분배한다고 할지라도 그것은 공공소유라는 소유관계에서 비롯된 분배방식이 아니라 국가나 정치공동체의 정치적 결정에서 비롯되는 것일 뿐이다.

　공공소유를 제외하더라도 공동소유에는 다양한 형태가 있다. 인클로저를 거쳐 토지에 대한 사유재산제도가 수립되기 이전의 공유지commons도 공동소유의 한 형태이다. 그런데 그 당시에도 이와 같은 공유지 수익은 공동체 구성원 모두에게 무조건적·보편적·개별적으로 배당되지 않았다. 각자는 공유지에 대한 평등한 용익권을 가지고 있었으며 수익은 일한만큼 가져갔을 뿐이다. 용익권 체제로서의 공유지 수익은 무조건적·보편적·개별적으로 배당되지는 않았으며 일한 만큼 가져가는 것이 정의에 합당하기 때문에 그렇게 분배될 수도 없다. 오늘날 부분적으로 남아 있는 공유지에서도 이는 마찬가지이다. 공유지 수익 분배는 용익권 행사에 따른 결과로서 노동성과에 따른 분배원칙을 따를 뿐이며 공유자 모두에게 평등하게 배당되지 않는다.

　앞서 밝혔듯이, 사회구성원 모두에게 공통부를 평등하게 배당하기 위해서 반드시 공동소유를 전제할 필요는 없다. 또한 배타적 사적소유가 아니라는 최소 기준만으로 공동소유를 정의한다면, 공동소유의 수익은 무조건적·보편적·개별적으로 분배되어야 한다고 말할 수 없다. 무조건적·보편적·개별적 배당은 구체적인 공동소유 형태에 따라 소유관계에 적합한 분배방식일 수도 있고 적합하지 않을 수도 있다. 결국 둘 사이에 내적 연관관계는 없다. 무엇보다도 공통부를 무조건적·보편적·개별적으로 배당하여야만 할 정당성은 공동소유라는 특정한 소유관계에서 비롯되는 것이 아니라, 각자의 몫은 각자의 성과에 따라 분배하고 모두의 몫은 모두에게 돌려야 한다는 정의의 기본원칙에서 비롯된다. 이처럼 공통부 분배정의 문제는 소유론의 차원으로 좁혀질 수 없음에도 불구하고 공통부 분배정의론과 소유론이 만나는 접점을 세밀하게 따져보는 작업은 반드시 필요하다.

아울러 무조건적·보편적·개별적인 평등배당의 원칙이 공동소유관계에 적합한 분배원리가 될 수 있는지에 대한 검토는 공동소유 일반이 아니라 특정한 공동소유 유형에 대하여 구체적으로 진행되어야 한다. 아래에서는 이를 공동소유의 두 유형을 검토한다. 첫째 유형은 오스트롬의 '공유재산 체제common property regime'이며, 둘째 유형은 대표적으로 제임스 미드가 제안했던 공유지분권 모델이다. 이에 근거하여 역사상 존재했거나 현존하고 있는 공공소유가 분배원리로서 기본소득과 결합될 수 없었던 이유를 '노동자 공산주의' 및 '노동주의'의 전통 속에서 조명하며, 공통부의 무조건적·보편적·개별적 배당을 분배원리로 하는 '공유자 공산주의'를 이에 대한 대안으로 제시한다.

2. 공유지를 사용할 권리

공유지에서는 필연적으로 환경이 파괴된다는 하딘Garrit Hardin
의 '공유지의 비극'에 대한 반론으로서 오스트롬Elinor Ostrom은 '공
유재산 체제'를 제시한다.[4] '공유재산 체제'는 명확한 외적 경계를
가지며, 명확한 내부 규칙이 존재하며, 이를 관철할 수 있는 집행
체계·감시체계·분쟁해결 절차가 수립되어 있는 상태이다. 공유자
들의 용익권 행사가 공동의 규칙에 의해 충분히 관리될 수 있다면
환경을 파괴하지 않으며 경제적으로도 지속 가능하다는 것이 '공
유재산 체제'의 실천적 핵심이다. 오스트롬은 '공유지의 비극'을 낳
을 수 있는 "열린 접근open access"과, 공동 규칙에 의해 자원고갈을
막을 수 있는 "공유재산 체제"를 구분함으로써 공동소유도 지속
가능함을 보여주고자 했다.

경험적 사례 연구에 근거하여 오스트롬이 개념화한 '공유재산
체제'는 배타적 소유exclusive property와 내포적 공유inclusive commons
의 양 측면을 모두 가지고 있다. 전통적인 이해방식에서 공유권이
란 모든 공유자에게 부여된 포용적 권리inclusive rights인 반면에 사
적소유권은 소유자만의 배타적 권리exclusive rights로 이해된다.[5] 하
지만 '공유재산 체제'는 "분명하게 구분된 집단의 성원들이 비성원
의 자원 사용을 배제하는 법적 권리를 가지고 있는" 상태로서, 외
적 경계 밖에 대해서는 마치 사적소유권처럼 배타적인 권리로서
기능한다.[6] 마치 소유자의 허락 없이는 어느 누구도 사유지에 대해
함부로 용익권을 행사할 수 없듯이, '공유재산 체제'의 공유지에 대
해서도 외부인은 함부로 용익권을 행사할 수 없다.

오스트롬이 "공동소유는 공유된 사적소유shared private property"

라고 말했던 이유는 바로 이와 같은 배타성 때문이다.[7] 하지만 공유지 안에서는 공유자 누구도 배타적 소유권을 주장할 수 없고 단지 경합적인 용익권만을 가질 뿐이다. 오스트롬은 이와 같은 용익권의 행사가 공유자의 동의에 기초한 공동의 규칙에 복속될 경우에만 공동소유가 생태적으로 지속 가능하다고 보았다. '공유재산 체제'가 사적소유권과 공유권의 양 측면을 모두 가질 수밖에 없는 이유는 이 개념이 배타적 소유권이 지배적인 사회에서 지속 가능한 공유지 대안으로 제시된 것이기 때문이다. 정리하자면, 오스트롬의 '공유재산 체제'는 사적소유권과 유사한 외적 배타성을 한 축으로 하고 내적 경합성을 규제하는 공동의 규칙을 또 다른 축으로 하는 '잘 규율된 용익권 체제well-disciplined use rights regime'라고 말할 수 있다.

공유자들의 용익권도 경합적일 수 있다는 점은 사실 새로운 발견이 아니다. '공유지의 비극'을 부각시킨 하딘도 용익권의 경합성과 이로 인한 환경 파괴에 주목했다. 오스트롬의 발견은 공동의 규칙에 의해 용익권의 경합성이 잘 규율된다면 공유지는 누구도 이용할 수 없는 버려진 것res nullius이 아니라 모두가 이용할 수 있는 공동의 것res communis이 될 수 있다는 것이다. 물론 이러한 주장의 핵심은 '공동의 규칙'이다. 하지만 규칙의 중요성에 대한 강조도 완전히 새로운 것이라고 볼 수는 없다. 역사상 가장 오래된 규칙은 다른 공유자의 용익권 행사에 대한 존중의 의무이다.

키케로는 원천적 공유 상태에서 개별적 공유자들이 가지고 있는 용익권에 대해 "극장이 모두에게 속하더라도 어떤 사람이 먼저 차지한 좌석은 오직 그 사람의 것"이라고 설명한다.[8] 즉, 좋은 좌석을 먼저 차지하려는 경쟁이 벌어질 수 있지만 일단 어떤 사람이 좌석을 차지하면 다른 모든 공유자는 존중의 의무를 진다는 것이다. 선점한 사람에 대한 존중 의무는 '누구에게도 해를 끼치지 말라neminem laedere'라는 일반적 정의 원칙에서 파생된다.[9] 하지만 사적소유권의 보호와 비교할 때 용익권에 대한 존중 의무는 그 지속성이 다르다. 즉, 착석했던 사람이 일어나자마자 극장의 좌석은 다시 모두에게 속하게 된다.

만약 선점한 사람의 배타적인 이용이 그가 이용하지 않을 때에도 보호되어야 한다면 그것은 이미 공유지 용익권이 아니라 배타적인 사적소유권일 것이다. 여기에는 분명 '공유지의 비극'의 가능성이 내재한다. 키케로의 비유에 등장하는 좌석이 극장의 가장 중심에 있는 메인 좌석이고 설령 나머지 좌석은 텅텅 비었어도 이 좌석은 경합적으로 이용된다면, 좌석은 용익권이 경쟁적으로 행사될 때마다 점차 망가져서 아예 사라져버릴 수도 있다. 오스트롬의 발견은 키케로가 말한 소극적인 존중의 의무가 아니라 개별적인 용익권을 적극적으로 규율하는 공동의 규칙이다. 오스트롬은 그와 같은 적극적 규칙이 존재한다면 공유지가 지속 가능하다고 말하고 있다.

오스트롬의 '공유재산 체제'는 토지나 자연자원처럼 점차 고갈되는 차감적subtractive 공유지를 대상으로 한다. 오스트롬은 차감적 공유지인 토지와 비교하여 지식공유지를 비차감적nonsubtractive 공유지로 규정했지만, 비차감적 공유지에 대해 자세히 논의하지는 않았다.[10] 하지만 지식공유지와 같은 비차감적 공유지에 대해서는 오스트롬이 제시한 것과 같은 복잡한 규칙이 반드시 필요하지 않을 수도 있다. 오히려 레식Lessig의 '크리에이티브 커먼스creative commons'처럼 "누구나 가져다가 이용하고 개선하고 향상시킬 수 있으며" 다른 사람이나 공동체의 "허락이나 인가가 필요 없는" 개방된 용익권 체제, 오스트롬의 개념으로 말하자면, "열린 접근"이 비차감적 공유지의 용익권 체제로 적합할 수 있다.[11] 오스트롬은 차감적 공유지에 대한 "열린 접근"이 '공유지의 비극'을 낳는다고 보았지만, 이와 정반대로 비차감적 공유지에 대한 "열린 접근"은 '공유지의 비극'을 낳지 않는다.

열린 접근으로서의 용익권 개념의 실천적 핵심은 사적소유권 체제에 입각한 지식공유재의 사유화를 막는다는 것이다. 오스트롬의 '공유재산 체제'도 사적소유권과 공공소유의 양자 선택이 아닌 제3의 소유형태라는 점에서 의의를 찾을 수 있다. 오스트롬은 효율적 이용과 생태적 지속 가능성의 관점에서 공유재 소유형태의 다층성과 다중심성polycentricity을 강조한다. 하지만 차감적 공유지의 용익권 모델이든 비차감적 공유지의 용익권 모델이든 공유지 용익권 모델의 고유한 소유형태적 특성으로부터 공통부의 평등한 배당의 근거가 부여되지는 않는다. 오스트롬의 '공유재산 체제'와 마찬가지로 '크리에이티브 커먼스'도 공유자들의 개별적인 용익권의 대상이며, 여기에서 관철되는 분배원칙은 공통부의 평등한 분배가 아니라 성과에 따른 분배일 뿐이다. 공유지 용익권의 재발견은 자본주의적 사적소유를 고정불변의 것으로 보지 않고 상대화한다는 의의를 가진다. 하지만 공통부 배당론의 관점에서 보자면, 무조건적이고 보편적인 공통부 배당은 공유지 용익권 개념에 내포되어 있지 않다. 공유지 용익권 모델의 내적 분배원리는 공유자에 대한 평등한 분배일 수 없다.

공유지 용익권에서 소득은 이용을 전제로 하여 발생하며, 만약 누군가의 공유지 용익권으로부터 소득이 발생했다면 그것은 용익권의 행사의 결과물일 뿐이지 그가 공유자이기 때문이 아니다. 용익권에서 발생한 소득은 노동이나 활동에 근거한 소득이지 이와 무관하게 공유자 자격으로부터 발생하는 무조건적 소득이 아니다. 물론 개별적인 공유자의 용익권은 애초에 그들이 공유자이기 때문에 부여된 것이다.

하지만 용익권 체제에서 공유자로서의 권리는 공유자 각자의 개별적인 용익권의 보유를 보장할 뿐이며, 소득은 공유자로서의 원천적 권리가 아니라 개별적 용익권 행사에 의존한다. 논리적으로 볼 때, 공통부의 평등한 배당은 공유지 용익권으로부터 연역되지 않는다. 공유지 용익권은 오랜 역사를 가진 매우 익숙한 개념이다. 여기에서 공동소유는 오직 개별적 용익권의 가능 근거일 뿐이고 그 자체로서 용익권 행사에 따른 성과 원칙 이외에 또 다른 독립적인 분배원리를 내포하고 있지 않다.

오스트롬이 강조한 '공동의 규칙'뿐만 아니라 전 사회적 기본소득의 도입도 공유지를 지속 가능하게 해주는 조건이라고 말할 수 있다. 그렇다고 하더라도 기본소득은 공유지 용익권의 내적 구성 요소가 아니며, 공유지 용익권에 의해 기본소득이 정당화되는 것도 아니다. 기본소득은 공유지 용익권과 구분되는 보다 선차적인 권리이며, 그 정당성은 개별적인 용익권에 앞서는 '원천적 공유'로부터 주어진다. 당연히 공유지 용익권도 지구와 자연환경은 모든 사람의 공유라는 관념을 현실화한 하나의 형태이고, 바로 그렇기 때문에 '원천적 공유' 개념은 공유지 용익권 개념에 대해 선차적이다. 공유지 용익권에 입각한 수익은 이용한 만큼 분배되는 것이 정당하겠지만, 이와 별도로 모든 사람의 '원천적 공유'는 '공유재산 체제'에서 발생하는 수익의 일정 몫을 공유지 외부까지 포괄하여

모든 사람에게 평등하게 분배하는 것에 정당성을 부여한다.[12]

'공유재산 체제'에서 '원천적 공유'에 입각한 배당을 실현하는 방식은 한 가지만 있지 않다. 개별적인 공유자들에게 조세를 부과하는 방식도 있고 또는 '공유재산 체제'에 대해 전체 사회가 일종의 공동지분권을 가지는 방식도 생각할 수 있다. 어떤 경우이든 기본소득은 개별적인 공유자의 용익권이 아니라 전체 사회구성원의 무조건적 공유자 자격에 따른 분배원리인 '모두의 것은 모두에게 돌려주라'라는 원칙에 의해 정당성을 얻는다. 기본소득이 도입되면, 공유지 용익권을 행사하여 획득한 소득 중에서 일정 부분은 기본소득 재정을 위해 국가 재정으로 이전되며 이를 뺀 나머지만이 개별적 공유자의 순소득으로서 분배될 것이다. 물론 기본소득 재정은 국가 당국이 처분권을 가지지 않으며 그대로 다시 모두에게 평등하게 분배된다. 이와 같은 평등배당은 공유지 용익권의 보유나 행사와 상관없이 이루어지고 공유지 용익권과 기본소득은 서로 독립적인 소득원천이 될 것이다.

하지만 기본소득이 도입된다고 하더라도 공유지 내부의 분배원리, 즉 공유자들 상호 간의 분배규칙은 전혀 달라지지 않는다. 개별적인 공유자끼리의 소득 분배는 무조건적 평등배당의 원칙이 아니라 개별적 성과에 따라 분배된다. 달라진 것이 있다면 마치 사적소유자들이나 기업들이 기본소득 재정을 부담하는 것과 똑같은 이유로 '공유재산 체제'도 기본소득 재정을 부담한다는 것뿐이다. 공유지 용익권에는 기본소득의 원리가 들어 있지 않으며, 기본소득은 공유지 용익권에 우선하는 권리인 모든 사람의 '원천적 공유'에 의해 정당화 될 뿐이다.

3. 공유, 배당, 아가소토피아

　공유지 용익권이 공동소유의 유일한 형태는 아니다. 공유자들
이 평등한 지분권을 가지며 이에 근거하여 수익 전체를 평등하게
나누는 유형을 생각해보자. 사실 이러한 모델 그자체가 특별한 것
은 아니다. 지분율에 따라 수익을 분배하는 것은 사적소유권 체제
의 규칙이고, 단지 이 경우에는 공유자들이 평등한 지분을 가지고
있기 때문에 수익도 평등하게 분배될 뿐이다. 하지만 사고실험을
좀 더 진행하여 사회적 부의 일정 부분에 대해서는 사회구성원 모
두가 1/n의 지분권을 가지고 있다고 생각해보자. 이러한 사고실험
의 핵심은 보편적 공유지분권으로의 개념적 확장이며, 이러한 확
장을 통해 공유지분권은 기본소득으로 연결된다. 개념적 확장의
결과는 미드James Meade의 국가 공유지분권 모델과 유사한 어떤 것
이 될 것이다.

　미드의 모델에서는 사회 전체의 주식자산의 대략 50%를 국가
가 소유하지만, 국가는 경영권은 행사하지 않으며 단지 배당권만
을 행사한다. 국가 공유지분권을 근거로 하여 사회 전체의 자산소
득의 절반은 "사회 배당Social Dividend"으로 사회구성원 모두에게
평등하게 분배된다.[13] 미드가 사회구성원 모두의 공유지분권이 아
니라 국가 공유지분권을 전제한 이유는 아마도 공유지분의 처분권
제한과 관계있을 것이다. 미드의 모델에서 공유지분권의 보유자는
개별 시민이 아니라 국가이기 때문에 개별 시민은 공유지분을 처
분하거나 양도할 수 없고 단지 국가의 배당권 행사에 의해 개별적
으로 현금 배당을 받을 뿐이다.

　공유지분의 처분권 제한과 보편적인 현금배당은 미드의 국가

공유지분권 모델의 가장 큰 특징이며, 이 점에서 로머John Roemer의 시장사회주의 모델과 확연히 구별된다. 공통부 기금을 재원으로 하는 사회배당은 오늘날에도 부분적으로 실현되어 있다. 알래스카 영구기금은 천연자원에서 비롯되는 공통부 기금이며 이를 확대한 모델을 반스Barnes의 '스카이 트러스트' 기획이라고 볼 수 있다.[14] 미드의 공유지분권 모델은 천연자원이나 생태환경만이 아니라 사회적 총자본의 50%를 공유주식 자본Commons Capital Stock으로 전환한 모델이다.

미드와 마찬가지로 로머도 공동소유에 기초한 배당 모델을 구상했다.[15] 일단 로머는 자본주의적 사적소유를 상대화하는 소유관계의 전환을 출발점으로 삼는다. 로머는 대기업은 성년 사회구성원 모두의 공동소유로 두고 소규모 기업에 대해서만 개인소유를 허용하자고 주장한다. 주의할 점은 미드의 모델이 국가 공유지분권에 입각한 현금 배당 모델인 반면에 로머는 성년 시민들에게 현금 배당 대신에 주식을 구입할 수 있는 일정량의 쿠폰을 평등하게 지급하는 모델을 생각했다는 점이다. 시민들은 지급받은 쿠폰을 현금과 교환할 수 없고 주식시장에서 원하는 기업의 주식을 살 수 있을 뿐이다.

물론 시민들은 쿠폰으로 구매한 주식을 다시 쿠폰을 받고 되팔 수도 있으며 이러한 과정을 거쳐 보유 주식을 교체할 수 있다. 로머의 모델에서도 시민들은 쿠폰으로 구입한 주식으로부터 현금 배당을 받게 되지만, 이러한 배당의 성격은 보편적 사회배당이 아니라 시민 각자가 보유한 주식으로부터 나오는 이윤배당금일 뿐이다. 쿠폰으로 산 주식이 휴지가 되어버리면 한 푼도 배당을 받지 못할 수도 있고, 배당이 이루어지는 경우에도 개별적 배당액은 어떤 주식을 사들였는가에 따라 큰 차이가 나게 된다. 공동소유를 쿠폰 배당과 결합시킨 로머의 모델은 '쿠폰 사회주의'라고도 불린다.[16] 다만 로머는 공공부문의 공기업에 대해서는 개인의 주식투자를 허용하지 않고 성년 시민 모두가 공동소유자로서 평등한 배당을 받는다고 말한다. 결과적으로, 로머의 모델에서 성년 시민들은 공기업 이윤으로부터 나오는 평등한 사회배당과 각자의 쿠폰 투자로 발생한 차등적 이윤배당금이라는 두 가지 형태의 배당을 받게 되는 셈이다.

공기업으로부터 나오는 공공 사회배당을 제외하면, 로머의 '쿠폰 사회주의'는 대기업에 대한 성년 시민 모두의 공동소유를 전제함에도 불구하고 현금을 배당하지 않으며 쿠폰을 배당하여 투자하지 않으면 현금 배당이 발생하지 않도록 한다. 공통부 배당의 사용처를 주식 투자로 한정했다고 말할 수 있다. 이러한 모델은 투자기회의 평등을 보장했지만 투자 결과에 따른 불평등을 허용한다는 특징을 가진다. 프롤로그에서 언급했듯이, 기본소득 재정규모를 국가가 결정함으로써 경제에 대한 사전적 조정을 행하지만 개별적 시민들에게 배당된 기본소득이 어떻게 쓰일지는 전적으로 개인의 선택에 맡겨진다는 점은 거시경제 차원에서 기본소득 제도의 고유한 특징이다. 그렇다면 주식 투자를 경유해서만 현금 배당이 이루어지는 '쿠폰 사회주의'는 어떻게 사용할 것인가에 대한 개인적 선택권을 제한하는 것이라고 말할 수 있다.

미드에게 국가 공유지분권이 사회배당의 근거이듯이 로머에게도 공동소유는 쿠폰 배당의 근거이다. 하지만 미드의 국가 공유지분권은 공통부 개념에 접근한 모델이지만 로머의 모델에서 공동소유 개념과 공통부 개념의 연관성이 매우 불명확하다. 로머는 자본

규모에 따라 소유형태를 구분하여 대기업은 공동소유로 하자고 말하면서 소기업에 대해서는 개인소유를 허용한다. 그런데 공동소유의 수익은 그것이 공통부이든 아니든 당연히 공동소유자에게 분배되어야 하는 것이고, 이는 공통부 원리에 입각한 것이 아니라 이미 소유형태에 입각한 분배원리에 불과하다. 반면에 공통부의 원리는 사적소유의 수익의 일부도 공통부를 포함하기 때문에 사회로 환원되고 모두에게 재분배되어야 한다는 것이다.

로머의 구분을 공통부의 관점에서 바라보면, 대기업의 수익은 전적으로 공통부이지만 소기업의 수익은 공통부를 포함하지 않으며 전적으로 소기업의 성과에 따른 것이라고 보았다고 말할 수 있다. 자본규모에 따라 구분할 근거는 전혀 없으며, 차라리 데이터 기반 가치창출을 기준으로 나누는 것도 하나의 방법이다. 모든 종류의 가치 생산에 인류공통의 지식이 작용한다고 보면, 미드처럼 규모와 관계없이 사회 전체의 주식자산의 50%를 공통부로 보고 국가 공유지분권을 설정하는 것이 가장 타당한 해법이다.

소득 분배의 관점에서만 보자면 미드의 모델은 50%의 평률 법인세를 부과하는 것과 동일하지만, 50%의 국가 공유지분권 설정의 의의는 조세정치의 변동성을 제거하고 공통부 배당에 대해 제도적 안정성을 부여한다는 점에 놓여 있을 것이다. 국가 공유지분권 모델은 실정법을 통해 충분히 구체화될 수 있으며 이를 통해 공통부 분배정의에 소유권적 토대를 부여할 수 있다. 반면에 공유지분권 모델의 정의론적 근거는 어떤 특정인의 성과로 귀속시킬 수 없는 공통부를 배타적으로 전유하는 것은 정당하지 않다는 것이다. 앞에서 몇 차례 강조했듯이, 인류의 공통유산 또는 모든 사람의 공통적인 노력의 결과는 모두에게 평등하게 분배되어야 한다.

비록 투박해 보일지라도 이와 같은 관점은 '각자에게 각자의 몫을 나눠주라suum cuique tribuere'라는 분배정의의 오랜 원칙에 부합된다.[17] 생산된 유무형 재화들 중 많은 것들을 특정인 또는 특정 기업의 배타적 성과로 볼 수 없도록 하는 현실적 근거들에 주목할 필요가 있다. 이처럼 공통부의 현실적 근거에 주목하는 논의는 내적 정합성에 주로 의존하는 분배정의론들, 예를 들어 실질적 자유의 실현을 위한 '축차적인 최소극대화leximin'원칙에 근거하여 기본소득을 정당화하는 시도[18]나 여러 다양한 정의론에 입각한 정당화 시도들보다 직관적인 호소력이 크다.

나아가, 데이터의 축적과 활용으로 가치 창출이 이루어지는 플랫폼 자본주의 시대에 공유지분권 모델은 더 많은 자동화와 안정적인 소득기반을 동시에 유지하는 매우 현실적인 경제대안이 될 수 있다. 이 책의 서두에서 언급했듯이, 데이터 공유지data commons와 분배차원의 기본소득은 반드시 결합되어야 하며, 이러한 결합을 위하여 정치공동체의 공유지분권은 매우 유용한 모델이 될 수 있다.

앞서 언급했듯이, 레식의 '크리에이티브 커먼스'가 실현되더라도 플랫폼 기업이 데이터를 무상으로 축적하고 활용하는 것을 막지는 못한다. 플랫폼 협동조합platform cooperatives이나 플랫폼 공공기업의 육성은 반드시 필요한 정책이지만, 이미 독점적 지위를 차지하고 있는 플랫폼 자본과의 시장 경쟁을 이겨낼 것이라는 보장은 없다. 관건적인 문제는 오히려 빅데이터를 사회 전체의 공유자산으로 설정하는 것이며, 만약 부득이 하게 빅데이터의 산업적 활용을 민간에게도 허용한다면 데이터를 기반으로 가치를 창출하는 플랫폼 기업에 대해 사회 전체의 공유지분권을 확보하는 것이다.

공유지분권은 사회배당을 위한 소유권적 근거를 부여한다. 3장에서는 플랫폼 자본주의와 관련하여 공유지분권 모델 및 공동소유형 플랫폼의 가능성에 관하여 구체적으로 따져볼 것이다.

빅데이터 공동소유권에 매우 근접한 시도는 2016년 스페인 바르셀로나 시정부의 기술주권 이니셔티브Barcelona Initiative for Technological Sovereignty(BITS)가 발표한 '디지털 어젠다'이다.[19] 그 핵심적 내용은 행정과 공공서비스를 통해 획득되는 모든 데이터를 집적하는 '시 데이터 공유지City Data Commons'를 법률적으로 제도화하여 빅데이터가 사적 서비스제공자나 플랫폼 기업의 소유가 되지 않도록 하며, 실생활 데이터 집적, 분석, 활용은 투명하고 민주적인 의사결정과 민주적 통제하에 두고, 데이터의 산업정책적 활용에서는 시장모델보다 공적 모델을 우선하며 공적 모델 중에서는 중앙집중적 공공소유 형태보다 협동조합적 소유형태를 우선하며, 무조건적 기본소득을 도입한다는 것이다.[20] 이러한 모델을 사회 전체에 확대한다면, 빅데이터 전체에 대해 '빅데이터 공유지'를 설정하고, 데이터 집적과 분석을 민주적 통제하에 두고, 데이터의 활용의 측면에서는 협동조합적 소유와 공공소유를 장려하되, 사기업에게도 데이터 활용을 허용해야 한다면 공유지분권을 설정하여 수익으로부터 보편적 사회배당을 실시하는 방식이 될 것이다.

공통부 분배정의를 담보하는 소유형태로서 제임스 미드의 국가 공유지분권 모델은 플랫폼 자본주의에 맞서는 개혁 대안으로 새롭게 현재성을 부여받을 수 있다. 물론 이와 같은 공통부 분배차원의 제도화만이 중요한 문제인 것은 아니다. 빅데이터의 주인이 누구인가라는 질문은 분배차원이나 소유형태 차원에만 한정될 수 없다. 빅데이터의 주인은 국가가 아니고 사회구성원 모두이므로 집적, 분석, 활용에 대한 통제를 국가에만 맡겨둘 것이 아니라 아래로부터 민주적 통제가 이루어져야 한다. 이 문제는 이어지는 3장과 4장에서 다룰 것이다.

이제 마지막으로, 미드의 국가 공유지분권 모델이 실현된 사회에서 소득 분배는 어떻게 구성될 것인가를 따져보자. 시민들의 소득은 크게 두 부분으로 나뉘게 될 것이다. 국가 공유지분권에 입각한 평등한 사회배당과 개별적 차이가 나타날 수밖에 없는 시장소득market income이다. 시장소득의 전체 규모는 GDP에서 사회배당을 제외한 크기이며 자본 및 노동투입에 따라 배당소득이나 임금소득과 같은 시장소득 형태로 분해될 것이다. 기본소득 도입으로 두 가지 원천과 두 가지 경로를 가진 복합소득이 등장하게 된다.

기본소득 또는 공통부 배당은 "생산력의 공통 유산을 공유하려는 모든 시민의 요구에 대한 승인"을 뜻한다.[21] 콜과 미드는 기본소득이라는 개념 대신에 사회배당이라는 개념을 사용했다.[22] 기본소득의 원천을 공통부로 보면 사회배당이라는 개념을 사용하는 것이 더 적절하다고 말할 수 있다. 또한 공유자산 배당 개념은 이미 알래스카 영구기금을 통해 실현되고 있으며, 넓은 의미의 공통부 개념은 공유자산의 범위를 인공적 공유자산까지 확장하는 것이기에 현실적 상상력의 제공이라는 관점에서도 사회배당이나 공통부 배당의 개념이 기본소득보다 좀 더 효과적이다.

공유지분권 모델은 사회배당과 시장소득이 병존하는 경제로 나타난다. 사회배당과 별도로 시장소득 분배에 대해서도 현존하는 사적 자본주의적 모델에 대한 대안을 구상할 수 있다. 미드는 자신이 구상한 대안사회를 아가쏘토피아Agathotopia라고 불렀는데, 이 사회에서는 공유지분권에 입각한 평등한 "사회배당"이 거시 분배 패러다임으로 작동하며, 이와 병렬적으로 "노동-자본 파트너십labour-capital partnership"에 입각한 차등 분배가 미시 분배 패러다임으로 기능한다.[23] 미드에게는 두 가지 모두 아가쏘토피아의 조건이지만, 논리적으로는 '노동-자본 파트너십'을 도입하지 않더라도 국가 공유지분권만으로 공통부 배당은 일단 가능하다.[24] 이는 자본주의적 시장소득 분배를 그대로 두더라도 국가 공유지분권에 입각한 사회배당은 가능하다는 뜻이다.

아울러, '노동-자본 파트너십'뿐만 아니라 오스트롬의 공유지 용익권 체제도 현재의 자본주의적 시장소득 분배에 대한 대안이 될 수 있다. 앞에서 언급했듯이, 공유지 용익권 체제의 내적 분배 원리는 공통부의 평등배당일 수 없지만, 전체 사회는 공유지 수익의 일정 몫에 대해 공유지분권을 행사하며 이를 제외한 나머지 몫은 공유지 용익권자들에게 성과에 따라 분배되는 방식으로 공유지 용익권과 전체 사회의 공유지분권을 결합시킬 수 있다.

4. 공공소유와 기본소득

공공소유는 정치공동체, 곧 국가나 지방자치단체의 소유이다. 이와 같은 공공소유의 대표적 형태는 자본주의 사회의 국영기업이나 지방자치단체 소유 기업 또는 20세기 소비에트 국가사회주의의 '전 인민적 소유'이다. 공공소유는 국가나 정치공동체의 소유이고 어떻게 수익이 분배될 것인지도 소유자인 국가가 정할 뿐이다. 설령 국가가 수익을 기본소득으로 분배하더라도 이는 공공소유라는 특정한 소유형태와 무관하게 전적으로 소유자 국가의 결정에 따른 것일 뿐이다. 반면에 공동소유는 국가의 소유가 아니며, 수익의 분배방식도 공동소유자들이 정한다. 공통부처럼 모든 사회구성원이 평등한 공동소유자인 경우에는 당연히 기본소득으로 분배되어야 한다. 앞에서 살펴본 미드의 국가 공유지분권 모델은 국가가 개별적 공동소유자들의 배당권을 위임받아 사무를 처리해주는 역할을 할 뿐이므로 공동소유의 한 형태로 볼 수 있다.

자본주의 국가의 공기업의 소유권은 국민에게 있는 것이 아니라 국가에게 있으며 국민들은 수익 배당을 요구할 권한을 가지지 않는다. 자본주의의 공기업은 시장에 맡기는 것이 공익을 저해할 우려가 있거나 사기업이 담당하기에는 수익성이 없는 영역에서 등장했기에 애초에 수익분배가 공기업 설립의 목표도 아니었다. 국가가 소유한 기업이라도 공기업public firm과 공유기업common firm을 개념적으로 구별할 필요가 있다.

공기업의 수익은 국가가 처분권을 가지는 반면에 공유기업의 수익은 설령 법률적 소유자가 국가라고 하더라도 국가는 공동소유자인 국민 전체를 대표할 뿐이므로 수익은 노동 여부와 상관없이 국민 모두에게 평등하게 배당되어야 한다. 20세기 사회주의의 국영기업도 비록 '전 인민의 소유'로 불렸지만, 수익의 처분권은 전적으로 국가 수중에 있었고 노동 여부와 무관한 무조건적 배당의 형태로 분배되지 않았다. 사회주의 국가의 가계 가처분소득의 원천은 임금이었고 노동성과에 따른 분배가 원칙이었다. 이러한 사실들은 역사상 존재했던 공공소유가 공통부 배당과 결합되지 않음을 보여준다. 지금까지의 공공소유 형태들이 공통부 배당과 결합되지 않았다는 사실보다 더 중요한 것은 공공소유를 공통부 배당과 결합될 수 없도록 만드는 제한 논리의 구조를 밝히는 것이다.

미드의 국가 공유지분권 모델은 국가가 소유하는 공공소유에 사회 배당의 논리를 결합시킴으로써 공동소유로 변화시킬 수 있음을 보여준다. 20세기의 공공소유가 이 방향으로 발전하지 못하도록 가로막은 가장 근본적인 제한은 노동을 의무로 간주하거나, 또는 이렇게 강한 논변은 아니더라도 노동소득의 우선성을 전제하고 공적 이전소득을 오직 보충적인 소득원천으로만 바라보는 매우 오래된 사고방식이다. 공유지분권 모델이나 100% 공유기업 모델은 사회구성원 전체를 공통부의 소유권자로 보는 것이다. 이러한 모델은 시민을 원천적 공유자로 본다는 점에서 시민을 1차적으로 노동자 또는 생산자로 보는 생산주의 패러다임과 대척점에 서 있다. 기본소득 모델이 조세형을 넘어 공유지분권 모델이나 공동소유의 수익 배당 모델로 다양하게 전개되기 위해서는 노동주의 또는 생산주의 패러다임을 넘어서는 지적 기획이 필요하다.

종래의 공산주의는 소유와 노동의 연계를 전제했다. 자본주의적 잉여가치의 생산에 대한 마르크스의 해명은 후대의 공산주의자들이 자본주의적 사적소유를 노동에 입각하지 않은 소유로, 자본소득을 불로소득으로 이해하도록 이끌었으며, 이러한 독해를 거쳐 등장한 노동자계급 마르크스주의 전통에서 공산주의란 생산수단이 직접적 생산자의 소유로 바뀌는 소유관계의 변혁으로만 폭 좁게 이해되었다. 노동자계급 마르크스주의가 과연 얼마만큼 마르크스 저작 전체의 합리적 핵심에 닿아 있으며 정치경제학 비판 프로그램의 목표에 부합되는지를 따지는 일은 뒤로 미루더라도, 협소화된 이해방식은 이미 1장에서 상세히 밝혔듯이 노동과 소유를 불가분의 관계로 본 로크의 소유론에 대한 좌파적 전유에 지나지 않는다. 근대 이후 좌우파의 주류가 공통적으로 받아들인 노동, 소유, 소득의 삼위일체는 자동화와 노동투입 없는 생산의 가능성에 직면하게 될 때 결코 해방적 대안이 될 수 없을 것이다. 노동투입 없는 생산의 등장은 희소성의 경제학에서 탈희소성의 경제학, 풍요의 경제학으로의 전환, 가치의 경제학에서 부의 경제학으로의 전환을 요구하고 있다.

마르크스의 저작, 특히 주저인 『자본Das Kapital』에서 자본주의 이후의 대안사회에 대한 서술은 극도로 축약된 형태로 등장할 뿐이다. 상품, 화폐, 노동, 가치, 잉여가치 등의 범주는 모두 자본주의적 상품생산 사회를 분석하기 위한 개념적 도구에 불과하다. 이로부터 자본주의 이후 사회의 구성 원리를 끌어내려면 재구성 작업을 거쳐야 한다. 단언적으로 말하자면, 마르크스의 공산주의 개념은 소유론적으로 협소화된 노동공동체로 볼 수는 없다. 너무 상세한 논의 이 책의 범위를 벗어나기에 여기에서는 공산주의의 분배원칙이 다루어진 『고타강령비판Kritik des Gothaer Programms』(1875)만을 살펴보도록 하자. 마르크스는 생산력 수준이 충분히 발전한 공산주의의 고도 단계의 분배원리에 대하여 "각자는 능력에 따라, 각자에게는 필요에 따라"라는 원칙으로 설명했으며, 반면에 아직 생산력 수준이 낮은 저차 국면에서는 '노동에 따른 분배' 원칙이 적용된다고 보았다.[25] 엄밀한 해석이 필요한 논점은 일단 두 가지이다.

첫째, 능력에 따라 일하고 필요에 따라 분배받는다는 원칙은 판더 벤과 판 파레이스가 오해하듯이 기본소득, 곧 공통부의 평등배당을 뜻하지 않으며 마찬가지로 현대 복지국가에서 공공부조의 원리인 필요의 원리와도 같지 않다는 점이다.[26] 그것은 기본소득과도 관계없지만 필요에 따른 사회수당과도 전혀 관계없다. 20세기 복지국가의 공공부조는 '필요의 원리'에 입각하지만 여기에서 '필요needs'란 베버리지Beveridge가 결핍want이라고 불렀던 것이지 『고타강령비판』에서 공산주의 높은 단계의 분배원리로 제시된 '필요'와는 전혀 다른 내용이다.

마르크스가 말하는 '필요에 따른 분배'는 생산력 수준이 매우 높아서 굳이 성과에 따른 분배원칙을 따르지 않더라도 개별적으로 상이한 필요에 따른 자율적 분배가 이루어지는 상태를 뜻한다. 마르크스 스스로 설명하듯이 이러한 상태는 희소성의 경제가 종식되고 풍요의 경제가 시작된 상태로서 "조합적 부의 모든 분천이 흘러넘치고 난 후"에 도래한다. 이러한 상태에서는 성과에 따른 분배원칙도 무의미해지지만 공통부를 모두에게 굳이 평등하게 배당할 이유도 없어진다. 공산주의의 높은 단계에서는 무조건적 보편적 평등배당이라는 분배방식 그 자체가 무의미해진다.[27] "완전 자동화된 럭셔리 공산주의"에서는 각자의 필요를 각자가 평가하는 자율적인 분배가 이루어질 것이고 기본소득은 불필요해진다.[28]

하지만 이와 같은 탈희소성의 경제로 나아가는 도정에서 기본소득은 매우 중요한 수단이자 경로가 될 것이다. 더 높은 기본소득과 더 많은 자동화 및 지식생산성 증대의 피드백 고리에 의하여 기본소득은 탈희소성의 경제, 곧 공산주의를 앞당긴다.[29] 그렇다면 공통부의 평등배당은 풍요의 경제에서의 분배원칙이 아니라 풍요의 경제로 나아가는 이행수단으로서 더욱 중요해진다. 이렇게 이해한다면 "각자는 능력에 따라, 각자에게는 필요에 따라"의 원칙은 그 안에 어떤 종류의 "유토피아적 난점"도 가지고 있지 않다.[30] '공산주의의 높은 단계'가 풍요의 유토피아가 아니어야 할 어떠한 이유도 없으며, 만약 난점이 있다면 공통부의 무조건적·보편적·개별적 평등배당이라는 분배원칙 없이는 현재의 자본주의로부터 이러한 유토피아로 이행할 수 없다는 점일 뿐이다. 기본소득은 유토피아로 나아갈 수 없다는 자본주의적 난점과 어떤 대안도 없다는 신자유주의적 궁지를 해결해준다.

두 번째 논점은 '노동에 따른 분배' 원리가 적용되는 공산주의의 낮은 단계에서는 기본소득이 도입될 수 없는가라는 문제이다. 이 문제에 대한 설득력 있는 재구성은 하워드Howard가 제시했다.[31] 하워드는 『고타강령비판』의 '노동에 따른 분배' 원리는 노동에 비례하여 소득이 증가한다는 뜻으로 해석해야 하며, 이렇게 해석할 때 기본소득의 원리는 공산주의의 낮은 단계의 분배원리에 어긋나지 않는다고 주장한다. 왜냐하면 기본소득을 도입하더라도 노동소득은 노동에 정비례하여 증대되고 총소득도 노동에 정비례는 아니지만 비례하여 증가하기 때문이라는 것이다. 따라서 하워드가 사회주의라고 부르는 공산주의의 낮은 단계에서도 기본소득은 도입될 수 있다는 결론을 내린다.

반대로 기본소득을 도입하지 않는다면 사회적 공비를 제외한 모든 소득이 노동자에게만 분배되는 결과가 발생한다. 이렇게 되면 노동자들은 불로소득까지 얻게 된다고 하워드는 반박한다.[32] 부는 투입된 노동만이 아니라 토지, 자연자원, 지식과 전승된 기술에도 의존하고 있기에, 이러한 원천에서 비롯되는 불로소득을 오직 노동자에게만 분배하는 것은 정당하지 않다는 반박이다.[33] 『고타강령비판』의 서두에서 마르크스는 라살Ferdinand Lassalle을 비판하면서 "노동은 모든 부의 원천이 아니다. 자연도 마찬가지로 사용가치의 원천"이라고 단언했던 대목을 떠올린다면, 공유자산과 공통유산의 분배가 노동자에게만 이루어지는 것은 부당하다.[34] 따라서 하워드의 반박은 『고타강령비판』의 전체적 취지에서 결코 벗어났다고 말할 수 있다. 부와 소득의 원천을 오로지 노동에서 찾는 전일적 체계로서의 노동공동체와 공통부의 무조건적 분배는 결코 만날 수 없는 두 극점인데,『고타강령비판』의 마르크스는 부의 원천은 노동만이 아니라 자연이기도 하다는 점을 명확히 하기 때문이다.

공통부 배당론의 핵심은 자연이나 공통의 유산을 원천으로 하는 부는 사회성원 모두의 공통부이며 따라서 노동자만이 아니라 모든 사회성원들에게 평등하게 분배되어야 한다는 것이다. 하워드의 재구성은 공산주의의 낮은 단계에서도 모든 부가 오로지 노동을 원천으로 하지 않기 때문에 기본소득을 도입하는 것이 정당하며, 또한 기본소득이 도입되어도 노동에 비례하여 소득이 증대되므로 마르크스가 말한 원칙에도 크게 어긋나지 않는다는 것이다. 하워드의 해석이『고타강령비판』의 해당 문구에 대한 가장 합리적인 해석을 제공하고 있음에도 '노동에 따른 분배' 원칙은 노동중심적 사회주의의 근거가 되었다. 이 원칙이 공동소유와 노동공동체의 결합을 강화하게 될 때 공동소유와 공통부 분배정의의 결합 가능성은 완전히 시야에서 사라지게 된다.

공산주의 첫 단계에 대한 마르크스의 서술이 "낡은 사회의 모반이 모든 면에서, 즉 경제적, 윤리적, 정신적으로 아직도 들러붙어 있는" 사회를 대상으로 하며, 마찬가지로 '노동에 따른 분배' 원칙도 마르크스 스스로 여러 번 강조하듯이 이러한 제약성의 표현이라는 점을 염두에 둔다면, 공산주의에서의 사회 발전은 '노동에 따른 분배'가 극복되고 상대화되는 과정이어야 함에도 현실에 존재했던 공산주의는 오직 노동을 권리이자 의무로 절대시하는 노동공동체였을 뿐이다. 바로 여기에 현실 사회주의가 주요 생산수단에 대한 100% 공공소유를 실현했음에도 노동 여부와 무관한 공통부 배당이 도입되지 않았던 이유가 있다.

5. 공산주의 유토피아의 긴 역사

공산주의적 공유론은 꽤 긴 역사를 가지고 있다. 초기 근대의 사상사에서도 토지공유론은 페인이 『토지 정의』를 집필하도록 만들었던 바뵈프뿐만 아니라 잉글랜드 내전기(1642-1651)의 디거스Diggers 지도자였던 윈스턴리Gerrad Winstanley까지 거슬러 올라갈 수 있다. 스스로를 '진정한 수평파'True Leverllers로 자칭했던 디거스 운동의 당면 과제는 현존 소유권 질서의 타파가 아니라 가난한 사람들을 위한 공유지 개간이었지만, 「덤불 속의 불Fire in the Bush」이라는 소책자에서 윈스턴리는 토지와 생산수단의 공동소유가 신의 명령이며 사적소유권의 보호를 목적으로 수립된 국가는 신의 뜻에 반한다는 점을 명확히 선언한다.[35] 이로부터 150년 후인 프랑스 대혁명기에 '평등한 자의 음모Conjuration des Égaux'라는 급진파 운동을 이끌었던 바뵈프는 보다 분명하게 재산 공유를 주장한다.

이 운동의 일원이었던 부나로티Filippo Buonarroti는 바뵈프의 주장을 정리하여 「바뵈프 독트린Doctrine of Babeuf」(1796)이라는 소책자를 펴냈는데, "자연은 모든 개인에게 재산을 향유할 동등한 권리를 부여"했다고 전제하고 사회의 설립 목적을 "자연상태에서는 강하고 사악한 자들에게 종종 공격당하는 평등을 지키고 모두의 협력을 통해 전체의 복지를 증대"하는 일에서 찾는다. 이와 같은 목적에 비추어보면 "자연 또는 노동의 산물을 자기 것으로 배타적으로 전유하는 자는 누구나 범죄자"(6조)로 간주되어야 마땅하다.

"진정한 사회에는 부자도 가난한 자도 없어야만"(7조) 하고, 따라서 "가난한 자를 위해 자신의 잉여를 포기하지 않으려는 자는 인민의 적"(8조)이다.[36] "생산수단의 사적소유의 폐지와 공산주의적 민주주의의 수립"을 목표로 했다는 점에서 바뵈프는 "최초의 혁명적 공산주의자"로 평가된다.[37]

물론 「바뵈프 독트린」에는 노동 여부와 관계없는 무조건적 배당이 들어설 자리가 없다. 그런데 그 이유는 재산공유제 때문이 아니라 사회구성원의 보편적 의무로서 노동의무를 강조하기 때문이라는 점이 중요하다. 「바뵈프 독트린」은 재산공유제와 공동경영의 토대 위에서 '자연이 부과한 노동의무'를 강조하여 "자기 몫의 노동을 회피하는 자는 누구나 범죄자"(3조)라고 단정한다. "노동과 이익은 모두에게 공통적이어야 한다"라는 원칙(4조)은 사회적 필요노동의 분담과 사회적 부의 분배를 연계하도록 만든다.[38] 노동의무는 공동소유의 수익에 대한 무조건적 배당의 여지를 없앤다. 사회 전체의 생산수단을 공동소유로 전환한다고 해서 자동적으로 공통부의 평등한 배당이 이루어지는 것은 아니다. 『토지 정의』제2판 서문에서 페인이 바뵈프에 대한 반대를 염두에 두고 자신의 책을 집필하였다고 밝히고 있는 대목은 1차적으로 바뵈프와 반대로 페인은 토지에 대한 사적소유권을 인정했다는 점과 관련된다.[39] 하지만 이는 동시에 바뵈프의 노동공동체에는 성과에 따른 분배 이외에 무조건적·보편적·개별적 배당이라는 분배원칙이 들어설 여지가 없다는 점을 페인이 분명하게 인식하고 있었음을 암시한다.[40] 이 점에 대해 자세히 살펴보자.

공유자산에서 발생하는 보편적 배당과 노동소득은 분배원리의 관점에서 바라볼 때 명확하게 구분된다. 공통부의 배당은 공유자라는 보편적 자격에서 나오므로 모두에게 같은 몫으로 분배되어야 한다. 반면에 노동소득은 노동성과에 따라 분배되어야 한다. 두 가지는 전혀 다른 원리이다. 재산공유제로 바뀐다고 해서 당장 생산력이 비약적으로 발전하여 사회적 필요노동이 없어지는 것은 아니라면, 재산공유제에서도 노동성과에 따른 분배는 어쩔 수 없을 것이다. 비슷한 이유로 『고타강령비판』에서 마르크스는 공산주의의 낮은 단계의 분배원리로 성과에 따른 분배를 제시한다.

그렇다고 재산공유제에서도 모든 것을 노동성과에 따라 분배해야 한다는 주장에는 어떠한 논리적 정합성도 없다. 오히려 토지와 생산수단 전부가 공유자산이라고 가정하면, 각자에게 일한 만큼 분배된 노동소득 부분을 일단 제외하고 추가적으로 재생산에 투자될 부분을 제외한 후에 남은 잉여생산에 대해서는 사회구성원 모두가 공유자로서 평등한 몫을 가져가는 것이 옳다. 이 부분은 어떤 특정인의 노동에 귀속시킬 수 없는 공동의 노력의 결과일 것이기 때문이다. 이렇게 분배한다면, 재산공유제하에서도 개별적인 소득은 일한 만큼 받게 되는 노동소득과 공유자로서 받게 되는 평등한 배당이라는 두 가지 원천을 가진 복합소득으로 바뀌게 된다.

노동의무를 전제하지 않는다면, 공공소유 또는 다른 형태의 재산공유제와 공통부 배당이 그 성격상 상호 배척적인 관계일 수 없다. 양자가 필연적으로 결합될 이유도 없지만 최소한 상호 배척하지는 않는다. 공공소유와 공통부 배당의 결합에 관한 좋은 시사점은 1889년에 출간된 벨라미Edward Bellamy의 『돌이켜보면: 2000년에서 1887년을Looking Backward: 2000-1887』이라는 유토피아 소설에서 발견된다.[41] 소설에서 벨라미는 2000년의 미국사회를 모든 생산수단이 국유화된 집산주의 사회로 묘사한다. 벨라미가 묘사한 집산주의의 분배 원칙은 유감스럽게도 노동의무를 전제로 한다. 모든 성인은 건강이 허락하는 한 마치 오늘날의 국방의 의무처럼 만 45세가 되기 전까지는 산업군industrial army에 소속되며 노동의무를 진다.

하지만 벨라미가 제시한 분배원칙은 노동성과에 따른 분배인 임금이 아니라 노동 여부와 무관한 무조건적·보편적·개별적인 평등배당이다. 즉, 국가는 총자본가로서 일할 수 있는 사람들에게 일자리를 공급하며 축적기금을 제하고 남은 잉여생산물은 모든 사회 구성원에게 평등하게 분배한다. 바뵈프를 노동자 공산주의의 출발점으로 볼 수 있다면, 벨라미는 노동자 공산주의에서 공유자 공산주의로 이행하는 단초를 보여주며 공유자 공산주의에 대한 풍부한 문학적 서술을 제공한다.

벨라미의 공유자 공산주의에는 기술적 낙관론이 깔려 있다. 소설의 가상적 시점인 2000년에는 과학기술이 비약적으로 발전하여 노동시간이 획기적으로 줄어든다. 벨라미는 2000년의 미국 사회를 묘사하면서 45세가 되면 은퇴하고 국가가 지불하는 금액으로 생활한다고 쓴다. 이 점에 비추어보면 벨라미는 기술혁신과 생산력의 발전이 노동시간을 단축할 뿐만 아니라 노동과 소득의 연계를 근본적으로 완화할 것이라는 점을 알고 있었다. 무조건적 사회배당에 대한 벨라미의 관점은 이와 같은 기술적 낙관론 위에 서 있다. 소설이 묘사하는 사회상은 보편적 노동의무를 강조하는 바뵈프식 공산주의와 정반대이다. 바뵈프에게서 발견되는 재산공유, 노동의무, 성과에 따른 분배원칙의 결합과 달리 벨라미에게는 재산공유, 노동의무, 일종의 기본소득으로서 평등배당의 결합이 등장하며, 비록 노동을 의무로 간주했지만 기술혁신에 따른 노동시간의 단축과 자유시간의 증대에 관한 낙관적 전망이 부각된다.

벨라미의 기술유토피아적 전망은 대서양 건너편의 윌리엄 모리스William Morris의 기술회의론적 전망과 곧잘 비교된다.[42] 비록 벨라미는 소설에서 스트리밍 음악이나 화상통화와 같은 18세기 말의 수준에서 볼 때 상상할 수 없는 기술을 묘사하고 있지만 소설에서 묘사한 2000년 미국은 노동투입이 거의 필요하지 않을 만큼 완전 자동화된 사회가 아니다. 소설에서 묘사된 기술수준은 인공지능이 등장하고 있는 현재와 비교할 경우에도 현저하게 뒤떨어진다. 이러한 점은 벨라미가 무조건적 배당을 말하면서 굳이 노동의 무를 전제할까라는 의문에 부분적인 답을 준다. 따라서 벨라미의 소설에서 묘사된 사회체제에서 주목해야 할 점은 생산수단이 국유화되어 국가가 유일한 고용자가 되지만 소득 분배에 대해서는 성과에 따른 분배가 아니라 일종의 무조건적 배당으로 묘사한다는 점이다.

벨라미의 소설은 과학소설이라기보다 유토피아 소설이다.[43] 유토피아 소설은 새로운 사회체제에 대한 상상력을 제공한다. 벨라미가 제공하는 상상력을 좀 더 자유롭게 전개한다면, 생산수단은 사회구성원 전체의 공동소유로 전환되고 노동자들에게는 성과에 따른 임금이 제공되지만 임금기금과 축적기금을 제외한 잉여생산은 사회구성원 모두에게 무조건적·보편적·개별적으로 배당되는 사회를 상상할 수 있다. 이와 같은 사회에서는 바뵈프의 노동자 공산주의와 달리 임금은 개별적 소득의 유일한 원천이 아니며 노동 여부와 관계없이 모두에게 제공되는 공통부 배당이 임금과 구별되는 독자적인 소득원천으로 자리 잡는다.

이러한 사회에서는 공통부의 크기가 늘어나면 늘어날수록 임

금이 개별적 소득에서 차지하는 비중은 줄어들지만 무조건적 배당
액은 늘어날 것이다. 물론 임금소득과 공통부 배당의 병존이나 또
는 생산력의 발전과 더불어 전체 GDP에서 공통부 배당이 차지하
는 비중의 증대는 조세형 기본소득에서 출발할 경우에도 마찬가지
과정을 겪게 될 것이다. 조세를 재원으로 하여 기본소득을 도입할
경우, 성과에 따른 시장소득의 분배나 임금소득이 사라지는 것이
아니라 기본소득과 함께 상호 독립적이면서 보완적인 소득원천으
로서 병존하듯이, 생산수단을 공동소유로 돌리고 그 수익을 재원
으로 하여 사회구성원 모두에게 무조건적 기본소득을 지급하는 공
유자 공산주의에서도 노동소득은 기본소득과 병존할 수 있다. 여
기에서 노동소득의 비중 축소는 기술혁신에 의해 지식공통부의 크
기가 늘어나는 과정과 함께 진행된다.

3장

플랫폼 자본주의와 빼앗긴 빅데이터

적어도 세 가지가 분명해졌다. 첫 번째는 기본소득은 공통부의 무조건적·보편적·개별적 배당이라는 점이다, 무조건적·보편적·개별적인 평등배당은 기본소득의 원천이 공통부이기 때문이며, 공통부는 이 원칙에 따라 배당될 때에 비로소 정의로운 분배가 이루어졌다고 말할 수 있다. 기본소득이 도입됨으로써 모두의 몫이 모두에게 평등하게 돌아가게 되며, 모두의 몫이 모두에게 돌아갈 때에만 각자에게 성과에 따른 몫을 분배하는 성과의 원칙도 유효할 수 있다.

두 번째는 기본소득은 구체적인 소유형태에 대해서 중립적이지만, 현실의 소유관계와 무관하게 공통부와 원천적 공유 개념의 규범적 우선성을 전제해야 한다는 점이다. 예컨대 토지에 대한 사적소유를 인정하면서도 토지보유세를 걷고 무조건적·보편적·개별적으로 배당함으로써 토지공통부의 분배정의를 실현할 수 있다. 하지만 이와 같은 토지배당은 실정적 소유권 제도에 앞선 규범원리인 일종의 토지공개념을 전제한다. 페인이 『토지 정의』에서 전개한 이중적 소유권 이론에서 발견할 수 있듯이, 사적소유권을 인정하면서 조세와 이전소득의 결합을 통해 공통부를 배당하려면 규범적 차원에서 원천적 공유의 우선성이 사회적으로 인정되어야 한다.

세 번째는 공통부의 무조건적·보편적·개별적 배당은 '공공소유'가 아니라 '공동소유'의 고유한 분배방식이라는 점이다. 또한 모든 종류의 공동소유가 필연적으로 기본소득과 같은 분배방식과 결합되는 것은 아니라는 점도 밝혀졌다.

3장의 과제는 2장에서 다루었던 공유지분권 모델이나 100% 공동소유형 배당의 현재성이다. 2008년 금융위기 이후로 플랫폼 알고리즘의 등장과 함께 데이터가 점점 더 중요한 위치를 차지하고, 데이터를 포획하는 디지털 플랫폼을 소유하는 회사들의 힘이 비약적으로 증가했다. 금융수익률이 급격히 줄어들고 대규모 자금이 테크기업으로 흘러들어간 후,[1] 10년이 채 지나지 않은 2017년에는 구글, 페이스북, 아마존 등 플랫폼 기업들이 글로벌 시가총액 5대 기업으로 등극했다.[2] 이러한 오늘날의 플랫폼 자본주의하에서 공유지분권 모델이나 공동소유형 배당제도는 어떤 점에서 현재성을 가질 수 있는가를 따지는 일이다.

1. 플랫폼 자본주의 혹은 빅데이터 자본주의

데이터 중심성

데이터는 자본주의 기업에게 언제나 중요한 자산이었다. 산업 자본주의 시대에도 기업들은 비용절감과 정확한 수요예측을 위해 데이터를 수집하고 활용해왔다. 하지만 오늘날처럼 데이터의 중요성이 부각된 시대는 없었다. 미국 330개 기업을 분석한 보고서에 따르면 데이터 기반 의사결정data-driven decision making을 채택한 기업의 생산성은 그렇지 않은 기업에 대하여 5~6% 높았다.[3] 영국의 500개 기업에 대한 조사결과도 마찬가지이다. 소비자 데이터를 활용하는 기업들의 생산성은 8~13% 정도로 높았다.[4] 데이터의 중요성은 단지 ICT 기업들에게만 한정된 현상이 아니다. 2014년 OECD는 제조업, 금융, 농업, 공공분야 등 산업의 전 부문과 사회 전체에 걸쳐 데이터 주도 혁신data-driven innovation이 진행 중이라고 밝힌다. 오늘날의 자본주의의 가장 중요한 특성은 데이터 중심성the centrality of data이다. 이 점에서 오늘날의 자본주의는 충분히 빅데이터 자본주의라고 부를 만하다.

데이터 주도 혁신과 자본의 순환

데이터 주도 혁신은 자본이 순환하는 모든 단계에 걸쳐 시간을 단축시키고, 이는 더 많은 이윤을 가져다준다. 지멘스Siemens나 GEGeneral Electric와 같은 산업 플랫폼industrial platform 기업은 제조업의 가동 중단을 줄이고 불필요한 과잉설비를 줄여준다.[5] 구글과 페이스북으로 대표되는 광고 플랫폼advertising platform은 데이터의 수집과 활용에 기초하여 맞춤형 광고를 제공한다. 이는 구글과 페이스북의 수익에 기여하지만 광고를 싣는 회사의 상품과 서비스의 유통 기간 단축에도 기여한다.

데이터의 활용은 자본의 생산 기간, 유통 기간만이 아니라, 재투자 기간 또한 획기적으로 단축함으로써 이윤생산에 기여한다. 전통적인 제조업의 고정자본은 장기간의 갱신 주기를 가지는 반면에, 플랫폼 알고리즘은 빅데이터의 수집, 분석, 활용에 의하여 항상적으로 업그레이드된다. 플랫폼 고정자본에는 재투자 지체가 거의 없다고까지 말할 수 있다.[6] 아울러 데이터에 의존하는 플랫폼 알고리즘뿐만 아니라 제조와 사무자동화를 위한 콘텐츠 알고리즘도 지속적으로 업그레이드된다는 점에서, 디지털 경제 전체는 "영구적 혁신경제"의 성격을 가진다.[7]

나아가 데이터 주도 혁신이 전통 제조업 부문까지 파급되어 더 이상 ICT 기업이나 디지털 경제에 국한된 현상이 아니게 되었다. 고정자본의 내구성이 높고 갱신주기가 긴 제조업 자본은 미래의 재투자를 위해 큰 규모의 유휴화폐자본을 보유해야 한다. 이러한 유휴화폐자본은 금융권으로 흘러들어 가서 신용의 객관적 기초를 이룬다. 금융권에 흘러간 유휴화폐자본은 개별자본이 막대한 고정자본 투하기금을 충당하기 위해 필요한 시간을 단축시켜 자본의 회전수를 높이는 데 기여할 수도 있지만, 정반대로 금융권에만 머물러 재투자 지체를 일으키기도 한다.[8]

ICT 고정자본은 유휴화폐자본이 금융권으로부터 신속히 이탈하여 이동하도록 만든다. 데이터 주도 혁신은 생산 기간, 유통 기간, 재투자 기간을 단축시켜 자본의 회전수를 늘리고 이윤생산에 기여한다. 개별적 기업 가치에 대해서도 데이터 주도 혁신의 속도와 성공 여부가 중요한 기준이 된다.

플랫폼 알고리즘과 데이터 중심성

대표적 플랫폼 기업인 구글의 수석 경제학자 할 배리언Hal Varian은 데이터 기반 가치창출에서 중요한 역할은 알고리즘이 수행하며 데이터의 역할은 제한적이라고 본다. 그는 빅데이터의 형성을 위하여 데이터가 필요한 것은 사실이지만 일정 한도에 도달한 후에 수집되는 데이터는 기여를 하지 못한다는 점을 근거로 든다.[9] 하지만 일정 한도 이후에 수집되는 데이터도 각종 부가서비스의 개발에 활용되며, 무엇보다도 범용 인공지능 개발을 최종 목표로 하는 인공지능 혁명에서 필수적인 요소가 된다. 경제적 가치는 데이터에 있지, 알고리즘에 있는 것이 아니다.[10]

오늘날의 자본주의에서 데이터의 중심적인 역할은 인공지능 개발과 관련된다. 인공지능 개발에서 클라우드 컴퓨팅cloud computing과 머신러닝machine learning이 등장하면서 빅데이터에 의존하는 플랫폼 알고리즘의 시대가 열린다. 기술적 조건의 변화는 지식공통부에 대한 ICT 자본의 인클로저 방식의 변화로 이어졌다. 1990년대의 소프트웨어 회사들은 콘텐츠 알고리즘을 개발하고 지적재산권으로 보호하여 인위적으로 지식을 희소재로 만드는 전략을 추구했다.

이와 달리 2008년 이후 급격히 성장하게 된 플랫폼 기업들은 지식 공유지knowledge commons를 적극적으로 활용하여 오픈소스open source 알고리즘을 개발한다. 수익은 콘텐츠 알고리즘의 판매가 아니라 플랫폼을 통한 네트워크 효과network effects에서 거둬들인다. 인공지능의 개발과정뿐만 아니라 수익모델에서도 플랫폼 알고리즘은 데이터와 떼려야 뗄 수 없는 관계이며 어느 하나가 없다면 다른 하나가 존재할 수 없다, 플랫폼 알고리즘에서 데이터와 알고리즘은 상호 구성적이다. 따라서 가치창출에 데이터가 결정적인가 알고리즘이 결정적인가라는 질문은 마치 알고리즘을 데이터로부터 분리할 수 있다고 보는 사고방식에서 기인한다. 가치 원천은 알고리즘이 아니라 데이터이고, 플랫폼 알고리즘이란 데이터에 기반한 알고리즘일 뿐이다.

데이터는 플랫폼 기업의 가장 중요한 자산으로 취급된다. 플랫폼 기업은 디지털 인프라의 구축부터 서로 다른 그룹들, 서로 다른 개인들과 기업들을 연결시키고, 이러한 전체 과정에서 모든 연결을 모니터링하고, 데이터를 추출하는 위치에 있다. 플랫폼 기업의 경제적 정치적 힘은 데이터 추출기구로서 플랫폼이 가지는 독점적 지위로부터 나온다. 인공지능의 개발에서도 데이터를 가장 많이 집적하고 빅데이터를 형성할 수 있는 플랫폼 기업들이 그렇지 못한 기업들보다 유리한 위치를 점하게 된다. 오늘날의 자본주의를 디지털 자본주의라고 부를 수 있다면, 데이터 추출기구로서 플랫폼의 중심적 기능은 디지털 자본주의를 플랫폼 자본주의로 고쳐 부를 수 있게 해준다. 플랫폼 자본은 오늘날의 자본주의 경제에서 데이터의 중심성을 가장 분명하게 보여준다. 다음에서 플랫폼 자본의 이윤창출 메커니즘을 살펴봄으로써 데이터의 중심적인 역할을 구체적으로 살펴본다.

플랫폼 자본주의

플랫폼 기업의 이윤창출 메커니즘

플랫폼은 두 개 이상의 다양한 그룹을 상호 연결하는 디지털 인프라이다. 플랫폼 기업은 플랫폼을 소유하며 유지·관리한다. 구글이나 페이스북과 같은 광고플랫폼은 광고영업자와 기업을 한편으로 하고, 다른 한편으로는 일상적 유저를 플랫폼에 모으고 상호 연결한다. 우버는 운전자와 이용자를 플랫폼을 통해 연결한다. 아마존과 지멘스는 기업들의 디지털 활동의 기반인 플랫폼 인프라를 만들고 플랫폼 알고리즘을 대여한다.[11] 플랫폼 사업은 서로 다른 이용자 집단을 끌어모으고 이들 사이의 경제적 사회적 교류를 지원하고 그 대가를 수취하는 비즈니스 모델이다.

디지털 플랫폼 기업들의 이윤창출 메커니즘은 형태적으로 볼 때 플랫폼 경제 일반의 메커니즘을 벗어나지 않는다. 플랫폼 기업들은 양면 시장을 형성하고 하나의 시장의 비용을 다른 하나의 시장에 전가하는 교차 보조cross-subsidization에 의해 네트워크 외부효과를 얻는다.[12] 플랫폼 기업의 수익은 이와 같은 네트워크 효과에서 비롯된다. 네트워크 효과는 이용자 숫자의 증대에 의해 증가하는데, 이용자 집단이 클수록 직접적 네트워크 효과도 커지고 교차 네트워크 효과도 증대한다. 달리 말하자면 플랫폼 경제에는 수확체감의 법칙이 아니라 수확체증의 법칙이 성립한다. 디지털 플랫폼에서 사용자 숫자의 증대는 수집되는 데이터의 증가와 다양화를 뜻한다. 데이터의 집적이 늘어날수록 네트워크 효과도 커지고 수익이 증가한다.

플랫폼에 대한 법률적 소유와 데이터에 대한 사실상의 소유

플랫폼 기업이 네트워크 효과로 인한 수익을 독차지하는 이유는 데이터를 수립하는 플랫폼이 사기업의 배타적 사적소유이기 때문이다. 데이터 집적으로 발생하는 네트워크 효과가 플랫폼 기업의 수익이 되기 위해서는 데이터 포획장치로서 플랫폼은 반드시 기업 소유이어야 한다. 데이터의 수집, 분석, 활용의 전제조건인 디지털 플랫폼은 기업의 고정자본으로서 사적소유권에 의해 보호된다. 여기에서 플랫폼이라는 개념은 데이터 저장소^{silo}인 서버뿐만 아니라 알고리즘도 포괄한다. 물론 플랫폼 알고리즘은 개발자들의 자유노동을 포섭하는 오픈소스 방식으로 개발되고 기업은 이렇게 개발된 알고리즘을 공개하기도 한다. 그렇더라도 사태는 전혀 달라지지 않는다. 구글은 인공지능 엔진은 공개했지만 데이터는 공개하지 않았다. 데이터를 공개하지 않는 한 알고리즘의 공개에 의하여 플랫폼의 소유관계가 달라지지 않는다. 오픈소스 알고리즘의 경우에도 플랫폼은 사회구성원 전체의 공동소유나 공공소유가 아니라 기업의 배타적 사적소유로 변함없이 남아 있다.

똑똑한 인공지능은 새로운 데이터에 의하여 끊임없이 업그레이드되어야 한다. 데이터를 수집하는 통로로서의 플랫폼, 저장소로서의 플랫폼, 데이터에 대한 데이터를 생성하는 플랫폼 알고리즘, 이러한 세 가지 요소는 서로 분리되지 않는다. 데이터의 수집, 분석, 활용의 전 과정에서 플랫폼은 데이터를 소유관계로 응결시키는 역할을 한다. 물론 기업이 데이터에 대한 법률적 소유권을 가지고 있는 것은 아니다. 하지만 기업은 플랫폼으로 데이터를 인클로저하고 플랫폼을 소유함으로써 데이터를 실질적으로 지배한다. 플랫폼 경제는 코스의 정리^{Coase theorem}■가 성립하지 않는다는 특징을 가진다. 플랫폼 사업자를 매개하지 않고 서로 다른 가입자 집단이 거래비용을 최소화하는 '부수적 거래side payment'를 할 수 없다. 디지털 플랫폼에서 이는 단순히 비용의 문제가 아니라 기술적 조건으로 고정된다. 플랫폼에 대한 소유권은 데이터에 대한 지배권을 의미하며 데이터 활용은 플랫폼 기업을 매개하지 않고서는 이루어질 수 없다.

데이터 경제와 리좀적 확대

디지털 플랫폼은 단순한 기술적 형태의 고정자본이 아니다. 플랫폼은 데이터 기반 가치창출을 원활하게 해주는 기술적 조건이자 데이터 경제의 자본주의적 조직형태이다. 데이터의 집적이야말로 플랫폼 경제의 목표이며, 플랫폼 기업에게 가장 핵심적인 자원도 데이터이다. 기업의 소유대상인 플랫폼은 방대한 데이터 추출과 통제가 가능하도록 만들어주는 디지털 인프라이며 더 많은 데이터의 집적은 더 많은 이윤을 가져다주며 네트워크 효과를 증대시킨다. 더 많은 데이터는 다른 기업들과의 경쟁 수단이기도 하며 다른 종류의 비즈니스로 진출하기 위한 창업자금이기도 하다.

구글이 검색엔진을 통해 수집한 데이터를 기반으로 인공지능을 개발하여 자율주행 사업에 진출했으며, 페이스북은 소셜미디어 서비스를 통해 수집한 데이터를 기반으로 인공지능을 개발하여 암호화폐 사업에 뛰어든다. 데이터 경제의 관점에서 바라본다면, 플랫폼은 데이터를 추출하고 사용하기 위해서 필요한 것일 뿐이지

■ 민간경제의 주체들이 아무런 비용을 치르지 않고 협상을 할 수 있다면, 외부효과로 인해 초래되는 비효율성을 자원의 분배 과정에서 스스로 해결할 수 있다는 정리

어떤 서비스를 제공하며 어떤 사람들을 연결하는가와 큰 상관성이 없다. 데이터 기반 가치창출은 플랫폼을 통해 제공되는 서비스의 구체적 형태와 무관하며 네트워크 효과가 나타날 수 있는 모든 영역에 확장될 수 있다.

플랫폼 기업의 확장은 수직계열적인 전통 제조업과 달리 리좀적rhizomatic■ 양상으로 나타난다.[13] 데이터의 추출과 이용이야말로 플랫폼의 고유기능이며 경제적으로 가장 중요한 기능이다. 따라서 오늘날의 자본주의는 가치 원천의 차원에서 데이터를 기초자원으로 삼기에 데이터 자본주의로 규정할 수 있으며, 데이터 경제의 사회적 기술적 형태규정인 플랫폼을 중심에 둔다면 플랫폼 자본주의라고 부를 수 있다. 또한 어떻게 부르든, 인공지능의 중요성이 커지고 있다는 점에서 오늘날의 자본주의는 인공지능 자본주의라고도 할 만하다.

플랫폼 자본의 기생성과 생산성

앞서 밝혔듯이 플랫폼 자본의 수익은 네트워크 효과에서 나온다. 데이터의 집적, 빅데이터의 형성과 활용이야말로 플랫폼 기업의 주요한 이윤원천이다. 이는 플랫폼 회사의 이윤을 이미 생산된 잉여가치의 재분배인 일종의 지대로 간주하게 만든다. 이와 같은 관점에 서면 플랫폼 경제는 일종의 수탈경제, 나쁘게 말하자면 "불로소득 자본주의"나 "기생경제"로 규정될 것이다.[14] 기생경제의 크기가 증대한다면 경제적 불평등이 심화될 것이다. 이러한 인식

■ 흙에 가지가 닿으면 마인드맵처럼 뿌리를 뻗어나가는 형상의 은유. 들뢰즈와 가타리의 공저 『천 개의 고원』에서 유래했다.

은 오늘날 플랫폼 자본주의에 대한 비판의 대부분을 차지한다.

물론 소위 공유경제Sharing Economy로 칭해지는 노동중개업체들은 기생적이며 언제든지 구글이나 페이스북과 같은 광고플랫폼의 이윤 중에서 광고수익만 놓고 생각하면 플랫폼 자본의 이윤이 생산기업이 만든 잉여가치의 재분배에 지나지 않는 것처럼 볼 수도 있다. 앞서 언급했듯이, 광고플랫폼은 자본의 유통주기를 단축하며, 지멘스나 GE와 같은 산업플랫폼은 가동중단을 줄여 생산주기를 단축한다. 나아가 데이터 기반 혁신은 제조업을 포함하여 모든 산업의 재투자 지체를 줄인다.

투입요소의 절감을 수익모델로 하는 린 플랫폼lean platform, 곧 우버Uber나 에어비앤비Airbnb 같은 회사들의 생산성을 찾으려면 시간절약보다 자원절감의 가능성에서 찾아야 할 것이다. 비록 현실에서 우버와 같은 승차공유는 더 많은 자동차가 거리를 달리도록 만들 수도 있지만, 승차공유의 논리 안에는 자원절감의 가능성이 들어 있다. 우버나 에어비엔비를 다루면서 많은 사람들은 주로 약탈적 성격만을 부각시킨다. 그런데 린 플랫폼이 기생경제parasitic economy일 수밖에 없는 이유는 공유경제 플랫폼이라는 조직형태 때문이 아니라 플랫폼의 소유관계 때문이다. 사기업이 소유하고 공유경제의 수익을 가져가기 때문이다. 기생적 차원을 제거할 수 있다면 저마다 자동차를 소유하는 현재 상황보다 승차공유시스템이 자원을 절감하며 효율적이고 생태적일 것이다. 문제는 어떻게 이와 같은 효율성만을 살릴 것인가이다.

대안은 사실 간단하다. 승차공유시스템이나 숙박공유시스템을 공동소유로 돌리고 수익은 무조건적·보편적·개별적으로 배당한다면 기생적 성격을 제거하고 생태적 효과만을 남길 수 있다.[15] 린 플랫폼의 불로소득적 성격은 공동소유에 입각한 재조직화로 사라지고 데이터 경제로부터 창출되는 가치는 모두에게 배당된다. 수익 분배의 차원뿐만 아니라 개인정보보호의 차원에서도 이러한 모델은 효과적일 것이다. 공유경제 플랫폼을 공통부 기금이 소유하고 관리하면 시민들이 데이터의 수집, 관리, 운용에 대하여 규칙을 제정할 수 있어서 감시자본주의Surveillance Capitalism[16]의 폐해가 원천적으로 차단된다.[17] 공동소유에 입각한 배당 모델 이외에도 2장에서 상론한 공유지분권 모델을 활용할 수도 있다. 이와 같은 대안들은 린 플랫폼뿐만 아니라 다른 모든 유형의 플랫폼에 대해서도 원칙적으로 적용될 수 있다. 3장의 마지막 부분에서는 플랫폼 공유지분권 모델 및 공동소유 모델의 정당성, 현실적 장점, 실현경로에 대해 다룰 것이다.

여기에서 언급해둘 점은 생산성의 자본주의적 의미이다. 자본주의에서 생산성이란 전체 자본의 이윤생산에 대한 기여를 뜻하며 반대로 기생성이란 개별 자본의 이윤생산에는 기여하지만 총자본의 이윤생산에 부정적 영향을 미친다는 뜻이다. 금융부문은 종종 비생산적이고 기생적인 부문으로 취급되어왔다. 케인스주의자들은 산업적 순환과 금융적 순환을 대비시켰으며, 마르크스주의 경제학은 가치를 생산하는 부문과 금융부문처럼 생산된 가치를 분배받을 뿐인 '비생산적' 부문을 대립시켜왔다. 하지만 금융부문도 항상 비생산적이라고 볼 수는 없다. 금융부문 안에서만 순환하는 가공자본은 비생산적이고 기생적이지만 생산으로의 재투자를 위해 이자를 낳는 자본의 형태로 금융부문에 머물고 있는 유휴화폐자본은 자본의 회전시간을 절감하는 생산적 기능을 수행한다.[18]

금융자본은 생산자본에 대한 보완과 모순, 생산성과 기생성의 두 측면을 가지는 반면 플랫폼 자본은 생산적 측면이 좀 더 명확하다. 고정자본의 직접적인 혁신으로서 플랫폼 알고리즘은 자본의 회전수를 높이고 생산성 효과를 낳을 뿐만 아니라, 유휴화폐자본의 규모와 보유 기간을 줄인다. 이는 금융부문에서 고정자본 재투자로 흘러나오는 화폐 흐름으로 나타난다. 실제로 플랫폼 자본주의의 발흥은 2008년 금융위기 이후 초저금리 환경의 보편화를 배경으로 한다.[19] 금융수익률이 급격히 줄어들면서 투자자들은 당시로는 수익성이 낮고 아직 채 증명되지 않은 기술회사들에 눈을 돌리기 시작했고 스타트업 캐피털 또는 벤처 캐피털의 형태로 디지털 기술회사들로 자금이 흘러들어 갔다.[20]

2008년 금융위기는 가공자본이 금융부문에서 대규모로 빠져나오는 계기였다. 저금리 환경은 플랫폼 자본이 규모를 키워간 배경이지만, 이러한 과정을 거쳐 성립한 플랫폼 회사는 끊임없이 자금을 빨아들여 금융부문 안에서만 순환하는 가공자본 규모를 억제할 것이라는 가설을 세울 수 있다. 이 점에서 플랫폼 자본은 저성장 시대에 대한 자본주의적 대응양식이라고 말할 수 있다. 플랫폼 자본은 투입을 줄이며, 회전속도를 높이고, 갱신주기를 줄인다. 플랫폼 자본의 이윤은 이미 생산된 이윤의 재분배로서 지대와 비슷한 것인가 아니면 이윤생산에 직접적으로 기여함으로써 발생했는가를 따지는 것보다 더 중요한 문제는 플랫폼 자본의 생산성 효과는 데이터 기반 혁신의 확산과 함께 전체 산업으로 흘러가고 금융부문까지 영향을 미친다는 점이다.

플랫폼 알고리즘은 자본의 일반지성이다
콘텐츠 알고리즘은 데이터를 다른 형태의 데이터로 변환시킨다. 반면에 플랫폼 알고리즘은 데이터에 관한 데이터를 추출한다. 이와 같은 기술적 차이는 사회적 기능의 차이이기도 하다. 사회적 기능에서 플랫폼 알고리즘은 개별 제조과정이나 사무자동화에 적용된 콘텐츠 알고리즘과 본질적으로 구별된다. 플랫폼 알고리즘은 알고리즘들을 매개한다. 플랫폼 알고리즘은 생산로봇에 구현된 인공지능이나 사무자동화를 위한 알고리즘과 같은 개별 알고리즘들을 매개하고 양적으로 측정하고 가치화 과정에 통합한다. 이를 통하여 플랫폼 알고리즘은 개별 제조기계들, 생산의 물적 요소들, 개별 노동을 하나의 과정으로 통합한다.

지멘스나 GE와 같은 산업 플랫폼의 인공지능이 하는 역할은 개별 생산로봇의 인공지능과 전혀 다르다. 플랫폼 알고리즘은 '인공지능의 인공지능'으로서, 개별 인공지능과 구별된다. 생산과정뿐만 아니라 인간 생활의 전 영역에서 플랫폼 인공지능은 개별 행위자들, 인간주체들과 비인간주체들을 매개하고, 양적으로 측정하고, 더 적은 투입과 더 많은 산출을 목표로 하는 데이터 기반 의사결정을 수행한다. 플랫폼 알고리즘의 고유한 기능은 데이터로 기록되는 모든 것의 매개와 양적 측정이며, 운동의 목표이자 작동원리는 투입의 축소와 산출의 증대, 곧 생산성의 증대와 더 많은 이윤이다. 이는 인공지능이 등장하기 훨씬 이전부터 자본주의 사회에서 화폐가 담당하던 기능이다. 플랫폼 알고리즘은 매개, 양적 측정, 축적이라는 화폐의 기능이 기술적 고정자본의 형태로 물질화된 것이다.[21]

인공지능 혁명의 경제적 사회적 영향에 관해서 많은 논의가 이루어졌지만 대개의 논의는 자동화와 노동시장의 미래, 소득기초의 붕괴와 자본순환의 장애와 같은 협소한 주제를 벗어나지 못했다. 반면에 플랫폼 알고리즘은 자본의 일반지성general intellect이자 사회적 인공지능artificial intelligence으로 자본주의의 현재 진행 중인 발전방향을 지시한다는 점은 깊이 있게 다루어지지 않았다. 빅데이터에 의존하는 플랫폼 인공지능의 등장은 자본주의 기업의 예측력을 높이게 될 것이다.[22] 이와 같은 '예측 자본주의'의 가능성과 한계에 관한 논의는 기술과 사회의 미래에 관한 논의에서 빠질 수 없는 주제이다.

아울러 주목해야 점은 인공지능 개발과 데이터 기반 의사결정의 도입으로 인한 노동통제 방식의 변화이다. 투하노동시간으로 계량하고 보상하는 측정방식은 등질화된 공장노동에서나 가능할 뿐이다. 생산시간과 재생산시간의 경계가 사라진 오늘날의 자본주의 경제에서 투하된 노동시간은 더 이상 가치척도로서의 기능을 잃는다. 그럼에도 이러한 사태가 가치척도의 소멸을 의미하지도 않으며 수량화나 화폐화의 불가능성을 의미하지도 않는다.[23] 플랫폼 알고리즘은 데이터 기반의 척도를 개발하여 플랫폼 노동을 통제하며 디지털 활동 전체를 계량한다.[24]

플랫폼 자본의 지배와 사회적 분할의 재구성

플랫폼 인공지능의 역할은 데이터를 남기는 모든 것을 자본주의적 이윤생산 안에 결합시키는 것이다. 하지만 이러한 결합은 동시에 사회적 분할의 재구성을 의미하기도 한다. 산업 플랫폼 자본은 개별 생산수단을 소유하지 않더라도 생산과정의 데이터를 집적하고 활용한다. 산업 플랫폼은 산업자본과 플랫폼 자본의 분할과 결합이 어떻게 배치되는가를 정확하게 보여준다. 마치 산업자본주의의 공장에서 생산수단 소유자와 생산수단을 소유하지 않은 노동자의 사회적 분할이 컨베이어 벨트의 물리적 흐름 속에서 하나로 결합하듯이, 하지만 탈숙련화된 노동자와 포드주의Fordism 기계와의 만남을 통하여 노동의 자본 아래로의 포섭이 기술적 필연성의 외양을 띠게 되듯이, 산업자본과 플랫폼 자본의 배치는 '자본의 일반지성' 아래로 개별 생산이 포섭되는 방식으로 이루어진다. 교통서비스 시장에서 우버 같은 플랫폼 회사가 단 한 대의 차량도 소유하지 않으면서 승차공유서비스를 제공하는 차량소유자로서 노동자들을 플랫폼에 의해 포섭하고 지배하는 것과 형태적으로 큰 차이가 없다. 다만 생산자본도 생존에 내몰린 플랫폼 노동자들과는 비교할 수 없을 정도로 경제적 힘을 가지고 있다는 점뿐이다.[25]

하지만 플랫폼 자본주의를 가르는 가장 굵직한 사회적 분할은 플랫폼을 독점적으로 소유하는 사기업과 오직 플랫폼을 통해서만 사회적 삶이 가능하게 된 모든 사회구성원들 사이에서 발생한다. 아무런 개별 생산수단을 소유하지 않더라도 플랫폼을 소유하며, 이를 통해 빅데이터를 실질적으로 소유하며, 인공지능을 개발하고 소유하는 플랫폼 자본은 결과적으로 생산과 재생산의 전 영역을 지배한다. 이러한 지위는 사회적 삶의 전 영역으로 확대된다. 자율주행의 개시와 함께 플랫폼 회사들은 교통데이터를 독점하고 모빌리티서비스를 지배하게 될 것이며,[26] 스마트시티 사업과 함께 도시데이터를 관리하며 주거환경·에너지·조명 등 도시 인프라 전체를 장악하게 될 것이다.[27] 스마트시티를 플랫폼 회사가 전담 관리하게 될 때, 빅데이터의 사유화, 나아가 도시의 사유화라는 커다란 위험에 직면하게 될 것이다.[28]

결국 플랫폼 알고리즘의 소유자인 기업이 사회 그 자체의 주인이 된다. 소유의 시대의 종말이라는 구호가 무색하게 플랫폼 자본주의에서 소유의 집중은 가장 역설적인 방식으로 극대화된다. 개별 생산수단을 소유하지 않더라도 지식, 정보, 데이터를 울타리 치고 배타적으로 독점하는 플랫폼 자본의 지배는 현재 진행 중인 기술혁명의 사회적 계급관계의 본질적 측면이 된다. 하지만 이러한 계급적 분할이 지적재산권의 보유로부터 발생한다는 생각[29]은 오늘날의 자본주의에서 플랫폼의 역할을 제대로 이해하지 못한 것이다. 데이터는 지식과 정보의 디지털 기록물이며 플랫폼은 데이터의 추출기구이다. 데이터가 가장 중요한 자산이 된 오늘날의 자본주의에서 계급적 배치는 플랫폼 소유를 기준으로 1차 분할되며, 개별 생산수단의 소유를 기준으로 2차 분할된다.

2. 디지털 전환이 가져온 사회의 변화

노동소득 분배율의 하락과 노동시장의 변화

노동소득 분배율은 신자유주의 시대에 지속적으로 하락하는 경향을 보였다. 미국의 노동소득 분배율은 1971년 이후로 하락 추세였고, OECD 주요국과 비교할 때 대략 10% 정도 낮은 한국의 노동소득 분배율도 시계열로 보면 1996년 이전에는 상승 추세였지만 1998년 이후에는 하락하거나 정체하고 있다. 원인을 단순화하자면, 디지털 전환과 함께 지식재산생산Intellectual Property Products(IPP)의 GDP 비중이 늘어났기 때문이다. 지식재산소득은 고용과 전혀 연관되지 않으며 임금으로 분해되지 않는다. 제조업과 비교할 때 고용효과가 훨씬 적은 금융자본 수익조차 일정한 고용을 전제하지만 지식재산생산은 고용과 아예 관계가 없다.

예컨대 2015년 미국 GDP에서 노동소득 비중은 53.1%였지만, 페이스북의 총수입에 대한 임금비중은 11.0%에 불과했다.[30] 결국 지식재산생산의 GDP 비중이 높아지면 전체적인 노동소득 분배율은 떨어질 수밖에 없다. 이는 2008년 이후 미국 노동소득점유Labor share의 하락이 지식자산생산의 GDP 비중 증가와 상관관계가 있다는 실증연구로 뒷받침된다.[31] 노동자를 고용한 자본의 수익과 노동소득의 분배비율이 불변이더라도 지식재산생산의 증대는 노동소득의 GDP 비중을 줄이게 된다.

저숙련 저임금 일자리만 늘어난다

지식재산생산의 증대는 디지털 기술발전의 결과이다. 따라서 지식재산생산의 GDP 비중 증가는 노동시장 내부의 급격한 변화와 맞물려 진행된다. 디지털 전환은 제조와 사무자동화를 추동한다. 일자리의 숫자가 줄어들 것이라는 비관적 전망이 득세하는 것도 이 때문이다.[32] 이와 같은 비관적 전망에 동의하지 않더라도 일자리의 질은 나빠질 것이라는 예측에 대다수 연구는 동의한다.

그런데 일자리 질의 저하는 전혀 새삼스러운 일이 아니다. 1980년 이후 신자유주의에서 중간층 임금노동자의 축소와 고용양극화는 일관된 경향이었다.[33] 그러나 디지털 전환이 낳은 변화는 고용양극화가 아니라 보편적 저임금 저숙련화이다. 즉, 이제는 고용양극화 가설조차 더 이상 타당하지 않게 되어버렸다는 것이다. 1999년 이전에는 기술혁신이 중간숙련 직업을 줄이고 대신에 고숙련 직업과 저숙련 직업이 증가시킨다는 가설, 즉 U자 모양의 그래프로 신규고용의 증가가 이루어진다는 가설이 대체로 맞아떨어졌다.

하지만 2000년을 지나면서 이 가설이 더 이상 현실에 들어맞지 않게 되었다. 경험연구들은 전체 고용에서 저숙련 비중이 폭증하며 중간숙련과 고숙련 비중은 함께 줄어든다는 사실을 실증했다.[34] U자형 그래프가 L자형 그래프로 바뀐 것이다. 이와 같은 변화는 플랫폼 노동의 확산에 의해서 뚜렷하게 눈에 보이게 된다.

플랫폼 노동과 전통적 노동보호의 한계

플랫폼 노동은 의미심장한 현상이다. 그것은 플랫폼 자본주의에서 생계노동이 어떤 방식으로 조직될 수 있는지를 범주적으로 드러낸다. 자동화가 이미 자본주의 경제의 심장부로 들어왔음에도 불구하고 실업률의 증대가 그다지 놀라울 정도가 아닌 이유는 플랫폼 노동의 확대 때문이다. 플랫폼 노동은 온라인 플랫폼을 통해 불특정 다수가 작업하는 크라우드 노동crowdwork과 거래는 온라인을 거치지만 서비스의 제공은 대면관계를 통해 이루어지는 주문형 앱노동on-demand work via app으로 나눌 수 있다. 우버와 같은 상업적 공유경제commercial sharing economy의 노무제공자들, 그 밖에 플랫폼에 의해 조직되고 매개되며 인공지능에 의해 관리되는 여러 종류의 일들은 모두 주문형 앱노동의 일종이다. 이들은 노동계약의 바깥에 존재하며 봉급생활자salariat라는 전통적인 맥락의 노동자가 아니다.[35]

물론 주문형 앱노동의 대다수는 고용관계를 회피하기 위한 전략으로서 디지털 특수고용노동에 불과하므로 전통적인 노동법적 보호장치를 확대 적용할 여지도 있다. 2018년 4월 캘리포니아 대법원 판결, 이를 입법으로 구체화한 캘리포니아의 AB5법은 주문형 앱노동자를 자영업자로 보지 않고 피고용자로 보았다.[36]

AB5법과 조금 다른 방향의 해결은 자영업자 지위를 유지하면서도 피고용인으로서의 일정한 권리와 혜택을 보유하는 '독립 노동자independent worker' 개념을 도입하는 것이다.[37]

2016년에 프랑스가 제정한 '엘 코므리법'은 '독립 노동자' 개념을 도입한 대표적 사례인데, 산재보험료를 플랫폼 회사에 부담시키고, 일정 이상 매출에 기여한 노동자에 대하여 직업훈련을 제공하며, 파업 등 쟁의행위에 대한 계약상 책임을 플랫폼 노동자에게 묻지 않으며, 노동조합 등 단결권과 단체교섭권을 인정한다.[38] AB5법과 비교하자면 '엘 코므리법'은 사용자 책임을 일정 정도 면제해 주는 덜 급진적인 해법이다.[39] 노동자성의 인정이나 '독립 노동자' 개념의 도입과 같은 해법이 플랫폼 노동 보호에서 새로운 추세가 될 수도 있을 것이다.

하지만 이러한 해법을 크라우드 노동에 대하여 적용하기는 어려울 것이다.[40] 불특정 다수를 대상으로 건당으로 업무 할당이 이뤄지고, 노무제공자가 다수의 플랫폼을 이용하며, 업무가 수행되는 지역과 플랫폼 회사의 소재지가 다른 경우가 많은 클라우드 노동에 대해 산업자본주의 시대의 노동법적 보호장치는 무력하며,[41] 시간당 최저임금의 적용도 난관에 봉착한다.[42]

삶과 활동 전체에 대한 실질적 포섭

플랫폼 노동은 산업자본주의의 노동법 체계와 사회보험 체계의 한계를 드러내고 새로운 사회적 위험의 등장을 의미한다. 하지만 플랫폼 노동의 의미심장함은 노동보호의 난관이 아니라 자본

■ 고용주가 노동자를 고용할 경우 ABC 테스트를 거쳐 노동자성을 인정하는 법안. 이로 인해 그동안 노동자성을 인정받지 못했던 플랫폼 노동자들이 노동자성을 인정받게 되었다.

과 노동의 포섭관계의 변화에서 찾아야 한다. 플랫폼 노동이 고용관계 회피전략이라는 인식도 사태의 한 단면만을 설명한다. 플랫폼 노동 문제의 핵심은 산업자본주의 시대에 정형화되었던 노동의 자본 아래로의 포섭이 근본에서부터 변화한다는 것이다. 클라우드 노동에서 전형적으로 나타나듯이, 디지털화는 노동시간과 비노동시간을 구분하는 시간 레짐을 허물어뜨린다. 노동시간과 비노동시간, 출근과 퇴근을 구분하는 시간 레짐이 작동하지 않는 한 노동력을 시간 단위로 판매하는 노동계약은 성립할 수 없게 된다.

하지만 노동계약이 성립하지 않는다고 해서 플랫폼 노동자가 노동력의 상품화로부터 벗어나게 되는 것은 전혀 아니다. 노동계약을 맺고 있지 않음에도 온라인 플랫폼과 인공지능의 관리기술에 의하여 플랫폼 노동자는 모든 시간대에서 자본 아래로 실질적으로 포섭된다. 산업자본주의는 기계제 대공업의 도입에 의해 노동을 자본 아래로 포섭했다. 여기에는 물론 노동계약이라는 형식적 포섭관계가 전제되어 있었다. 반면에 플랫폼 노동에서는 형식적 포섭이 없는 실질적 포섭이 전면화된다. 게다가 플랫폼 알고리즘에 의한 실질적 포섭은 마르크스가 기계제 대공업에 대하여 관찰하였던 '실질적 포섭'[43], 곧 기계의 도입과 노동자의 탈숙련화를 훨씬 초과한다.

플랫폼 알고리즘에 의한 실질적 포섭은 노동시간만이 아니라 재생산과 휴식의 시간까지 포괄한다. 이 점에서 플랫폼 노동자들은 노동자가 아니라 차라리 플랫폼 자본의 하인 계급이라고 부르는 것이 타당할지도 모른다. 이에 반하여 프레카리아트Precariat 개념은 고용불안정성을 강조하는 개념이며 산업자본주의 시기의 안정적인 봉급생활자와 대비된다.[44] 이러한 명칭은 고용안정성이 무너지던 초기 신자유주의 시대의 노동현실을 드러낼 수 있지만, 플랫폼 노동이 더욱 확대되어 안정적인 고용관계가 더 이상 통상적 노무제공 형태가 아니게 되면 더 이상 당대 자본주의의 노동현실을 담아낼 수 없게 된다.

현재와 같은 플랫폼 노동이 자본주의의 지배적인 노무제공 방식이 될 수 있는지는 불확실하다. 이를 위해서는 두 조건의 충족이 필요하다. 우선, 초단시간 노동만으로도 생계가 가능할 만큼 기본적 재화의 희소성이 사라져야 한다. 하지만 이것만으로는 자본주의의 유지가 가능한지는 알 수 없다. "완전 자동화된 럭셔리 공산주의"가 등장할 수도 있다.[45] 그래서 두 번째 조건이 중요해진다. 즉, 완전 자동화된 풍요의 경제에서도 자본주의의 이윤생산이 가능하여야 한다는 조건이다. 자동화는 노동시간을 줄인다. 그런데 이와 같은 시간의 경제는 필요노동시간뿐만 아니라 잉여노동시간에 대해서도 작용한다. 자동화는 잉여노동시간도 줄이고 이윤도 줄인다.

따라서 자본주의 유지를 위해 새로 필요로 하는 기술은 노동시간 중에서 노동자의 생계의 유지를 위한 필요노동시간을 줄이고 잉여노동시간을 늘리는 전통적인 기술만이 아니라, 노동시간이 아닌 시간을 포함하여 누구에게나 평등하게 주어져 있는 자연적 시간인 24시간을 통째로 잉여가치의 원천으로 변환시키는 새로운 기술이다. 고도의 자동화 단계에서 자본주의적 이윤생산을 유지하려면 잉여인구의 잉여시간 전체를 잉여노동시간으로 변환시키는 기술이 필요하다. 디지털화는 삶의 모든 시간을 비록 노동계약에 의하여 자본 아래로 형식적으로 포섭되지 않더라도 자본 아래로 실질적으로 포섭하여야 한다. 개인 데이터에 대한 소유권 도입과 마이크로페이먼트micropayment■는 이와 같은 변화로 나아가는 제도적 장치가 될 수 있다. 이 문제에 대해서는 뒤에서 데이터의 소유권 논의와 관련하여 다시 살펴본다.

생산성, 임금, 중위소득의 거대한 탈동조

거대한 탈동조

디지털 전환은 생산성, 임금, 중위소득의 거대한 탈동조화Great Decoupling를 야기한다. 노동생산성은 늘어나지만, 고용, 임금, 1인당 국민소득 증가는 노동생산성 증가를 따라가지 못하며 편차는 매년 늘어나고 심지어 중위소득median family income은 하락 추세를 보이기도 한다.[46] 거대한 탈동조의 관점에서 디지털 전환은 분명 경제적 패러독스이다. 브린욜프슨과 맥아피는 디지털 전환이 풍요의 시대를 열었지만 노동소득의 GDP 비중을 하락시켰고 불평등을 심화시켰다는 점을 실증적으로 보여준다.[47] 2000년 이후 미국의 생산성은 1990년대보다 높았고, 1990년대는 1980년대나 1970년대보다 더 높았음에도 임금과 중위소득은 정체하거나 하락하였다.

하지만 거대한 탈동조는 예외적 상황도 아니며 갑작스러운 사건도 아니다. 자본주의 역사 전체에서 생산성이 증대함과 동시에 고용이 늘고, 임금이 오르고, 소득이 늘어났던 시기가 오히려 예외적인 시기였다. 그러한 시기는 대략 1950년대와 1960년대, 길게 잡아도 1970년대의 초반에 지나지 않는다. 이와 같은 짧은 황금기

■ 소액결제 시스템의 총칭

이전이나 그 이후의 시기에서 생산성과 고용, 가계소득은 같은 방향으로 움직이지 않았다. 자본주의에서 기술진보는 이윤 동기에 의해 추동된다.

이윤의 증대를 위한 기술진보의 기능은 총노동시간 중에서 필요노동시간을 줄이고 잉여노동시간을 늘리는 것이다. 기술진보는 적은 시간에 더 좋은 상품이 더 많이 생산할 수 있도록 하여 노동소득의 GDP 비중이 줄어드는 추세에도 불구하고 노동자계급의 재생산이 가능하도록 해준다. 기술진보는 GDP에서 차지하는 노동소득 비중labor share을 줄이고 경제적 불평등을 증대시키지만 절대빈곤율absolute poverty rate도 줄인다. 전 세계 인구를 기준으로 1820년의 절대빈곤율은 90%였고 1970년에는 60%였던 반면에 2015년에는 10%로 줄어들었다.[48] 이는 기술진보의 결과물이기도 하지만 악명 높은 신자유주의적 세계화의 산물이기도 하다.

디지털 전환과 세계화는 밀접한 관계를 가진다. 디지털 전환은 세계화 과정에서 진행되었고 이 과정에서 형성된 글로벌 밸류체인(GVC)은 지정학적 차원을 가지고 있다.[49] 절대빈곤률의 감소는 노동소득 분배율이 하락하더라도 최저수준에서 자본주의적 사회재생산을 가능하게 하지만, 문제는 기술진보와 함께 고용률도 떨어진다는 점이다.

기술진보가 낡은 직업을 없애지만 새로운 분야의 일자리를 늘릴 것이라는 보상이론Compensation Theory을 비판했던 최초의 이론가는 마르크스이다. 마르크스는 기술적 실업을 상대적 잉여가치 생산을 추구하는 자본주의의 구조에서 기인하는 필연적 현상으로 보았다.[50] 마르크스의 용어를 빌리자면, 상대적 잉여가치 생산과 상대적 과잉인구의 생산의 동전의 양면이다. 자본주의 역사 전체로 보면, 마르크스가 맞았다고 말할 수 있다.

1950년대부터 1970년대 초반까지의 '전후 평등주의 체제'는 매우 예외적인 막간극이었고 그 이전과 그 이후는 모두 기술진보는 생산성과 일자리, 일자리와 소득의 탈동조를 낳았다. 브린욜프슨과 맥아피의 분석 시기는 1950년 이후부터 최근까지의 자본주의에 한정되어 있기에 '거대한 탈동조'를 디지털 전환의 새로운 측면으로 바라보게 된다. 물론 1990년 이후의 디지털 전환과 현재 진행 중인 인공지능 혁명은 기술진보의 패러독스가 가장 극단적으로 나타나는 시기라는 점은 분명한 사실이지만, 생산성 증대로 고용이 늘고 임금이 오르고 소득도 늘어나던 시기는 오히려 25년 정도에 지나지 않았다.

위기와 대안

자본주의적 기술혁신은 불평등을 증대시킨다. 브린욜프슨과 맥아피[51]는 "디지털 진보가 모든 사람을 이롭게 할 것이라고 말하는 어떠한 경제법칙도 없다"라고 단언한다. 생산성, 일자리, 소득의 탈동조가 시장에서 자동적으로 해결되지 않을 것이라는 말이다. 결국 거대한 탈동조를 해결하기 위해서는 정책적 개입이 필요하다. 브린욜프슨이 제시한 개입 수단은 기술교육과 근로장려세제 (EITC)이다. 하지만 이 두 가지는 가장 성공적인 경우에도 미봉책에 불과하다. 기술이 혁신될수록 저숙련 직업이 늘어나는 추세[52] 속에서 기술교육은 고소득 일자리로의 상승을 보장할 수 없다. 근로장려세제는 저임금 일자리를 유지시키면서 소득을 보장해주는 일시적인 대책일 수는 있지만 고소득 일자리를 만들어내지는 못한다. 근로장려세제는 노동수요 측면에서 적어도 질 나쁜 일자리라도 충분히 존재한다는 가정 안에서만 유효한 정책이며, 그러한 한계 안에서도 근로장려금의 상당 부분은 임금삭감으로 이어져서 노동자가 아닌 기업주에게 돌아간다는 난점이 있다.[53]

저임금화와 일자리 감소는 디지털 기술혁신이라는 동일한 요인에서 생겨난다. 기술혁신을 중단하는 것은 사회 전체의 후생을 증대시키는 해법이 아니다. 또 다른 대안으로서 거론되는 일자리 보장Job Guarantee은 보다 근본적인 문제점을 가지고 있다. 일자리 보장정책은 마치 국가가 만드는 공공 일자리는 자동화의 예외 지역인 것처럼 가정하고 국가가 완전고용에 근접하도록 일자리를 만들어낼 수 있다고 말하기 때문이다. 이러한 방식으로 비생산적인 저임금 일자리를 만들어내는 것보다 무조건적 기본소득을 나누어 주는 것이 낫다. 일자리 보장의 문제점과 한계에 대해서는 2부 6장에서 자세한 논의를 이어가도록 한다.

기술진보에 대한 효과를 비교할 때에도 기본소득은 근로장려세제보다 우월하다. 근로장려세제를 비롯한 임금보조금은 저임금의, 저생산성의, 낮은 질의, 열악한 노동조건의 일자리를 존속시킨다. 이는 자본에 대한 노동의 상대가격을 낮추기 때문에 저생산성과 저부가가치의 저진로경제low-road를 유지시키며 노동과 노동과정을 인간답게 만들 수 있는 기술진보를 억제한다. 근로장려세제와 같은 "세액공제는 기술진보를 억제하는 쪽으로 작용한다. 노동비용을 값싸게 함으로써 사용자가 생산성을 향상하는 혁신을 하게 강제하는 압력을 약화시킨다. 세액공제는 사회정의와 자유 원칙에 도움이 되지 못하며, 노동시장과 경제효과를 왜곡한다".[54]

이와는 달리, 유의미한 액수의 기본소득은 노동자가 저임금의, 저생산성의, 낮은 질의, 열악한 노동조건의 일자리를 거부할 수 있는 힘을 부여한다. 또한 "무조건적 기본소득(UBI)은 실제로 구직자들의 협상지위를 강화하며, 무조건적 기본소득의 액수가 커질수록 더욱 그러하다". 저임금의, 저생산성의, 낮은 질의, 열악한 노동조건의 일자리에 대해서, 자본가는 임금을 높이고 노동조건을 개선시키는 등의 조치를 하거나 노동을 기계로 대체하게끔 강제된다. 기본소득이 더 많은 자동화로 이어지고 더 높은 지식생산성으로 이어지는 출발점인 반면에 근로장려세제(EITC)는 저생산성 경제로의 퇴행 속에서 저임금 노동시장의 온존만을 보장해줄 뿐이다.

　노동공급, 노동수요, 임금효과 등 노동시장 효과를 종합적으로 고려할 때에도 기본소득은 정책대안으로서 유효성을 가진다. 기본소득은 한계소비성향이 작은 고소득층과 고자산층에서 한계소비성향이 큰 저소득층 및 저자산층으로 소득의 이전을 의미하기 때문에 사회 전체적으로 노동수요가 증가되는 승수효과를 낳는다.[55] 생계수준 이하의 부분기본소득(PBI)으로는 노동공급은 크게 줄지 않을 것이다.[56] 전체적인 효과에서 바라볼 때, 내적 동기를 부여하는 일에서는 기본소득이 노동공급을 늘려 임금을 낮출 수도 있지만, 화폐적 보상과 외적 동기만을 부여하는 일에서는 기본소득이 노동공급을 줄여 임금을 높아지는 긍정적 변화를 낳는다. 나아가, 기본소득은 건강 증진, 범죄 감소, 사회적 경제조직의 활성화, 교육투자로 인한 노동생산성 증가, 지대추구 행위의 축소와 소득불평등 개선, 사회적 안정 및 통합 등 다양한 공동체효과를 낳는다.[57]

디지털 전환이 탈자본주의로 이어진다고?

노동투입의 축소로 자본주의의 가치창출 기반이 사라지게 되어 결과적으로 탈자본주의로 나아가게 될 것이라는 전망이 제출되고 있다.[58] 하지만 플랫폼 노동의 확대에 비추어볼 때 이는 매우 섣부른 전망이다. 이윤창출 메커니즘이 데이터 기반 가치창출로 바뀌면서 자본주의는 자동화 속도를 높이며 임금노동을 급속히 해체하고 있고 생산성, 일자리, 소득의 탈동조화가 심화되고 있지만, 다른 한편으로는 플랫폼으로 조직된 "쓰레기 직업"[59]을 끊임없이 만들어내고 있다.

이와 같은 직업들이 지속 가능하려면 노무제공과 관계없는 소득원천이 부여되든지 아니면 기술진보로 재화와 서비스 가격이 제로에 수렴할 정도로 낮아지든지 두 가지 사건 중에서 적어도 하나가 일어나야 한다. 하나는 지급수준이 생계수준보다 낮은 부분기본소득Partial Basic Income이며 다른 하나는 비약적으로 높아진 기술수준이 탈희소성의 경제의 부분적 실현을 보장해주는 경우이다. 자본주의적 제약 안에서 두 가지 사건이 일어나는 것은 그 자체로 불가능하지 않지만 당장 가능하다고 전망하기도 어렵다면 문제와 해결 사이에는 시차가 있을 수 있다. 이러한 시차는 이해관계의 충돌이라는 객관적 구조에서 발생하는 것이기에 지연의 상태는 오래 지속될 것이다.

디지털 전환이 탈자본주의로 이어질 수 있다는 전망은 정보재의 비배제적이고 비경합적 성격에서 단서를 발견한다.[60] 디지털 기술혁명과 함께 탈희소성의 경제가 문 앞에 다가왔다는 것이다. 재화의 희소성이 사라진다면 사적소유권 체제도 자본주의도 무의미한 것이 버릴 것이다. 하지만 이러한 전망은 자본주의가 기술혁신을 제약하는 측면을 과소평가한 것일 수 있다. 지금까지의 경제학은 자원과 재화의 희소성을 전제로 했지만, 자동화는 탈脫희소성의 경제post-scarcity economy를 등장시킬 것이다. 희소성이 경제적 사고와 행위의 출발점이 더 이상 아니게 된 경제에서 사적소유권에 근거한 배타적 전유專有는 어떠한 경제적 합리성도 가질 수 없고 결국 무의미해진다.

그럼에도 기술혁신에 의해 자동적으로 모든 사람이 임금노동으로부터 해방된 사회가 등장할 것이라는 낙관은 기술이 사회 형태를 결정한다는 잘못된 관점에 기초해 있다. 해방된 사회를 향하는 과정에서 기술은 약도 되고 독도 되는 '파르마콘pharmakon'이며, 오늘날 노동력 절감기술의 토대가 된 디지털 기술에 대해서도 같은 말을 할 수 있다.[61] 신체기관의 생물학적 진화가 아니라 신체 외적 기관의 발전이 호모 사피엔스의 역사를 특징짓는 것도 사실이지만, 신체 외적 기관에는 기술만이 아니라 정치체와 경제조직, 소통과 교환의 체계 등 사회기관도 속한다. 모든 역사적 과정에서 사회기관은 기술혁신에 일정한 방향을 부여하며, 속도의 측면에서는 촉진하거나 거꾸로 제약했다. 기술은 사회적으로 구성된다.

디지털 전환의 결과로서 현재 등장한 사회는 탈자본주의 사회가 아니라 정반대의 사회인 플랫폼 자본주의이다. 플랫폼 자본주의는 비배제적 비경합적 오픈-소스 생산에 의존하지만 생산과 재생산 영역 전체의 화폐화, 나아가 사회적 삶의 전면적 화폐화의 가능성을 보여주고 있다. 물론 플랫폼 노동의 확대에 의해 자본주의적 노동사회가 앞으로도 안정적으로 유지될 것이라는 생각은 근거가 없다. 플랫폼 노동의 사회적 지속 가능성은 공장노동과 전혀 다른 조건과 관련된다. 어떤 조건들이 충족되어야 하는지 또는 과연 충족될 수 있는 조건들인지에 관하여 차근차근 따져보자. 사람들이 플랫폼 노동으로 생계가 가능하려면 자동화된 생산에 의한 물질적 풍요와 생계비 하락이 전제되어야 한다.

하지만 이와 같은 풍요의 경제가 당장에 실현될 수 없는 반면에, 기술적 실업이 플랫폼 노동의 증대보다 빠르거나 플랫폼 노동수요가 많더라도 플랫폼 노동자에게는 생계유지가 곤란한 수준의 소득이 주어지는 상황이면, 사회재생산을 위하여 임금소득 이외의 독립적인 소득원천이 논의될 수밖에 없다. 결국 플랫폼 노동사회의 재생산은 사회적 위기의 순간을 넘지 못하며 낮은 수준의 부분기본소득 도입에 의존할 수밖에 없을 것이다. 하지만 모든 노동이 플랫폼 노동형태로 바뀐다고 가정하더라도 자본주의의 유지를 위해서는 또 다른 조건이 충족되어야 한다. 플랫폼 노동의 확대로 노동시간과 비노동시간의 구분이 파괴된 후에도 자본주의를 유지하려면 새로운 이윤원천인 사람들의 삶 그 자체를 자본주의적으로 시간화temporalisation하고 계량하며 가치화valorisation하는 기술이 필요하다.

실현 가능성 여부와 무관하게 플랫폼 노동체제로의 전환은 이 문제에 대한 해결을 촉구한다. 물론 플랫폼 노동이 플랫폼 자본주의의 모든 것이 아니며 현재와 같은 노동중개 플랫폼이 플랫폼 자본운동의 본령도 아니다. 각국 정부들이 규제로 돌아서면 노동중개 플랫폼의 미래는 불투명해질 것이다. 그럼에도 불구하고 디지털 전환과 함께 노동시간과 여가시간의 전 과정이 인공지능에 의해 통제되는 데이터 기반 의사결정으로 바뀌고 있다는 점은 주목해야 한다. 플랫폼 자본주의에서 가장 중요한 변화는 그 이전에는 상품화되지 않았던 다양한 활동이 플랫폼을 거쳐 플랫폼 자본 아래로 포섭되며, 사회적 삶 전체가 이윤원천이 되며, 데이터로 기록되는 모든 활동이 양적으로 측정되며 잉여가치 창출 과정에 통합될 가능성이 생겼다는 점이다.

유튜버Youtuber의 등장과 마이크로페이먼트의 도입은 다른 분야에서도 목도하게 될 현실의 전조에 불과하며 크라우드 노동의 확대는 디지털 이주민을 양산하여 국민국가들의 국경을 의미 없게 만들 수 있다. 그리고 노동의 현실이 그렇게 바뀔 때 그것은 탈자본주의가 아니라 역사상 최고도로 발전한 자본주의, 고용계약 외부에서 사회적 삶 전체를 이윤원천으로 삼는 최후 최고의 자본주의일 것이다. 이 시대 자본주의의 특성은 이윤원천이 더 이상 임금노동이 아니라 데이터에서 창출된 가치data driven value라는 점이다. 이러한 변화의 끝에서 만나게 될 것은 모든 것이 데이터로 기록되며 기록과정 그 자체가 상품화 과정으로 변해버린 자본주의일 것이다.

이러한 단계에 이르면 플랫폼은 가치를 생산하는 공장이자 가치를 실현하는 시장이며 동시에 가치를 평가하는 척도가 된다. 사회적으로 가장 중요한 점은 플랫폼 자본이 사회적 삶에 필수적인 인프라를 독점적으로 소유한다는 것이며, 여기에서 경제적 불평등은 역사상 최고점에 도달할 것이다. 물론 역사가 꼭 이렇게 전개될 것이라고 결정된 것은 전혀 아니다. 데이터에 의존하는 인공지능 혁명의 결과는 사회적 개입에 따라 방향을 달리 하게 될 것이다. 이 글의 과제는 그와 같은 개입의 수단들을 검토하는 일이다.

3. 데이터는 누구의 것인가

데이터는 원료인가, 노동인가

데이터는 사회적 노동으로 보아야 할까?

데이터는 곧잘 원유에 비유된다.[62] 하지만 데이터를 천연자원에 비유하는 것은 비임금노동unwaged labor을 전유하는 자본의 작동을 은폐한다는 비판도 제기된다.[63] 천연자원의 비유는 데이터를 자유재로 간주하는 관점을 은연중에 전제한다. 하지만 이러한 비유는 자본이 플랫폼을 통해 데이터를 수집하고, 분석하며, 아무런 대가 없이 활용하는 현 상태에 부합된다. 천연원료로서 데이터라는 비유는 플랫폼 자본주의의 현실에 적합하다. 아울러 데이터의 수집, 빅데이터의 형성, 이윤창출을 위한 활용의 전 과정에서 플랫폼 알고리즘은 마르크스가 「기계에 관한 단상Maschinenfragment」에서 말한 "고정자본으로서의 일반지성"[64]이라고 말할 수 있다.

하지만 플랫폼 알고리즘은 데이터에 의존하기 때문에 오히려 "살아 있는 노동으로서 대중지성(분산지성)"으로 바라보아야 한다는 비판도 제기된다.[65] 이러한 비판에는 데이터는 살아 있는 노동이라는 관점이 전제되어 있다. 물론 여기에서 노동은 임금노동만이 아니며 비임금노동을 포함한 활동 일반을 뜻하며, 더욱 중요한 점은 그것은 개별 노동자의 노동이 아니라 공장과 기업을 넘어 사회 전체로 확장된 노동, 나아가 인간주체와 비인간주체를 가를 수 없는 잠재적인 힘이라는 것이다.[66] 언뜻 보기에 이와 같이 확장된 노동 개념은 데이터 기반 가치창출에서 데이터의 중심성에 대해 보다 분명한 윤곽을 부여하는 듯하다. 즉, 데이터 및 플랫폼 알고리즘은 상품에 가치를 이전할 뿐인 고정자본이 아니고 능동적인 가치산출자라는 관점은 오늘날의 경제에서 데이터의 중요성을 가장 극적으로 표현하는 것 같다. 하지만 이와 같은 이해방식은 매우 중요한 문제점을 안고 있다.

데이터의 존재형식은 디지털 기록물

플랫폼 자본주의의 가치 원천은 데이터이다. 데이터에 의해서 네트워크 외부효과가 생겨난다. 데이터란 과연 무엇인가? 노동으로서의 데이터 개념은 데이터를 디지털 활동 그 자체와 혼동한다. 하지만 데이터는 디지털 활동 그 자체가 아니라 디지털 활동의 기록물일 뿐이다. 삶의 대부분의 활동은 디지털화되어 기록된다. 데이터의 원천인 디지털 활동에는 비물질 노동만 속하지 않는다. 비물질적 활동이나 정동뿐만 아니라 전통적인 생산노동도 디지털 기록으로 쌓여간다. 사물인터넷의 발전과 함께 인간 활동뿐만 아니라 생산과 소비의 물리적 과정도 디지털 기록물로 남는다.

여기에서 중요한 점은 데이터는 디지털 기록의 형태로 특정한 서버에 보관되며, 바로 이러한 물질성 때문에 플랫폼 자본의 저장소에 보관되고 배타적으로 활용된다는 것이다. 이 점에서 데이터는 지식이나 정보와 구별된다. 지식도 기록되어야 전승되겠지만, 기록되지 않은 지식은 지식이 아니라고 말할 수는 없다. 지식인가 아닌가의 기준은 지식내용이겠지만, 데이터인가 아닌가의 기준의 디지털 기록물이라는 물질적 형식을 취하는가에 놓여 있다. 마찬가지로 정보도 특정한 기록형식을 취할 수 있지만 본질적으로 물질적 기록형식과는 전혀 상관없는 질적 개념이다.

노동으로서의 데이터 개념은 디지털 기록물로서 데이터의 물질성을 간과한다. 활동과 기록 간의 존재적 간극을 무시하게 될 때 나타나는 문제점은 데이터의 사회적 존재형태를 놓치게 된다는 것이다. 데이터는 플랫폼에 의해 수집되고 서버에 저장되는 디지털 기록물이기 때문에 플랫폼 자본에 의해 울타리 쳐진다. 데이터의 물질성은 플랫폼 회사가 데이터에 대한 사실상의 소유권을 획득하게 되는 기술적 과정을 결정짓는다. 이처럼 데이터 인클로저는 기록물로서 데이터라는 물질적 존재형태에 뿌리를 둔다.

하지만 디지털 서버의 물질성은 거꾸로 뺏고 빼앗김의 관계, 이해관계와 사회적 대립의 장인 데이터 인클로저를 자연화하고 기술적으로 어쩔 수 없는 것처럼 왜곡시킨다. 충분히 플랫폼 물신주의라 부를 만한 자연화 과정의 비밀을 파헤치는 것은 자연화 과정의 객관적 조건이 되고 있는 데이터의 물질성을 이해하는 데에서 출발해야 한다. 데이터를 생성하는 살아 있는 활동과 기록물로서의 데이터를 동일시하는 것은 오히려 무비판적 환원주의로 빠질 수 있다. 플랫폼 자본의 운동에 관한 분석이 없다면 가치 원천에 대한 해명만으로는 무비판적이다. 비판적 분석의 중심은 형태분석이며 원천과 기원에 관한 해명은 오직 형태분석의 틀 위에서만 비로소 비판적일 수 있기 때문이다.

데이터는 디지털 기록물이다. 정보와 지식은 물질적 기록형태와 상관없는 개념이다. 이 점으로부터 데이터와 정보, 데이터와 지식은 개념적으로 구별 가능하다. 기록물로서의 데이터는 비유가 아니라 데이터의 기술적 존재형식이자 동시에 사회적 존재형식이다. 기록물이라는 성격은 데이터가 언제나 고정자본이 될 수 있음을 뜻한다.[67] 하지만 이는 반드시 자본주의적 사적소유의 대상이 되어야 한다는 뜻은 아니다. 산업기계는 지식을 체화한다. 체화된 지식으로서 기계는 그 물질성으로 인하여 고정자본이 될 수 있다. 하지만 이 말은 기계가 반드시 산업자본가의 소유물이어야 한다는 뜻은 전혀 아니다. 데이터에 대해서도 마찬가지의 말을 할 수 있다. 플랫폼 자본이 플랫폼을 통해 데이터를 수집하고 알고리즘에 체화시키지만 데이터도 알고리즘도 반드시 플랫폼 자본의 소유물이어야 한다는 어떤 경제법칙도 없다.

데이터 고정자본이라는 개념을 쓸 때 데이터가 산업기계처럼 상당히 긴 갱신주기를 가지고 고정된다는 뜻이 아니라는 점도 유의할 필요가 있다. 또한 디지털 기록물이라는 존재형식을 인쇄물처럼 정지된 형태로 이해할 필요는 없다. 물론 과거의 산업기계도 파괴적 혁신을 통해 교체되어갔지만, 이와 비교할 수 없을 속도로 데이터도 실시간 업그레이드된다. 디지털 기록물의 존재형식은 흐름으로서의 기록물, 실생활세계의 변화에 따라 끊임없이 갱신되는 기록물이다. 갱신되는 기록형태라는 특징은 데이터 수집에 의존하는 플랫폼 알고리즘도 수시로 업그레이드 되도록 만든다. 데이터와 플랫폼 알고리즘은 떼려야 뗄 수 없는 관계이다. 데이터 없이는 플랫폼 알고리즘도 있을 수 없지만, 플랫폼 알고리즘이 없다면 빅데이터는 형성되지 않을 것이다.

데이터이든 플랫폼 알고리즘이든 사회적 존재형태는 고정자본이지만 과거의 산업기계와 달리 가치를 이전하는 것이 아니라 새로운 가치를 창출하는 것처럼 보인다. 하지만 가치를 창출하기 때문에 데이터를 사회적 노동으로 보아야 할 이유는 전혀 없다. 천연자원으로서의 데이터라는 비유는 크게 틀린 말이 아니다. 천연자원의 비유를 쓰더라도 자본의 무상활용을 은폐하는 효과가 있다는 말은 타당하지 않다. 천연자원이 채취자의 사적소유물이나 국가의 공공소유이 아니라, 모든 시민 각자에게 무조건적으로 배당되는 공동소유인 경우는 현실에 이미 존재한다. 알래스카 영구기금Alaska Permanent Fund이 그 대표적인 사례이다.

천연자원이나 토지공통부와 비교하자면 데이터는 오히려 인공적 자연, 인공적 공통부로 볼 수 있다. 이 점에서 데이터는 가치의 경제가 아닌 부의 경제에 속한다. 특히 빅데이터는 개별 데이터의 단순한 총합이 아니며 개별화될 수 없으며 개별 디지털 활동에 귀속시킬 수도 없다. 빅데이터는 누구의 성과로도 배타적으로 귀속시킬 수 없는 사회적 공통부로서 사회 전체의 활동에 의해 생산되고 부단히 갱신되어가는 2차적 자연이다. 플랫폼 자본은 부의 경제를 가치의 경제의 영역 안으로 끌어들여 네트워크 외부효과를 만들어내고 부를 가치화함으로써 이윤을 창출하고 있는 것이다. 이를 위해서는 데이터에 대한 인클로저를 필연적으로 만들어줄 기술적 장치가 필요하며 그러한 장치가 바로 데이터 추출기구인 플랫폼인 것이다.

개별 노동으로서의 데이터 개념의 문제점

데이터를 사회적 노동으로 보는 입장은 데이터 노동에 대한 보상체계로서 기본소득을 언급한다.[68] 반면에 데이터를 개별 노동으로 보면 기본소득이 아니라 마이크로페이먼트가 보상체계로 제시된다. 가상현실(VR)의 창시자 래니어도 "자본으로서의 데이터data as capital' 패러다임을 '노동으로서의 데이터data as labour" 패러다임으로 전환할 것을 주장하는데, 이때 노동이란 데이터를 창조한 개인들 및 집단의 양 측면을 모두 의미한다.[69] 래니어는 데이터의 창조자인 개인들 및 사회 전체가 "디지털 로열티digital royalties"를 받는 나노페이먼트nano payemnt를 주장한다.[70] 래이너의 구상에서 개인들에게 할당되는 '디지털 로열티'는 마이크로페이먼트로 볼 수 있으며, 반면에 사회 전체의 '디지털 로열티'는 기본소득의 재원으로 볼 수 있다.[71]

개별 노동으로서 데이터 개념은 대표적으로 마이크로소프트 리서치에 의해 제안되었다. 글렌 웨일Glen Weyl과 동료들은 데이터가 특정 플랫폼의 고정자본으로 소유되는 것은 비효율적이므로 데이터를 노동으로 간주하고 데이터 생성에 기여한 개별 노동에 보상해야 효율적이라고 주장했다.[72] 이들은 플랫폼 소유를 통해 데이터를 고정자본처럼 활용하는 현재 상태 대신에 데이터 거래가 자유롭게 이루어지는 급진적 데이터 자유시장과 데이터 가격에 대한 사회적 협약체결의 당사자로서 데이터 노동조합이 등장한 상태가 훨씬 더 효율적일 것이라고 생각한다.

이러한 주장은 자동화로 인한 일자리 감소 위험과 불평등의 증가를 언급하면서 원천 데이터의 보유자들에게 적절히 보상해야만 한다는 점을 강조한다. 하지만 여기에는 두 가지 문제점이 있다. 첫째는 개별 데이터와 빅데이터의 구별을 무시하고 빅데이터를 개별 데이터로 환원할 수 있다고 전제하고 있는 점이다. 두 번째는 설령 개별 데이터에 대한 가격책정이 가능하다고 하더라도 매우 헐값이라는 문제이다. 웹-브라우징 과정에서 인터넷 서비스 업체들에 의해 개인식별가능정보(PII)의 프라이버시 침해가 발생한다는 점에 착안하여 스페인 사람 168명의 PII가 지닌 가치를 제2가격 역경매reverse second price aution방식으로 측정한 연구[73]에 따르면 오프라인 정체성에 관한 PII(연령, 성별, 주소, 경제상태)의 가치는 25유로, 단순 검색정보는 2유로인 것으로 나타났다.

비록 이 연구의 참여자들은 자신의 PII가 인터넷 무료서비스와 교환되는 것보다는 금전적 보상이나 서비스 개선과 교환되는 것을 선호했지만 PII의 가치가 헐값이라는 것만은 사실이다. 이는 웹-브라우징 과정에서 자연스럽게 기록되는 데이터에 대한 마이크로페이먼트를 도입해도 보상액은 미미할 수밖에 없음을 의미하며, 또한 데이터 자유시장이 디지털 시대의 거대한 탈동조에 대한 해법이 될 수는 없디는 점도 암시한다. 아울러 플랫폼 자본의 가치 원천은 개별 데이터들이 아니라 플랫폼 알고리즘에 의해 형성된 빅데이터라는 점에 주목해야 한다. 개별 데이터와 빅데이터의 현격한 가치 차이는 개별 데이터에 보상하는 방식의 가치 할당을 어렵게 만든다.

두 가지 문제점보다 좀 더 심각한 세 번째 문제점이 있다. 개별 노동으로서 데이터 개념은 궁극적으로 데이터에 대한 개별 소유권 개념이 정립되어야만 사회적 유효성을 얻게 된다. 물론 데이터는 기록물이기 때문에 소유권의 문제는 충분히 따질 수 있는 문제이다. 데이터 소유권 개념은 누구나 자신의 노동력에 대한 사적소유권을 가지고 있기 때문에 노동력 상품을 시간 단위로 팔 수 있다는 발상보다도 훨씬 더 자연스럽다. 이러한 점에서 개별 노동으로서의 데이터 개념은 자연스럽게 데이터 소유권 논의로 이어지게 된다.

물론 데이터 소유권 논의는 데이터가 기록물이며 언제나 플랫폼 회사의 고정자본이 될 수 있는 물질적 존재형식을 가지고 있는 한에서 해방적이고 진보적인 관점에서도 반드시 필요한 논의이기도 하다. 하지만 데이터에 대한 개인 소유권 설정에 관한 논의는 빅데이터 자본의 데이터 지배권을 잘 정의된 사적소유권으로 보호하는 것으로 귀결될 공산이 크다. 다음에서는 데이터 소유권 논의의 현황을 살펴보고 어떤 방향에서 이 논의에 개입해야 할 것인지를 가늠해본다.

개별 데이터에 대한 소유권 논의

빅데이터 인클로저와 개인정보보호

플랫폼 자본주의에서 데이터 문제는 개인정보보호라는 좁은 차원을 벗어나지 못했다. 하지만 프라이버시의 침해야말로 플랫폼 자본주의 시대의 특징을 보여주는 것이기도 하다.[74] 사적 영역의 끊임없는 침해는 더 많은 데이터를 추구하는 플랫폼 기업의 이윤메커니즘에서 기인하는 것이기 때문이다.[75] 더 많은 데이터를 추구하는 플랫폼 자본주의는 데이터보호의 스캔들을 필연적으로 낳는다. 하지만 플랫폼 자본주의에서 가장 중요한 문제점은 빅데이터 인클로저이다. 레니어의 말을 빌리자면, "당신의 프라이버시의 결핍은 다른 사람의 부"이다.[76] 개인 데이터와 관련된 스캔들은 빅데이터 인클로저를 목적으로 하는 데이터 수집 과정에서 발생하게 된다.

빅데이터 인클로저는 플랫폼 자본주의를 기능하게 만드는 근본적인 원리이고, 토지 인클로저와 달리 공간적 한계를 가지지 않으며 부단히 갱신되는 과정이다. 토지 인클로저와 함께 진행된 자본의 원시적 축적과정은 빅데이터 인클로저와 함께 자본의 항상적인 순환과정으로 변모한다. 따라서 플랫폼 자본주의에 대한 진보적 대안은 두 방향에서 수립되어야 한다. 하나는 개인 데이터에 대한 보호이며, 다른 하나는 빅데이터에 대한 공동소유의 확립이다.

다음에서는 데이터 소유권과 관련된 최근 논의들을 살펴보고, 빅데이터에 대한 공동소유권에 근거하여 플랫폼자본에 대해 공유지분권을 설정하거나 나아가 플랫폼 공동소유를 수립할 이론적 근거들을 탐색한다.

데이터 소유권 논의의 현황

데이터 경제가 팽창하면서 데이터 소유권 논의도 활발해졌다. 하지만 논의는 데이터 시장을 활성화하기 위하여 개별 데이터 소유권에 대한 엄밀한 법적 규정이 필요하다는 입장과 데이터 소유권은 개인정보보호를 위협할 것이라는 반론의 대립구도를 벗어나지 못하고 있다. 위에서 밝혔듯이 데이터를 인공적 공통부로 보고 빅데이터가 사회구성원 전체의 공동소유임을 제도적으로 보장하려는 논의는 채 시작되지 않았다. 현재 진행되는 논의는 개별 데이터 소유권에 대한 찬반 논의를 벗어나지 못하고 있다.[77]

먼저 개별 데이터 소유권 논의의 목적은 데이터 자유시장을 형성하여 데이터 거래를 원활하게 하는 것이다. 법률적 논의는 주로 두 방향에서 이루어지고 있다. 하나는 데이터를 생성한 사람의 권리를 일종의 비물질적 재산권, 곧 저작권과 유사한 지적재산권으로 보호하는 방향이고,[78] 다른 하나는 데이터 소유권을 민법상의 물권에 준하는 방식으로 보호하는 것이다. 정부기관 중에서 독일 교통부는 자율주행과 관련된 제도를 정비할 목적으로 데이터 소유권에 관한 전략문서를 작성했고, 거기에 따르자면 데이터는 물권법상의 물건Sache과 같은 것으로 취급된다.[79] 이는 동산이나 부동산과 같은 물권법상의 소유권과 마찬가지로 디지털 데이터에도 자연인이나 법인에게 명확한 소유권을 줄 수 있다는 뜻이다.

물권으로서의 데이터 권리보호는 데이터 자유시장 형성에 가장 강력한 방안이지만 데이터에 대한 권리를 누구에게 부여해야 할 것인가와 관련하여 해결해야 할 많은 난점을 안고 있다.[80] 즉 원천 데이터를 제공한 사람에게 권리를 부여할 것인가, 데이터의 데이터라고 볼 수 있을 빅데이터를 형성한 사람에게 권리를 부여할 것인가의 문제가 제기된다. 아울러 기록물로서 데이터의 속성을 염두에 둔다면 서버 소유자의 법적 지위는 무엇인가 등의 문제점이 남아 있다. 플랫폼 기업들이 데이터에 대한 사적소유권 제도화에 큰 관심을 보이지 않는 이유는 현재도 플랫폼의 소유를 매개로 하여 데이터를 실질적으로 지배하고 활용하고 있는 반면에 법률적 제도화에는 아직 많은 난점들이 해결되지 않은 채 남아 있기 때문이다. 데이터 소유권 논의는 이러한 난점들을 제거하고 빅데이터에 명확한 소유권을 부여함으로써 데이터 시장을 활성화하려는 것이다. 이는 18세 중엽 영국의 2차 인클로저, 곧 의회가 입법을 통해 사실상의 공유지 인클로저를 명확한 법률적 소유관계에 의해 뒷받침해 주고자 했던 것에 비유할 수 있다.

무엇보다도 데이터에 대한 사적소유권 설정은 개인정보보호의 조건이 완전히 변한다는 뜻이다. 개별 데이터를 자유재로 간주하고 완전 공개하는 것과 비슷한 나쁜 상황이 전개될 수도 있다. 이는 시민단체들이 데이터 소유권 논의를 경계하는 이유이기도 하다. 유럽연합[81]이 데이터 소유권 제도화에 앞서 「유럽 일반 개인정보 보호법General Data Protection Regulation」(GDPR)을 먼저 제정한 것도 이러한 맥락과 관련된다. 데이터에 대한 사적소유권은 데이터 자유시장의 전제조건이며 데이터 소유의 불평등을 낳을 것이다. 데이터 소유는 플랫폼 기업들에 의해 독점될 것이며 그 반대편에는 자신의 개인정보조차 보호받지 못하면서 끊임없이 원천 데이터를 기업에게 넘겨야만 하는 처지에 내몰린 보통 사람들이 위치하게 될 것이다.

누가 디지털 경제를 지배하는가

데이터 소유권의 논의는 단순히 법기술적 차원의 논의가 아니다. 소유권의 원래의 뜻은 지배권dominium이다. 결국 데이터 소유권 논의는 디지털 경제와 디지털 민주주의의 권력문제를 논의하는 것이다. 그것은 누가 데이터를 집적하며 활용하여 이윤을 취득할 적법한 권리를 가지는가에 관한 논의이며, 빅데이터에 의존하게 된 경제회로에서 개인정보는 어떻게 보호할 것인가에 관한 논의이다. 개인정보는 데이터에 대한 개별 소유권을 인정하지 않을 때 오히려 효과적으로 보호된다. 데이터를 집적하는 플랫폼 자본과 웹에 접속하는 것만으로 이미 데이터를 넘겨주고 있는 일반 이용자들의 비대칭성에 의하여 데이터 소유권 도입의 결과는 이미 결정된 것처럼 보인다. 대다수의 이용자들은 헐값의 보상에 데이터 소유권을 양도함으로써 개인정보를 넘겨주지 않으면 안 될 상황에 봉착할 것이다. 매우 역설적인 상황은 데이터 소유권에 입각하여 몇몇 이용자들이 개인정보 활용에 저항하더라도 그 자체가 이미 개인정보 활용에 어느 정도의 저항이 발생하는가에 관한 데이터를 넘긴 꼴이 된다는 점이다.

나아가 개인 데이터에 양도 가능한 소유권적 성격을 부여하는 것은 인격의 보호와 인간존엄의 원리에 어긋난다. 예컨대 개인의 진료기록은 환자 개인의 소유권도 아니며 의사의 소유권도 아니지만, 임상 연구에서는 다수의 개별 임상기록의 집합을 '개인 데이터personal data'라고 부른다. 개인의 진료기록은 매우 개인적인 신상 데이터이기 때문에 보호받아야 하며, 이러한 보호는 데이터를 누가 점유하고 있느냐와 무관하다. 하지만 합법적으로 양도가능한 소유권의 대상이 되면 사정을 크게 달라진다. 개인정보는 물권법상의 소유권처럼 소유자의 자의에 따라 이용, 수익, 처분될 수 있는 배타적 권리가 아니라 인격화된 권리임에도, 데이터를 물권법상의 물건과 유사한 어떤 것으로 취급하게 되면 데이터의 개인성에 위배되는 모든 종류의 양도가 합법적이게 된다.

반면에 의료분야의 빅데이터는 환자 개개인의 진료기록과 분명히 구별되는 집합적 데이터이며, 제약회사는 이를 상업적으로 활용하고 있다. 결국 소유권 문제를 따져야 할 대상은 개인 데이터가 아니라 빅데이터이다. 빅데이터에 대한 공동소유는 개별 데이터에 대한 인클로저를 막고 개인정보를 보호하는 데에서도 효과적이다. 그 이유는 빅데이터에 대한 공동소유는 개인 데이터가 사고팔 수 있는 대상이 아니라는 관점과 상통하기 때문이다.

빅데이터는 누구의 것인가?

빅데이터는 어떻게 성립하는가

누구의 것인가를 따지기 위해서는 먼저 빅데이터가 어떻게 성립하는가를 보아야 한다. 첫째, 원천 데이터 없이 빅데이터는 성립하지 않는다. 빅데이터의 경제적 가치는 원천 데이터의 속성인 규모, 다양성, 속도, 신뢰성 등에 의하여 좌우된다. 둘째, 빅데이터가 이윤생산에 기여하기 위해서는 데이터 분석이 필요하다. 즉, 빅데이터는 오직 알고리즘과 결합함으로써 경제적 가치를 낳는다. 이는 빅데이터에 의존하는 가치생산의 결과물을 플랫폼 기업이 독식할 수 있다는 확신으로 이어진다. 빅데이터는 일종의 천연자원처럼 간주되고 채굴자가 채굴된 자원의 가치를 독식하는 것은 당연하게 여겨진다. 따라서 빅데이터 공동소유권과 플랫폼 기업에 대한 공유지분권을 논증하기 위해서는 빅데이터의 가치화 과정을 어떻게 이해할 것인가가 관건이 된다. 앞서 서술했듯이, 천연자원의 비유가 잘못된 것도 아니며 빅데이터가 애초에 가치의 영역이 아니라 부의 영역이 놓여 있는 공통부라는 점이 플랫폼 기업의 수익독점을 정당화해주는 것도 아니다. 하지만 빅데이터의 주인이 사회구성원 모두라는 사실로부터 플랫폼 자본에 대한 공유지분권을 끌어내기 위해서는 보다 면밀한 논증이 필요하다.

페인과 빅데이터 공동소유

1장에서 자세히 다루었던 페인의 이중적 소유권 이론은 빅데이터 공동소유에 관한 난점을 해결해준다. 페인은 '자연적 소유'와 '인공적 소유'를 구분하는 이중적 소유권 이론을 펼친다.[82] 이 구분의 합리적 핵심은 첫째, 토지의 창조와 인공적 가치증대의 구분이다. 둘째, 토지에 대한 원천적 공유와 '자연적 소유'는 명확하게 개념적으로 구분되며, 반면에 '자연적 소유'와 '인공적 소유'는 개념적으로 구분되지만 합체되어 있어서 현실적으로 분리할 수 없다는 점이다.[83] 셋째, "개인적 소유도 사회의 효과effect of society이며 사회의 도움 없이 한 개인이 개인적 소유를 획득하는 것은 불가능하다"[84]라는 관점이다. 이 세 가지 핵심 요소를 빅데이터에 적용시켜보자.

첫째, 토지의 가치를 증대시킨 사람이 토지 그 자체를 창조한 것은 아니라는 페인의 말은 빅데이터에도 적용된다. 플랫폼 자본은 원천 데이터를 수집하지만 데이터 그 자체를 창조한 것은 아니다. 하지만 둘째, 토지를 개간한 사람은 비록 '질료'로서 토지를 창조하지는 않았지만 개간을 통해 토지에 경제적 '형식'을 부여했다. 페인은 이를 개간에 의해서 토지가치가 증대한다고 설명한다. 그런데 개간은 단순히 토지가치를 증대시키는 것만이 아니라 원래는 가치체가 아니던 것을 가치화하는 과정이기도 하다. 시원적 황무지는 아무런 가치를 가지지 않지만 개간은 황무지를 가치대상으로 만든다.

이와 마찬가지로 페인에게는 토지에 대한 '자연적 소유'도 대지가 원래 인류 모두에게 공유물로 주어진 것이라는 시원적 관념이 아니다. 모든 사람은 개간이 된 토지에 대해서도 '자연적 소유'를 가지고 있으며 이러한 소유권에 근거하여 토지수익의 일부를 무조건적으로 배당받을 자격을 가진다. 시원적 황무지는 개간됨으로써 '인공적 소유'와 '자연적 소유'를 동시에 발생시킨다. 즉, 개간은 토지소유자에게는 사적소유권을 발생시키며, 다른 모든 사회구성원들에게는 수익 일부를 배당받을 권리를 발생시킨다. 이 말은 원천적 공유권이 토지의 개간에 의해 가치화되며 가치화된 상태에서는 '자연적 소유권'으로 변화한다는 뜻이다.

가치화의 산물이라는 점에서 '자연적 소유' 개념은 '원천적 공유' 개념과는 확실히 구별되며, 반면에 '인공적 소유'와 합체되어 현실적으로 분리할 수 없다.[85] 플랫폼 알고리즘에 의한 빅데이터 분석도 개간과 비슷하게 가치화 과정이며 이 과정에서 빅데이터는 비로소 몫을 배당받을 수 있는 재산권적 성격을 얻게 된다. 데이터 분석이라는 가치화 과정 이전의 개별 데이터는 개인정보 보호의 대상이기는 하지만 경제적 가치대상일 수 없다. 앞에서 서술했듯이, 이 점이야말로 개별 데이터에 대한 소유권 논의가 불필요하며 반면에 빅데이터에 대한 소유권 논의는 절실하게 필요한 이유이다.

셋째, 페인이 말한 "사회의 효과"[86]는 '자연적 소유'에 대한 배당의 원천이 무엇인지를 설명해준다. 그것은 개간 이전에도 토지가 원래 가지고 있었으리라고 추정되는 가치를 돌려주는 것이 아니라 개간의 직접적 효과로 돌릴 수 없는 외부효과나 협력의 효과를 사회구성원 모두에게 평등한 몫으로 돌려주는 것이다. 최초의 개간 이전에 토지는 가치대상이 아니었으며 개간에 의해서 비로소 가치화된다. '자연적 소유'에 따른 배당이 토지의 원래의 자연적 가치를 돌려주는 것이라면 돌려줄 몫이 없다고 말해야 옳을 것이다.

이러한 논리도 빅데이터 공동소유와 플랫폼 자본에 대한 공유지분권 모델의 정당화에 적용할 수 있다. 플랫폼 자본에 의해 개별 데이터가 빅데이터로 가치화되기 이전에 데이터에 가치를 매기는 것은 무의미한 일이다. 하지만 플랫폼 기업은 데이터를 수집하고 분석하여 경제적으로 활용한다. 이 과정에서 빅데이터가 형성되며 이를 기반으로 플랫폼 기업은 수익을 낸다. 하지만 이 과정은 수익 배당에 대한 요구권을 가진 빅데이터 공동소유권을 성립된다. 이는 마치 토지 개간이 '인공적 소유권'을 탄생시키는 것만이 아니라 '원천적 공유'를 토지공통부 배당에 대한 요구권과 결합한 '자연적 소유권'으로 변환시키는 것에 비유할 수 있다.

빅데이터 공동소유권의 법률적 형태

법률적으로 빅데이터 공동소유권을 도입하는 가장 간편한 방법은 빅데이터 기금big data fund과 같은 기관을 만들고 이러한 기관이 빅데이터에 대한 소유권을 가지도록 하는 것이다. 빅데이터 기금은 빅데이터 소유권을 기초로 하여 기업의 데이터의 운영과 관리에 대한 지침을 만들며 감시자본주의의 폐해를 억제하고 개인정보를 보호할 수 있으며, 나아가 플랫폼 기업에 대해 공유지분권을 획득하고 수익 일부를 거두어들여 사회구성원 모두에게 무조건적·개별적으로 배당한다.

원칙적으로 사회구성원 모두가 빅데이터의 공동소유자이며 빅데이터 기금은 모든 공동소유자의 사무를 위탁받은 것에 불과하지만, 빅데이터 공동소유권은 주주권처럼 개별화될 수 없다는 점도 강조할 필요가 있다. 그것은 법인이 소유권을 가지고 있고 개인들은 마치 주식처럼 사고팔 수 있는 지분권을 가지고 있는 소유형태일 수 없다. 그런 방식이라면 개별 데이터 소유권을 도입한 것과 별로 다르지 않은 결과를 낳게 된다.

논리적으로도 빅데이터는 재산적 가치를 가진 채 개별 데이터로 분해될 수 없다. 개별 데이터로 환원한다면 재산적 가치가 사라지게 되며 이는 빅데이터 그 자체가 사라지는 것이라고도 말할 수 있다. 빅데이터 공동소유권은 주식처럼 사고팔 수 없도록 해야 한다. 마찬가지의 이유에서 빅데이터 공동소유권은 하나의 소유대상에 대해 개별 공동소유자들이 각각 처분 가능한 지분권을 가지고 있는 형태가 아니라는 점도 밝혀둘 필요가 있다. 빅데이터 공동소유권에 대해서는 처분권의 수준에서 개별화 가능한 하위 개념을 설정할 수 없다고 보아야 한다. 빅데이터 공동소유권과 관련하여 개별화 가능한 것은 오직 빅데이터 활용에 의해 창출된 수익의 개별화일 뿐이다. 사회구성원 모두는 빅데이터 공동소유권에 입각하여 무조건적이고 개별적인 배당을 받는다.

4. 플랫폼 기업의 수익, 누구의 몫인가

앞에서는 『토지 정의』의 핵심 주장인 이중적 소유권 이론이 빅데이터 공동소유권의 논증에 대단히 유용함을 보였다. 『토지 정의』에서 개간에 의해 발생하는 인공적 소유자와 자연적 소유자의 이중적 소유권 구조와 매우 유사하게 데이터 경제의 가치화 과정은 빅데이터 공동소유자와 플랫폼 알고리즘의 사적소유자의 이중적 소유구조를 발생시킨다. 페인은 '인공적 소유'와 '자연적 소유'의 분리불가능성[87]을 토지공통부 배당의 주요 논거로 들고 있다. 이와 마찬가지로, 빅데이터와 플랫폼 알고리즘의 분리불가능성은 재산적 가치로서 빅데이터 공동소유권의 보장이 두 요소의 분리가 아니라 결합에 의해 발생하는 수익 분배에서 찾아져야 할 것이라는 점을 알려준다.

분리불가능성의 조건하에서 빅데이터 공동소유자에게 수익을 배당하는 방법은 크게 보면 두 가지가 있을 것이다. 하나는 플랫폼 기업의 수익 일부를 조세로 거둬들이고 모든 사회구성원에게 무조건적 개별적으로 배당하는 것이며, 다른 하나는 빅데이터 기금이 공동소유권에 입각하여 플랫폼 기업에 대해 일종의 공유지분권을 획득하고 수익을 사회구성원 모두에게 배당하는 것이다. 하나는 페인의 모델을, 다른 하나는 미드의 공유지분권 모델[88]을 플랫폼 자본의 수익분배에 적용한 것이다. 플랫폼 회사가 공공소유라고 해도 공유지분권과 관련된 사태가 크게 달라지지 않는다.[89] 공공플랫폼이 수익을 낸다면 그 일부는 당연히 빅데이터 공동소유자인 사회구성원 모두에게 무조건적 개별적으로 배당되어야 하며 나머지는 공공소유자의 판단에 따라 사용되게 된다. 하지만 플랫폼의 소유 그 자체가 사적소유나 공공소유가 아니라 공동소유인 경우에는 수익의 전부가 사회구성원에게 배당될 것이다.

　여기에서 다룰 과제는 두 가지이다. 첫째는 빅데이터 공동소유권에 대해 수익 중의 얼마만큼을 배당해야 하는가라는 문제이고, 두 번째는 조세형 기본소득 모델을 플랫폼 자본에 적용할 수 있는가이다.

빅데이터 공동소유권에 배당될 몫은 어느 정도인가?

　원칙적으로 보자면 자본이나 노동투입의 효과가 아닌 외부효과로 인한 몫, 페인이 말하는 "사회의 효과"[90]로 인한 수익은 모두 빅데이터 공동소유자에게 분배될 수 있다. 외부효과가 이와 같이 내부화될 때 비로소 '각자에게 각자의 몫을 주라suum cuique tribuere'라는 성과의 원칙이 충족될 수 있다. 하지만 플랫폼 알고리즘 없었다면 수익창출이 불가능했을 것이라는 점을 감안하면 알고리즘의 소유자와 빅데이터 공동소유자 사이의 협력게임으로 수익분배를 재해석할 수 있다.

　강남훈은 섀플리Shapley 가치■에 따라 빅데이터 공동소유자가 인공지능 가치의 50%의 몫을 가지고 있다고 말하면서, "토지와 같이 순수한 지대라면 지대 전체를 균등하게 분배하는 것이 섀플리 가치에 따른 공정한 분배"라는 점을 강조한다.[91] 섀플리 가치에 의

　■ 어떤 프로젝트에 여러 명이 참여했을 때, 공헌도를 합리적으로 공정하게 계산하는 방법. 협력적 게임 이론에 토대를 둔 분배 이론이다.

한 접근방식은 몫의 분배 문제에 많은 시사점을 준다. 이 글에서 살펴보았듯이 플랫폼 자본에 대한 공유지분권은 이윤생산에서 빅데이터의 기여에 대한 보상이며 이윤창출 과정이 플랫폼 알고리즘과 빅데이터의 협력게임이라는 점에서 50%의 공유지분이 빅데이터 기금에 돌아가더라도 플랫폼 소유자에게 어떠한 부정의가 발생하지 않는다.

우연찮게도 공유지분권 모델을 가장 정밀하게 제시했던 미드는 전체 주식 자본의 50%를 공유지분권으로 돌리자고 제안했다.[92] 일찍이 콜도 사회적 총자본의 일정 비율을 공유주식 자본Commons Capital Stock으로 전환하자고 주장했지만 구체적인 비율을 언급하지는 않았다.[93] 이에 반하여 미드는 50%라는 구체적인 비율을 제시했지만 그 근거를 명확하게 제시하지는 않았다. 그뿐만 아니라 미드는 공유지분권 모델의 정당성 근거를 아예 다루지 않는다. 다만 미드의 이론적 목표는 자산 소유가 가져다주는 '안전'과 '독립성'을 '공정한 분배'와 함께 통합적으로 실현할 수 있는 경제모델을 제시하는 일이기에,[94] 공유지분권 구상도 이러한 기획의 일환으로 이해할 수 있을 것이다.

미드의 설명은 주로 공유지분권 모델이 '자유'와 '효율성'의 통합에 미치는 긍정적 효과에 초점이 맞춰져 있다.[95] 최근에 미드와 비슷한 주장을 펼친 바루파키스는 공유주식 자본으로 돌려야 할 비율을 구체적으로 제시하는 대신에 정치적 결정의 문제로 남겨둔다. 미드와 달리 바루파키스는 정당성의 문제를 다루고 있지만, 부는 언제나 집합적으로 생산되며 기업은 과학기술이나 주식회사제도를 통해 대가 없는 이득을 취하고 있다는 설명을 넘어서지 않는다.[96] 페인과 비슷하게도 바루파키스는 부의 형성에서 사회의 기여라는 매우 익숙한 논거를 들고 있을 뿐이다.

플랫폼 기업에 대한 규제 및 과세의 난점

전통적인 다국적기업에 대한 법인세 과세는 고정사업장permanent establishment 소재국이 과세권을 행사한다. 물리적 고정사업장 없이 인터넷망을 통해 서비스 상품을 판매하는 기업들의 경우에는 서버 소재지를 고정사업장으로 보는 국제규범이 존재한다. 하지만 구글, 페이스북 등의 글로벌 플랫폼 기업들은 고정사업장 회피, 법인세 관할국에서의 소득 최소화, 공제액 최대화, 원천징수세 회피 등의 조세회피 전략을 적극 행사하면서 과세기반을 침식하고 있다.[97] 유럽연합집행위원회European Commission의 조사에 따르면, 유럽연합 안에서 전통적인 다국적기업들의 법인세 실효세율이 23.2%였던 것에 비해 디지털 다국적기업들의 그것은 절반도 못 미치는 9.5%에 불과하다.[98]

OECD는 2013년부터 '과세기반 침식과 이익 이전 프로젝트Base Erosion and Profit Shifting Project'(BEPS)를 통해 종래의 고정사업장 개념을 대신하는 새로운 법인세 과세기준을 수립하고자 했다. OECD가 제안한 새로운 과세연계점nexus이나 가상 고정사업장Virtual PE 개념이나 유럽연합이 제안한 '중대한 디지털 실체Significant Digital Presence'(SDP) 등은 그러한 노력의 일환이다. 이러한 제안들의 공통점은 과세관할권을 서버 소재지가 아니라 실제로 매출과 이익이 발생한 장소의 당국에 부여하자는 것이다.

그러나 새로운 기준을 적용할 경우에 자국의 법인세수의 축소가 예상되는 미국은 BEPS 프로젝트의 목표 시한이었던 2019년 말에 종래의 논의를 뒤집는 '글로벌 초과이득' 개념을 들고 나왔고, 이러한 미국의 제안에 대해 OECD 국가들은 이해관계에 따라 찬반 기류가 나뉜 상태이다. 현재로서는 글로벌 인터넷기업들의 법인세 과세에 대한 새로운 국제규범의 도입은 요원하다. 설령 어떤 합의가 도출되더라도 이들 기업들의 실효 법인세율이 적정 수준으로 회복될 가능성은 매우 낮다.

플랫폼 기업을 전통적인 반독점법으로 규제하는 것도 쉽지 않다. 인터넷 플랫폼은 전형적인 양면시장two-sided markets의 특성을 가진다. 양면시장에서는 특정 기업의 시장지배력 판단에서 중요한 준거였던 러너 조건Lerner Condition이 성립하지 않는다. 이는 상품 가격과 그 가격에 대응하는 한계비용의 차이로 기업의 시장지배력을 측정하는 러너 지수Lerner index가 양면시장에서는 무용하다는 의미이다. 플랫폼의 교차보조금cross-subsidization 정책은 단면시장이라면 한계비용보다 낮은 가격책정으로 일종의 약탈적 가격책정predatory pricing에 해당하겠지만 양면시장에서는 교차 네트워크 외부성을 이용한 정당한 가격책정이 된다. 따라서 오늘날 양면시장에 대한 경쟁이론은 약탈적 가격책정은 물론 시장 획정market definition, 효율성efficiencies, 수직적 경쟁제한vertical restraints 등과 같은 중요한 분석 도구들 전체에 걸쳐 단면시장에 적용된 기존의 반독점 정책들의 유효성이 재검토되어야 할 시점에 이르렀다.[99] 교차 네트워크 외부성을 내부화하는 플랫폼 비즈니스 본질은 독점 자체를 반시장적으로 보는 종래의 이론과 관점의 유효성을 상당 부분 무력화한다.

이러한 상황은 새로운 해법을 요청하고 있다. 공유지분권은 글로벌 차원에서 새로운 해법이 될 수 있다. 인류 모두의 빅데이터 공동소유권에 입각하여 글로벌 플랫폼 기업에 대해 글로벌 차원의 공유지분권을 설정하는 '빅데이터 어젠다'는 까마득한 일처럼 여겨질 수도 있지만 개별 국가와 개별 국가 간에 체결된 수많은 조세협약을 조율하는 일과 비교한다면 훨씬 더 손쉬운 일이다. 이와 같은 합의가 이루어진다면 글로벌 플랫폼의 수익 중의 일부를 '글로벌 데이터 기금'에 예치되어 글로벌 기본소득의 재원으로 삼을 수 있게 된다. 글로벌 빅데이터 배당이 실현된다면 기본소득은 빅데이터 공유기금이 지급체계가 되는 글로벌 차원, 국민국가가 담당하는 내셔널 차원, 지방정부에 의한 로컬의 중층적 구조를 가지게 될 것이다.

공유지분권 모델과 독립적인 데이터 거버넌스

공유지분권 모델이 플랫폼 자본주의에 대한 개혁대안으로 떠오르는 이유는 단지 글로벌 플랫폼 자본에 대한 규제와 과세의 난점 때문만이 아니다. 공유지분권 모델에는 조세형 기본소득이 가질 수 없는 장점이 있다. 가장 중요한 장점은 데이터 거버넌스의 수립 가능성이다. 빅데이터의 주인은 누구인가라는 질문은 분배차원에 한정된 질문이 아니다. 빅데이터의 주인이 사회구성원 모두라는 출발점은 개인정보 보호를 포함하여 데이터 기반 의사결정의 전반적 발전 방향까지 망라하는 포괄적인 데이터 거버넌스 구조가 수립되어야 하며 이러한 거버넌스 구조는 정부와 기업으로부터 독립적이어야 한다는 결론으로 이어져야 한다.

빅데이터의 주인은 국가가 아니고 사회구성원 모두이기 때문에, 빅데이터 기금의 관리와 운용이 "정부와 기업으로부터 독립된 거버넌스 구조"[100]를 가져야 하듯이 데이터의 집적·분석·활용에 대해서도 정부와 기업에 대해 독립적인 거버넌스 구조를 확립하고 민주적 통제를 행할 필요가 있다. 공유지분권 모델의 장점은 소득 분배를 넘어 민주주의의 차원까지 빅데이터 공동소유권의 영향력을 확장할 수 있다는 점이다. 빅데이터 기금은 개인정보보호나 플랫폼 노동의 노동통제 방식에 대해 감시 자본주의적 폐해를 없애기 위한 적극적으로 개입할 수 있을 것이며 스마트시티의 사회 인프라에 대해서도 민주적 통제방식을 확보해나갈 수 있을 것이다.

빅데이터 공동소유에 기초한 공유지분권은 소득 분배 차원에만 한정된 미드[101]의 모델과 달리 일종의 정치적 차원을 가지게 된다. 물론 미드의 모델과 마찬가지로 빅데이터 기금도 개별 플랫폼 회사의 경영에는 간섭하지 않는다. 하지만 사회 전체에 걸친 데이터 거버넌스 구조를 통해 빅데이터 기금은 디지털 전환의 방향, 데이터 주도 혁신의 방향을 좀 더 생태적이고, 좀 더 젠더가 평등하고, 좀 더 분배평등에 기여하는 방향으로 틀어갈 수 있다.

3장에서 마지막으로 덧붙일 말은 기본소득은 자동화를 가속시킬 뿐만 아니라 방향타 역할도 한다는 점이다. 자본주의와 자동화의 관계는 양면적이다. 자본주의는 경쟁을 통하여 자동화를 촉진하지만, 그 결과로 실업이 증대하고 임금이 하락하면 설비투자비용이 임금부담보다 더 크게 되어서 일정 수준 이상의 자동화를 억제한다. 즉, 자동화는 임금을 떨어뜨리고 하락한 임금 때문에 자동화가 억제되는 이중적인 과정이 진행되는 것이다.[102] 반면에 기본소득은 자동화를 가속시킨다.

기본소득은 자동화로 인한 일자리 상실에 대한 보상이 아니라 더 높은 단계로의 자동화를 위한 디딤돌이라고 말할 수 있다. 높은 기본소득은 노동공급을 줄이고 임금을 올려 더 많은 자동화 압박을 만들어낸다.[103] 하지만 이와 같은 피드백 고리만으로는 어떤 방향으로의 가속, 어떤 방식의 가속인지를 드러내지 못한다. 기본소득은 자동화를 촉진하면서도 더 나은 사회로 나아가는 전환의 수단이 되어야 한다. 공유지분권 모델처럼 소유권적 기초에 착근된 기본소득은 자동화가 더 많은 감시를 위한 가속, 더 많은 생태파괴를 위한 가속이 되지 않도록 방향을 설정해준다. 빅데이터는 공동소유라는 인식은 데이터가 이윤원천이 된 플랫폼 자본주의를 넘어서기 위한 출발점이다.

4장

기본소득, 민주주의의 경제적 기초

기본소득은 공통부의 동등한 배당equal share of common wealth이다. 이러한 정의의 중심에 공통부 개념이 있다. 공통부는 모두에게 무조건적 개별적으로 분배되어야 한다. 물론 이와 같은 공통부 분배정의를 우회하고 기본소득을 정의하는 또 다른 방법이 있다. 정치적 시민권의 원리로부터 기본소득을 끌어내는 것이다. 정치적 시민권은 개별적인 국민 모두에게 무조건적으로 부여되기에 이 원리는 기본소득의 무조건성·보편성·개별성을 드러내는 데 효과적이다. 하지만 이 논증에는 고유한 난점이 뒤따른다. 자산심사와 결부된 조건적 권리conditional rights인 공공부조 청구권도 시민권에 근거한 권리라는 점이다. 공공부조 청구권과 달리 기본소득은 일체의 심사가 없는 무조건적 권리unconditional rights이다.

여러 번 밝혔듯이 그 이유는 기본소득의 원천이 공통부이기 때문이다. 공공부조 청구권이든 기본소득이든 둘 다 시민권에 근거하는 한, 시민권의 원리는 둘의 차이를 적절하게 드러내지 못한다. 기본소득의 정당성 근거를 명확히 하기 위해서는 오히려, 공통부 배당의 권리가 시민권보다 우선함을 논증해야 한다. 이는 시민권의 개념을 확장하는 방식으로는 결코 이루어질 수 없는 문제이다. 가령 공화주의 기본소득론은 시민 개념을 경제적 영역까지 확장함으로써 기본소득을 옹호한다. 즉, 시민이란 물질적 독립성을 가져야 하며 그러기 위해서는 기본소득이 필수적이라는 논변이다. 이와 같은 논변은 분배정의의 문제를 "공화국이란 무엇이며, 시민이란 무엇인가"라는 문제로 치환했을 뿐이다. 여기에서 기본소득 그 자체의 정당성 문제는 누락되어버린다.

4장에서는 기본소득론의 출발점이라고 볼 수 있는 18세기 말 급진파 사상가인 페인과 스펜스의 이론에서 토지공통부 배당론과 민주주의가 어떤 관계를 맺고 있었는지를 다시 살펴본다. 두 사람에게 공통부 배당권은 보통선거권의 가능조건이었다. 이와 같은 상관관계는 두 사상가가 공통부 배당권을 보통선거권에 대해 규범적 우선성을 가지는 권리로 이해했다는 점을 말해준다. 즉, 공통부의 분배정의를 전제할 경우에만 보통선거권 민주주의는 실질적일 수 있다.

민주주의의 경제적 기초는 오늘날 정치적으로 중요한 문제가 되었다. 20세기 대중민주주의의 경제적 기초는 완전고용에 근거한 산업자본주의였다. 완전고용 가설이 무너지고 일자리의 질이 나빠져가는 시대에 민주주의는 경제적 기초를 위협받고 있다. 공통부의 무조건적·보편적·개별적 배당은 민주주의에 새로운 경제적 기초를 부여한다. 항구적으로 제도화된 기본소득은 민주주의의 전제 조건이다.

4장에서는 공통부 배당과 결합된 민주주의를 '공유자 민주주의commoner democracy'로 개념화한다. 그리고 이와 같은 공유자 민주주의에서 정치공동체가 과연 어떤 역할을 하고 있는가를 따진다. 정치공동체는 기본소득 규모를 정함으로써 조건 없이 모두에게 개별적으로 나누어질 비시장적 소득 분배의 규모와 양을 사전에 확정하지만, 구체적인 자원분배는 시장을 거쳐서 이루어진다. 이 점이야말로 20세기의 계획경제와 21세기 기본소득의 가장 큰 차이점이다. 기본소득이 실현된 공유자 민주주의는 공통부로 배당될 몫을 사전에 결정함으로써 경제에 대한 사전적 조정을 수행한다.

1. 기본소득과 정치적 시민권

기본소득과 시민권의 유사점과 차이에 대해 살펴봄으로써 두 가지 권리의 상호관계를 가늠해보자. 기본소득은 권리이다. 역사상 최초로 공통부 배당을 입론했던 페인도[1] "그것은 자선이 아니라 권리"라고 말한다. 그런데 기본소득이 권리라면 도대체 그것은 어떤 종류의 권리인가? 질문을 좁혀서, 그것은 정치적 시민권civil rights과 동일한 권리로서 다른 명칭에 불과한가? 그렇지 않다면 그것은 정치적 시민권의 내용 중의 하나인가? 물론 기본소득이 도입된다면, 정치공동체의 구성원이라면 누구나 정치공동체에 기본소득을 요구할 권리를 가지게 된다.

국적이 없는 장기 거주자에게도 기본소득이 지급되는 예외가 있을 수 있지만, 권리주체의 측면에서 정치적 시민권과 기본소득의 권리는 대체적으로 겹친다. 정치적 시민권이 보편적인만큼 기본소득의 권리도 보편적이며, 정치적 시민권이 학식이나 재산과 무관한 무조건적 권리인 것처럼 기본소득도 무조건적 권리이다. 가구 단위로 정치적 시민권이 부여되지 않듯이 기본소득도 개별적 권리로서 모든 시민에게 부여된다. 이처럼 '시민권의 원리principle of citizenship'로부터 기본소득에 접근하면,[2] 다른 종류의 현금이전과 구별되는 기본소득의 종차가 분명하게 드러나게 된다. 그래서 기본소득은 시민소득citizen's income으로 불리기도 하는데, 그 이유는 국적이나 거주지 조건만 갖추면 다른 조건을 따지지 않고 누구에게나 개별적으로 지급된다는 점 때문이다.

하지만 엄밀히 따져보면, 정치적 시민권의 원리 그 자체는 왜 자산심사나 노동참여를 조건으로 삼지 않는가에 대하여 어떠한 설명도 제공하지 않는다. 권리의 성립 조건이나 형태의 측면에서 공공부조와 기본소득은 명확히 구별된다. 즉, 공공부조 청구권은 자산심사와 결부된 조건적 권리conditional rights인 반면에 기본소득은 일체의 심사가 없는 무조건적 권리unconditional rights라는 분명한 차이점이 있다.[3] 사회보험급여 수급권과 기본소득을 비교하여도 기여에 입각한 조건적 권리와 기여와 상관없는 무조건적 권리라는 핵심적인 차별성은 마찬가지로 드러난다. 사회보험의 급여자격은 권리 요구에 앞서서 청구인의 기여 내지 의무 이행이 이루어졌어야 하지만 기본소득은 그렇지 않다. 여기에서 중요한 점은 조건적인 수급권들도 시민권의 권리 내용이라는 사실이다.

이 문제는 1장에서 이미 사상사적 맥락에서 자세히 살펴보았다. 엄밀히 따지자면, 기본소득을 시민권의 권리 내용 중의 하나로 보는 것은 기본소득을 이러한 조건적인 권리들과 동등한 어떤 권리로 취급하는 꼴이 된다. 결국 핵심적인 문제는 기본소득이 시민의 보편적 권리임을 확인하는 일이 아니다. 정작 핵심적인 문제는 기본소득에만 특유하게 드러나는 권리의 무조건성을 정당화하는 문제이며, 무조건성의 정당화는 시민권의 원리가 아니라 공통부의 분배 정의에서 찾을 수밖에 없다. 기본소득은 시민권의 원리에 기초한다는 설명은 이와 같은 핵심적 문제를 비켜 간다. 논증되어야 할 것은 기본소득의 권리성이 아니라 그러한 권리의 무조건성이지만, 기본소득을 단지 시민권의 원리에 돌리는 설명에는 이와 같은 무조건성에 대한 논증이 공백으로 남는다.

기본소득의 권리는 정치적 시민권과 별도의 권리이고 그 정당성에 대해서는 별도의 논증이 필요하다. 거슬러 올라가자면 공통부 배당론의 출발점인 페인도[4] 자신의 계획의 정당성을 평등한 시민권이 아니라 모든 사람은 토지의 자연적 소유자였다는 가정에서 찾았다. 공통부의 배당을 요구할 권리는 공유자라는 보편적 자격에 입각한 권리이고, 그렇기에 그것은 자산이나 일자리 등 일체의 특수하고 우연적인 조건에 결부될 수 없는 무조건적 권리라고 주장될 수 있었다. 페인의 예에서 알 수 있듯이, 무조건성에 대해서는 정치적 시민권의 원리가 아니라 공통부 분배정의의 관점을 끌어들일 때에만 납득할 만한 설명이 제공된다.

　기본소득의 무조건성에 관하여 제공되어야 할 논거는 그것이 시민권의 원리로 비슷하다는 것이 아니라 한 국가 안에서 공통부의 소유자는 모든 시민이기 때문에, 노동을 하든 않든 또는 가진 자산이 많든 적든 공통부는 시민 모두의 것이고 모두에게 동등하게 분배되어야 한다는 설명, 곧 공통부의 평등한 분배만이 정의의 원칙에 합당하다는 설명이다. 이처럼 공통부 분배정의의 관점이야말로 기본소득의 특징인 보편성과 개별성뿐만 아니라 무조건성에 대해서도 가장 분명한 설명을 제공한다.

　물론 공통부 배당의 원리는 시민권의 원리와 만날 수밖에 없고 같은 것으로 이해될 수 있다. 하지만 그 이유는 원천적 공유자 자격과 시민 자격이 일치하기 때문이지 시민 자격 안에 원천적 공유자 자격이 이미 들어 있기 때문은 아니다. 만약 원천적 공유 개념을 생략하고 시민권의 원리만을 강조할 경우, 기본소득이 공공부조에 대해 우선성을 가질 이유도 사라져버린다. 왜냐하면 오늘날의 공공부조도 기본소득과 마찬가지로 시민권에 근거하기 때문이다.

　17세기에 로크가 지원을 받을 권리라는 개념을 시민의 자연권으로 구성한 이래로,[5] 근대 복지제도는 조건부 복지급여의 권리적 성격을 분명히 하는 방향으로 발전해왔다, 빈곤에 빠져서 공적 지원을 필요로 하는 시민은 누구나 무조건적인 정치적 시민권에 근거하여 공공부조를 청구할 권리를 가진다. '시민권의 원리'로부터 기본소득을 정당화하는 것으로는 공공부조권도 정치적 시민권에 기초하기에 기본소득에 대해 기껏 공공부조와 동일한 정당성만을 부여할 뿐이며 그 이상의 특별한 정당성이 부여되지 않는다. 이는 시민권의 원리로부터 기본소득의 권리를 논증하려는 시도가 가지는 고유한 한계와 난점이다.

결국 기본소득과 시민권을 동일한 원리에 입각한 권리로 설명하는 것은 일종의 유비類比, analogy에 불과하다. 이러한 유비가 가능한 이유는 현존하는 권리 목록 중에서 오직 정치적 시민권만이 기본소득의 특징들인 무조건성, 보편성, 개별성을 충족하는 권리이기 때문이며 그 이외에 다른 이유는 없다. 당연하게도, 이러한 유비는 기본소득을 알기 쉽게 설명한다. 자산의 차이나 일자리 여부와 관계없으며 오직 보편적 시민 자격에만 기초한다는 점은 그러한 유비가 성립할 수 있는 공통성이다. 하지만 정치적 시민권이나 시민 개념이 기본소득에 대해 적절한 논증 기능을 가질 수 있는지는 이러한 유사성과는 전혀 다른 성격의 문제이다. 오히려 공통부의 주인으로서 무조건적·보편적·개별적인 공유자 자격을 마찬가지로 무조건적·보편적·개별적인 권리인 정치적 시민권에 대하여 우선적 권리로 간주하고, 모든 시민은 공통부의 공유자 자격을 가지고 있기 때문에 정치적 시민권을 향유한다고 문제를 정반대의 방향으로 뒤집을 수 있다. 이와 같은 발상의 전환이야말로 정치적 시민권의 원리에 대한 새로운 사고로서 공유자 민주주의의 출발점이다.

이처럼 공통부의 무조건적·보편적·개별적 배당의 우선성을 의미하는 공유자 민주주의는 오늘날의 민주주주가 어떠한 결여를 가지고 있는지를 분명하게 보여준다. 즉, 오늘날의 민주주의에서 시민은 무조건적·보편적·개별적인 권리로서 정치적 시민권을 보유하지만, 이와 같은 정치적 시민권의 기초가 되는 공통부에 대한 무조건적·보편적·개별적 배당권을 보유하지 않는다. 이것이야말로 오늘날의 민주주의의 중대 결함이다.

2. 기본소득과 시민됨의 전통

시민권 또는 시민 개념으로부터 기본소득을 정당화하는 가장 강력한 논변은 공화주의 기본소득론이다. 하지만 가장 강력한 논변인 만큼 공화주의 기본소득론에서는 이러한 방향의 정당화에서 어떤 공백이 있는지도 가장 분명하게 드러난다. 공화주의 기본소득론의 한계는 바로 공통부의 분배정의론의 결여와 관련된다.

공화주의 기본소득론의 확장된 시민권 개념

공화주의적 기본소득론은 '시민됨citizenry'을 중심으로 구성된다. 공화주의 정치철학이 전제하는 '시민됨'에는 경제적 독립성까지 포함되기에 시민 개념의 내포가 가장 넓다. 공화주의적 시민 개념은 기본소득 개념과 조응한다. 하지만 문제는 그러한 시민 개념이 기본소득의 정당성에 대한 충분한 논증을 제공하는가이다. 앞에서의 논의에 기댄다면, 핵심적인 문제는 공통부의 공유자 자격이 우선적인가 시민 개념이 우선적인가이다.

공화주의 정치철학은 그리스 전통과 로마 전통이라는 두 유형으로 나눌 수 있다. 그리스 전통은 적극적인 정치 참여를 자유 개념의 내용이자 시민됨의 기준으로 본다. 이러한 전통은 인간은 '정치적 동물zoon politikon'이고 정치체만이 탁월성을 개발하고 발휘하는 유일한 장이라고 말한 아리스토텔레스로[6] 거슬러 올라간다. 현대 정치철학에서 그리스 전통은 아렌트로[7] 대표되는 강한 유형의 공화주의로 이어진다. 하지만 그리스적 공화주의에서는 기본소득과의 접점을 발견하기 어렵다. 오히려 사적 영역과 공적 영역의 엄격한 구별, 공공재의 사적 전유에 대한 엄격한 제한을 발견할 수 있을 뿐이다. 그리스 전통은 공공소유에 대해서는 정당성을 부여하지만 모든 사람의 공동소유가 그리스적 공화주의로부터 정당화될 수 있는지는 또 다른 문제이다.

단지 미국 대선의 민주당 경선후보인 앤드루 양Andrew Yang이 주장하는 '민주주의 달러'처럼 모든 유권자에게 선거 때마다 100달러를 지급하는 제도나, 모든 유권자에게 1년에 10만원을 지급하여 정치후원금으로 사용하도록 하고 미사용분은 환수하는 "주권자 정치배당"은[8] 그리스 공화주의에 의하여 탁월하게 논증될 수 있다. 아리스토텔레스적 공화주의에서 정치 참여는 시민의 본질적 덕목이기에, 그와 같은 배당은 폴리스로부터 사적 영역으로의 재산 이전이 아니라 시민의 덕목인 정치 참여를 위한 전제조건으로 파악할 수 있기 때문이다. 실제로 아테네 민주주의에는 민회에 참여하는 평민에게 수당이 지급되었다. 하지만 공통부 수익을 모든 시민의 사적 경제로 평등하게, 조건 없이 이전시킨다는 의미에서 기본소득은 공화주의의 그리스적 전통과 어울리지 않는다.

오히려 기본소득은 비지배자유freedom as nondomination[9] 또는 물질적 생존을[10] 자유와 시민됨의 핵심 지표로 삼는 로마 전통의 공화주의에서 보다 뚜렷하게 발견된다.[11] 따라서 시민의 사회경제적 독립성을 시민됨의 본질적 지표로 삼는 로마 전통과 기본소득의 관계를 살펴보고 여기에 어떠한 종류의 논증 공백이 드러나는지 살펴볼 필요가 있다. 이러한 전통에서 공화주의 정치철학의 장점은 사회경제적 영역까지 확장된 시민 개념과 기본소득의 원리적인 상동성相同性이다.[12] 이러한 상동성은 공화주의 시민 개념으로부터 직접 주어진다. 공화주의적 시민 개념은 단순한 참정권으로 축소될 수 없고 시민의 사회경제적 독립성과 분리될 수 없기 때문에 기본소득과 상동적이다.[13]

하지만 엄밀하게 말하면, 상동성을 보여주는 것과 정당성을 제시하는 것은 별도의 과제이다. 거칠게 말하자면, 공화주의적 기본소득론은 두 가지 논변의 결합이다. 시민 개념을 물질적 독립성까지 확장하는 것이 주된 논변이라면, 기본소득 없이는 그러한 물질적 독립성의 보장이 불가능하며 그렇다면 제대로 된 공화국이라고 말할 수 없다는 주장이 이로부터 파생되는 보조 논변이다. 페팃의 신공화주의 정치철학에 입각한 기본소득 옹호는 이와 같은 논증 구조를 가장 잘 보여준다.[14] 이러한 논증 구조에서 누락된 문제는 기본소득 그 자체의 정당성이다. 시민됨을 위해 기본소득이 필수적이라는 주장 속에서 기본소득이 왜 정당한가라는 문제는 논증되지 않았다. 결국 공화주의 기본소득론은 분배정의의 문제를 공화국이란 무엇이며 시민이란 무엇인가의 문제로 치환했을 뿐이다.[15]

위에서 살폈듯이 보편적 공유자 자격과 시민 자격은 권리 주체의 범위가 겹치지만, 엄밀히 말하자면 논증 수준에서 별개의 자격이며 서로 구별되는 개념이다. 그럼에도 불구하고 공화주의 기본소득론은 왜 모든 시민은 기본소득을 배당받아야 하는지를 직접적으로 논증하지 않는다. 거기에는 모든 시민이 공통부의 원천적 공유자라는 관점이 누락되어 있다. 공화주의 기본소득론은 보편적 공유자 자격에 대해 언급하지 않지만, 설령 그러한 개념을 구성하더라도 공화주의 기본소득론에서는 시민 개념이 우선적이며 보편적 공유자 자격은 시민 개념을 충족하기 위하여 필요한 요소에 지나지 않게 된다.

공화주의 정치철학이 조건부 현금이전이나 이보다 더 나쁜 형태인 사적 자선을 거부하는 이유는 오직 그러한 것들이 시민적 삶의 존엄과 양립할 수 없기 때문일 뿐이다.[16] 하지만 이는 20세기 복지국가에 대한 부정적 논거일 뿐이며 기본소득에 대한 긍정적 논거는 결코 아니다. 공화주의 정치철학은 물질적 독립성 또는 비지배자유를 시민 개념의 핵심 내용으로 간주하고 이를 실현하는 방법으로서 기본소득을 옹호한다. 하지만 이러한 방식의 논증에는 기본소득 이외에도 시민의 물질적 독립성이나 비지배자유를 실현할 수 있는 여러 다양한 제도들을 구상할 수 있다는 난점이 따른다.

재산소유 민주주의와 공유자 민주주의

예를 들어보자. 흔히들 시민의 비지배자유를 보장하는 체제로서 '재산소유 민주주의property-owning democracy'를 말한다. 그런데 재산소유 민주주의에 대한 역사적 연구에[17] 따르면, 이러한 사유 전통의 출발점은 18세기 공화주의이며 그 대표자는 루소와 페인이다. 주목할 점은 두 사람 중 페인은 기본소득의 제창자로 볼 수 있지만 루소에게 기본소득은 낯선 개념이라는 사실이다. 루소의 재산소유 민주주의는 자산이 대체적으로 평등하게 분배되는 상태를 지향한다,[18] 반면에 페인은 토지에 대한 사적소유권의 불평등의 제거가 아니라 조세제도를 통해 우회적으로 평등한 배당을 실현하는 방법을 모색한다. 페인은 "평등은 때로는 오해되었고, 때로는 과잉 강조되었으며, 때로는 침해되었다"라고 말한다.[19] 극적으로 표현하자면, 그는 '자연적 소유'에 관한 평등뿐만 아니라 개간에 의한 '인공적 소유'의 불평등도 옹호한다. 이와 같은 이중적 목표에 의해 토지에 대한 자연적 소유권과 인공적 소유권을 엄격히 구별하고 자연적 소유권에 입각한 공통부 배당 개념을 설계한다.[20]

그런데 여기에서 주목할 점은 꼭 페인의 방식만이 재산소유 민주주의의 유일한 실현 형태는 아니라는 점이다. 누구나 일정 수준의 기초자산을 보유하는 루소 식의 재산소유 민주주의는 소유권의 집중화 경향이 강화되어온 자본주의 역사에서 실현 불가능한 이상이었다는 점이 입증되었지만, 그럼에도 이러한 자산평등주의가 논리적으로 불가능한 것은 전혀 아니다. 논리적 가능성의 수준에서만 따지자면, 소유권 상한제와 사회적 지분급여 등을 활용한 끊임없는 자산재분배로 소유권 집중을 막고 재산소유 민주주의를 유지할 수 있다. 루소나 페인의 방식 이외에도 재산의 사회적 소유를[21] 확대하는 방식이나 사회적 소유와 평등주의적 배당을 결합시킨 또 다른 유형을 생각할 수도 있다. 논리적인 수준에서만 따지자면, 기본소득만이 재산소유 민주주의나 비지배자유를 실현하는 유일한 방식이라고 말할 수 없다.

재산소유 민주주의의 현대적 기획을 대표하는 것은 제임스 미드와[22] 존 롤스[23]이다.[24] 그런데 기본소득 또는 무조건적 배당을 둘러싼 균열은 루소와 페인에게서 등장했던 것처럼 롤스와 미드에서도 되풀이된다. 즉, 미드의 재산소유 민주주의는 국가공유지분과 기본소득을 거시경제의 핵심요소로 포함하지만 롤스의[25] 재산소유 민주주의는 기본소득을 필수적인 내적 요소로서 고려하여 기획된 것은 아니다. 재산소유 민주주의의 여러 유형으로 인한 개념적 혼란을 피하려면,[26] 페인이나 미드처럼 무조건적·보편적·개별적 배당과 결합된 유형을 '공유자 민주주의commoner democracy'로 따로 분류하고 개념화하는 것이 나을 수 있다.

물론 페인과 미드 사이에는 상당한 차이점이 있다는 것도 분명하다. 이는 페인에게는 노인기본소득뿐만 아니라 사회적 지분급여도 그의 계획의 한 축으로 등장하기 때문이다. 사회적 지분급여는 공동소유의 비중을 늘리지 못하지만 공유지분권은 공동소유 비중을 늘린다. 사회적 지분급여는 사유재산을 가능한 한 평등하게 분배하려는 목표와 관계되며, 공유지분권 모델은 자본주의적 주식회사의 경영에 개입하지 않으면서도 모두에게 배당되는 공동소유제를 도입한 것이다.[27] 사회적 지분급여는 재산소유 민주주의를 위한 수단이다. 하지만 공유지분권은 조세형 기본소득보다도 훨씬 더 확고하게 '공유자 민주주의'에 다가서 있다. 이 점에서 페인은 루소와 미드 사이의 어떤 지점에 위치한다고 볼 수도 있다.

루소 전통의 재산소유 민주주의의 가능성은 적어도 논리적 수준에서는 기본소득 없이도 비지배자유를 실현할 수 있는 다양한 사회유형이 있을 수 있다는 점을 시사한다. 물론 현실적으로 그러한 사회가 실현 가능하며 항구성을 가질 수 있는지는 별도의 문제이다. 그럼에도 기본소득이 반드시 도입되어야 한다면 그 이유는 비지배자유를 실현하기 위해서가 아니라 보다 직접적인 근거, 즉 공통부 분배정의의 구현을 위해서이다. 달리 말하자면, 기본소득의 정당성은 비지배자유 개념으로부터 직접적으로 부여되지 않으며 공통부 분배정의를 다루는 별도의 논증구조를 필요로 한다. 하지만 현대의 공화주의 기본소득론에는 이와 같은 분배정의론이 누락되어 있다. 뒤집어 말하자면, 원천적 공유 개념 및 공통부 배당에 대한 분배정의 논증은 공화주의 기본소득론에 반드시 보충되어야 할 요소이다.[28]

토지, 생태환경, 지식, 네트워크 효과 등은 원래 어느 누구의 것도 아니며 모두의 협동의 산물이며 따라서 모두의 것이라는 전제는 정치공동체에 공통부 배당의 의무를 지우며 시민에게는 배당받을 권리를 부여한다. 공화주의적 시민 개념, 즉 비지배자유나 물질적 독립성은 이와 같은 권리 의무 관계의 결과에 불과하며, 달리 말하자면 공통부 배당을 통해 달성해야 할 목표goal나 효과에 해당된다. 모두가 공통부의 주인이라는 관점이 우선적이다. 공통부 분배정의의 우선성에 기초하여 개별적인 모든 시민은 무조건적으로 공통부에 대한 동등한 배당을 받을 권리를 보유한다. 공통부 배당론의 장점은 정의와 권리의 관점뿐만 아니라, 원천적 소유자에게 몫을 되돌려주어야 할 정치공동체의 의무도 동시에 드러낸다는 점이다. 오직 공통부 분배정의의 기초 위에서만 공화주의적 시민 개념이나 공화적 자유의 개념이 기본소득에 연결된다.

3. 선거와 배당, 떨어질 수 없는 권리

공통부 배당론의 출발점인 페인과 스펜스의 정치철학은 보통선거권과 토지공통부 배당권의 결합을 특징으로 한다. 두 가지 권리는 상호 분리할 수 없다. 페인과 스펜스의 18세기 공화주의에서 공통부 배당은 민주주의의 전제조건이다. 아래의 서술은 두 사상가의 체계에서 참정권과 공통부 배당권의 관계를 살펴봄으로써 공유자 민주주의를 좀 더 선명하게 개념화하고자 한다.

보통선거권에 관한 페인의 근본 입장

『토지 정의』보다 한 해 앞선 1795년에 집필한 『정부의 제1원칙에 관한 논고Dissertation on the First Principles of Government』에서 페인은 재산에 따른 차등선거제에 반대하고 보통선거제도를 주장한다. 페인은 "부가 도덕적 품성의 증거가 아니듯 가난이 도덕적 품성이 없다는 증거도 아니다"라고 단언하면서,[29] 재산을 참정권의 기준으로 삼을 바에야 차라리 재산형성의 정당성을 기준으로 삼으라고 비꼰다.[30] 페인은 모든 시민은 재산 유무와 상관없이 참정권을 가진다고 보았다. 페인이 인정한 유일한 예외는 오직 범죄자에게 참정권을 일시 정지시키는 것이었다.

이러한 유일한 예외를 제외하고는 어떤 이유든지 참정권에서 배제하거나 표의 차등을 두는 것을 페인은 단호하게 반대했다. 페인은 보통선거권은 평등선거권이어야 한다고 보았으며, 대의제의 정당성은 보통평등선거에서 나온다고 보았다. "대의

자representatives를 선출할 권리는 바로 이 권리에 의하여 다른 권리들이 보호되는 우선적인 권리이며, 이 권리를 빼앗는 것은 사람을 노예상태로 떨어뜨리는 것"이다. 페인에게 "노예상태란 타인의 의지에 복종하는 상태"로서 "대의자의 선출에서 투표권을 가지지 못한 사람은 바로 그런 상태에 놓여 있다".[31]

루소와 달리 페인이 대의민주주의를 지지했다. 『사회계약론The Social Contract』에서 루소는 대의제가 다수자 원칙을 왜곡할 가능성을 인지하고 직접민주주의를 선호했지만,[32] 페인은 보통선거제가 도입되면 대의제를 선택할 수 있다고 보았다. 대의제에 대한 루소의 염려는 실체적 평등주의substantial egalitarianism를 드러낸다. 반면에 페인의 대의제 옹호는 평등한 보통선거권을 이 문제의 해결책으로 보는 절차적 평등주의procedural egalitarianism를 보여준다.[33] 하지만 이와 같은 절차적 평등주의에 페인이 찬성할 수 있었던 이유는, 보통평등선거권과 무조건적·보편적·개별적 공통부 배당을 동일한 근원을 가진 권리들이자 정치공동체의 시민들에게 결코 박탈할 수 없는 불가침의 권리로 보았기 때문이다. 페인의 체계에서는 대지에 대한 모든 사람의 '자연적 소유권'에[34] 의하여 보통선거권은 자신의 고유한 물질적 기초를 가지게 된다.

참정권에 대한 공통부 배당권의 규범적 우선성

『정부의 제1원칙에 관한 논고』에서 페인은 참정권이야말로 다른 모든 권리를 보호하며 그러한 점에서 가장 우선적인 권리라고 말한다.[35] 그렇다면 만인의 평등한 참정권은 모든 인류가 가지고 있는 대지에 대한 자연적 소유권이나 이를 대체하는 공통부 배당권에 대해서도 우선적인 권리일까? 이 질문에서 우선성은 발생 순서를 따지는 시간적 선행이 아니라 규범적 우선성을 뜻한다.[36] 대지에 대한 만인의 자연적 소유권은 국가가 성립하기 전의 공유상태에서도 성립할 수 있는 권리이기에 시간적으로는 당연히 참정권보다 선행한다. 그렇기에 질문은 원천적인 공유자 자격이 평등한 참정권보다 규범적으로 우선하는가라는 질문으로 이해해야 한다. 참정권의 기초를 공통부 배당권에서 찾는다면, 공통부 배당권이 우선적으로 부여되어야만 실질적인 참정권이 부여되었다고 말할 수 있다. 이러한 논리에서는 공통부 배당권은 참정권의 전제조건이며 따라서 참정권에 대해 규범적 우성성을 가진다.

하지만 이 질문에 대한 답은 페인의 『토지 정의』에 분명히 나타나지 않는다. 다만 제2판 서문에서 페인은 왕당파의 음모와 바뵈프의 음모에 대하여 이 두 가지는 모두 프랑스 헌법의 결함, 무엇보다도 재산에 따른 제한선거제도에 원인이 있다고 말하면서 혼란과 혼동을 막고 시민적 평화를 달성하기 위해서는 자신이 제시하는 계획에 따라 헌법을 수정해야 한다고 주장한다.[37] 앞서 살폈듯이, 페인은 사적소유권을 인정하면서도 토지공통부의 무조건적 배당 계획을 제시함으로써 토지공유제에 입각한 노동공동체를 수립하려는 바뵈프에 반대한다. 제2판 서문은 페인이 공통부 배당을 보통선거권의 기초로 보았다는 해석에 근거를 부여한다.

아울러 이미 『인간의 권리 제2부』에서 페인은 정치개혁의 관점에서 빈곤 퇴치를 위한 모성수당과 노령수당을 제안하였다는 점을 기억해야 한다.[38] 이는 『인간의 권리 제2부』에서도 이미 페인이 참정권의 물질적 기초에 대해 관심을 기울이고 있었음을 의미하며 『토지 정의』도 같은 맥락에서의 발전으로 읽을 수 있도록 만든다. 물론 『토지 정의』가 『인간의 권리 제2부』와 확연히 구별되는 곳은 '자연적 소유' 개념을 제시함으로써 시민들에게 무조건적으로 배당되는 공적 이전소득에 소유권적 기초를 부여한다는 점이다.[39] 『토지 정의』 제2판 서문은 페인이 '자연적 소유권' 및 이와 같은 소유권적 기초를 가진 토지공통부 배당을 보통선거제의 기초로 보았음을 보여준다. 이로부터 페인의 정치철학 체계에서 공유자 자격 및 공통부 배당권은 보통선거권의 가능조건이라고 해석할 수 있다. 이는 공통부 배당권이 있어야만 보통선거권이 실질적일 수 있다는 의미이며, 이와 같은 상관관계에서 공통부 배당권은 보통선거권에 대해 규범적 우선성을 가진다는 뜻이다.

토머스 스펜스의 페인 비판과 토지공유의 우선성

페인에게 공통부 배당권의 우선성을 해석의 결과로 등장하지만. 스펜스에게 그것은 보다 직접적이고 분명한 언급으로 발견된다. 『자연상태로의 사회의 회복』에서 스펜스는 토지분배를 정부형태나 선거제도보다 더 중요한 문제로 보고 "영지를 취득할 수 있다면 정부 형태가 군주제인가 공화제인가가 무슨 의미인가?"라고 반문한다.[40] 1775년 뉴캐슬철학회에서 행한 강연인 「토지 소유권 만인의 권리」에서도 강조했듯이 스펜스에게 토지소유는 자유의 동의어였다.[41] 스펜스에게 자유를 규정하는 것은 정치 체제가 아니라 토지분배의 문제였기 때문에 토지공유에 근거할 경우에만 자유는 비로소 실질적 자유라고 말할 수 있다. 토지분배의 평등, 곧 토지공유의 우선성은 스펜스가 공동소유지의 지대수익에 대한 무조건적·보편적·개별적 배당 계획을 제출하고 있는 『유아의 권리』의 근본 관점이기도 하다. 스펜스는 페인의 배당 계획이 토지 없는 사람에게 토지를 취득할 기회를 박탈함으로써 소유권에 대한 민주적 통제를 상실하도록 하며 지주의 이해관계를 중앙집권적 국가에 통합하여 결국 대지주의 이해를 증진시키게 될 것이라고 보았다.[42]

페인의 『토지 정의』와 스펜스의 『유아의 권리』는 공통부 배당권을 참정권의 물질적 기초로 보고 규범적 우선성을 부여한다는 점에서는 아무런 차이가 없다. 다만 스펜스에게 공통부 배당권의 규범적 우선성은 토지공유의 우선성에서 비롯되는 것이고 오직 그럴 경우에만 자유와 민주주의가 실질적이게 되는 것이었다. 바로 이 점이 스펜스의 페인 비판의 요지라고 말할 수 있다. 정치적 시민권과 경제적 사회적 권리를 통합적으로 바라본다는 점에서 페인과 스펜스는 혁명의 시대인 18세기 정치사상의 스펙트럼에서 급진파들Radicals이다.

페인은 정치적 시민권의 물질적 토대에 대하여 시민권의 원리의 단순한 확장이 아니라 이중적 소유권 이론과 같은 별도의 논거를 제시하며, 스펜스는 토지공유야말로 자유의 기초라는 보다 근본적인 논거를 제시한다. 이 점에서 페인과 스펜스의 공화주의는 20세기 공화주의 기본소득론의 공백을 드러내지 않는다. 그들에게 공통부 분배정의는 선거제도나 정치체제에 앞선 근본적 차원의 문제였고, 보통선거권은 이러한 원리가 정치체제의 구성요소로 전개된 것이라고 말할 수 있다. 공통부 배당의 우선성이 토지공유의 우선성으로 급진화 된다는 점에서 스펜스는 급진파 중의 급진파The Radical이다. 무엇보다 스펜스는 공동소유형 수익 배당의 시초라는 점에서 공유자 민주주의의 원형을 제시했다.

4. 보통선거권의 역사적 궤적

토지공통부 배당론의 망각 속에 전개된 보통선거권 운동

페인이 선구적으로 주장한 보통선거권은 19세기에 본격적인 사회운동으로 전개된다. 그런데 놀랍게도 1837년 차티스트 청원은 페인과 스펜스가 제출했던 토지공통부 배당론에 대한 망각의 계기가 되었다. 물론 완전히 망각된 페인의 배당 계획과 달리 스펜스의 토지공유론은 적어도 런던 차티스트의 좌파 지도자였던 조지 줄리언 하니George Julian Harney에게 분명한 흔적을 남긴다. 1845년 하니의 "토지는 인민의 농장People's Farm이며, 개인이나 계급에 속한 것이 아니라 국민nation 전체에게 속한다"라는 선언은 스펜스의 뚜렷한 영향을 보여준다.[3]

그렇지만 차티스트 운동 전체를 놓고 보자면 스펜스의 토지공유론은 맬서스Thomas Robert Malthus와 밀John Stuart Mill의 우려와 반박 속에 점차 영향력을 잃고 망각되어 갔다.[44] 물론 스펜스의 토지공유론은 영국의 토지국유화 운동에 꾸준한 영향을 미쳤다.[45] 하지만 차티스트 운동 안에서 스펜스가 망각되었다는 것은 별개의 문제이다. 『유아의 권리』에서 스펜스가 제안한 임대료 수익배당은 더 이상 관심의 대상이 아니었으며, 무엇보다도 토지공유가 민주주의의 전제조건이라는 스펜스의 인식도 19세기 후반 이후 거의 망각되었다. 스펜스의 제자라고 부를 만한 하니조차 1848년 이후

마르크스와 엥겔스와의 조우를 통하여 스펜스주의의 맥락Spencean Context을 벗어난다. 차티스트 좌파 안에서 스펜스의 영향마저 사라짐으로써 19세기 후반 영국에서 토지공통부 배당론은 더 이상 사회개혁의 중심에서 설 수 없게 된다. 그 이후의 전개과정에서 토지공통부 배당론은 보통선거권 운동에 완전히 묻히게 된다.

물론 도버 해협 건너편에서는 18세기에도 그러했듯이 한발 늦지만 보다 급진적인 흐름이 등장한다. 샤를 푸리에와 조셉 샤를리에를 비롯한 프랑스 사회주의자들이 토지공통부 배당론을 계승한다.[46] 『정치경제학의 원리』에서 존 스튜어트 밀은 기본소득을 언급하면서 푸리에주의에 찬동하지만,[47] 밀의 논의에서는 페인이나 스펜스의 토지공통부 배당론의 흔적을 전혀 찾아볼 수 없다. 이 점에서 밀의 기본소득론은 푸리에주의와도 분명히 구별된다.

밀의 논의의 핵심은 토지공통부의 분배정의가 아니라, '입에 풀칠하기 위한 노동'을 폐지하고 '즐거운 노동'을 촉진시키는 기본소득의 탁월한 경제적 효과이다. 밀의 입장을 따르자면 기본소득은 경제적으로 좋은 정책일 수 있지만 분배정의와는 무관하다. 푸리에주의자들 이후로 토지공통부 배당론 및 이와 결합된 원형적 기본소득론은 1차 세계대전 이후까지의 긴 시기에 걸쳐 단절된다.

보통선거권의 물질적 토대

토지공유부 배당론도 보통선거권도 토머스 페인으로 거슬러 올라가는 아이디어이다. 그럼에도 공통부 배당론이 19세기 후반부터 거대한 사회운동의 흐름을 타게 된 보통선거권 운동에서 완전히 망각되었다는 사실은 역사적 아이러니이다. 페인과 스펜스의 체계에서 보통선거권은 모든 시민이 보유하는 공통부 배당권이라는 확고한 물질적 토대를 가지고 있다. 토지가 모든 사람의 공통부라는 점은 사회 상태나 개인의 처지가 어떻게 변화하더라도 결코 바뀌지 않기 때문에, 페인과 스펜스의 민주주의에서는 어떤 상황에서도 모든 시민은 물질적 자립성을 가진다. 반면에 이와 같은 보편적 소득기초와 결합되지 않은 보통선거제는 사회 상황에 따라 가변적인 물질적 토대에 의존하게 된다. 보통선거권의 물질적 토대는 토지공통부와 같은 불변의 전제에 의해 뒷받침되지 않으며, 대신에 사회의 구체적 상태에 의존하게 된다.

차티스트 청원 시기에 차등선거제도의 정당성 근거는 교양이 없는 자들은 판단할 수 없으며 재산이 없는 자들은 책임감이 없다는 것이었다. 존 스튜어트 밀은 재산을 선거권의 기준으로 삼는 것에 대해서는 단호하게 반대했지만, 일정 수준의 독해력과 연산능력을 선거권의 조건으로 삼을 수 있다고 생각했으며 지적 능력이 우월한 자들이 더 많은 표를 행사하는 것에도 같은 논리로 찬성했다.[48] 보통선거권은 1인 1표의 평등선거권이어야 한다고 생각했던 페인과 비교하면 상당한 후퇴라고 말할 수 있다.[49] 그런데 제한선거권의 옹호 논리는 역설적으로 공통부 배당과 결합되지 않은 보통선거제의 물질적 토대 문제를 드러낸다. 재산이 선거권의 기준이 되지 않으려면 모든 사람에게 소득최저선이 보장되어야 하며, 교양을 이유로 선거권 차등이 발생하지 않으려면 재산이나 성별과 관계없이 모두에게 제공되는 보통교육이 도입되어야 한다. 이러한 두 조건의 충족 여부는 보통선거권이 그저 형식적으로 부여된 상태인지 실질적으로 행사될 수 있는 상태인지를 가르게 될 것이다.

여기에서는 두 조건 중에서 소득최저선 문제를 주로 따져보자. 물론 보통선거제의 실질적 기초로서 보편적 교육은 재산이나 소득 문제 못지않게 중요하다. 밀이 선거권의 기준으로 삼은 문해력과 연산능력은 보통교육의 도입과 함께 더 이상 문제가 아니게 되었지만,[50] 사회의 발전과 함께 정치적 결정은 더 많은 전문지식을 요구하게 되고 이와 정반대로 지식과 정보는 더욱더 차등적으로 분배된다. 결과적으로 오늘날의 민주주의는 교육받은 일부가 지식과 진리를 배타적으로 지배하는 '전문가 정치expertocracy와 진리 대신에 무지를 생산하고 대중의 무지를 정치자원으로 삼는 '탈-진실 정치post-truth politics' 사이에서 표류한다. 앞으로는 인공지능 혁명도 민주주의의 발전에 위협이 될 수 있다. 정치공동체의 의사결정을 인공지능이 떠맡게 될 때 보통선거권은 완전히 형식적인 수준으로 후퇴할 수 있다.

민주주의에 대한 가장 고전적인 비판은 플라톤의 진리정치였다. 민주주의는 지식이 "평등한 사람들에게도 평등하지 않은 사람들에게도 똑같이 일종의 평등을 배분하는 것"으로,[51] 무자격자들의 통치를 낳아 진리와 의견의 차이를 무화시키며 정치교육을 필요 없게 만들고 향락의 주체만을 생산할 것이라고 비판했다. 진리정치란 우매한 대중은 정치공동체의 일을 결정할 능력이 없다는 관점으로서 제한선거제의 명분이 되었으며 표에 차등을 두려는 존 스튜어트 밀의 보다 완화된 주장에도 흔적을 남기고 있다. 페인은 보통선거권은 당연히 1인 1표의 평등선거권이라고 보았지만[52] 보편적 교육, 지식과 정보의 보편적 접근 문제를 본격적으로 다루고 있지 않다. 여기서는 이 문제가 오늘날 대중민주주의의 재산 및 소득기초의 와해 못지않게 중요한 문제가 되었다는 점만을 언급해두

자. 이를 자세히 살펴보는 것은 4장에서 다루려는 주제를 벗어난다. 4장에서 중점적으로 다루고자 하는 문제는 보통선거권의 물질적 기초인 시민의 경제적 독립성을 어떤 방식으로 확고하게 보장할 수 있는가이다.

공통부 배당과 결합된 보통선거제에서 보통선거권은 기본소득이라는 불변의 소득최저선과 결합된다. 기본소득을 도입하지 않은 상태의 보통선거제는 소득기반의 문제를 과연 해결할 수 있는가? 19세 후반기의 보통선거권 운동에서 공통부 배당에 관한 고려가 전혀 발견되지 않는다는 사실로부터 보통선거권 운동이 선거권자의 물질적 독립성 문제에 대해 완전히 무관심했다고 말할 수는 없다. 제한선거제인가 보통선거제인가의 논쟁에서 쟁점은 '재산을 선거권의 기준으로 삼을 수 있는가'였고, 그렇기에 보통선거권 운동은 선거권을 부여받지 못한 노동자나 여성의 경제적 처지에 대해 결코 무관심할 수 없었다. 하지만 여기에서 중요한 점은 철회될 수 없는 소득인 기본소득처럼 불변의 기초가 보통선거권의 물질적 토대가 되는가 아니면 소득최저선의 보장이 가변적 사회정책의 대상으로 다루어지는가의 차이이다.

기본소득을 도입하지 않더라도 보통선거권의 물질적 기초인 소득최저선을 보장하는 다양한 수단과 방식이 있다. 그런데 다양한 방식으로 소득최저선을 보장한다는 것은, 보통선거권이 토지공통부와 같은 불변의 물질적 토대 위에 세워지는 대신에 가변적인 사회조건에 좌우된다는 뜻이다. 기본소득 도입을 고려하지 않는 한, '보통선거권 민주주의가 얼마나 실질적일 수 있으며, 과연 지속가능한가'의 문제는 전적으로 구체적인 사회상태와 구체적인 사회정책에 달려 있다. 소득불평등이 심각하면 할수록, 저소득층의 빈곤화가 심해질수록 보통선거권 민주주의는 껍데기만 남게 될 것이다. 자산과 소득의 양극화가 날로 심화되는 신자유주의 경제는 보통선거제가 껍데기만 남은 현실의 극단이라면, 루소의 '재분배 공화국'이나[53] 롤스의 '재산소유 민주주의'는[54] 이러한 운동을 억제하려는 이념적 대척점이라고 말할 수 있다. 그런데 후자의 철학적 운동은 역설적으로 불평등과 빈곤화 경향이라는 '현실의 공화국'을 배경적 조건으로 삼는다. 즉, 부익부 빈익빈의 자본주의 운동이 현실의 조건이기에 끊임없이 재분배하여 모든 시민에게 일정한 소득기반을 제공하는 '이념의 공화국'이 요청되는 것이다. 이와 달리 공통부 배당론은 모두가 공통적인 소득기반을 가지게 되는 현실에 관한 구상이다.

또 다른 논점은 '20세기 복지국가가 보통선거제의 물질적 토대가 될 수 있는가'라는 문제이다. 여기에서는 신자유주의에 의해 축소되어 잔여적 형태로 남게 된 오늘날의 복지국가가 아니라 복지국가의 이념적 상태, 즉 사회보험의 빈곤예방 기능이 제대로 작동하고 노동능력이 없는 사람들에게 관대한 공공부조를 제공함으로써 모든 사회구성원에게 충분한 소득기반이 보장되는 상태를 전제하자. 이와 같은 이념적 복지국가에서 보통선거권은 확고한 물질적 기초를 가진다고 말할 수 있을까? 신자유주의에 의한 복지국가의 해체와 잔여화를 민주주의의 위기의 원인으로 보는 연구들은[55] 민주주의의 물질적 토대 문제를 제대로 끄집어내고 있음에도 하나의 암묵적인 전제를 가지고 있다. 모든 시민이 어떤 방식으로든지 일정한 소득기초를 가진다면 보통선거권의 물질적 조건이 충족된다는 사고방식이다.

여기에서 간과된 사실은 설령 복지국가가 그 이념대로 작동하더라도 주권자는 두 개의 집단으로 양분되어 있을 것이라는 점이다. 재산을 가지고 있거나 자신의 기여에 의한 소득을 가지고 있는 하나의 집단과 국가가 제공하는 복지급여에 물질적 기초를 두고 있는 또 하나의 집단으로 주권자는 분할되어 있을 것이다. 복지수급권 역시 시민권에 기초한 보편적 권리라는 점에 의하여 이러한 분할 상태가 크게 바뀌지는 않는다. 공공부조를 요구할 권리는 모든 시민에게 부여된 권리이고 이 점에서는 기본소득에 대한 권리와 아무런 차이가 없지만, 권리의 발생조건과 관련해서 두 권리는 정반대의 성격을 가진다.

즉, 후자가 개인의 특수한 처지와 무관한 무조건적 필수적 권리nonconditional necessary rights인 반면에 전자는 빈곤 및 노동능력 상실이라는 개인의 특수한 처지와 결부되어 발생하는 조건적 권리contingent rights에 불과하다는 본질적인 차이를 가진다. 복지급여를 요구할 권리를 보통선거권의 물질적 기반이라고 보더라도 바로 그러한 권리를 발생시키는 특수한 처지의 유무와 관련하여 시민은 둘로 분할된다. 반면에 기본소득에 대한 권리는 시민을 둘로 분할하지 않으며, 기본소득과 결합된 보통선거제에서 모든 시민은 기본소득이라는 공통적인 물질적 토대를 가지고 있다.

이제까지의 논의를 정리하기 위하여, 참정권과 재산의 문제를 중심으로 제한선거제, 기본소득이 도입되지 않은 보통선거제, 기본소득이 도입된 보통선거제의 세 유형을 비교해보자. 제한선거제에서 사유재산은 참정권 부여의 기준이지만, 거꾸로 참정권의 부여가 보유 재산의 지속적 보장을 뜻하는 것은 아니다. 재산을 잃어 자립적 생계가 불가능해지면, 그 사람은 제한선거제에서 선거권마저 잃는다. 제한선거제에서 경제적 토대는 참정의 조건이지만 참정권이 경제적 토대를 만들어주지는 않는다.

하지만 제한선거제에 특유한 재산과 선거권의 관계가 보통선거제에서는 뒤집어지는가를 따져본다면 보통선거제는 제한선거제의 대립 개념이 아님을 알 수 있다. 제한선거제에서는 재산이 선거권의 전제조건이다. 여기에 대한 대립 개념을 구성한다면 선거권 또는 시민권이 필수적 재산의 전제조건이 되는 제도이지만, 20세기 초에 수립된 보통선거제에서 선거권은 재산형성의 전제조건이 아니다. 보통선거제는 단지 재산을 정치 참여의 기준으로 삼지 않을 뿐이며 여기에서 참정권과 소득기반은 서로 상관없는 별도의 영역이다. 아무런 재산이 없어도 참정권을 보유하는 한편, 참정권을 가지고 있다고 해서 자동적으로 생계의 기초가 제공되지 않는다.

20세기 보통선거제에서 참정권은 보편적 무조건적 권리이지만 자신의 고유한 물질적 기초를 가지고 있지 않다. 앞서 살폈듯이, 20세기 복지국가는 보통선거제의 물질적 기초와 관련하여 하나의 분명한 발전을 의미함에도 복지급여에 대한 권리를 중심으로 주권자를 두 집단으로 양분한다. 오직 기본소득이 도입된 상태만 보통선거권의 무조건적 보편적 개별적 성격과 기본소득권의 무조건적·보편적·개별적 성격이 상호 조응한다. 보유하고 있는 사유재산의 차이에도 불구하고 모든 개별적인 시민에게 평등한 배당이 무조건적으로 제공됨으로써 모든 개별적인 시민은 자신의 참정권의 물질적 기초를 얻는다. 참정권의 물질적 기초에 관한 문제에서 이와 같이 수준으로 발전한 민주주의를 기본소득 민주주의 또는 공유자 민주주의라고 부를 수 있을 것이다.

5. 새로운 방식의 거시경제 조정

　기본소득은 현금 이전cash transfer이다. 현물형태의 공공서비스도 공통부 배당의 일종일 수 있지만 보편적 형태일 수는 없다. 넓은 층이 더 많이 소비할수록 공익이 증대되는 가치재merit goods, 곧 머스그레이브Musgrave가 예로 들었던 의료와 주거,[56] 여기에 덧붙여 교육, 교통, 통신 등과 같은 경우가 아니라면 현금으로 배당하는 것이 합리적이다. 기본소득은 현금 형태의 공통부 배당이고 그 재정규모는 국가가 결정한다. 조세형 모델을 예로 들자면, 이는 곧 과세권을 가진 의회, 곧 민주주의에 의해 기본소득 재정규모가 결정된다는 뜻이다.

　공동소유형 배당이나 공유지분권 모델을 염두에 두더라도 어느 정도가 모두에게 평등배당되어야 할 몫인지는 사전에 정치적으로 결정되어 있을 것이기에 마찬가지라고 말할 수 있다. 여기에서 중요한 점은 기본소득의 규모는 돌봄과 가사, 공동체 자원활동, 비임금적 디지털활동, 문화적 참여 등 임금형태로 지불되지 않는 일체의 활동에 대한 화폐 보상의 전체 규모를 보여준다는 점이다. 강조할 점은 이와 같은 자유로운 활동에 대한 화폐적 보상은 유급노동에 참여하지 않는 사람들에게만 한정되는 것이 아니라는 점이다. 기본소득 지급액만큼 노동자들도 노동시간을 줄이고 자유로운 활동의 시간을 늘릴 수 있으므로 노동자들에게도 기본소득은 그들의 자유로운 활동에 대한 화폐적 보상이라고 볼 수 있다.

　기본소득 재정규모가 결정됨으로써 GDP 중에서 자유로운 활동 할당할 몫이 미리 결정된다. 이렇게 기본소득 지급액이 GDP에서 차지하는 부분을 제외한 나머지가 시장소득, 즉 이윤과 임금으로 분해된다. 결과적으로 사회가 생산한 부는 크게 이윤, 임금, 자유로운 활동에 대한 화폐적 보상으로 나누어진다. 기본소득 재정규모를 결정하고 세목과 세율을 정함으로써 국가는 세 가지 구성부분 중 마지막 항목에 분배될 몫을 미리 결정한다. 이러한 방식으로 공통부 배당이 국민총소득의 분배에서 하나의 독립적 요소가되면 그 이전에는 화폐로 표현되지 않고 지불되지 않았던 자유로운 활동이 거시경제체계의 독립적 계산단위로 들어오게 된다. 기본소득의 재정규모를 정함으로써 국가는 경제에 대한 사전적 조정을 수행한다.

물론 경제에 대한 국가의 사전적 조정은 과거에도 있었고 적어도 신자유주의 이전에는 어느 정도 불가피한 것으로 여겨졌다. 하지만 기본소득 재정을 통한 사전적 조정은 1950년대와 1960년대의 케인스주의 시대와 비교할 때 명확한 차별성을 가진다. 케인스주의적 재정지출의 목표는 임금노동 일자리의 확대와 임금주도성장인 반면에, 기본소득을 위한 재정지출은 자유로운 활동의 증대, 지식생산성의 증대, 더 많은 자동화를 목표로 한다.

목표뿐만 아니라 조정 방식에서도 분명한 차이가 있다. 국가는 기본소득 재정의 크기를 정할 뿐이지 지출 항목을 구체적으로 확정하지 않는다. 국가는 자유로운 활동의 내용을 미리 규정할 수 없다. 임금노동에 얽매이지 않는 시간에 무엇을 할 것인가는 오직 개인들이 자유롭게 결정하며 국가는 단지 개별적으로 수행되는 활동들에 대한 소득기반을 제공할 뿐이다. 국가가 결정하는 것은 기본소득의 전체 규모일 뿐이다. 이 점에서 기본소득은 참여소득participation income과 분명히 다르다. 참여소득은 기본소득과 마찬가지로 자산 심사 없이 제공되지만 국가가 사회적으로 유용하다고 정한 활동에 참여한다는 것을 전제로 한다.[57] 참여소득의 경우 국가는 지출항목을 미리 결정하지만 기본소득의 경우는 그렇지 않다.

재정지출 항목을 세부적으로 정하던 케인스주의와 기본소득을 위한 지출은 분명히 구별된다. 그뿐만 아니라, 경제 전반을 중앙 집중적으로 계획하고 통제했던 20세기 사회주의 계획경제와 비교할 때 기본소득은 정반대의 유형의 조정방식이라고 말할 수 있다. 현물형태의 배급제는 설령 그것을 일종의 공통부 배당으로 간주할 수 있다고 할지라도 중앙계획에 의해 이미 확정된 생산물이 개별 시민에게 할당되는 것일 뿐이다. 결과적으로 배급제는 중앙계획의 현물적 실현에 불과하고, 현금으로 배당되는 기본소득과 비교할 때 개별적 소비에 대한 선택권이 부여되지 않는다. 기본소득의 총규모는 국가에 의해 사전에 확정되지만, 기본소득으로 무엇을 구매할 것인가는 전적으로 개별적 선택에 맡겨진다. 이와 같은 사전적 소득할당과 개별적 선택권 보장이 결합되어 시장기구를 통해 사후적으로 무엇을 생산할 것인가에 영향을 끼친다.

비록 현물배급은 사회주의적 계획경제의 극단적 형태이고 시장을 활용하는 사회주의 계획경제도 발전했었지만, 이러한 비교는 기본소득에 의한 조정과 20세기 사회주의 계획경제의 근본적인 차별성을 보여준다. 20세기 사회주의의 계획경제는 시장을 활용하든 직접적인 배급제를 통해서든 국가가 구체적인 자원분배를 직접 사전에 확정했다. 이에 반하여 기본소득 지급규모를 정하는 것은 국가기구에 의한 사전적 조정이지만 구체적인 자원분배의 사전 확정이 아니다. 기본소득 규모를 정하는 일은 단지 비시장적 소득 분배의 규모와 양을 사전에 확정하는 일이며 구체적인 자원분배는 시장을 거치도록 한다는 특징을 가진다.

　20세기 사회주의의 계획경제가 힘을 떨치던 1930년대에 기본소득을 지지했던 옥스퍼드 경제학자 콜의 표현을 빌리면 "계획경제의 과제는 무엇이 소비되어야 하는가를 지령하는 것이 아니라 소비자의 수요의 변동에 대응하는 것"이다.[58] 국가가 정하는 기본소득 재정규모는 "어떤 비율로 소득 분배가 이루어져야 하는가"라는[59] 문제를 사전에 확정한다는 의미를 가지며 이와 같은 선분배를 통해 소득불안정성이 사전에 제거된다.[60] 조세 수입 또는 공유지분권 수익이나 공동소유형 배당을 재원으로 하여 국가는 국민총소득을 임금노동의 몫과 자유로운 활동의 몫으로 나누며, 시장이윤과 공통부 배당으로 나눈다. 그중에서 자유로운 활동의 몫, 공통부 배당부분은 실질적 민주주의의 물질적 기초가 된다.

　기본소득 국가의 이와 같은 분배정치는 새로운 방식의 거시경제 조정의 등장이다. 이러한 거시경제 조정의 결과로 민주주의는 물질적 기초를 가지게 된다. 공통부 배당이 물질적 기초가 된다는 점에서 그와 같은 민주주의를 공유자 민주주의라고 부를 수 있다. 기본소득이 실현된 민주주의, 곧 기본소득 민주주의는 공유자 민주주의이다. 중요한 점은 공유자 민주주의는 정치적 차원의 민주주의를 넘어 경제적 기능도 가진다는 것이다. 공유자 민주주의는 공통부로 배당될 몫을 사전에 결정함으로써 경제에 대한 사전적 조정을 수행한다.

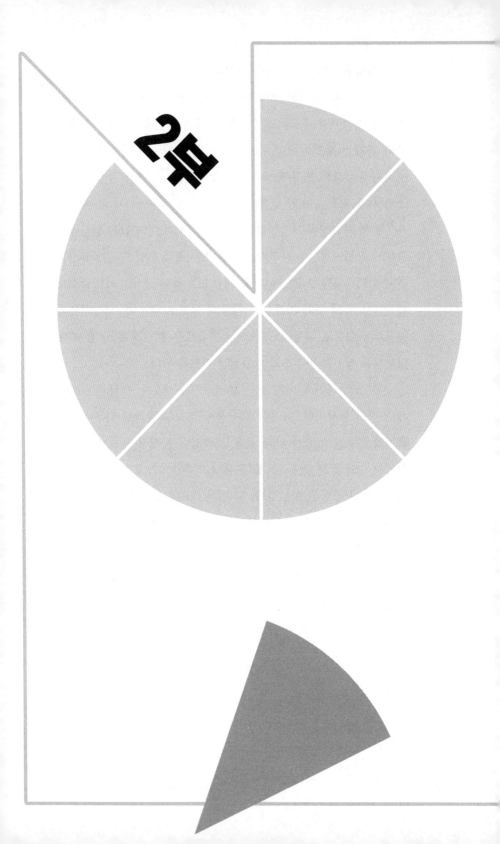

새로운 미래를 만드는 기본소득

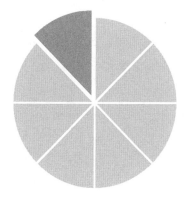

5장

기본소득, 기존 복지와 어떻게 다를까

이 책에서는 기본소득을 일관되게 공통부의 무조건적·보편적·개별적 배당으로 정의했다. 이러한 정의는 기본소득의 원천이 공통부라는 점을 명확하게 드러낸다. 모두의 것에서 비롯되는 수익인 공통부는 모두의 몫으로 되돌려야 한다. 선별적 이전소득의 형태로 공통부를 분배하는 것은 모두의 몫을 일부에게 배타적으로 전유시키는 것이므로 정의롭지 않다. 이처럼 공통부라는 기본소득의 원천을 강조하게 되면 무조건성·보편성·개별성이라는 기본소득 고유의 핵심 지표가 자연스럽게 정당화된다. 또한 이 세 지표는 '모두의 몫은 모두에게'라는 동일한 분배원리를 표현하기 때문에 분리되지 않는다. 즉, 무조건성과 개별성은 충족하지만 보편성은 충족하지 않는 범주형 기본소득Categorical Basic Income', 예컨대 아동·청년·노인과 같은 특정 인구집단에게 부여되는 기본소득이라든지[1], 무조건성과 보편성은 충족하지만 가구 단위로 지급되는 음의 소득세Negative Income Tax(NIT) 등은 공통부의 분배원리와 어긋난다.[2] 현실에서도 이처럼 일부 지표만 충족시키는 공적 이전소득의 근거는, 공통부 분배원리가 아니라 대개 특정 연령층에 대한 기능적 2차 분배의 필요성에서 찾을 수 있다. 예컨대 청년기본소득의 도입 논의에서 공통부 분배원리보다 청년이라는 범주 특성과 연관된 사회적 상황이 전면에 등장하는 것을 예로 들 수 있을 것이다.[3]

기본소득 운동과 연구에서 기본소득의 핵심 지표로서 무조건성·보편성·개별성이 강조되어온 이유는 바로 이 세 지표에 의하여 20세기 복지국가의 이전지출과 구별되는 기본소득의 특성이 명확하게 드러나기 때문이다. 20세기 복지국가의 이전지출은 크게 두 축으로 구성된다. 하나는 '기여의 원리'에 따른 사회보험social insurance이고 다른 하나는 '필요의 원리'에 따른 공공부조public assistance이다. 사회보험은 유급노동을 더 이상 수행할 수 없게 만드는 퇴직, 실직, 질병이나 부상 등의 위험에 대한 집합적 대응인 반면에, 공공부조는 일자리를 아예 가진 적이 없거나 노동능력을 심각하게 상실하여 빈곤에 빠진 사람들을 대상으로 하는 예외적이고 사후적인 구제 수단이다. 사회보험과 비교할 때, 기본소득은 시장 노동을 전제로 하는 개별적 기여 여부를 따지지 않고 무조건적으로 지급된다는 차별성을 가진다.

또한 공공부조와 비교하면 필요를 심사하지 않고 사회구성원 모두에게 지급된다는 차별성이 있다. 무조건성과 보편성뿐만 아니라 개별성도 조세와 공적 이전소득의 두 차원에서 가계를 단위로 구성되어온 전통적인 복지제도와 기본소득의 차별성을 분명히 보여준다. 하지만 이와 같은 분배방식의 차이점보다 더 결정적인 차이점은 공통부 배당으로서 기본소득은 선분배인 반면에 20세기 복지국가의 공적 이전소득은 기능적 2차 분배라는 점이다. 5장에서는 기본소득의 선분배적 성격에 대하여 해명하고 이어서 기본소득이 도입된 사회와 생산주의 복지국가 모델을 비교한다. 이와 관련하여 현재의 상태에서 지급수준이 낮은 기본소득이 도입되고 20세기형 공적 이전소득과 병존하는 혼합복지모델에 대한 일종의 사고실험을 통해 기본소득과 20세기 복지국가의 차별성을 드러낼 것이다.[4]

1. 조건 없는 선분배 소득

먼저 기본소득 도입과 함께 이루어지는 변화를 개별 소득의 관점에서 살펴보자. 기본소득의 도입과 함께 모든 개별적인 사회구성원들은 시장소득과 무관한, 조건 없는 소득최저선income floor을 사전에 획득하게 된다. 시장소득은 개인의 성과에 따라 추가적으로 획득하게 되는 조건적 소득인 반면, 기본소득은 무조건적인 선분배 소득이다. 공유지분권 배당모델이나 공동소유형 배당모델에서는 이와 같은 선분배적 성격이 눈에 보이는 방식으로 나타난다. 하지만 조세형 모델에서 기본소득은 마치 재분배 소득인 것처럼 보인다. 기본소득을 모두에게 나누어 주려면 시장소득의 환수가 먼저 이루어져야 하기 때문이다. 과세를 통한 시장소득의 환수와 재정지출을 통한 소득이전이라는 특성은 기본소득을 다른 종류의 선별적 공적 이전소득과 마찬가지로 재분배 소득처럼 보이게 한다. 여기에서는 조세형 기본소득에 나타나는 이와 같은 특성에도 불구하고 기본소득을 선분배 소득으로 볼 수 있는지에 대해 살펴본다.

기본소득의 원천과 규범적 정당성

조세수입의 재분배라는 점에서 조세형 기본소득은 다른 종류의 공적 이전소득과 마찬가지로 소득 재분배 제도인 것처럼 보인다. 그럼에도 불구하고, '왜 이와 같은 재분배가 이루어져야 하는가'라는 정당성의 문제에 주목한다면 조세형 기본소득도 선분배

소득의 성격을 가진다는 점을 분명히 알 수 있다. 기본소득의 정당성은 이 책에서 일관되게 강조한 기본소득의 원천과 관련된다. 조세형 기본소득은 조세와 이전소득의 결합을 통해 사후적으로 이루어지는 배당이지만 이때 배당되는 몫은 만약 사유재산제도가 없었더라면 먼저 모두에게 평등하게 분배되었을 공통부이다. 따라서 조세에 의한 공통부의 환수와 이를 다시 기본소득으로 재분배하는 제도는 사회구성원 모두의 원천적인 공유가 사적소유권보다 규범적으로 우선한다는 관점을 전제한다. 결국 규범적 정당성의 관점에서는 조세형 기본소득도 선분배 소득이라고 말할 수 있다.

하지만 기능적인 측면에서 기본소득이 재분배 소득으로 나타난다는 것은 조세형 기본소득의 어쩔 수 없는 특수성이다. 조세형 기본소득을 도입한다는 것은 조세와 공적 이전소득을 결합하여 개별적인 세후 가처분소득을 조정하는 규제원리가 도입된다는 뜻이기도 하다. 결국 조세기반 기본소득의 도입은 자산 소유나 노동성과에 따른 소득 분배에 대한 2차적인 규제원리가 도입된다는 뜻이다. 조세기반 기본소득도 이 점 때문에, 이미 이루어진 시장소득의 분배를 국가가 사후적으로 교정하는 재분배처럼 보인다. 또한 무조건적·보편적·개별적 배당이라는 기본소득 특유의 분배방식도 공통부 분배의 고유한 원칙이 아니라 단지 여러 재분배제도들과 비교되는 기본소득의 차별성으로서만 나타날 뿐이다.

하지만 이는 재원 마련에서 조세제도에 의존하기 때문에 생기는 형태상의 특징일 뿐이다. 만약 조세에 의해 재원을 마련하는 방식이 아니라 사회 전체의 공동소유의 수익을 배당하는 방식이라면 이러한 현상은 전혀 발생하지 않는다. 공유지분권 모델이나 공동소유형 기본소득에서는 무조건적·보편적·개별적 배당이란 공유지분권 또는 공동소유에 따른 수익 분배의 당연한 원리로 이해될 것이고 공통부 분배 그 자체가 1차 분배로 나타날 것이기 때문이다. 조세형 기본소득을 이와 같은 소유권 혁명 없이 공통부 배당을 도입하는 경로로 이해한다면 조세형 기본소득 역시 공통부의 선분배로 이해될 수 있다. 기본소득의 원천의 관점에서 바라본다면, 조세형 모델·공유지분권 모델·공동소유형 모델 등 모든 유형의 기본소득은 공통부를 개별적인 사회구성원 모두에게 평등하게 배당하는 제도이다.

조세형 기본소득 재정의 특성에 나타나는 선분배적 성격

앞에서는 조세기반 기본소득도 공유의 규범적 우선성normative priority을 전제한다는 점을 강조하였다. 여기에서는 조세형 기본소득의 재정 특성을 살펴봄으로써 기본소득의 선분배적 성격을 명확하게 드러내도록 한다. 기본소득으로 분배하기 위해 거둔 세수는 국가의 재정충용을 위한 일반조세와 달리 국가가 다른 용도로 사용할 수 없다는 분명한 차이를 가진다. 기본소득을 위한 조세는 오직 소득 재분배만을 위한 일종의 목적세이며, 이 점에서는 조세라고 부르기보다 차라리 20세기 초 영국 노동당의 기본소득 운동가였던 밀너Dennis Milner가 말했듯이 소득 재분배 '기여금contribution'으로 규정하는 것이 더 정확할 수도 있다.[5] 바로 이러한 재정 특성, 거둔 세수 그대로 모두에게 1/n로 분배된다는 점이야말로 기본소득의 선분배적 성격을 가장 분명하게 드러낸다. 왜냐하면 이는 국가당국의 정책적 고려와 무관하게 원래의 몫을 그대로 공유자 개

개인에게 되돌려준다는 뜻이고, 이를 통해 기본소득의 주인은 국가가 아니라 개별적 시민들이라는 점이 명확하게 드러나기 때문이다. 기본소득 재정과 관련하여 국가는 재정적 재량권을 가지지 않으며, 단지 조세추출 기구이자 소득이전 기구로서 매개가 될 뿐이다.

거둔 세수 그대로 1/n로 분배된다는 특징은 기본소득의 장점 중의 하나로 꼽힌다. 이러한 특성으로 인하여 기본소득 도입으로 추가 부담하는 세금과 지급되는 기본소득 액수를 누구나 명료하게 비교하여 명확한 손익계산을 할 수 있게 된다. 이는 과세와 혜택의 상관관계가 직접적으로 계산되지 않는 일반조세와 달리, 기본소득을 위한 과세에서는 재정환상fiscal illusion■이 전혀 발생하지 않는다는 뜻이다.[6] 이 특징으로 인하여 기본소득에 필요한 순비용net cost은 기본소득 지급총액보다 훨씬 적어진다.[7] 기본소득의 순비용은 지급받은 기본소득 액수보다 더 많은 세금을 부담한 사람들이 추가로 부담한 액수의 합계이고, 이 규모가 기본소득으로 인한 재분배규모이다.[8] 기본소득의 순비용과 총비용gross cost의 차이 역시, 원래 모두에게 선분배 되었어야 할 몫을 조세제도를 통해 재분배하기 때문에 발생한다. 이와 같은 특성은 조세형 기본소득이 원래 시민에게 배당되었어야 할 선분배 소득을 조세제도를 활용하여 우회적으로 분배하는 제도라는 점에서 기인한다.

나아가 선분배적 특성은 조세의 목적이라는 측면에서도 뚜렷하게 나타난다. 설령 조세형 기본소득을 시장소득의 재분배 제도라고 보더라도 지금까지 존재했던 소득 재분배 제도들과 기본소득

■ 납세자들이 정부 서비스의 비용과 편익을 올바르게 평가하지 못하는 상황. 세금을 많이 내지만 혜택이 적다든지 또는 부담보다 많은 혜택을 받고 있다는 오해 등으로 나타난다.

간에는 분명한 차별성이 있다. 소득 재분배는 조세의 일반적 기능 중의 하나이다. 굳이 공통부 분배정의에 의존하지 않더라도, 과세와 이전지출을 통한 소득 재분배 정책은 사회적 안정성이나 경제성장과 같은 기능적 원칙에서 그 근거를 찾을 수 있다. 예컨대 고소득자가 더 많은 세금을 부담하여 저소득자에게 더 많은 혜택을 부여함으로써, 세후소득 재분배 효과가 크게 나타나고 사회적 안정성은 높아진다고 주장할 수 있다. 또는 2008년 이후 유행하기 시작한 임금주도성장론처럼 과세와 복지지출을 통해 소득불평등을 완화할수록 성장에 유리하다고 주장할 수도 있다.[9] 이와 같은 정당화는 경제적 효과에서 근거를 찾는다.

하지만 조세형 기본소득의 핵심 목적은 경제적 효과가 아니라 권리와 정의의 문제이다. 기본소득의 정당성에서 핵심은, 각자에게 각자의 성과에 따라 분배하되 모두의 몫은 모두에게 되돌려야 한다는 분배정의의 문제이다. 물론 기본소득은 위에서 아래로 시장소득을 재분배하는 가장 효과적인 방법이고, 소득 재분배 효과에 대한 논증은[10] 기본소득론의 중요한 부분이다. 하지만 이 책에서 주로 다루었던 논점은 기본소득의 탁월한 소득 재분배 효과를 실증하는 것이 아니다. 왜 그와 같은 소득 재분배가 정당한가의 문제, 곧 분배정의의 문제이다.

기본소득은 모두의 몫은 모두가 동등하게 나눠야 한다는 공통부 분배정의에 기초한다. 앞서 밝혔듯이, 조세형 기본소득도 모든 사람들이 평등하게 나누었어야 했지만 사적소유권이라는 법적 울타리로 인하여 특정 개인이나 기업이 배타적으로 전유한 모두의 몫을 원래의 공동소유자들에게 되돌려주는 것이다. 개별적인 성과로 귀속시킬 수 없는 공통부의 크기가 GDP의 10%라면 10%를,

90%라면 90%를 모두에게 동등하게 배당해야만 공통부 분배정의가 실현된다. 공리주의적 효용이나 분배불평등 시정에 따른 경제성장 효과는 기본소득의 본래적 정당성의 차원이 아니라 일종의 결과론적 논증consequentialist argument이며 정의의 차원이 아니라 경제적 효과의 차원에서 별도로 논해야 할 문제이다. 정당한 몫에 대한 논의와 바람직한 효과에 관한 논의는 둘 다 기본소득의 도입에 대해 충분한 논거를 제시해줄 수 있지만, 엄연히 서로 구별되는 차원에 놓여 있다.

시장소득 분배에 앞서, 공통유산의 배분

성과에 따른 시장소득의 분배가 정당한 몫에 관한 문제이듯이 기본소득도 모든 공유자에게 조건 없이 부여되어야 할 정당한 몫에 관한 문제이다. 흔히들 1차 분배를 정당한 몫의 문제로 보고 이에 대비하여 공적 이전소득에 의한 2차 분배는 사회 전체의 효용 증대를 위한 기능적 재분배라고 구분하지만, 기본소득을 2차 분배나 재분배로 보는 것은 타당하지 않다. 그 성격에서 살펴볼 때 기본소득도 시장소득 분배와 마찬가지로 1차 분배이다. 설령 조세제도를 매개로 하더라도 이러한 재분배의 정당성은 오직 공통부 선분배의 정당성에서 비롯되는 것이기 때문이다. 일찍이 옥스퍼드 경제학자 콜은 기본소득을 시장소득 분배에 앞선 선분배로서 "공통유산common heritage의 배분allocation"이라고 정의한 바 있다.[11]

1942년에 발간된 『베버리지 보고서Beveridge Report』는 공공부조 중심의 영국 복지체계를 사회보험 중심으로 바꿀 것을 제안한다.

보고서의 정식 명칭이『사회보험과 관련 서비스Social Insurance and Allied Services』였다는 점에서도 드러나듯이, 베버리지 개혁의 핵심은 강제적 사회보험제도scheme of compulsory social insurance였고 기본소득은 채택되지 않았다. 강제적 사회보험제도는 영국과 비교하면 후발 산업국이었던 독일에서도 19세기 말 비스마르크 사회입법을 통해 이미 도입되었다. 이처럼 20세기 복지체제는 사회보험제도를 중심으로 한다. 물론 그 이전 시기부터 존재했던 공공부조가 없어진 것은 아니다. 하지만 사회보험이 복지체계의 중심이 되면서, 공공부조는 더 이상 복지체계의 중심이 아니게 되고 노동능력이 없는 사람들을 대상으로 하는 보충적인 제도로 머무르게 되었다.『베버리지 보고서』가 공표되자 라이스-윌리엄스[12]를 비롯한 '베버리지 경쟁자'들은 기본소득 캠페인을 펼쳤다.[13]

하지만 베버리지와 동시대인들의 기본소득 논의에서 정작 주목해야 할 사람은 콜이다. 주로 기본소득의 효과에 주목했던 '베버리지 경쟁자'들과 달리 콜의 논의는 특히 공통부 배당론의 발전을 분명하게 보여주기 때문이다.『베버리지 보고서』출간 2년 후인 1944년에 펴낸 책에서 콜은 "현재의 생산력은 현재의 노력과 사회적 유산의 공동결과a joint result"이며 "모든 시민들이 이러한 공통유산의 수익을 공유해야 한다"라고 썼다. 무엇보다도 콜은 "(공통유산의) 배분 이후에 남은 생산물의 잔액만이 보수의 형태로, 유인으로서 분배되어야 한다"라고 말하면서 기본소득의 선분배적 성격을 강조했다.[14]

토지공통부를 모두에게 배당해야 한다는 생각은 페인과 함께 시작되어 18세기 말과 19세기 초 사회개혁의 핵심 요구였지만 조셉 샤를리에Joseph Charlier[15] 이후 19세기 후반부터 완전히 망각된다. 이처럼 망각된 역사인 공통부 배당론은 100여년이 지난 후 콜에 의해 되살아난다. 나아가 콜은 토지공통부에만 한정되었던 18~19세기의 틀을 넘어서서 지식공통부의 배당까지 논의를 확장하고 현대화했다. 자연적 공유자산뿐만 아니라 지식과 같은 인공적 공유자산도 '공통유산' 개념에 포함시킨 콜은 인공지능 개발과 데이터 기반 가치생산이 증대하고 있는 오늘날의 논의 맥락에서도 충분히 선구적이다.

2. 소득의 두 가지 원천

기본소득이 도입되면 그 액수가 크든 작든 개별적인 가처분소득disposable income은 두 가지 원천을 가진 복합소득income mix으로 바뀐다. 가처분소득의 한 부분은 시장소득market income이다. 즉, 노동소득·사업소득·재산소득과 여기에 추가적으로 상속 및 증여소득 등 사적 이전소득을 합한 액수에서[16] 납세액을 뺀 것이다. 다른 한 부분은 공통부 배당소득과 사회수당 등 여타 공적 이전소득으로 이루어진다. OECD의 정의에 의하면 가처분소득은 '공적 이전소득 지급과 과세가 모두 반영된 상태after transfers and taxes'의 소득인데,[17] 개별적 가처분소득의 구성요소들의 비중은 전적으로 시장소득 크기에 따라 달라진다. 즉, 어떤 사람의 시장소득이 많으면 많을수록 가처분소득에서 공적 이전소득의 비중은 줄어들 것이다.

사회 전체적으로도 조세제도의 변화, 기본소득 재정의 GDP 비중의 증감, 경기상황 등에 따라 두 가지 소득원천의 구성 비율은 변화할 수 있다. 하지만 개별적인 가처분소득에서 어떤 부분이 항상 더 많은 비중을 차지해야 한다는 원칙은 있을 수 없다. 기본소득 도입 전과 비교하여 중요한 변화는 모든 개인의 가처분소득에 보편적 공적 이전소득이 필수적인 요소로 추가된다는 점이다. 핵심은 공적 이전소득의 보편화이다. 설령 혼합복지모델처럼 추가적인 공공부조가 존속하더라도, 그것은 사회구성원 일부에게만 지급되지만 기본소득은 사회구성원 모두에게 지급된다. 이와 같은 변화는 지급되는 기본소득 액수와 상관없는 질적 변화이다. 즉, 부분기본소득이든 완전기본소득이든 모든 개인의 가처분소득에서 기본소득은 필수적인 구성요소가 된다. 기본소득에서 '기본basic'의 의미는 모든 사람에게 예외 없이 주어지는 선차적 소득이라는 것이며, 여기에 추가적으로 다른 종류의 소득이 더해질 수 있다는 뜻이다.[18]

복합소득의 두 가지 구성요소는 '성과에 따른 시장소득 분배'와 '공통부의 무조건적·보편적·개별적인 동등 배당'이라는 완전히 다른 논리 위에 서 있다. 분배원리의 관점에서 이 점은 특히 강조되어야 한다. 시장소득에 대해서는 지금과 마찬가지로 성과에 따른 분배 원칙이 적용된다. 시장소득의 원천은 사적소유권 및 노동이며, 이러한 소득원천에 대해서는 노동성과나 자산 소유에 따른 불평등이 존재하게 된다. '성과에 따른 시장소득 분배'는 부분기본소득을 도입한 혼합복지모델만이 아니라 지급수준이 높은 완전기본소득이 도입되었을 때에도 마찬가지로 존속된다. 하지만 공통부의 분배에는 성과의 원리가 아니라 동등 배당equal share의 원리가 적용된다. 이 까닭은 서로 동등한 공유자들에게는 수익을 1/n로 평등하게 나눠주는 것이 정당한 것과 마찬가지이다. 분배원리의 관점에서 '성과에 따른 분배'와 '공통부의 배당'의 두 가지 원리는 가처분소득의 각기 다른 요소인 시장소득과 기본소득에 대해 독립적으로 작용하며 서로 충돌 없이 병존한다.

기본소득 도입과 함께 모든 개인의 가처분소득은 기본소득을 필수적 구성부분으로 포함하는 복합소득으로 바뀐다. 콜의 말처럼 소득은 "일부분은 노동에 대한 보상으로서, 일부분은 사회배당social dividends으로서 국가로부터 모든 시민에게 직접적 지급으로 분배된다".[19] 이러한 변화는 생계노동의 개념, 곧 노동과 소득의 연계가 일정 정도 완화된다는 것을 의미한다. 노동과 소득의 연계의 완화는 모든 사람에게 무조건적으로 동등하게 배당해야만 하는 공통부 개념에 의해 정당화된다. 그런데 역으로, 노동과 소득의 탈동조화는 신자유주의의 폐해이기도 하다. 고용 없는 생산은 늘어났고 GDP에서 노동소득의 비중은 줄어들었으며 저임금 노동의 확산을 통해 노동과 소득은 탈동조화되었다.

공통부 개념은 이와 같은 신자유주의적 탈동조화와 정반대의 방향으로 노동과 소득의 연계를 완화한다. 노동과 소득의 신자유주의적 탈동조화는 특정한 개인의 노동 투입이나 자본 투입의 결과로 귀속시킬 수 없는 공통부를 사적소유권에 기초하여 자본이 배타적으로 전유하기 때문에 생겨난다. 이러한 공통부를 모두에게 평등하게 배당하면 모두에게 노동투입과 무관한 소득이 주어진다. 신자유주의적 탈동조화와 달리 이러한 방식은 사회구성원의 소득을 박탈하는 방향으로 작용하지 않으며 사회구성원 모두에게 소득을 확고하게 보장하는 방향으로 작용하는 것이다.

3. 기본소득과 생산주의 복지국가

사후적 빈민구제를 목표로 하는 공적부조를 중심으로 조직되었던 그 이전의 복지체계와 달리 20세기 복지국가의 목표는 빈곤의 예방이었다. 중요한 점은 20세기 복지국가의 목표가 빈곤예방이라는 점만이 아니다. 더 중요한 점은 이와 같은 복지국가는 일정한 사회적 조건 속에서 탄생한 역사적 산물이라는 점이다. 그와 같은 사회적 조건이 더 이상 존재하지 않게 된다면 목표가 충족될 수 없게 된다. 오늘날의 현실이 그렇다. 이는 변화한 사회적 조건에서 빈곤예방이라는 목표를 달성하려면 기본소득을 도입해야 한다는 주장이 등장하는 배경이 된다. 이러한 주장은 기본소득을 종종 복지국가의 확장으로 이해하도록 만든다. 설령 20세기 복지국가와 기본소득이 빈곤예방이라는 동일한 목표를 가진다 하더라도 철학적 배경과 작동원리에서 얼마만큼 같고 어떻게 다른지는 명확하게 인식할 필요가 있다.

이를 위해서는 사고실험이 필요하다. 20세기 복지국가의 두 축인 사회보험과 공공부조가 존속하는 상태에서 낮은 수준의 기본소득을 도입했다고 가정한 후, 이를 혼합복지모델이라고 명명하자. 그리고 이와 같은 모델에서 각각의 제도의 근거 원리를 비교하고 전체적 복지체계에서 기본소득의 역할과 위상에 대해 따져보는 것이다. 이러한 사고실험은 기본소득이 사회보험이나 공공부조와 전혀 다른 원리에 기반한다는 것을 보여주며, 나아가 20세기 복지국가의 생산주의 모델을 넘어선 새로운 사회의 구성원리에 대한 실마리를 던져줄 것이다. 아울러 이러한 사고실험은 '어떤 조건에서 기본소득은 종래의 이전지출 제도들을 대체할 수 있는가' 또는 '과연 대체할 필요가 있는가'라는 문제에 대해서도 적절한 해답을 제공할 것이다.

완전고용은 20세기 복지국가의 전제조건

20세기 복지국가는 소득의 1차적 원천은 자신의 노동이어야 하며 국가공동체의 지원은 보충적이어야 한다는 전제에서 출발한다. '보충성의 원칙' 또는 '시장 노동 우선성의 원칙'이라고 부를 만한 이러한 사고방식에서 노동이나 자본 투입과 관계없는 무조건적 배당이라는 아이디어는 매우 이질적일 수밖에 없다. 현대 복지국가는 암묵적으로 완전고용을 전제했다. 실제로 베버리지[20]의 사회보장체계에서 완전고용은 변수가 아닌 고정적인 상수였다. 의무적 사회보험을 도입한 비스마르크Bismarck 개혁과 마찬가지로 베버리지 개혁의 핵심은 공공부조 중심의 복지체계를 사회보험 중심의 복지체계로 바꾸는 것이었다.

유럽에서 공공부조 중심의 복지모델은 매우 긴 역사를 가지고 있다. 공공부조는 1526년 비베스가 「빈민 원조에 관하여」를 집필한 이후 유럽 각국에 도입되어, 영국에서는 1601년 엘리자베스 빈민법The Elizabethan Poor Law으로 집대성된다. 공공부조 중심의 복지모델은 빈민은 어쩔 수 없이 발생하는 것이며 공동체의 목표는 사후적인 구제라는 사고방식에 근거해 있다. 반면에 베버리지에게 복지국가의 목표는 사후적 구제가 아니라 결핍이나 빈곤의 사전적 예방이었다. 충분한 액수의 기본소득은 빈곤을 가장 효과적으로 사전에 예방하겠지만 베버리지는 굳이 기본소득을 도입하지 않더

라도 빈곤이 충분히 예방될 수 있다고 보았다. 베버리지가 기본소
득을 고려하지 않은 이유는 사실 간단하다. 그는 완전고용을 전제
했기 때문이다. 베버리지는 15세 이전(전일제 학생일 경우 16세 이전)
의 아동에게 제공하는 '아동수당'을 제안하고 있지만,[21] 성인 인구
에 대한 무조건적 배당은 전혀 고려하지 않았다.

　베버리지는 강제적 사회보험제도만 도입해도 빈곤이 충분히
예방될 것이라고 예상했다. 사회보험은 실업, 질병, 사고 등으로
소득능력을 잃거나 또는 퇴직하여 소득능력의 결핍이 생길 때 소
득 보장이 가능하도록 해준다. 물론 이러한 가정이 들어맞으려면
원하는 모든 사람이 일자리를 얻을 수 있는 완전고용상태이어야
한다. 완전고용이 가능하고 강제적 사회보험이 도입된다면 자산심
사와 결부된 부조means-tested assistance를 받아야 할 가난한 사람들
의 숫자도 최소한으로 줄어들 것이다. 베버리지 체계에서 사회보
험은 빈곤을 예방하는 기본적인 제도였다. 반면에 사회보험 도입
이전부터 존재했던 공공부조는 보충적인 제도로서 자리매김되어
사후적 빈곤구제 기능을 담당했다.[22] 당시에는 사회보험 중심의 빈
곤예방 복지체계가 거꾸로 완전고용경제의 창출에 기여할 것이라
는 기대도 많았다. 케인스John Maynard Keynes는 베버리지의 제안이
경제적 수요 관리를 지원할 것이라고 굳게 믿었다.[23]

　앞에서 언급했듯이 복지국가를 대표하는 현금급여인 사회보
험과 공공부조는 각각 기여의 원리와 필요의 원리에 근거한다.[24]
기여의 원리에 바탕을 둔 사회보험은 노동소득에서 납부한 기여금
으로 노령, 질병, 산재, 실업 등의 위험에 대비하는 예방적 제도이
다. 사회보험이 노동을 통한 기여를 전제로 한다면 공공부조는 노
동능력이 없거나, 일자리가 없거나, 또는 일자리가 있더라도 최소

한의 생계를 유지할 수 없는 위험에 봉착한 사람들을 겨냥한 빈곤 구제책이다. 공공부조는 기여 여부와 무관하게 필요의 원리에 따른 급여이며, 따라서 필요 여부에 대한 심사, 곧 자산심사는 이러한 원리의 당연한 결과이다. 기여의 원리는 20세기형 복지체계의 기본적 구성 원리였고, 필요의 원리는 노동능력이 없는 인구에 적용되는 보충적 원리였다고 말할 수 있다. 이 점에서 20세기 복지국가는 유급노동 일자리를 전제로 하는 생산주의 복지모델productivist welfare model의 전형이었다.

하지만 20세기 전체를 살펴보면 완전고용은 상수가 아니라 예외에 불과했다. 완전고용은 1950년대와 1960년대에 한정된 서구 자본주의의 예외적인 상황이다. 긴 역사적 안목에서 보면 완전고용에 입각한 사회보험 중심체계가 효과적으로 작동될 수 있었던 시대는 불과 20여년에 지나지 않는다. 1970년대 후반부터 실업이 점차 대량화되고 완전고용의 전제가 흔들리기 시작하면서, 사회보험체계를 통한 빈곤의 예방poverty prevention은 기대할 수 없게 되었다. 그렇게 신자유주의 시대에 이르면 사회복지의 목표도 사후적 빈곤구제poverty relief로 이동한다.

결국 20세기 복지국가가 수립되기 이전과 마찬가지로 자산심사와 결부된 선별적 소득보장제도가 또다시 복지체계의 기본 축으로 자리 잡는다. 전후 자본주의 황금기에는 보충적이었던 공공부조가 또다시 복지체계의 중심축으로 등장한 것인데, 신자유주의 시대의 감세 기조 속에서 선별적 공공부조의 낙인성은 이전보다 더 커져가게 된다. 물론 이러한 변화의 배경에는 고용의 위기가 놓여 있다. 복지국가의 위기는 정규 고용의 위기, 유급노동의 위기와 더불어 심화되었다. 불안정노동의 확산과 함께 완전고용의 가정은 무너졌고 앞으로도 더 많은 자동화로 일자리는 더욱더 희소해질 수 있다. 소위 4차 산업혁명과 관련된 비관적인 일자리 전망이 맞아떨어지지 않더라도 일자리의 질이 급격하게 떨어질 것만은 분명하다. 이러한 예측은 오늘날 4차 산업혁명에 대비할 선제적인 수단으로서 기본소득의 도입이 활발히 논의되고 있는 배경이 되고 있다.

또한 젠더 관점에서 살펴보면, 사회보험 중심의 20세기 복지국가가 작동할 수 있었던 전제 조건인 완전고용은 남성 생계부양자 모델이었다는 점도 주목할 점이다. 베버리지는 남성 생계부양자가 성인 2인과 아동 1인의 필요를 충족시킬 수 있는 가족임금family wage 체제를 가정했다.[25] 남성 생계부양자 모델과 가족임금 체제는 20세기 복지국가와 조세제도가 가구 단위로 설계되게 된 배경이기도 하다. 하지만 전후 부흥기를 통해 남성 생계부양자 모델은 해체되고 맞벌이 모델이 등장했으며, 그 후 사회재생산 비용을 가족에 떠넘기려는 신자유주의의 전개와 함께 맞벌이 모델도 남성 전일제와 여성 시간제의 성별노동분업, 곧 "변형된 1.5 남성생계부양자모델"로[26] 변화하였다. 이러한 상황에서는 가구 단위의 복지제도보다 개별성의 원칙이 더 적합하게 되었다. 개별성은 무조건성 및 보편성과 함께 기본소득인가 아닌가를 가르는 최소 기준의 하나이고 기존 복지 제도와 엄격히 구분되는 점이기도 하다. 이 점도 기본소득 논의의 현재성의 배경을 이룬다.

부분기본소득이 도입된 혼합복지모델에서
공적 이전소득의 기본값

20세기 복지국가는 완전고용을 전제로 했다. 이 전제가 무너지면서 기본소득 논의가 활기를 띤다. 그런데 기본소득이 도입되면 복지체계는 어떻게 달라지는 것일까? 기본소득은 사회보험이나 공공부조를 대체하게 될까? 물론 어떤 수준의 기본소득이 도입될 것인가에 따라 답은 달라질 수 있다. 생계수준 이상의 높은 기본소득을 도입하면 공공부조는 완전히 대체될 것이고 강제적 사회보험의 필요성도 줄어들 것이다. 하지만 낮은 수준이나 생계수준 정도의 기본소득은 사회보험이나 공공부조를 대체할 수 없고 오히려 보완관계에 있다.

지급액이 적은 부분기본소득partial basic income부터 출발하는 도입단계를 생각해보자. 이와 같은 도입단계에서 기본소득은 당연히 사회보험 및 공공부조와 병존할 수밖에 없다. 기본소득지구네트워크는 2016년 7월 9일 서울 총회에서 각종 조건부 사회수당과 기본소득의 통합에 대한 기준을 마련했다. 즉, "상대적으로 혜택을 받지 못하거나 취약하거나 소득이 낮은 사람들의 상황을 악화시킨다면, 사회 서비스들과 수급권을 기본소득으로 대체하는 것에 반대"한다는 것이다.[27] 이로부터 과도기 모델로서 부분기본소득을 도입할 때 선별적 현금이전 중에서 기본소득 지급수준보다 높은 액수를 지급하던 사회수당을 완전 대체하는 것은 옳지 않다는 관점을 끌어낼 수 있다. 결국 부분기본소득의 도입은 이미 있던 제도들과 새로운 제도인 기본소득이 병존하는 혼합복지모델로 등장하게 된다. 이와 같은 혼합복지모델에서 기본소득·사회보험·공공부조는 각각 공통부 배당의 원리·기여의 원리·필요의 원리에 따른 이전소득으로서 원리상 전혀 다른 제도들이지만, 다른 문제 영역에 대한 각기 고유한 해법으로 자리매김되고 전체적으로 상호보완적인 관계를 가지게 된다.

물론 이와 같은 혼합복지모델을 최종상태로 여길 필요는 없다. 혼합복지모델은 생계수준 이상의 완전기본소득full basic income으로 나아가는 과도기 모델에 불과하다. 중요한 점은 과도기 모델에서 기본소득, 사회보험, 공공부조라는 상호 이질적인 이전소득의 상관관계이다. 일단, 세 가지 제도는 하나의 사회보장체계의 상호보완적인 구성부분들로 이해될 수 있다. 그렇지만 이 세 가지가 비록 원리상 다르지만 소득보장이라는 목표에서는 전체적으로 상호보완적이라고 말하는 것만으로는 중요한 논점이 은폐된다. 오히려 공공부조·사회보험·기본소득이 병존하는 혼합복지모델에서 공적 이전소득의 기본값default은 무엇인가라는 결정적인 질문을 던질 필요가 있다. 이는 '혼합복지모델도 기본소득 모델로 볼 수 있는가'라는 것과 마찬가지의 질문이다.

혼합복지모델에서 공적 이전소득은 두 요소로 이루어진다. 모든 개인에게 동등하게 부여되는 기본소득이 하나의 계열을 이루고, 지급되는 기본소득을 합쳐도 생계 수준 이하의 소득만을 얻고 있거나 장애 등으로 더 많은 필요를 가진 사람들에게 자산조사를 거쳐 추가적으로 지급되는 공공부조가 다른 하나의 계열을 이룬다. 이 두 요소 중에서 기본소득은 공적 이전소득의 기본값이다. 혼합복지모델의 중심축은 기본소득이고, 지급수준이 높든 낮든 기본소득은 공통부의 동등 배당의 원리에 입각하여 지급된다. 반면에 공공부조의 근거인 필요의 원리는 보충적인 원칙에 불과하다.

이는 마치 종래의 복지국가에서 사회보험이 기본적 원칙이며 공공부조가 보충적 원칙이었던 것에 비유할 수 있다. 혼합복지모델에서 기본소득은 사회보험을 대신하여 기본적 원칙으로 자리매김되지만, 공공부조는 설령 존속될 수밖에 없더라도 기본소득에 대한 보충적인 제도로 남을 뿐이다. 기본소득과 공공부조 중에서 어떤 것이 혼합복지모델의 기본축인가는 기본소득은 모두에게 지급되지만 공공부조는 기본소득만으로는 빈곤을 벗어날 수 없거나 추가적인 필요를 가진 사람들을 대상으로 하여 선별적으로 지급된다는 점에서 분명하게 드러난다. 혼합복지모델에서 기본소득은 공적 이전소득의 기본값이며 공공부조는 보충적이다.

사회구성원 모두에게 생계 수준의 소득을 보장하는 것을 복지국가의 목표로 정한다면, 기본소득과 공공부조는 이러한 목표를 이루기 위한 두 가지 수단이다. 공적 이전소득의 기본값인 기본소득의 지급액이 실업자에게 생계와 문화적 사회적 참여를 보장할 정도로 충분히 높게 책정한다면 필요의 원리에 따른 수당제도는 아예 필요 없을 것이다. 하지만 이 기본값이 낮으면 낮을수록 선별적 이전소득의 규모도 늘어나고 종류도 많을 수 있다. 즉, 선별적 이전소득의 재정 규모는 기본소득 지급수준의 역수이다. 하지만 이는 동일한 예산제약선 안에서는 기본소득과 선별적 이전소득의 재정 규모가 상호 구축하는 관계라는 단순한 사실을 뜻하지는 않는다. 오히려 공적 이전소득의 재정 규모가 전체적으로 늘어나면서 기본소득 지급액이 증가하고 이에 비례하여 선별적 이전소득의 비중이 줄어드는 동태적 관계가 전개될 것이다. 이러한 동태적 과정은 부분기본소득에서 완전기본소득으로 이행하는 과정이기도 하다. 공통부의 동등한 배당의 원리와 필요의 원리는 분명 서로 구별되는 원리이지만, 두 원리는 공적 이전소득의 규모가 커져가는 동태적인 과정에서는 상호배제적이지 않다.

이제 혼합복지모델의 또 다른 한 축인 사회보험과 기본소득의 관계에 대해 살펴보자. 완전고용을 전제했던 생산주의 복지모델에서는 사회보험은 기본 요소였고 공공부조는 보충적인 요소였다. 기본소득이 도입된 혼합복지모델에서는 어떨까? 자동화로 일자리가 줄어들면 줄어들수록, 전통적인 고용보호체계에 포함되지 않는 고용형태가 늘어나면 늘어날수록, 고용보험 중심의 사회보험체계의 한계는 명확해질 것이다. 이러한 상황에서 기본소득이 도입된 혼합복지모델이 등장하게 될 것이라고 가정해보자. 고용보험의 사각지대가 넓으면 넓을수록 기본소득은 복지체계의 기본적 요소가 될 수밖에 없다. 사회보험의 사각지대가 점차 늘어나고 있는 실정에서 국민연금의 고용보험적 성격을 누그러뜨리고 가입자 보편성을 확대하는 개혁은 반드시 필요할 것이다. 하지만 이보다 더 시급한 개혁은 기본소득의 도입으로 누구에게나 고용과 무관한 소득원천을 제공하는 일이다. 그렇다고 기본소득이 도입되면 사회보험이 아예 불필요해지지는 않을 것이다.

더욱이 지급수준이 낮은 부분기본소득이 도입된 혼합복지모델에서는 사회보험이 존속할 분명한 이유가 남아 있다. 혼합복지모델에서 사회보험은 기본소득이라는 기본값을 전제한 후에 유급노동자가 직면하는 추가적인 위험에 대한 집합적 대응으로 자리매김된다. 사회보험의 장래가 어떻게 될 것인가는 전적으로 기본소득 지급수준과 유급노동 일자리의 규모라는 두 가지 요소에 달려 있다. 기본소득 지급액이 넉넉해지면, 노인 빈곤을 예방하기 위한 연금제도의 역할과 기능은 점차 줄어든다. 연금제도가 가지고 있는 소득 재분배 기능을 전면적으로 부정할 필요는 없더라도, 소득 재분배 역할을 하는 A값■은 줄이고 소득대체율을 점차 올리는 방향으로 연금제도는 바뀔 수 있다. 혼합복지모델에서 완전기본소득으로의 이행 과정에서 연금제도의 재분배성과 사회연대성은 기본소득 지급수준의 상승과 함께 점차 기본소득 쪽으로 중심이 옮겨 가겠지만, 그럼에도 연금제도는 '기여의 원리'에 따른 고유한 소득보장 기능을 유지할 수 있다.

현존하는 복지제도가 유지되면서 기본소득이 도입되는 혼합복지모델까지의 발전은 복지국가의 확대라고 말할 수도 있다. 혼합복지모델까지 복지국가는 두 번의 전환을 거친다. 첫 번째 전환은 20세기형 복지국가를 성립시켰고, 그 핵심적 변화는 사후적 예방에 중점을 둔 공공부조 중심의 복지체계에서 사전 예방을 위한 사회보험 중심의 복지체계로의 변화이다. 두 번째 전환은 사회보험이 중심인 20세기형 복지국가에서 기본소득이 복지체계의 기본값인 혼합복지모델로의 전환이다. 이와 같은 변화에서 이미 형성된 복지제도는 완전 대체되는 것이 아니라 새로 등장한 중심적인 제도에 대하여 보충적인 원칙으로 새로 자리매김된다. 그 이전에 중심적이었던 공공부조가 비스마르크와 베버리지 이후 사회보험에 중심적 위치를 내어주고 보충적 원칙으로 재규정되었듯이, 이와 마찬가지로 사회보험과 공공부조는 부분기본소득이 도입된 혼합복지모델에서도 여전히 존속할 수 있지만 복지체계의 중심적 기능을 기본소득에 내어주고 보충적 원칙으로 재규정된다.[28] 혼합복지모델은 이중적이다. 즉, 그것은 기존의 복지국가의 확장이지만 기

■ 연금 가입자 전체의 평균 소득에 따른 변수

본소득이 복지체계의 기본값이 된다는 점에서는 기본소득 모델의 일종이기도 하다.

그런데 혼합복지모델에서 완전기본소득으로의 변화를 단지 지급수준이 높아지는 것만으로 이해하는 것은 질적 변화의 핵심을 놓치게 된다. 지급수준이 생계수준 이상인 완전기본소득은 단순히 복지국가의 확장이라고 볼 수 없는 변화를 담고 있다. 무엇보다도, 이 책에서 여러 각도로 조명한 공통부의 동등한 분배라는 패러다임은 20세기 복지국가의 생산주의 패러다임과 논리적으로 정반대인 분배정치 패러다임이라는 점을 강조할 필요가 있다. 생산주의 패러다임에서 분배정치 패러다임으로의 전환은 기술발전을 통해 경제가 '희소성의 경제scarcity economy'를 넘어 '풍요의 경제economy of abundance'로 다가가면 갈수록 더욱더 절실하게 될 것이다. 기본소득과 복지국가의 관계에 관해서는 두 가지 측면이 같은 비중으로 다루어지고 같은 무게로 강조되어야 할 것이다. 즉, 종래의 복지국가에 대한 기본소득의 단절적 성격을 분명히 하는 일은 매우 중요하다.

하지만 못지않게 중요한 과제는 지금 여기의 현실에서 기본소득을 도입할 경우 무엇이 어떻게 변하게 될 것인지를 설명하는 것이다. 앞서 밝혔듯이, 현재 상태에서 부분기본소득을 도입한 혼합복지모델에서도 기본소득은 공적 이전소득의 기본값이며, 그 이외의 공적 이전소득은 추가적이고 보충적이게 된다. 이 점에서는 혼합복지모델조차 생산주의 복지국가의 보완이라기보다 좀 더 기본소득 모델에 접근한 것이라고 말할 수 있다. 기본소득의 도입은 그 이유가 현존하는 복지체계의 기능적 문제 때문일지라도 일단 도입되고 나면 20세기 복지국가의 핵심인 생산주의 패러다임을 넘어선 사회 원리가 제도적 요소로서 들어서게 된다.

생산주의 패러다임을 넘어선 공통부 분배패러다임이 완전히 정착한 상태에 대해서도 여전히 복지라는 개념을 계속 사용할 수 있다면, 복지체계는 현금복지인 기본소득과 현물복지인 공공서비스의 두 종류로 대별되게 될 것이고 고용중심의 사회보험은 의미를 잃게 될 것이다. 완전기본소득이 도입된 사회에서도 공공서비스의 중요성은 재차 강조될 필요가 있다. 이는 기본소득으로 공공서비스를 대체하려는 찰스 머레이[29] 등의 신자유주의적 변형과 구별되는 해방적 기본소득의 중요한 특징 중의 하나이다. 기본소득과 복지국가의 관계에서 아울러 강조할 점은 복지국가의 황금기에도 한계로 지적되었던 젠더 문제와 생태 문제에 대해서도 기본소득이 전환적 기능을 수행한다는 점이다. 이 점에서 기본소득은 복지국가의 한계를 넘어서는 질적 변화로 이해할 수 있으며, 이 책의 7장과 8장에서 이 문제를 깊이 다룰 것이다.

6장

일자리 보장이 가난을 해결해줄까

일자리의 미래를 정확하게 예측하기는 어렵다. 하지만 인공지능 개발과 자동화로 인한 '일자리 없는 사회'에 대한 공포는 이미 널리 확산되었다. 현재의 디지털 전환은 일자리 개수를 줄이는 방향이 아니라 플랫폼 노동을 확산시켜 노동의 성격을 바꾸어놓고 일자리의 질을 떨어뜨리고 방향으로 전개되고 있다. 3장에서 살펴듯이 생산성과 중위소득의 탈동조decoupling, 일자리와 소득의 탈동조는 사회적 위기를 격화시키고 있다. 자동화와 플랫폼 노동이 등장하기 훨씬 전부터, 신자유주의적 세계화가 시작된 1975년 이후로 정규적인 봉급생활자는 감소하고 고용형태와 소득이 모두 불안정한 프레카리아트는 증가하는 것이 일관된 현상이었다.[1] 전후 황금기가 지나간 1975년 이후의 자본주의에서 노동소득 분배율의 하락과 일자리와 소득의 탈동조는 꾸준히 진행되어왔다. 하지만 최근 20년 동안의 디지털 전환은 고용을 통해 임금으로 분해되지 않는 지식재산생산물Intellectual Property Products(IPP)의 GDP 점유율을 급격히 상승시킴으로써[2] 이와 같은 거대한 탈동조를 유례없는 속도로 부추기고 있다. 이러한 상황은 시장의 논리만으로 바뀌지 않는다. 국가와 공동체의 개입이 필수적이다.

개입의 방향으로 최근 주로 논의되는 것은 크게 두 가지이다. 하나는 정부가 책임지는 '일자리 보장job guarantee'이고 다른 하나는 무조건적 기본소득이다. 미국의 사례를 보자. 연방정부 차원의 일자리 보장은 2020년 미국 대선의 민주당 예비후보 경선에 나선 버니 샌더스Bernie Sanders가 내건 대표 공약 중 하나이다. 또 다른 경선 후보인 엘리자베스 워런Elizabeth Warren, 카말라 해리스Kamala Harris 등도 이 아이디어를 지지했다. 샌더스는 "사람들은 일하기를 원하고, 사회의 생산적 성원이 되기를 원하며, 이는 사람들이 가지고 있는 뿌리 깊은 감정"이라고 말하면서 기본소득 대신에 정부가 공공 일자리를 공급해야 한다고 주장했다.[3] 영국의 《가디언The Guardian》은 이러한 현상을 "노동 정치로의 환영할만한 귀환"으로 추켜세우면서 일자리 보장에 대한 관심을 표했다.[4]

반면에 미국 민주당 예비경선에서 기본소득은 앤드루 양Andrew Yang의 선전과 함께 부각되기 시작했다. 샌더스의 일자리 보장론에 대해 양은 사람들은 정부가 제공하는 일자리에서 일하는 것을 원하지 않을 것이며 그와 같은 공공 일자리도 자동화 위험으로부터 안전하지 않다고 반박했다.[5] 이러한 논쟁은 일자리 보장론과 기본소득론이 학술적 논쟁을 넘어 정치적 토론의 장으로 나왔음을 보여준다. 한편 유럽 정당들의 경우, 일자리 보장을 주장하는 것은 찾아보기 어렵지만, 기본소득은 적어도 10년 전부터 논쟁의 주요 쟁점이었다. 기본소득에 관한 합의에 가장 접근한 당은 영국 노동당이지만 역사상 최악의 참패로 끝난 2019년 12월 브렉시트 총선에서 노동당은 기본소득을 선거공약으로 내걸지는 못했다. 다만 기본소득 실험은 노동당의 공약이었다.[6]

샌더스와 양의 논쟁은 임금노동 일자리에 대한 정반대의 관점을 드러낸다는 점에서 매우 흥미롭다. 기본소득론의 주창자들은 일자리 보장론이 기본소득론에 맞서 일자리의 내재적 가치를 옹호하는 입장에서 나올 수 있는 거의 유일한 대안이 될 것이라고 예상하고 있었다. 판 파레이스와 판데르보흐트는 "기본소득에 대한 대안의 하나로 간혹 제기되는 것이 일자리를 얻을 권리를 법적으로 보장하는 것이다. 즉, 소득보장이 아닌 고용보장으로서, 일하지 않고 소득을 얻을 권리가 아닌 소득을 벌 수 있는 일자리에 대한 권리인 것이다"라고 썼다.[7] 일자리 보장론과 기본소득론은 이미 럿거스대학이 발행하는 《법률 및 도시정책 럿거스 저널Rutgers Journal of Law & Urban Policy》 2005년 특집 논문에서 한 차례 논쟁했으며,[8] 2012년에는 『기본소득연구』 특집에서

논쟁을 이어갔다.[9]

일자리 보장이든 기본소득 보장이든 전면적으로 실시한 국가는 아직 없다. 사회적 통념과 현실의 제도는 두 가지 모두에 대해 정확한 대척점을 보여준다. 일자리 보장론과 정반대로 일자리는 민간이 창출한다는 관념이 여전히 지배적이며, 기본소득론과 정반대로 소득보장은 일자리가 없는 사람들을 대상으로 사후적이고 보충적으로 이루어져야 한다는 관념이 지배적이다. 하지만 완전고용이 더 이상 상수가 아니게 되고 고용에 기초한 복지국가가 허물어지면서 최근 들어 일자리 보장과 기본소득 보장이 활발하게 논의되기 시작했다. 기본소득 논의가 활발해지는 만큼 일자리 보장 논의도 활발해졌고 두 입장 사이의 논쟁도 빈번해졌다.

6장에서는 일자리 보장론을 소개하고 기본소득론의 관점에서 일자리 보장론의 문제점을 비판할 것이다. 일자리 보장론에 대한 비판은 동시에 기본소득이 고용과 임금에 미치는 긍정적 효과, 거시경제 안정화 효과 등을 밝히는 일이기도 하다. 나아가 두 입장에 대한 비교 분석은 기본소득론에 전제된 고유한 노동관을 드러낼 뿐만 아니라 기본소득과 노동 및 활동의 관계를 분명히 하는 일이라는 점에서 기본소득의 이해를 높이는 데 매우 유익하다.

1. 정부가 보장하는 완전고용

여기서 다루는 일자리 보장job guarantee은 공공사회 서비스나 공공인프라 등에서 이루어지는 정부의 직접 일자리 창출direct job creation과 개념적으로 구별된다. 일자리 보장은 "보편적이고, 시간제한이 없으며, 완전고용과 물가안정을 동시에 달성하기 위한 목적으로 설계"[10]된 프로그램으로, 민간 부문에서 발생한 일자리 갭job gap을 완전히 메울 만큼의 일자리를 공공 부문에서 제공함으로써, 완전고용 또는 강한 완전고용을 달성하겠다는 정책 구상이다. 노동능력은 있지만 일자리를 구하지 못한 사람들을 모두 흡수할 만큼, 더욱이 경기불황기뿐만 아니라 경기호황기까지 포함하여 항상적으로 제공하겠다는 점에서 매우 야심찬 구상이라고 볼 수 있다.

핵심은 강한 완전고용의 항상적 달성이며, 정부의 직접 일자리 창출은 이러한 목표를 달성하기 위한 수단에 지나지 않는다. 설령 정부가 직접 일자리 창출에 나서더라도 강한 완전고용의 항상적 달성이라는 목표를 가지고 있지 않다면, 그러한 정책은 여기서 말하는 일자리 보장이라고 부를 수 없다. 거꾸로 공공 부문의 일자리에 의하여 강한 완전 고용을 달성하겠다는 일자리 보장론의 목표에 찬성하지 않는다 하더라도, 이러한 반대가 기계적으로 공공서비스나 공공인프라의 확충을 통한 일자리 창출 일반에 대한 반대를 의미하지는 않는다. 결국 일자리 보장에 관한 찬반에서 논점은 공공 일자리를 통한 강한 완전고용라는 목표 자체이지, 공공 일자리 확대 또는 축소의 문제가 아니다.

정부 주도로 강한 완전고용을 달성해야 한다는 정책 구상은 상당히 오랜 역사를 가지고 있다. 일찍이 칼레츠키Michal Kalecki는 차입을 이용한 공공투자와 소비보조 등 정부지출을 통해 완전고용을 충분히 달성할 수 있다고 주장했다.[11] 하지만 이러한 주장을 일자리 보장론이라고 말할 수는 없다. 확장적 재정정책으로 총수요가 확대되면 승수효과에 의해 민간고용이 늘어난다는 케인스주의의 표준적 입장일 뿐이다. 일자리 보장은 비자발적 실업자를 고용할 정도의, 확장적 재정정책에 비해서 상대적으로 적은 재정지출만으로도 확실하게 고용을 만들어낸다. 확장적 재정정책의 고용유발효과가 날로 떨어지고 있는 현실에서 매력적인 구상이다.[12]

일자리 보장론에는 현대화폐론Modern Monetary Theory, Modern Money Theory(MMT)에 근거한 '최종 고용자employer of last resort'(ELR) 프로그램과 이러한 특수한 화폐이론과 무관한 필립 하비Philip Harvey의 '공공서비스 고용' 프로그램이라는 두 가지 서로 다른 접근방식이 있다. 장단기 경기전망에 의존하지 않고 민간기업의 기대이윤과 독립적으로 정부가 직접 최저임금 수준에서 무한 탄력적인 노동수요를 창출해야 한다고 민스키[13]가 주장한 이래로 캔자스시티 미주리대학과 바드대학의 제롬 레비 경제연구소Jerome Levy Economics Institute를 중심으로 일군의 학자들이 현대화폐론을 배경으로 일자리 보장론을 발전시켰다.[14] 그들은 이를 '최종 고용자' 프로그램으로 불렀는데,[15] 이러한 명칭은 중앙은행을 '최종 대부자lender of last resort'로 보는 관념에 빗대어 "국가의 재정 정책도 일자리를 찾을 수 없는 노동자들에게 직장을 공급해 주는 역할을 포함해야 한다"라는 생각을 드러낸다.

'최종 고용자' 프로그램이란 "일할 준비가 갖추어져 있으며 또 일할 의사가 있는 개인들 모두에게 일자리를 주겠다고 정부가 약속하는 프로그램"이다.[16] 완충재고고용Buffer Stock Employment(BSE)으로 불리기도 하는데,[17] 이러한 명칭은 최종고용자 프로그램에 대한 재정지출이 경기조정적으로countercyclically 변동될 것이라는 생각에 근거한다. 최종고용자 프로그램은 완전고용을 유지하기에 적절한 수준에서 재정지출이 유지되도록 작동시키는 강력한 자동안정화 장치automatic stabilizer라는 것이다.

'최종 고용자' 프로그램이 거시경제적 안정화 장치로 기능할 수 있다는 가설은 현대화폐론, 곧 조세가 화폐를 추동한다는 관점taxes-drive-money approach에 의지한다. 현대화폐론에 따르면 통화의 가치는 주어진 조세채무tax liability를 지불하기 위해 요구되는 것에 의해 결정된다. 이러한 관점에 근거하여 현대화폐론자들은 '최종 고용자' 프로그램은 통화가치를 안정시키지만, 이와 반대로 기본소득 보장은 보편적 무조건적으로 제공되기에 조세채무를 지불하기 위해 요구되는 것requirement이 없고 따라서 통화의 가치는 급격히 하락할 것이라고 비판한다.[18] 이러한 비판이 타당한가에 대해서는 뒤에서 다시 따져보자. 아울러 '최종 고용자' 프로그램이 과연 경기조정적으로 작동할 것인가에 대해서도 뒤에서 살펴본다.

일자리 보장론의 또 다른 유형으로는 미국 럿거스대학 법학 교수인 필립 하비의 제안을 들 수 있다.[19] 하비는 자신의 제안을 '공공서비스 고용'이라고[20] 불렀는데, 정부가 일자리를 창출해야 할 부문을 공공사회 서비스와 공공 인프라로 특정했기 때문이다. 하비의 프로그램은 '최종 고용자' 프로그램과는 달리 현대화폐론과 연관이 없다. 또한 하비는 기본소득이 돌봄과 가사노동, 자원활동 등을 포괄하는 광범위한 의미에서의 노동의 권리를 보장하는 이상적인 수단일 수 있다는 점도 인정한다. 그럼에도 불구하고 하비는 기본소득은 지나치게 비용이 많이 들고, 임금노동이라는 전통적인 의미의 노동권을 지키기에는 일자리 보장이 합리적이라고 생각한다.[21]《법률 및 도시정책 럿거스 저널》2005년 특집호에서 가이 스탠딩과[22] 논쟁한 후, 2012년에 『기본소득연구Basic Income Studies』에 실은 논문에서 하비는 노동의 권리 보장과 기본소득 보장basic income guarantee은 서로 충돌하지 않으며 상호보완적인 목표라고 말한다. 하지만 2005년의 입장에서 크게 변화한 것은 없다. 일자리 보장에 덧붙여서 노동능력이 없거나 은퇴한 사람들에게 적절한 소득보장을 가구단위로 제공하는 보완적 정책을 추가할 뿐이며, 이는 사실 기본소득과 아무런 상관이 없다.[23]

현대화폐론의 '최종 고용자' 프로그램이나 하비의 공공서비스 고용이나 모두 일자리 보장의 초기 주창자인 민스키Hyman Minsky 를 따르고 있지만, 두 가지 프로그램에는 본질적인 차이가 있다. 가장 큰 차이는 하비의 공공서비스 고용 프로그램의 경우 제공되는 일자리의 임금 수준이다. 하비의 프로그램은 공공 및 민간 부문의 유사한 일자리에 지급되는 것과 비슷한, 괜찮은 임금decent wage 수준의 일자리 보장이다. 반면에 '최종 고용자' 프로그램의 임금 수준은 최저임금minimum wage 또는 기껏해야 생활임금living wage 수준이다. 그 이유는 '최종 고용자' 프로그램의 목표는 완전고용과 물가안정의 동시적 달성인데, 이를 위해서 임금 수준은 고정시키고 노동공급량은 일자리 갭에 따라 변동시켜야 한다고 생각하기 때문이다. 즉, 현대화폐론자들은 '최종 고용자' 프로그램을 '고정 가격/변동량 룰fixed price/floating quantity rule'에 따라 작동하는 일종의 '완충재고 프로그램bufferstock program'으로 이해하는 것이다. 이 글의 뒷부분에서 이에 대해 자세히 다룰 것이다.

두 번째 차이 역시 현대화폐론의 특유한 관점으로부터 기인하는데, 하비가 일자리 보장이 기본소득보다 상대적으로 비용이 적게 든다는 점을 장점으로 꼽는 반면에, 현대화폐론자들은 일자리 보장의 '비용'을 논하는 것은 부적절하다고 말한다. 현대화폐론자들은 자국화폐에 대한 통제권을 가지고 있는 정부라면 어떤 프로그램이 아무리 '비싸더라도' 발권력을 이용하여 비용을 충당할 수 있다고 본다. 현대화폐론에 따르면 기본소득이든 일자리 보장이든 재정적으로 어떠한 제약도 없는 셈이다. 따라서 현대화폐론자들은 '최종 고용자' 프로그램의 임금이 화폐 가치의 닻으로 기능하여 프로그램 전체가 일종의 자동안정화 장치의 역할을 한다는 점에서 일자리 보장의 장점을 찾고 있으며, 기본소득의 위험은 인플레이션의 가능성에 놓여 있다고 본다. 이 문제에 대해서도 추후 자세히 따져보기로 하자. 현대화폐론의 기본소득 비판을 살펴보기 전에 필립 하비의 '공공서비스 고용' 프로그램을 소개하고 하비의 기본소득 비판의 문제점에 대해서도 면밀히 따져보자. 이러한 비교 검토는 기본소득 구상에 담겨 있는 노동 개념의 근본적 차이와 기본소득의 노동시장 효과에 대한 이해의 차이를 드러내는 데 매우 유용하다.

2. 기본소득의 관점에서 본 일자리 보장의 문제점

일자리의 내재적 가치를 둘러싼 근본적 차이점

일자리 보장 프로그램과 기본소득은 임금노동에 대한 가치평가에 있어서 정반대의 관점을 보여준다. 일자리 보장론은 일자리가 자부심·행복감·사회적 소속감 등을 부여해주기 때문에 단순히 소득원천에 불과하다고 말할 수 없고, 그 자체로 내재적 가치intrinsic value를 가진다는 사고방식에 기초해 있다. 하비도 자본주의 경제는 여전히 임금노동을 중심으로 조직되어 있으므로 임금노동은 인간개발권에 있어서도 매우 중요하고 자연권의 하나로 간주해야 한다는 주장을 펼친다.[24] 일자리의 내재적 가치라는 관념은 일자리 보장론만이 아니라 근로장려세제Earned Income Tax Credit(EITC)의 옹호자들에게도[25] 공통적으로 등장하는 관점이다.

이와 정반대로 기본소득론은 임금노동 일자리에 이와 같은 내재적 가치를 부여할 수 없다고 주장한다. 가이 스탠딩은[26] 성취감이나 자부심과 같은 내재적 가치를 부여할 수 있는 유급노동은 극히 드물며, 임금노동은 그저 소득원천으로서 도구적인 의미만 가질 뿐이라고 명확히 표현한다. 스탠딩은 일자리 개념을 임금으로 보상되는 도구적인 활동으로 다시 정의함으로써 유급노동 일자리를 탈신비화한다. 이러한 개념적 재정의는 유급노동paid labor과 인간 본연의 자유로운 활동work의 구분에 기초해 있으며, 유급노동에만 내재적 가치를 부여하는 전통적 관념을 제거하고 오히려 자유로운 활동에 인간 본연의 가치를 부여함으로써 일자리와 무관한 공적 이전소득으로서 기본소득을 정당화하려는 이론적 시도이다.

일자리 보장론 중에는 일자리 보장과 기본소득의 양립 가능성을 열어두는 입장도 있지만,[27] 그러한 양립 가능성은 노인이나 노동능력이 없는 사람들에게 대한 기본소득형 사회수당 또는 범주형 기본소득에 대해서만 성립할 뿐이다. 경제활동인구 전체에 대해서 두 제도는 근본적으로 양립 가능하지 않다. 무엇보다도 그 이유는 두 가지 제도는 임금노동 일자리에 대한 대립적인 관점에 근거하기 때문이다. 임금노동과 자유로운 활동 중 어디에 가치를 둘 것인가의 차이는 매우 근본적인 차이이다.

노동시장에 대한 정반대의 접근방식

일자리 보장과 기본소득 보장은 일자리의 내재적 가치뿐만 아니라 일자리 희소화 문제에 대해서도 정반대의 접근방식이다. 거칠게 말하면 일자리 보장은 정부가 공공 일자리를 공급하자는 접근 방식으로, 직접적인 노동수요 정책이다. 반면에 기본소득 보장은 노동수요에 직접 개입하는 대신에 일자리 여부와 무관한 독립적인 소득원천을 제공함으로써 노동시장에 대한 긍정적 외부효과를 만들어내려는 접근방식이다. 기본소득은 실업상태를 생계가 가능한 상태로 호전시킨다. 하지만 그 효과는 현존하는 공공부조 제도와는 달리 실업의 덫을 제거하여 저소득층의 노동시장 참여를 늘리며, 개별적인 노동자의 협상력을 강화하고, 질 낮은 일자리에 대한 거부권을 부여하여 임금상승 효과를 낳는다. 그 밖에도 기본소득은 노동시간단축에 의한 추가 고용 가능성, 창업증대, 사회적 경제의 활성화 등 노동시장에 대한 긍정적 효과를 낳을 수 있다.

일자리 보장론은 이러한 기본소득의 긍정적 효과에 대해서 매우 회의적이다.[28] 일자리 보장론은 기본소득이 줄어드는 일자리에 대한 대책일 수 없으며 그저 무직no jobs을 해결책으로 제시할 뿐이라고 비꼰다.[29] 매우 당연한 말이겠지만, 기본소득은 공공 일자리 창출로 노동수요에 직접 개입하는 정책이 아니다. 기본소득의 일차적 효과는 소득보장과 탈빈곤, 소득불평등 완화이며, 임금협상력의 강화나 고용 확대 등 노동시장 효과는 2차적 효과, 즉 기본소득 도입으로 일자리와 무관하게 소득최저선income floor이 부여될 때 나타나는 파생적인 효과라는 점만은 분명하다. 한편 일자리 보장론자들은 이와 같은 2차적 효과가 전혀 발생하지 않거나, 설령 발생한다고 해도 일자리 보장과는 달리 결코 강한 완전고용에 도달할 수 있는 해법이 아니라고 비판한다.

기본소득의 노동시장 효과와 관련된 개별적인 쟁점은 따로 다루기로 하자. 기대한 만큼의 효과가 발생할 것인가의 문제 못지않게 중요한 것은 '괜찮은 일자리가 희소해지는 시대에 노동시장 개입정책으로 어떤 것이 유효한가'라는 질문이다. 정부가 나서서 공공 일자리를 늘리는 것은 과연 지속 가능한 해법인가? 오히려 정반대로 일자리와 소득이 필수적으로 연계된 현재의 소득 분배 방식을 바꾸는 것이 합리적이지 않은가? 일자리 보장론이 공공 일자리 공급을 통해 완전고용에 도달하려는 접근방식이라면, 기본소득은 소득 분배 방식을 바꾸려는 접근방식이다. 기본소득과 연동되지 않은 순수한 형태의 노동시간 단축은 두 가지 해법의 중간에 해당될 것이다. 일자리 정책으로서 노동시간 단축의 목표는 추가적인 고용창출이며, 일자리의 분배를 개선함으로써 더 많은 사람들에게 노동소득이 분배되도록 하려는 시도이다. 그런데 생산의 급격한 자동화 추세는 노동시간 단축의 일자리 분배 효과를 현저하게 감소시킬 것이 분명하다. 그럼에도 불구하고 노동시간 단축은 생태파괴적인 확대재생산을 통한 민간 일자리 창출이나 정부가 억지로 만드는 비생산적 일자리 없이도 일정 한도까지는 기술적 실업의 증대에 대응할 수 있는 유일한 정책이다. 물론 이와 같은 노동시간 단축 정책도 반드시 기본소득과 연동될 경우에만 현재 일자리를 가지고 있는 사람들의 소득을 삭감하지 않는 방식으로 일자리를 재분배할 수 있다.

일자리 보장은 강제된 저임금 노동 프로그램이 아닌가?

하비의 일자리 보장 프로그램은 제공되는 일자리가 "괜찮은 임금" 수준일 것이라고 전제한다.[30] 그럼에도 기본소득론자들은 결국 이와 같은 프로그램은 근로연계복지workfare로의 경로에 불과하게 될 것이며 강제된 저임금 프로그램에 불과할 것이라고 비판한다.[31] 스탠딩은 일자리 보장 프로그램은 임금수준은 하비가 생각하는 것처럼 높을 수 없고 "실제로 보장되는 것은 낮은 수준, 낮은 임금, 단기로 억지로 만든 일자리이거나 잘해봐야 생산성이 낮은 일자리일 것"이므로 결국 "사기일 가능성이 크다"라고 말한다.[32]

이 쟁점을 자세히 다루기 전에 근로연계복지가 어떤 방식으로 저임금 노동을 강제하는지를 살펴보자. 근로연계복지는 노동 참여를 전제로 소득을 지원하는 정책이며, 근로장려세제도 그 일종으로 노동소득이 적어서 생계가 어려운 사람들에게 조세환급 방식으로 소득을 지원하는 제도이다. 미국에서 1970년대 초 닉슨Richard Nixo의 가족부조계획(FAP)의 대안으로 논의되었고, 포드Gerald Ford 대통령 시기에 도입되었다. 1990년대 클린턴Bill Clinton 행정부 시절에 확산되어 2013년에는 약 2,700만 명의 수혜자가 있다. 1990년대 이후 대부분의 OECD 국가들이 비슷한 제도를 도입했고, 한국도 2009년에 첫 급여가 지급되기 시작하여 2018년을 기점으로 대폭 확대되었다. 유급일자리를 얻을 경우에 수급권 박탈이나 높은 한계암묵세율로 이어져서 취업을 포기하고 실업의 덫unemployment trap에 빠지게 되는 기초생활보장제도와 비교할 때, 근로장려세제는 유급노동에 참여하면 할수록 소득지원금이 늘어나는 장점을 가지고 있다. 하지만 이와 같은 장점은 모든 소득 수준에서 나타나지 않고 오직 첫 번째 구간인 점증구간에서만 나타난다.[33] 기본소득제와 비교한다면, 모든 사람에게 무조건적인 소득최저선을 제공하고 일하면 일한 만큼 추가적인 시장소득이 늘어나도록 설계되어 있는 기본소득제가 실업을 덫을 해소하기에는 근로장려세제보다 훨씬 효과적이다.

더 심각한 문제점은 근로장려세제에는 노동시장의 개선이 불가능할 것이라는 숙명론적이고 비관적인 입장이 깔려 있다는 점이다. 최저임금제와 비교해볼 때 이는 더욱 명확해진다. 최저임금제는 임금최저선을 노동시장 외부에서 사회적 합의에 의해 생계수준으로 끌어올리려는 제도이다. 반면에 근로장려세제는 생계수준 소득을 얻지 못하는 노동빈곤층working poor의 존재를 불변의 상수로 전제하고 생계수준 이하의 시장임금을 근로장려금으로 보전해줌으로써 노동자의 소득 수준을 개선하려는 제도이다. 언뜻 보면 근로장려세제가 노동빈곤층의 총소득을 향상시키는 것 같지만, 저임금 일자리를 받아들이지 않을 경우에는 일체의 근로장려금이 주어지지 않는다는 점에 주목해보자. 이렇게 보면 근로장려금을 제공함으로써 저임금 노동을 하지 않으면 안 되게끔 강제하는 제도라는 비판이 가능하다.[34] 근로장려금은 저임금 일자리를 제공하는 기업주의 임금비용을 보전해주며,[35] 저임금 노동을 경제적 유인을 통해 제도화한다. 그렇다면 일자리 보장은 과연 다를까? 일자리 보장도 근로연계복지처럼 저임금 노동을 강제하지 않는가?

물론 근로연계복지와 일자리 보장은 큰 차이점을 보인다. 근로연계복지는 노동빈곤층을 대상으로 하며 이미 민간 일자리를 가지고 있다는 것을 전제로 하지만, 일자리 보장은 노동시장에서 일자리를 구하지 못한 사람들을 주된 대상으로 한다. 근로연계복지는 유급노동 참여와 자산조사를 전제한 소득이전 제도인데, 일자리 정책으로서 이 제도의 효과는 민간이 저임금 수준에서라도 일자리를 만들 수 있도록 정부가 노동소득을 보조한다는 것이다. 반면에 일자리 보장 프로그램은 민간 일자리를 일종의 임금보조금으로 지원하는 것이 아니라 정부가 직접 일자리를 창출하는 것이다. 즉, 최종 고용자 정부라는 관점에서 둘은 본질적인 차이점을 보인다. 근로연계복지에 대해 민간 일자리의 저임금화를 어쩔 수 없는 사태로 전제한 정책이라고 비판할 수 있다. '괜찮은 임금' 수준을 전제한 하비의 프로그램에 대해서도 동일한 비판을 던질 수 있는가가 여기에서 다루어야 할 문제이다. 아울러 일자리 보장 프로그램은 노동의 의무를 전제한 강제노동 프로그램이 아닌가라는 문제도 짚어야 할 것이다.

하비는 노동의 권리에 대한 보장이 노동의 의무의 부과와 같은 것일 수 없다고 항변하면서 일자리 보장 프로그램에 참여하지 않으려는 사람도 어떤 형태로든 소득지원을 받을 수 있어야만 한다고 대답한다.[36] 하비의 관점에서 일자리 보장 프로그램은 결코 근로연계복지나 강제된 저임금 노동이 아니다. 하지만 하비의 입장은 일자리 보장 프로그램이 그 자체로서 하나의 특수한 소득보장 프로그램임을 간과하고 있다. 일자리 보장 프로그램은 일자리만 공급하는 것이 아니라 일자리를 매개로 소득도 제공한다. 소득원천으로서 제공된 일자리를 거부하는 사람들에 대한 소득지원은 설령 있더라도 제한적일 수밖에 없을 것이다. 따라서 이 쟁점에 대해서는 스탠딩의 다음과 같은 반론이 더 설득력이 있다.

"일자리 보장 노선의 (…) 결점은 '노동연계복지'로의 경로로 안내한다는 것이다. 보장된 일자리를 받아들이기를 거부했던 누군가에게는 무슨 일이 일어날 것인가? 그들은 '게으르거나' '까다롭다'라고 낙인찍힐 것이며 따라서 '배은망덕'하고 '사회적으로 무책임'하다고 낙인찍힐 것이다. (…) 현재의 영국 복지급여 제도에서 일어나는 일이 증명하듯이, 그들에게 할당된 일자리들을 받아들이지 않는 사람들은 복지급여 제재에 직면할 것이며, 그리하여 그 일자리들을 좋아하든 않든 관계없이 그들은 일자리들로 향하게 될 것이다."[37]

이와 같은 난점은 일자리 보장 프로그램이 지불되는 임금수준과 무관하게 일종의 강제노동 프로그램이 될 수 있다는 점으로부터 기인한다. 일자리 보장이 전면적으로 시행된다면, 실업급여contribution-based unemployment benefit는 존속하지만 실업부조unemployment assistance는 폐지될 공산이 크다. 실업급여는 취업상태에서 가입한 실업보험에서 지출되는 반면에 실업부조는 실업급여 지급기간이 경과하였거나 근무 경력이 아예 없는 사람들에게 국가 재정으로 제공된다.[38] 일자리 보장이 제도화되면 그러한 사람들은 더 이상 실업부조를 받을 수 없다. 결과적으로 일자리 보장은 그와 같은 사람들을 싫든 좋든 정부가 제공하는 공공 일자리에 참여하지 않으면 안 되게끔 강제한다. 당연히 이러한 강제는 경제외적 강제가 아니라 경제적 강제이다. 따라서 정부가 제공하는 일자리를 받아들이지 않고 소득지원을 받는 길이 법적으로 보장될 수도 있다. 일자리 보장은 20세기의 사회주의 국가처럼 국가가 시민에게 노동의무를 부과하고 일자리를 지정해주는 제도가 아니기 때문이다.

일자리 보장 프로그램에는 신청자만 참여하며 언제든지 그만둘 수 있기 때문에 직업선택의 자유를 완전 침해한다고 말할 수는 없다. 하지만 일자리 보장 프로그램에 참여하지 않는 사람에게는 공적 이전소득이 부여되지 않거나 삭감될 것이라는 점은 정부가 제공하는 일자리를 받아들이게 만드는 경제적 강제로 작용할 것이다. 이처럼 다른 선택의 가능성이 박탈될 때 직업선택의 자유는 아무런 실체도 없는 추상적 자유로 변질된다. 그런데 다른 선택이 없기 때문에 생계를 위하여 정부가 제공하는 일자리를 받아들일 수밖에 없는 처지는 일자리의 내재적 가치라는 일자리 보장론의 전제와 정면으로 충돌한다.[39]

원하는 일자리를 국가 재정으로 만들어달라고 요청할 수 없는 한에서 일자리 보장 프로그램은 직업선택의 자유를 제한할 수밖에 없다. 이러한 제한에는 효율성의 문제 따른다. 즉, 정부가 제공하는 획일적인 일자리는 관료주의를[40] 낳을 것이며, 다른 선택이 없기 때문에 원치 않는 일자리를 강요받게 될 때 비효율성은 더욱 증대될 것이다.[41] 이와 정반대로 모두에게 생계수준 기본소득을 보장하는 것은 질 나쁜 일자리를 거부할 권리를 부여하여 직업선택의 자유의 실질적 기초가 된다. 기본소득 도입으로 인한 노동자의 협상력 증대가 노동시장에 미치는 효과, 특히 임금에 미치는 효과에 대해서는 아래에서 다시 한 번 살펴볼 것이다.

하지만 노동시장 효과를 따지기 이전에 기본소득이 노동에 미치는 가장 중요한 효과는 임금노동으로부터 일정하게 자유롭게 된 상태가 창의적인 일을 확대할 것이라는 전망과[42] 관련된다. 거칠게 말하자면 기본소득은 노동력을 탈상품화함으로써 창의적인 일을 확대한다. 이와 정반대로 일자리 보장은 정부 주도로 획일적인 일자리를 제공하는 정책에 불과하다. 물론 일자리 보장 프로그램이 제공하는 일의 범위를 최대한 넓게 재정의하거나[43] 일자리 보장 프로그램을 참여예산제participatory budget와 결합시키는 방법으로 획일성을 줄일 수도 있다.[44] 하지만 그런 경우라면 일자리 보장이 아니라 참여소득participation income이라는 명칭으로 논의하는 것이 차라리 나을 것이다.[45] 실제로 체르네바Pavlina R. Tcherneva와 레이L. Randall Wray는 일자리 보장 프로그램을 참여소득과 결합시키는 방식에 대하여 열어두고 있다.[46]

일자리 보장과 기본소득이 임금에 미치는 영향

일자리 보장론자들은 안정적인 생활임금을 국가가 보장함으로써 높은 수준에서 임금최저선이 형성되고 민간부문에 대하여 최소한 이보다 높은 임금을 강제하게 될 것이라고 설명한다.[47] 정부가 직접 창출한 공공 일자리가 민간 일자리의 저임금화를 방지한다는 주장이다. 여기에 대해서 두 종류의 의문을 가질 수 있다. 정부가 직접 창출한 일자리의 임금 수준이 과연 괜찮은 수준일까?[48] 그리고 공공일자리가 늘어난다고 해서 민간일자리의 임금도 따라서 올라갈까? 적어도 기본소득론자들은 그러한 의문을 가지고 있다. 반면에 일자리 보장론자들은 기본소득의 경우 오직 빈곤선 수준의 생활만이 보장될 뿐이며 결국 임금보조금과 마찬가지이기 때문에 고용주에게 임금을 인상하도록 압박하는 효과는 전혀 나타나지 않는다고 비판한다.[49] 이러한 비판은 과연 타당한 것일까? 일자리 여부와 관계없이 모두에게 지급되는 기본소득과 오직 취업자에게만 지급되는 임금보조금의 효과가 과연 같을까? 또한 일자리 보장 프로그램은 과연 민간 일자리의 임금을 올리는 효과를 낳게 될까?

기본소득의 경우

기본소득이 임금에 미치는 효과에 관련하여 일률적으로 말하기는 어렵다. 일단 기본소득 지급수준은 중요한 기준이 된다. 생계수준 이상의 완전기본소득을 가정할 때 임금효과는 이중적으로 나타날 것이다. 한편으로는 비록 저임금이라도 가치 있는 일자리를 선호할 가능성이 높아지는 반면에, 다른 한편으로는 기본소득 지급과 함께 굳이 임금노동을 하지 않아도 될 만큼 노동자의 개별적인 협상력bargaining power도 높아져서 노동공급은 줄어들 수 있고 임금인상으로 이어질 것이다. 하지만 지금처럼 노동시장에 자긍심과 행복감을 주는 일자리가 별로 없는 상태가 계속된다면, 완전기본소득 도입이 노동의 대가로 받으려고 하는 최저치인 '유보임금reservation wage'을 낮출 것이라는 예측은 틀리게 될 것이다. 전체적으로 볼 때 완전기본소득하에서는 노동공급이 줄어 임금수준이 전반적으로 상승하며 특히 많은 사람들이 기피하는 일자리의 임금은 급격히 상승할 것이라고 보는 것이 타당하다.[50]

반면에 생계수준 이하의 부분기본소득의 임금효과는 상당히 논쟁적인 주제이다. 한편으로 기본소득을 도입하면 노동공급과 수요가 일치될 때의 임금 수준인 시장청산 임금 수준으로 임금이 떨어질 것이기 때문에 기업도 기본소득에 찬성할 것이라는 전망이[51] 있는가 하면, 다른 한편으로는 "기본소득은 실업수당보다 낮은 임금률에서 노동하는 사람들에게 임금보조금을 지급하는 것과 비슷하다"라는 이유로 비판하기도 한다.[52] 물론 절충적인 입장도 있다. 블라슈케Blaschke는 완전기본소득은 콤비 임금Kombilohn 효과◾를 낳지 않지만 부분기본소득은 충분히 그럴 수 있다고 본다.[53]

콤비 임금 논쟁을 차단하기 위하여 블라슈케는 생계수준 기본소득이 도입되더라도 최저임금제는 존재해야 한다는 입장에 선다.[54] 독일의 금융과세시민연합(ATTAC)이 기본소득, 노동시간단축, 최저임금을 연동된 세 개의 요구Triade로 파악한 배경에도 이러한 우려가 깔려 있다.[55] 한편 강남훈은 존 내시John Nash의 협상이론에 의거하여 낮은 수준의 기본소득도 노동자의 개별적 협상력을 강화한다는 것을 보여주며 기본소득과 임금보조금은 작동 방식이 근본적으로 다르다고 주장한다.[56]

기본소득의 임금효과에 대한 대개의 논의는 기본소득 도입으로 발생할 노동공급의 변화 또는 협상력의 강화에만 초점을 맞춘다. 노동공급의 변화와 관련하여 한 가지 분명한 점은 현행 사회보장체계에서 완전기본소득으로의 이행은 실업의 덫을 제거하여 기존의 공공부조 수급 집단의 노동공급을 증가시킬 것이라는 점이다.[57] 하지만 노동공급의 변화에 대한 예측은 기본소득을 실제 도입할 때 발생할 임금변동에 대한 단면만을 보여줄 뿐이며 이로부터 유보임금의 하락을 도출하기에는 여러 가지 변수가 작용한다. 우선 임금변동에는 노동조합의 단체협상력collective bargaining power과[58] 법제도도 중요한 요인으로 작용하기 때문에 노동시장의 수요

◾ 최저임금에 대한 임금보조금을 지급함으로써 노동자들에게 불안정 저금임노동을 강제하게 되는 효과

공급 변화만으로 기본소득의 임금효과를 설명하는 것에는 분명한 한계가 있다.

일단 먼저 노동시장의 수요공급만을 고려할 때에도 완전기본소득은 실업의 덫을 제거하여 노동공급을 증가시킬 뿐만 아니라 이와 동시에 나쁜 일자리를 거부할 협상력도 부여한다는 점에 주목해야 한다. 두 가지는 임금변동에 대해 상반된 작용을 한다. 그런데 두 가지 중에서 협상력의 증가에 무게를 둔다고 하더라도 반드시 임금상승이 발생할 것이라고 말할 수는 없다. 만약 기술적 실업으로 말미암아 일자리의 총량이 급격하게 줄어든다면 기본소득 도입으로 노동자의 협상력이 높아지더라도 노동공급이 노동수요보다 훨씬 많게 되어 임금은 하락할 것이다. 물론 여기에서 법률적으로 강제되는 노동시간 단축도 커다란 변수가 된다. 법정노동시간 단축은 기술적 실업이 초래할 노동수요의 감소를 부분적으로 상쇄할 것이기 때문이다.

이처럼 여러 변수가 작용할 수밖에 없어서 실제의 임금변동에 대해 일률적으로 말할 수 없음에도 불구하고, 다른 모든 조건을 불변으로 놓고 기본소득 도입이 초래할 노동공급과 협상력의 변화를 살펴보고 이에 따른 임금효과를 추론하는 일이 결코 무의미하지는 않다. 생계수준 이상의 기본소득 도입은 노동자의 개별적 협상력을 증가시켜 질 나쁜 일자리에 대한 거부권을 부여하며, 지급수준이 낮은 부분기본소득에서도 비록 제한적이지만 비슷한 효과가 나타날 것이라는 점을 확인하는 것은 매우 중요하다. 취업하지 않으면 전혀 지급되지 않는 임금보조금은 노동자의 협상력을 전혀 증대시키지 않고 시장임금을 저임금 상태로 유지시켜 결국 기업에 보조금을 주는 꼴이 되는 반면에, 기본소득은 일자리를 선택할 권리를 부여하며 노동자의 임금협상력을 증대시킨다.[59] 기본소득이 질 나쁜 일자리를 확산시킬 것이라는 비판은 임금보조금이나 근로연계복지와 같은 생산주의적productivist 또는 노동주의적labourist 제도와 엄연히 구별되는 기본소득의 본질적 특성을 이해하지 못한 결과이다.

일자리 보장 프로그램의 경우

그렇다면 '최종 고용자'로서 정부가 제공하는 일자리 보장 프로그램은 어떤 효과를 낳을까? 일자리 보장 프로그램의 임금수준은 노동시장의 수요공급이 아니라 정부가 정하는 것이기 때문에 무조건 저임금 노동일 것이라고 미리 가정할 필요는 없다. 하지만 정부가 제공하기 때문에 저임금 일자리가 아니고 생활임금 이상의 일자리일 것이라는 하비의 가정도[60] 마찬가지로 아무런 근거가 없다. 일자리 보장 프로그램이 질 나쁜 일자리를 제공한다면, 노동소득 하위층의 소득을 개선하여 노동소득 분배를 평등하게 할 것이라는 체르네바의 가정도[61] 마찬가지로 근거 없는 이야기가 된다.

일자리 보장 프로그램이 전면적으로 실시되면 정부가 제공하는 공공 일자리의 임금은 현재 최저임금제가 맡고 있는 임금최저선의 기능을 떠맡게 된다. 만약 생산성이 낮아서 민간부문에서는 유지될 수 없는 일자리를 정부가 공공 일자리로 제공하는 경우라면 이러한 일자리는 시혜적인 일자리이다. 이와 같은 시혜적 일자리에 생활임금을 제공하는 것을 정부가 재정적으로 뒷받침할 수 없다면 저임금 일자리로 변한다. 이러한 일자리에 참여하는 사람들은 동기부여보다 좌절과 실망감을 더 많이 가지게 될 것이고, 이는 일자리 보장론의 대전제인 일자리의 내재적 가치에 위배된다.

참여자의 좌절감은 일자리 보장프로그램의 생산성을 더욱 낮출 것이고 악순환은 반복된다. 실업이 늘어나고 재정 압박을 받게 되면 될수록 일자리 보장 프로그램의 임금은 낮아질 것이고 저임금화 과정은 민간 일자리의 임금도 하락시킬 것이다. 일자리 보장 프로그램이 민간 일자리의 임금을 상승시킬 것이라는 기대와는 정반대의 결과가 나타난다.

이러한 역설은 사실 일자리 보장 프로그램의 특성에 기인한다. 최저임금제와 마찬가지로 일자리 보장 프로그램도 임금최저선을 노동력의 수요공급이 아니라 노동시장 외부에서 결정하는 제도이지만, 두 제도의 작동방식은 전혀 다르기 때문이다. 즉, 최저임금은 민간기업이 감당해야 할 임금최저선을 결정하지만, 일자리 보장 프로그램의 임금최저선은 정부가 재정지출을 통해 감당해야 한다. 생산성이 낮은 시혜성 일자리를 정부가 생활임금 수준으로 유지하는 것은 정치적으로 지속되기 어렵다. 그렇다고 프로그램을 유지하기 위하여 저임금화를 택한다면 일자리 보장은 저임금 노동에 대한 경제적 강제에 지나지 않게 된다. 이러한 딜레마 사이에서 현실의 일자리 보장은 저임금 노동을 강제하는 제도가 될 공산이 높다. 그렇게 되면 일자리 보장 프로그램은 일종의 낙인찍기가 되어 경기회복기에 다시 민간 일자리로 되돌아가는 것도 어려워질 것이다.[62] 이러한 우려에 대하여 체르네바는 경력단절보다는 일자리 보장 프로그램에 참여하는 것이 민간부문에의 고용 가능성employability을 입증하기에 훨씬 효과적일 것이라는 반론을 덧붙이지만,[63] 여기에 대해서는 기본소득과 일자리 보장은 임금노동 일자리에 대한 상반된 가치평가에 서 있으며 일자리의 미래에 대해서도 전망을 달리한다는 점을 언급하는 것으로 충분할 것이다.

일자리 보장 프로그램의 '가성비'

저소득층의 소득개선에 효율적일까?

목표target 계층이 분명한 일자리 보장 프로그램은 사회구성원 모두에게 지급되는 기본소득에 비하여 비용이 훨씬 적게 들며 목표 계층의 소득개선에 대한 효율성도 훨씬 높다는 주장은 일자리 보장론에서 흔히 발견된다.[64] 언뜻 듣기에 그럴듯하지만 면밀히 살펴보면 꼭 그렇지만은 않다. 먼저 '저소득층의 처지를 개선하는 효과만큼은 일자리 보장이 기본소득보다 탁월한가'라는 문제부터 살펴보자. 일단 일자리 보장을 실업부조와 비교해보자. 취업에 경제적 유인을 부여하려면 실업부조의 지급수준은 최저임금보다 낮게 된다. 이론적으로는 일자리 보장의 임금수준이 실업부조보다 높게 책정될 수 있지만, 앞에서 살폈듯이 끊임없이 저임금화 압박에 시달리게 될 것이다. 또한 실업부조보다 높은 수준의 임금을 지급한다고 해도 반드시 저소득층의 소득개선에서 기본소득보다 효율적이라고 말할 수 없다. 여기에는 기본소득의 지급수준도 중요한 역할을 하겠지만, 지급수준과 무관하게 기본소득 모델의 총소득 개선효과가 더 클 수밖에 없다.

즉, 기본소득은 유급노동 참여와 무관하게 지급되기 때문에 취업자의 총소득은 노동소득과 기본소득의 합계가 되며, 이는 특히 완전기본소득의 경우에는 유급노동 참여를 통해 일자리 보장 프로그램 수준보다 더 높은 총소득을 얻을 기회를 가지게 된다는 뜻이다. 더불어 고려해야 할 점은 기본소득의 승수효과, 거시경제효과 또는 일반균형효과로 불리는 측면이다. 기본소득은 고소득층과 고자산층으로부터 저소득층과 저자산층으로 소득을 이전시키며 평균적으로 저소득층의 한계소비성향이 고소득층의 한계소비성향보다 크기 때문에, 기본소득 도입은 사회 전체적인 소비를 증가시키고 이로 인해 노동수요도 증가하여 일자리가 늘어날 수 있다.[65]

물론 하비는 이러한 가능성 자체가 현실적으로는 성립 불가능하다고 비판한다. 비록 기본소득론은 실업의 덫을 제거한다고 주장하지만 일자리 공급이 늘어나지 않는 한에서는 기존 일자리의 분배만 이루어질 뿐이므로 설령 유보임금이 하락하더라도 고용증가로 이어질지는 불분명하다는 비판이다.[66] 이러한 논리는 기본소득이 도입되어도 실업자는 여전히 노동소득을 얻을 수 없어서 취업자보다 상대적으로 저소득인 처지에 그대로 놓이게 될 것이므로 기본소득은 결코 실업에 대한 보상일 수 없다는 주장으로 이어진다.[67]

매우 당연하게도 기본소득은 실업에 대한 보상이 아니다. 기본소득은 일자리 여부와 무관하게 공통부의 평등한 분배 원리에 기초하며, 기술적 실업의 증대는 기본소득이 활발히 논의되는 현재의 지형을 보여줄 따름이다. 하지만 실업 문제의 해결에만 국한하더라도 기본소득보다 일자리 보장이 효과적일 것이라는 주장은 근거가 약하다. 정부가 직접 일자리를 제공하면 민간 일자리가 감소하는 구축효과crowding out effect가 나타날 수 있고, 또한 시장기제market mechanism가 작동되지 않기 때문에 사람들이 힘들여 민간 일자리를 찾으려 하지 않는 잠김효과lock-in effect가 나타날 수도 있다. 일자리 보장 프로그램은 원래 목적대로 순고용을 증가시키지 못하고 어떻게든 창출되었을 일자리들로 사람들을 밀어 넣으면서 재정낭비만 발생시키는 사중손실효과deadweight effects로 이어질 수 있다.[68] 일자리 보장 프로그램이 실업에 대한 해결책이 될 수 없다는 점은 민간 일자리의 임금을 올리는 효과도 발생시킬 수 없다는 뜻이 된다.

이러한 부작용 이외에도 공공 일자리이든 민간 일자리이든 일자리의 추가 공급만이 실업 문제의 해결책은 아니라는 점도 중요하다. 기술적 실업은 동일한 생산 규모에 소요되는 사회적 총노동시간의 감소를 뜻한다. 만약 동일한 기술수준에서는 사회적 총노동시간의 감소에 맞춰서 개별적 노동시간을 줄인다면 일자리 숫자는 줄어들지 않을 것이다. 물론 자동화가 하나의 일자리가 감당해야 할 직무task의 양을 줄이는 것이 아니라 그 일자리를 통째로 없앤다면 노동시간 단축을 통한 일자리 재분배는 큰 차질을 빚게 된다. 하지만 일자리 보장 프로그램과 비교할 때 이와 같은 한계점은 큰 문제가 아니다. 정부가 제공하는 일자리도 노동력 절감기술의 발전에서 예외가 될 수 없는 반면에, 노동력 절감기술의 발전에 맞춰서 노동시간을 줄임으로써 취업자 숫자를 유지하는 것이 훨씬 더 현실적이기 때문이다. '최종 고용자' 프로그램이 아니라 오히려 노동시간 단축이 일자리가 급격히 줄어들지 않도록 하는 방법이며, 여기에서 기본소득은 노동시간 단축에 대한 소득지원정책의 의미를 가지게 될 것이다.

보다 큰 범위에서, 저소득층의 소득개선 효과만이 아니라 사회 전체의 소득불평등 개선 효과를 염두에 두면 당연히 기본소득이 일자리 보장보다 훨씬 더 효과가 크다. 간편하게 일체의 조세감면이 없고 모든 소득에 평률세flat tax로 과세한다는 가정하에서 t%를 증세하여 전액을 1/n로 분배하면 지니계수Gini coefficient ■는 정확하

──────

■ 인구분포와 소득분포의 관계를 설명하는 지표로, 소득 분배 수준을 보여주는 대표적 지표이다.

게 t% 개선되는데, 이러한 개선효과는 수학적으로 증명 가능하며 소득분포와 상관없이 항상 성립한다.[69] 만약 평률세로 과세하기만 하고 이를 1/n로 분배하지 않는다면 지니계수 개선 효과는 0%이며, 이와 반대로 소득원천에 따라 차등을 두어 자본소득에 대해서는 더 높은 세율을 적용하거나 근로소득에 대해 누진세율을 채택한다면 지니계수는 t%보다 더 많이 개선될 것이다.

일자리 보장 프로그램은 저비용인가?

이제 남은 문제는 기본소득과 일자리 보장의 비용 비교이다. 하비는[70] 2011년 기준으로 미국의 시간당 생활임금을 17달러로 잡고 일자리 보장 프로그램을 가동하면 6,770억 달러가 들어가는 반면에, 빈곤선 수준의 기본소득에는 2조 8,700억 달러가 필요하며 이를 클락이[71] 제시한 '음의 소득세'(NIT) 모델로 설계해도 1조 4,000억 달러가 들어간다고 계산한다. 하비의 비교는 정부가 지출해야 할 예산 비용budgetary cost에만 초점을 맞춘다. 하지만 비용계산에는 예산 비용뿐만 아니라 사회적 비용social cost도 들어가야 한다. 그런데 사회적 비용 문제에 앞서 일단 예산 비용만을 따져보더라도 하비의 비용계산은 부정확하다.

일자리 보장의 예산 비용에는 임금 이외에도 기획비, 관리비, 감독비용, 설비자재비용 등 여러 가지 간접비가 들어간다.[72] 물론 하비가[73] 지적하듯이 일자리 보장 정책의 순비용은 이러한 간접비용까지 합친 총비용에서 일자리 보장 프로그램에 고용된 사람들이 내는 세금과 생산된 재화 및 서비스의 판매 수입을 뺀 값이므로 총비용보다 줄어들 여지가 있다. 하지만 앞서 보았듯이 일자리 보장 프로그램이 생산성이 낮은 시혜성 일자리의 공급에 불과할 경우

판매 수입은 미미할 것이고 결국 총비용과 순비용의 차이는 단지 고용된 사람들이 내는 세금 정도에 지나지 않게 될 것이다. 생산성이 낮은 일자리 보장 프로그램의 경우에는 간접비용의 증대가 조세증대보다 훨씬 클 것이고 결국 총비용과 순비용은 거의 비슷해진다.

기본소득과 일자리 보장 프로그램의 비용을 비교하려면 기본소득의 비용도 정확히 계산해야 한다. 즉, 기본소득의 비용은 총예산 비용gross budgetary cost이 아니라 순예산 비용net budgetary cost의 관점에서 접근해야 한다. 기본소득 지급총액이 아니라 각 개인이 기본소득 도입 때문에 더 부담하게 된 세금에서 기본소득 지급액을 뺀 액수를 모두 더한 값이 기본소득에 들어가는 순예산 비용이다. 예를 들어 영희가 기본소득으로 월 40만 원을 받게 되지만 세금을 50만 원 더 내게 되었다면 10만 원의 순부담이 발생한 것이고, 반면에 철수는 월 40만 원을 받게 되지만 30만 원을 세금으로 더 내게 되었다면 아무런 추가 부담이 발생하지 않은 것이다. 순예산 비용은 추가부담이 발생한 개인들이 기본소득 지급액보다 세금으로 더 내게 된 액수의 합계에서 행정비용 절감액과 기존 재정의 대체부분을 뺀 값이다. 하지만 하비는 이 점을 인식하지 못했다.[74] 물론 기본소득은 사회구성원 전체에 지급되기 때문에 순예산 비용으로 계산해도 일자리 보장보다 많은 예산 비용이 들 수 있다. 설령 그렇다 하더라도 하비가 계산한 2조 8,700억 달러는 총예산 비용이지 순예산 비용은 아니다. 순비용과 총비용을 구별하는 것은 기본소득의 예산 비용 계산에서 매우 중요하다.[75]

더 중요한 점은 일자리 보장과 기본소득의 비용을 비교할 때 예산 비용뿐만 아니라 사회적 비용과 편익을 폭넓게 고려해야 한다는 것이다. 루이스는[76] 하비가 비용계산에서 사회적 비용을 누락했다고 비판하면서, 정부와 사회는 같지 않으며 정부가 부담하는 총예산 비용에 의해서 제도가 도입될 때 사회가 부담하게 될 비용이 표현되는 것은 아니라는 점을 강조한다. 사회적 비용의 예로서 루이스는 일자리와 생산의 생태적 비용도 언급하고 있는데, 이는 일자리 보장론의 역사적 성격을 규정함에서 매우 중요한 지점이다.

역사적으로 돌이켜보면, 1950년대와 1960년대의 자본주의 황금기는 자본과 노동의 생산주의 동맹에 기초했다. 고임금 일자리의 확대와 자본의 안정적 축적을 교환하는 방식으로 유지되던 황금기가 1970년대부터 한계에 부딪친 것은 생태적 비용의 증가도 원인으로 꼽을 수 있다. 일자리 보장론은 1980년 이후 신자유주의에 의해 해체된 자본과 노동의 일자리 동맹을 국가와 노동의 일자리 동맹으로 대체하자는 제안처럼 보인다. 그런데 이와 같은 새로운 형태의 일자리 동맹은 과거와 달리 생태적 비용 문제에 직면하지 않을 것이라는 보장은 어디에도 없다. 즉, 노동시간 단축이나 기본소득 도입은 기술적 실업 문제를 생태부담이 발생하지 않거나 더 적극적으로는 생태부담을 완화하는 방식으로 해결하지만, 일자리 보장 프로그램의 생태적 비용은 제공되는 일자리가 어떤 일자리인가에 따라 완전히 달라질 것이다.

나아가 기본소득 도입으로 발생할 사회적 편익을 폭넓게 고려한다면 사회적 비용 계산에서 일자리 보장보다 기본소득의 편익이 보다 크게 나타나게 될 것이다. 예를 들어 매우 논쟁이 많은 주제인 기본소득과 노동공급의 관계에서도 설령 높은 수준의 기본소득 도입으로 노동공급이 감소한다고 하더라도 동시에 정치참여, 문화활동, 돌봄제공 등 시민적 참여civic participation가 늘어난다면 사회적 편익의 순증net increase이 이뤄졌다고 말할 수 있다.[77] 시민의 자발적 참여와 능동성이 요구되는 이러한 영역을 정부에 의해 창출되는 임금노동 일자리로 메울 수 있다는 가정은 전지전능한 정부를 전제하며 자율적 시민의 자유로운 활동이라는 이상과 충돌한다. 이처럼 기본소득보다 일자리 보장이 비용이 적게 든다는 주장은 단순한 예산 비용 계산의 착오만이 아니라 그 이면에는 어떠한 사회를 원할 것인가의 차이도 숨어 있다.

3. 일자리 보장은 경제를 안정시키는가

현대화폐론의 '최종 고용자' 프로그램은 정부가 창출하는 일자리에 거시경제 차원의 중요성을 부여했다. 이들은 재정지출에 의한 총수요의 증대가 상위계층의 일자리와 소득을 증대시킬 뿐인 전통적 케인스주의 프로그램은 인플레이션을 유발할 수 있다고 비판하면서, 이와 반대로 가장 바닥에 있는 계층에게 정부가 일자리를 제공하면 임금최저선을 안정시키고 화폐 가치에 대한 닻anchor을 제공함으로써 물가안정성도 유지할 수 있다고 생각한다.

일단 먼저 이러한 주장의 핵심 요소들을 추려보자. 이론적 전제는 현대화폐론이다. 그것은 정부는 자신이 발행하는 화폐로만 지불할 수 있는 조세를 부과하며 화폐는 조세로 수용되는 것이기에 가치를 가진다는 독특한 입장이다. 화폐의 공급은 이자율에 관계없이 정부의 필요에 따라 임의대로 조정될 수 있기에 화폐공급의 이자율 탄력성은 0이고 불태환 화폐의 이자율은 0%에 수렴한다. 이러한 이론의 실천적 함의는 정부지출의 예산제약선이 없다는 것이다. 앞서 설명했듯이, 이러한 전제는 현대화폐론자들이 하비가[78] 주장하는 일자리 보장 프로그램의 상대적 저비용 문제를 부적절한 논점으로 간주하게 만든다.

이와 같은 화폐이론에 입각하여 현대화폐론자들은 ①노동은 다른 모든 종류의 상품 생산에 직간접적으로 사용된다는 점에서 기본상품basic commodity이며, '최종 고용자' 프로그램이 제공하는 임금은 통화가치를 안정시키는 닻을 제공하며 다른 모든 상품가격에 대한 완벽한 벤치마크로 기능한다고 생각한다. 이들은 ②제공하는 임금을 최저임금 수준으로 맞추고 일자리 공급량은 완전고용을 달성하기 위하여 '일자리 갭'을 메우는 규모로 변동시킨다면, '최종 고용자' 프로그램은 정부지출이 완전고용을 유지하기에 적절한 수준에서 유지되도록 하는 강력한 자동안정화 장치라고 주장한다.[79]

즉, 경기침체기에는 정부가 민간 부문에서 해고된 사람들에게 공공 일자리를 제공함으로써 필요한 경기부양 효과를 낳고 반대로 경기가 개선되어 민간 부문이 팽창하면 공공 일자리로부터 노동자들이 민간 부문으로 이탈하여 정부지출이 줄어들 것이기에, '최종 고용자' 프로그램에 대한 재정지출은 경기조정적으로 변동된다고 주장한다. 달리 말하자면, '최종 고용자' 프로그램이 경기조정적으로 수축하고 팽창하는 완충재고■의 기능을 한다는 것이다. 이러한 점에서 '최종 고용자' 프로그램은 '완충재고 고용'으로 불리기도 한다.[80] 이러한 방식으로 작동하는 프로그램에서는 ③정부지출도 항

■ 공급 측에서 시장에 대한 공급량을 조절하여 수급 관계를 조정함으로써 가격 안정화를 꾀하는 재고. 경기 불안정에서 오는 충격을 완화하는 역할을 한다.

상 적확한right 수준에 맞춰질 것이라고 말한다. '최종 고용자' 프로그램 연구의 중심지 중의 하나인 미주리대학 완전고용 및 물가안정 센터Center for Full Employment and Price Stability(CFEPS)의 명칭에서 알 수 있듯이, 이 프로그램은 완전고용과 물가안정이라는 두 가지 목표를 동시에 달성하고자 한다.

먼저 '최종 고용자' 프로그램의 임금에는 상품가격을 고정시키는 닻이 내장되어 있어서 통화가치가 안정되어 인플레이션이 발생하지 않을 것이라는 주장부터[81] 하나하나 차근히 따져보자. 예를 들어 정부가 노동자 1명을 연간 2,000시간 노동시키고 2만 달러를 지불한다면, 통화가치는 그 돈으로 고용할 수 있는 '최종 고용자' 프로그램 노동자의 노동시간과 같을 것이므로 10달러 화폐의 가치는 1노동시간에 해당되고 1달러 가치는 6분의 노동시간에 해당된다고 말할 수 있다. 만약 연간 2,000시간 노동에 대해 4만 달러를 지불한다면 1달러 가치는 3분으로 절하된다. 즉, 통화가치는 공공부문 시간당 임금의 역수로 고정된다. 사실 이러한 설명은 일자리 보장 프로그램에 투입되는 화폐의 구매력은 구입되는 상품인 공공 일자리의 노동시간으로 표현된다는 말에 지나지 않는다. 이것만으로는 1노동시간에 대해 지불된 화폐량이 상품시장에서 어느 정도의 구매력을 가질 것인가는 전혀 설명되지 않은 채로 남아 있다. 그래서 '최종 고용자' 프로그램은 공공부문 임금이 민간부문에 대해서도 통화가치를 고정시키는 닻의 역할을 할 것이라는 주장을 덧붙인다. 즉, 일자리 보장 정책을 실시하면 통화가치가 공공부문의 노동시간 단위로 고정되기 때문에 공공부문 임금 이외의 나머지 모든 가격이 결정되는 민간 시장에서도 통화가치는 저하되지 않을 것이라고 설명한다.

하지만 공공 일자리가 대규모로 공급되어 유급노동의 지배적인 형태가 되지 않는다면 이러한 가정의 타당성을 따질 필요조차 없을 것이고, 나아가 설령 대부분의 생산이 공공 일자리로 채워진다고 해도 노동력 상품의 가격을 선결정함으로써 다른 상품 가격들이 이에 따라 결정될 것이라는 가정은 논리적으로 타당하지 않다. 기본상품인 노동력 상품의 가격을 고정시키더라도 다른 상품들은 이러한 기본상품과 교환됨으로써 가격을 가지게 되는 것이 아니라 오직 화폐와의 교환을 통해서만 가격을 가지게 된다. 상품 가격은 교환에 의해 결정되며 상품시장에서 사후적으로 부여될 수밖에 없다. 역사적으로 볼 때 일자리 보장 이외에도 최저임금제나 협약임금제처럼 노동력 상품의 가격을 시장 바깥에서 결정하는 제도들은 존재해 왔다. 1950년대나 1960년대처럼 거의 모든 노동력 상품 가격이 협약임금제에 의해 노동시장 외부에서 결정되고 완전고용에 근접한 상태였을 때에도, 이와 같은 선결정이 다른 상품의 가격을 안정시키는 주요 요인이었다는 증거는 찾아볼 수 없다.

아울러 '최종 고용자' 프로그램이 설계 원칙으로 채택한 '고정가격/노동공급량 변동의 규칙fixed price/floating quantity rule'에는 이미 최종고용자 프로그램의 임금이 통화가치의 닻이 될 것이라는 가정을 깨어질 가능성이 들어 있다. 즉, 최종고용자 프로그램에 흡수되는 노동량이 미미할 경우, 전체 고용량에서 차지하는 비중도 작을 것이고 최종고용자 프로그램이 사회 전체의 물가수준에 미치는 영향도 미미할 것이다. 반대의 경우라면 전체 고용량에서의 비중은 높겠지만 이 경우에도 이 프로그램의 노동생산성이 문제가 된다. 즉, 비록 시간당 임금률을 고정시킨다 하더라도 이는 시간당 노동생산성이 고정된다는 뜻은 전혀 아니기에 프로그램의 노동생산성이 형편없이 낮다면 질적 측면까지 고려한 노동공급은 급감하고 인플레이션이 가속화될 수 있다. '최종 고용자' 프로그램의 완충 재고 기능이 작동하더라도 이 기능과 물가안정은 현대화폐론이 생각하듯이 깊은 연관성을 가지지 않는다고 말할 수 있다.

그럼에도 불구하고, '최종 고용자' 프로그램에는 물가안정 기능이 내장되어 있지만 이와 반대로 기본소득 형태로 지불되는 화폐는 무상 통화free currency로서 하이퍼인플레이션hyperinflation을 발생시킬 것이라고 비판이 빈번히 제기된다.[82] '최종 고용자' 프로그램의 주창자들이 이처럼 생각하는 이유는 완전기본소득이 노동공급을 줄일 것이며, 이는 노동소득과 조세 수입이 줄어든다는 것을 의미하며, 이러한 과정을 거쳐 결국 기본소득 재정이 위협받게 되면 조세 인상이 뒤따르고, 이는 다시 물가상승과 통화가치 감소로 이어져서 기본소득의 실질 구매력이 떨어지고, 다시 기본소득 액수를 인상하지 않으면 안 되는 악순환이 반복될 것이라는 시나리오 때문이다. 여기에 체르네바는[83] 기본소득이 임금협상력을 높일 것이기에 기업은 증가한 노동비용을 감당하기 위하여 상품 가격을 올리게 되고 이는 다시 기본소득 지급액 인상, 세율 인상, 물가상승의 과정을 반복하는 인플레이션의 악순환에 빠지게 된다는 설명도 덧붙인다. 정리하자면, 거시경제적으로 볼 때 기본소득은 수요를 진작하면서 공급을 위축하는 효과를 낳고 결국 스태그플레이션을 일으킨다는 것이다.

이러한 가정에는 두 가지 전제가 깔려 있다. 하나는 기본소득 재정을 오로지 소득세에서만 찾고 취업자의 경우에는 언제나 소득효과보다 대체효과가 클 것이라고 가정하는 것이고, 다른 하나는 기본소득 도입이 경제활동 참가율을 감소시킬 것이라고 부당 전제하는 점이다. 설령 임금노동 일자리가 준다고 하더라도 창업 효과가 생길 것이기 때문에 경제활동 참여율이 줄 것이라고 속단할 수 없으며, 다른 한편으로 노동소득에 대한 과세 이외에도 다른 종류의 과세 재원을 찾을 수도 있을 것이다. 조세형 기본소득 이외에도 이 책의 2장과 3장에서 다룬 공유지분권 모델이나 공동소유에 입각한 배당 모델도 혼합적으로 도입할 수 있기 때문에 기본소득이 조세기반을 침식하여 인플레이션을 유발한다는 가정은 매우 일면적이다.

경기조정적 자동안정화 기능의 핵심은 '최종 고용자' 프로그램이 민간고용이 감소할 때에는 공공고용을 증가시키고 민간고용이 증가할 때에는 공공고용을 줄이는 기능을 가지게 되어 언제나 강한 완전고용에 근접한 상태가 유지될 것이라는 가설이다. 이러한 가설은 만약 최종고용자 프로그램이 제공하는 일자리가 전일제일 경우, 오늘날의 민간 노동시장을 현실을 고려하면 비현실적이다. 플랫폼 노동이 확산된 오늘날의 노동시장에서는 오히려 민간고용으로부터 전일제 공공고용으로의 이동만 나타나서 그와 같은 안정화 장치는 전혀 작동되지 않을 것이다. 보다 근본적인 한계는 이러한 가정이 기술혁신을 도외시하고 실업을 오로지 순환적 측면에서만 바라본다는 점이다. 경기 국면에 따른 고용 증감만을 따진다면 이와 같은 가설이 성립할 수도 있겠지만, 기술적 실업에 직면하여 과연 정부가 최종 고용자로서 어떤 종류의 일자리를 창출할 수 있는지는 대단히 의문스럽다. 국가가 앞장서서 노동력 절감기술의 진보를 가로막거나 속도를 늦출 수는 없을 것이고, 결국 일자리 보장 프로그램은 생산성과 무관하게 일자리를 매개로 소득을 보전해 주는 프로그램으로 변질될 것이다.

그렇다면 '왜 굳이 소득을 분배하지 않고 일자리를 제공한 것일까'라는 본질적인 의문을 벗어날 수 없게 된다. 재정지출의 승수효과를 중시하는 고전적 케인스주의의 실업 대책을 영란은행의 금을 폐광에 묻어두고 기업들에게 채굴하도록 하는 것에 비유한다면, 전통적인 복지국가의 실업 대책은 광산폐쇄로 해고된 노동자들이 다른 직업으로 이전할 때까지 잠정적으로 영란은행의 금을 지급하는 것이라 말할 수 있다. 이러한 비유를 적용한다면 일자리 보장론은 정부가 영란은행의 금을 직접 폐광에 묻어두고 해고된 탄광노동자를 공공 일자리로 고용하여 금을 파게 하는 것이다. 그냥 금을 나눠주면 되지 않을까라는 직관은 기본소득의 합리성을 잘 설명해 준다.

마지막으로 따질 점은 '최종 고용자' 프로그램은 왜 경기조정적 안정화 장치가 기본소득에는 없다고 생각하는가이다. 기본소득이 도입되면 모든 사람의 총소득은 기본소득과 노동소득의 합으로 구성된다. 경기침체기에는 이와 같은 복합소득에서 기본소득 비중이 높겠지만, 기본소득에 의해 수요가 진작되어 경기가 회복되면 복합소득에서 노동소득이 차지하는 비중이 늘어나게 된다. 복합소득에서 기본소득이 차지하는 비중도 "강한 경기조정적 효과"를 가지고 있다.[84] 이러한 효과를 극대화하려면 오페Claus Offe가[85] 제안하듯이 침체기에는 기본소득 지급수준을 높이고 호황기에는 줄이는 방식으로 기본소득 지급액을 경기에 맞춰 변동시키는 것도 하나의 방법이다. 이는 가이 스탠딩이 층화된 기본소득 체계에서 "안정화 급여stabilization grant"라고 불렀던 것으로서, 지급수준이 고정되어 있는 기본소득 이외에 경기조정적으로 변동하는 무조건적·보편적·개별적 현금이전을 추가적으로 도입하자는 제안이다. 이노우에

도모히로井上智洋는[86] 이와 같은 안정화 급여를 화폐발행 이득으로 충당하자고 제안한다. 이러한 제안이 실현되려면 부분지급준비금 제도의 폐지와 100% 지급준비제도로의 전환이 필요하게 된다.[87] 이처럼 일자리만이 유일한 소득원천이라는 낡은 관념을 고집하지 않는다면, 완충재고 기능이나 경기조정적 자동안정화 장치를 반드시 일자리를 매개로 설계할 이유가 전혀 없고 기본소득과 같은 현금이전을 통해서도 충분히 달성 가능하다.

4. 기본소득, 경제에 대한 사전적 조정

'최종 고용자' 프로그램이 노동시장의 실패를 교정할 뿐만 아니라 앞서 보았듯이 완충재고 기능이나 자동안정화 기능을 가질 수 있다면 노동시장에 대한 일종의 사전적 조정을 도입하는 것이라고도 말할 수 있다. 역사적으로 볼 때, 임금에 대한 사전적 조정은 이미 존재했다. 최저임금제나 산별 협약임금이 대표적인 예이다. 일자리 보장 프로그램은 노동력 가격에 대한 사전 조정을 넘어 일자리, 곧 노동수요 자체에 대한 사전적 조정이 등장한다는 의미를 가진다. 이는 생산에 대한 사전적 조정만이 아니라 분배와 교환을 포함한 경제 전 과정에 대한 사전 조정이 등장할 수도 있다는 것을 의미한다.

실제로 20세기형 사회주의 국가의 계획경제는 전일적 사전조정을 추구했다. 하지만 이와 같은 사전적 조정의 증대가 반드시 해방적인 것은 아니다. 사전적 조정의 증대가 반드시 유급노동에 대한 의존성의 감소와 일치하는 것도 아니며, 유급노동의 전면화로서 완전고용이나 생산 활동만이 인간 본연의 목적인 것도 아닐 것이다.

　일자리 보장 프로그램의 목표는 유급노동의 전면화, 강한 완전고용이다. 하지만 일자리 보장 정책은 국민총소득 중에서 정부가 직접 창출할 일자리의 노동소득을 사전에 조정할 뿐이지, 유급노동에 분배될 몫과 탈노동화된 활동에 분배할 몫을 사전에 조정할 수는 없다. 이와 같은 기능을 수행할 수 있는 것은 무조건적 기본소득뿐이다. 기본소득은 유급노동 외부에 독립적인 소득원천을 도입하는 것이며, 기본소득 재정의 크기는 국민총소득 중에서 자유로운 활동에 대해 얼마만큼의 몫을 선분배했는가를 나타낸다. 선분배 몫만큼 유급노동시간은 줄어들고 탈상품화된 여가시간은 늘어나게 될 것이며 이는 그만큼 실질적 자유의 크기가 커진다는 것을 의미한다. 이러한 방식으로 기본소득은 각 개인의 시간에서 노동시간과 여가시간의 비중을 바꾸며 사회 전체적으로는 생산과 재생산에 걸친 사회적 시간 전체를 재분배한다.

　기본소득의 지급수준은 유급노동시간의 역수로 나타난다. 즉, 지급수준이 높을수록 개별적 노동시간은 줄어들 것이다. 이러한 관계에 근거하여 기본소득은 유급노동에 근거한 생산, 교환, 분배 전체에 대해 사전적 조정의 기능을 가지게 될 것이다. 기본소득 지급수준과 전체적인 지급규모는 유급노동에 할당될 분배 몫과 자유로운 활동에 대한 분배 몫의 비율을 결정하게 된다. 판 파레이스가 완전기본소득의 기준으로 제시한 수준인 GDP의 25%를[88] 기준으로 삼는다면, 국민총소득의 25%를 자유로운 활동에 사전에 분배할 경우 이러한 분배 몫만큼 사회구성원들이 돌봄활동, 공동체활동, 문화활동, 디지털활동에, 즉 임금노동이 아닌 자유로운 활동에 시간을 할당할 수 있게 된다.

유급고용과 무관한 분배 몫을 사전에 정한다는 점에서 기본소득은 가장 근저에서, 가장 큰 범위에서 경제에 대한 사전적 조정 기능을 수행한다. 이와 같은 사전적 조정의 필요성과 정당성은 점증하는 사회재생산 위기의 해소와 디지털 활동의 증가로 인한 사회적 유용성의 증대에서 찾을 수 있다. 이러한 방식의 조정은 과거의 사회주의 계획경제처럼 국가 주도의 전일적인 사전조정이 아니라 개별적 사회구성원의 시간처분권의 증대를 가져올 것이다. 기본소득은 모든 개인에게 탈상품화된 시간의 형태로 소득이 제공된다는 뜻이다. 이와 같은 기본소득에서는 일자리 보장 프로그램에 대한 통상적인 우려 사항인 국가부문의 팽창, 관료주의의 문제가 전혀 나타나지 않게 된다는 것은 당연한 귀결이다.

5. 한국의 직접 일자리 창출 정책

미국의 트럼프 대통령 당선은 전통적 굴뚝산업 노동자의 고용 불안에 크게 힘입었다. 트럼프 정부의 일자리 포퓰리즘은 파리 기후변화협약에 서명하지 않은 채 화석연료자본주의로 국내 고용을 유지하며 수출주도국에는 통상 압박을 가하는 대외 정책으로 나타났다. 그런데 미국으로부터 통상 압박을 받는 수출주도국가 중의 하나인 한국도 이미 심각한 수준의 일자리 부족과 고용 양극화를 겪고 있다. 덧붙이자면, 제4차 산업혁명에 민감한 산업구조로 인하여 한국에는 일자리 희소화에 대한 공포도 다른 어떤 나라보다 클 수밖에 없다는 점이다.[89] 결국 일자리 포퓰리즘이 발흥할 여건은 이미 충분히 존재한다. 물론 4차 산업혁명은 소규모 개방국가인 한국의 대외경쟁력에 직결되는 사항이기 때문에 고용 유지를 위해 인공지능과 자동화 그 자체에 반대하는 형태의 일자리 포퓰리즘이 등장할 가능성은 그다지 높지 않다. 하지만 4차 산업혁명으로 인한 제조업과 유통 판매 서비스업의 일자리 감소를 정부가 직접 공공 일자리를 공급함으로써 해결하려는 정책은 언젠가 각광받을 수 있다. 실제로 현 정부도 집권 초기에 공무원 일자리와 사회 서비스 분야의 공공 일자리 확대를 공약한 바 있고, 앞으로 4차 산업혁명이 본격화되고 민간 일자리의 감소가 두드러진다면 이러한 경향은 차기 정부에서 더 큰 규모로 추진될 수도 있다.

일자리 보장 프로그램을 도입한 국가는 지구상에 존재하지 않는다. 당연하게도 한국에서도 그러한 프로그램은 도입되지 않았다. 하지만 이 글에서 논한 일자리 보장 프로그램이 아니더라도 전 세계 주요 정부의 직접적 일자리 창출은 상당히 광범위하게 이루어지고 있다. 한국의 경우 2017년 6월 13일 통계청이 새로운 국민계정체계(UN SNA 2008)에 맞춰 작성한 '공공부문 일자리 통계'를 보면 2015년 12월 기준으로 정부 일자리와 기금 일자리 199만 개와 공기업 일자리 34만 6,000개를 합쳐 233만 6,000개의 공공 일자리가 있다. 하지만 한국의 공공 일자리 비중은 전체 취업자의 8.9% 수준으로 OECD 평균인 21.28%와 비교할 때 절반에도 못 미친다. 그 이유는 전반적으로 낮은 조세부담률과 턱없이 작은 사회복지지출에서 찾을 수 있다. 2016년 기준으로 한국의 GDP 대비 사회복지지출 비중은 10.4%, OECD 평균(21%)과 비교할 때 절반 이하에 불과하고 멕시코(7.5%)를 제외하면 OECD 35개 회원국 중에서 가장 낮다. 여기에 덧붙여서 사회 서비스의 민간위탁이 지나치게 많다는 점도 주목할 필요가 있다. 그간 정부는 교육·보육·요양·의료를 공공서비스 형태로 제공하기보다 사립학교, 민간 보육·요양·의료기관에 임금을 보조하거나 운영비를 지원하는 방식으로 재정지출을 절감해왔다. 이렇게 본다면 한국은 상당히 많은 공공 일자리를 정부가 직접 창출할 여력이 있다고도 말할 수 있다. 물론 사회복지지출을 늘리고 그중에서도 재정일자리 예산을 획기적으로 늘릴 경우에만 가능한 이야기이다.

문재인 정부는 취임 초기에 재정일자리 예산에 관해서 분명한 의지를 보였었다. 주요 내용은 민간 사회 서비스를 공공화 하기 위한 '사회 서비스 공단' 설립에 관한 논의였다. 즉, 민간위탁 사회 서비스 일자리 34만 개를 공공 일자리로 돌리겠다는 내용이었다. 민간 사회 서비스 일자리의 열악한 고용의 질을 생각하면 이와 같은 정책은 고용의 질을 높이는 데에는 크게 기여할 수 있다. 그렇지만 그러한 정책이 고용의 질이 아니라 총고용량의 관점에서도 효과가 있을지는 의문스럽다. 물론 한국에서 사회 서비스 수요는 점차 늘어날 전망이므로 민간위탁 사회 서비스 취업자가 공공 일자리로 그대로 빠져나가는 완벽한 회전문 효과revolving door effect가 나타나지는 않을 것이다. 그럼에도 34만 개의 사회 서비스 공공 일자리를 만든다고 일자리 총량이 34만 개 늘어나는 것은 아니라는 점도 명백한 사실이다. 사회 서비스 공공 일자리 창출은 기존의 민간위탁 일자리에 대한 대체효과substitution effect를 가질 수밖에 없기 때문에 17만 4,000개의 공무원 일자리를 새로 만드는 것과는 달리 이는 34만 개 일자리의 순증純增이라고 말할 수는 없다.

문재인 정부의 '일자리 중심 경제'는 투 트랙으로 짜여 있었다. 공공 일자리의 직접 창출이 한 축이고 민간 일자리 확대에 대한 정부 지원과 제도 정비가 다른 한 축이다. 민간 일자리 확대 정책에는 세제 지원 같은 통상적인 것뿐만 아니라 노동시간 단축처럼 눈길을 끄는 정책도 들어 있다. 그런데 문재인 정부의 노동시간 단축 정책은 법정 최대노동시간인 52시간을 준수하도록 하여 실노동시간을 단축한다는 것 이외에 별다른 내용이 없었고 이마저 최근에는 후퇴하고 있다. 공공 일자리 정책은 비록 다양한 구축효과crowding out effect 때문에 애초의 기대에는 못 미치더라도 어느 정도는 일자리 증가를 만들어낼 것이다.

이에 반하여 단지 법정 노동시간의 엄수에 불과한 노동시간 단축 정책은 한국 자본주의의 장시간 노동체제의 종식이라는 대의에 비추어도 매우 소극적인 접근방식이며 무엇보다도 일자리 정책으로서는 거의 아무런 실효성도 없다. 추가고용 없이는 생산을 감당할 수 없을 정도의 노동시간을 단축할 경우에만 노동시간단축이 일자리 정책으로서 실효성을 가질 것이다. 그 기준은 적어도 유럽 국가들의 주당 35시간제 정도의 파격적인 단축이다. 물론 노동시간을 획기적으로 단축할 경우에도 자동화나 노동강도의 강화 때문에 고용증대 효과는 기대에 못 미칠 수 있다. 신규 고용으로 이어지는 비율은 단축된 시간량의 절반 이하일 수 있다. 더욱이 최근 문재인 정부는 탄력근로제 기간 확대 등을 통하여 노동시간단축 정책으로부터 후퇴하고 있다.

문재인 정부의 노동시간 단축 정책의 또 다른 한계는 단축된 노동시간에 대한 소득보전 정책이 없다는 점이다. 이는 노동시간 단축 정책에 대한 노동조합의 지지를 끌어내기 어렵게 만든다. 일자리가 희소해지는 시대가 이미 시작되고 있다. 4차 산업혁명이 본격화되면 적어도 단기적으로는 일자리가 급격하게 사라지지만 새로운 일자리는 아직 생겨나지 않은 시기를 거치게 된다. 이는 인공지능 혁명이 초래할 장기적인 고용전망과 무관하게 누구나 인정할 수밖에 없는 사실이다. 이러한 상황에서는 획기적인 노동시간 단축 이외에는 다른 해법이 없다. 노동시간을 획기적으로 단축하여 적어도 유급노동을 원하는 사람들에게 가능한 한 충분한 일자리를 공급하며 노동시간단축으로 인한 노동소득의 감소는 기본소득 도입을 통하여 보상하는 것만이 생각할 수 있는 유일한 대안이다. 이러한 발상은 앙드레 고르츠부터[90] 시작되어 최근 기본소득 도입을 전제로 주당 15시간 노동제를 주장한 브레흐만에[91] 이르기까지, 또한 "가능한 한 더 많은 자동화", "노동시간단축과 일자리의 평등한 재분배", "관대한 액수의 무조건적 기본소득", "노동윤리의 제거"를 "포스트 노동 정치post-work politics"의 네 가지 요구로 제시하는 셔니섹과 윌리엄스까지 이어지는 기본소득론의 큰 줄기를 이룬다.[92] 이러한 흐름에 비추어볼 때 기본소득과 연동되지 않은 문재인 정부의 노동시간 단축 정책은 애초부터 매우 분명한 한계를 가지고 있었다.

　과거 이명박 정부의 구호는 '일자리가 최고의 복지'였다. 이 구호의 실체는 복지회피론이자 부자가 잘 살면 모두 잘 살게 된다는 낙수효과에 의지한 성장론이었다. 물론 이때 '최고의 복지'인 '일자리'는 당연하게도 민간 일자리를 뜻했다. 보수정부의 일자리 정책은 투자활성화를 통한 민간 일자리 창출에 방점이 찍혀 있었다. 반면에 문재인 정부가 강조하는 공공 일자리 직접 창출은 분명히 이러한 흐름으로부터 벗어난 것이다. 그렇다고 문재인 정부의 공공 일자리 창출 정책이 이 글에서 다룬 일자리 보장 프로그램은 아니다. 앞서 밝혔듯이, 일자리 보장 프로그램은 일자리를 원하는 모든 사람에게 정부가 직접 일자리를 보장하여 강한 완전고용 상태를 만든다는 것으로서 제한적인 규모의 공공 일자리 공급과는 전혀 다른 내용이다. 그럼에도 이명박 정부부터 문재인 정부까지 일관되게 이어져오는 일자리 창출에 대한 강조, 일종의 일자리 중심주의는 정부의 직접 일자리 창출에서 일자리 보장 프로그램으로 이어지는 경로가 전혀 상상할 수 없는 일은 아니라는 점을 암시한다.

실제로 정부에 의한 일자리 직접 창출은 한국에서 문재인 정부 이전부터 상당한 규모로 줄곧 존재했다. OECD의 다른 국가들과 비교하면 사회보장지출이나 고용서비스 지출 비중이 낮은 편임에도 불구하고 2017년 예산 400조 5,000억 원 중에서 재정지원 일자리사업 예산 규모는 17조 736억 원으로 예산 비중은 4.42%에 달한다. 이 중에서 직접일자리 창출 예산만 2조 7,069억 원(76.4만 명)으로 예산 비중은 0.67%이다. 그 외에 직업훈련에 2조 2,460억 원을, 고용장려금으로 3조 1,752억 원을 지출하고 있다. 직접일자리 창출의 예산 비중은 OECD의 다른 나라들과 비교하면 엄청나게 높다. 2006년을 기준으로 호주는 직접일자리 창출에 예산의 0.06%를 적극적 조치에 0.33%를 지출했고, 오스트리아는 각각 0.05%와 0.75%를, 캐나다는 0.01%와 0.26%를, 핀란드는 0.09%와 1.02%를 지출했다.[93]

OECD 국가들과 비교할 때 한국은 재정지원 일자리사업 예산 규모가 훨씬 크며 그중에서도 적극적 조치보다 취약계층에 정부가 직접 일자리를 공급하는 직접일자리사업 예산 규모가 더 크다. 이러한 특징은 문재인 정부 들어와서 나타난 현상이 아니다. 이미 2014년도에도 정부예산 355.8조 원 중에서 재정일자리사업 예산 비중은 3.4%로 12.0조에 달했고 12조 중에서 직접일자리 예산은 재정일자리사업 예산의 23.6%인 2조 8,320억 원, 직업훈련 예산은 13.2%인 1조 5,822억 원으로 직접일자리 예산 비중이 압도적으로 높았다.

이미 오래전부터 한국은 신규 채용에 대해 기업에 임금을 보조하는 채용장려금hiring subsidy이나 실업급여 등 이전지출의 예산 비중은 상대적으로 작은 대신에 직접일자리 창출이나 직업훈련 같은 정부소비지출의 비중은 상당히 높은 특징을 보여주고 있었다. 이러한 특징은 향후 재정일자리 예산의 확대 추세 속에서 일자리 희소화에 대한 해법으로 전면적인 일자리 보장론이 대두될 수 있다는 예측을 개연성 있게 만든다. 이러한 상황 속에서 산업연구원 최희선의 보고서처럼 일자리 보장과 기본소득 보장을 교차 비교하는 연구도 등장하고 있으며,[94] 기본소득의 입장에서 일자리 보장론에 대한 비판도 제출된 바 있다.[95] 한국에서 앞으로 전개될 상황을 염두에 둔다면, 이 글에서 시도했듯이 일자리 보장론의 문제점을 짚어보고 일자리 보장론이 제기하는 기본소득 비판에 대하여 답변하는 일은 실천적으로도 매우 중요하다.

7장

시간은 어떻게 여성을 억압하는가

남성 생계부양자 모델이 해체되고 맞벌이로 전환되었다. 그럼에도 가사 및 양육부담을 주로 짊어지는 것은 여전히 여성이다. 여성은 시장 노동과 재생산 노동의 이중부담double day에 시달린다. 이러한 상황은 젠더 정의gender justice에 어긋날 뿐만 아니라 사회재생산social reproduction의 위기마저 낳는다. 이 위기는 여성의 이중부담을 해소함으로써 여가시간 평등의 원칙이 구현될 때 비로소 극복될 수 있다. 삶을 이루는 모든 영역, 즉 생산·재생산·정치적 참여·문화적 참여 네 영역에서의 시간 분배를 평등하게 만들어야 한다는 것이다.

결국 젠더 평등gender equality이란 성별 임금 격차나 성별 노동시간 격차의 해소와 같은 한 영역의 문제로만 폭 좁게 이해될 수 없으며 사회적 시간 분배 전체에 걸친 문제로 바라보아야 한다.[1] 이 장에서는 양육노동을 젠더 평등하게 분배하여 여성의 이중부담을 해소하기 위해서 반드시 전제되어야 할 사회적 조건을 탐색한다. 즉, 여가시간의 평등을 위한 객관적 시간 조건을 모색하는 것이다.

사회적 시간 분배에서의 젠더 불평등의 역사와 현황을 살피고 구체적인 해법을 모색하기 위해서는 약간의 일반적 설명이 필요하다. 특히 사회적 시간 분배를 규율하는 시간 레짐time regime의 기능과 역사적 전개에 대한 설명, 시간 경제economy of time와 자본주의적 시간 분배의 특징, 나아가 신자유주의 시간 레짐의 종차種差에 대한 설명이 필요하다. 또한 사회적 시간 분배를 규율하는 성별분업의 역사와 현황을 개괄하고, 젠더 평등을 시간 역량time potential과 시간 복지time welfare의 관점에서 다시 정의할 필요가 있다. 사회적 시간의 분배는 여성의 이중부담과 사회재생산 위기라는 주제에 접근하는 가장 핵심적인 관점이다. 젠더 관점에서 사회적 시간 분배를 살펴보고, 젠더 시간 불평등의 현황과 실제적인 해법을 모색해보자.

1. 시간 분배와 시간 레짐

사회적 시간은 시간 레짐에 의해 분배된다

누구에게나 하루는 24시간이다. 자연적 크기로서 1일은 모든 사람에게 동일한 크기로 부여된다. 그렇지만 하루를 어떻게 보냈는가는 사람마다 다르다. 일정한 시간의 활동이 산출한 결과도 사람마다 다르고 같은 사람이라도 날마다 다를 수 있다. 결과물의 양으로 환산될 수 없는 주관적 만족의 측면에서도 같은 양의 시간이 같은 질의 만족을 담보하지는 않는다. 행복한 하루도 있고 불만족스러운 하루도 있다. 같은 사람에게 주어진 같은 양의 시간이라도 시간의 주관적 질은 매번 다르다. 이처럼 자연적 크기로서의 시간에 대해서도 보편성과 개별적 차이, 양과 질의 측면을 따질 수 있다. 하지만 이 글이 다루려는 주제는 자연적 시간이 아니라 사회적 시간이다.

자연적 시간으로서 하루의 길이는 24시간이다. 사회적 시간으로서도 하루는 마찬가지로 24시간이다. 하루 24시간 중에 어떤 활동에 얼마만큼 시간을 쓸 것인가는 각 개인이 자의적으로 결정하는 것처럼 보이지만 사실은 사회적 조건에 달려 있다. 사회적 시간의 분석이란 개별적 시간 분배를 제약하는 사회적 조건에 대한 분석이다. 사회는 개별적 시간 분배를 직간접으로 규율한다. 시간 레짐이란 바로 이와 같은 규율의 체계이다. 가장 기초적인 수준의 시간 레짐은 '약속 지키기pacta sunt servanda' 원칙이다. 개인들이 약속 시간을 정하듯이 회사들 간의 거래에서도 물품 인도 시기나 부채 상환 시기를 정한다. 약속한 시간은 엄수해야 한다는 원칙은 약속의 원칙의 핵심적인 부분이다.

약속의 원칙에서도 드러나듯이 시간 레짐의 기초적인 기능은 개별적 시간의 동시화synchronization이다. 사회구성원들의 개별적 시간 분배의 동시화는 협업과 분업의 기초, 경제의 기초이다. 시간 엄수에 의한 개별적 시간의 동시화가 불가능하다면 상품교환이나 신용거래도 불가능했을 것이고, 출퇴근시간이 정해지지 않는다면 개별 노동력을 결합노동자로 만드는 공장체제도 불가능했을 것이다. 공장체제는 개별적 시간을 생산공간 차원에서 동시화하는 특유한 시간 레짐이다. 개별적 시간을 동시화하는 시간 레짐은 사회가 구성되고 존속하기 위해 필수적이며 시대에 따라 진화한다.

사회가 단일한 유기체로서 얼마만큼의 시간을 어디에 쓸 것인가를 결정할 수 있었다면 시간 레짐이 필요 없었을 것이다. 하지만 사회는 수많은 개인들로 이루어지며 사회적 시간의 분배는 개인들의 개별적인 시간 분배를 통해 이루어진다. 바로 이와 같은 원천적인 개별성 때문에 시간 레짐은 반드시 필요하게 된다. 시간 레짐은 개별적 시간 분배의 조건을 규율하고 특정한 분배를 강제함으로써 사회 전체의 시간량을 사회적으로 필요한 활동들에 분배한다.

하지만 시간 레짐이 수립되고 효과적으로 작동한다고 해도 달라지지 않는 사실이 있다. 모든 개인은 언제든지 시간 분배를 변경할 수 있는 잠재적인 시간 주권time sovereignty을 가진다는 것이다. 지각·조퇴·결근 등은 개인이 결정한다. 처벌과 불이익만으로는 시간규율이 확보될 수 없다. 시간 레짐은 단순한 처벌체제 이상으로 발전해야 한다. 더 중요한 문제는 시간의 양적 크기만이 아니라 시간의 질도 개인이 결정한다는 것이다.

태업의 가능성은 시간의 질이 개인에게 맡겨져 있는 한에서 언제든지 열려 있다. 시간의 질적 측면인 생산성을 고려한다면 시간 레짐은 진화를 거듭할 수밖에 없다. 생산성을 높이고 업무를 표준화하는 기계화와 자동화는 외적 강제를 기술적 형태로 실현하는 매우 진화한 시간 레짐이라고 말할 수 있다. 시간 레짐의 더 중요한 요소는 내면적 동기부여와 내적 규율이다. 시간 레짐은 외적 강제의 형태에서 사회구성원들의 내면화된 규범의 형태로 진화해왔다. 개인의 시간 주권을 원천 박탈하는 것은 불가능하기 때문에 시간 레짐은 직접적 강제의 형태를 벗어나서 경제적·사회적·이데올로기적 강제의 형태로 치밀하게 발전하게 된다.

자본주의 시간 레짐과 속도의 경제

자본주의 시대에 들어오면서 시간 레짐은 근면과 성실, 동일한 시간에 더 많은 결과를 산출해야 한다는 효율성 이데올로기, 자기 착취로 이끄는 내면화된 노동규범의 형태를 띤다. 이처럼 치밀하게 발전한 시간 레짐 앞에서 개인의 시간 주권은 실질적 주권이 아니라 그저 잠재적 주권일 뿐이다. 각 개인은 비록 시간 주권을 가지고 있기는 하지만 자율적인 시간배분을 수행할 수 없다. 시간 레짐이란 이러한 잠재적 시간 주권을 관리하는 체계이다.

자본주의 시간 레짐이 사회적 삶에 필수적인 약속 엄수나 동시화의 기능만 담당한다고 생각한다면 큰 착각이다. 자본주의에서 시간 레짐은 동일한 생산물을 더 적은 시간에 생산하는 시간 경제와 결합되며, 더 빠른 생산과 더 많은 이윤을 위해 질주한다. 자본주의 시간 레짐의 핵심적 특성은 하르무트 로자가[2] 강조하듯이

"단위시간당 산출양의 증대 또는 단위량당 필요시간의 단축", 곧 가속화Beschleunigung이다.[3] 가속화의 시간 레짐은 단지 생산만 규율하는 데 그치지 않는다. 생활세계도 가속경제와 시간자원의 희소화에 대해 반응하여 패스트푸드·스피드 데이트·멀티태스킹 등 "현재의 축소"가 일어난다.[4] 가속경제가 생활세계를 변화시키면 더 바쁘게 사는 것이 윤리적 선이 되며 시간의 질이 아닌 속도가 내면적 시간규범으로 자리 잡는다.

결국 생산의 시간만이 아니라 생활세계의 시간도 축소되어 개별적 시간은 남김없이 사회화되고 흔적도 없이 파괴된다. 시간 레짐은 개별적 시간을 사회적 시간으로 동시화하며, 개인이 상이한 활동들에 시간을 분배하는 과정에 개입하며, 생산성과 속도의 경제를 통해 시간의 질을 규율한다. "현재의 축소"[5] 또는 "시간 파괴"는[6] 자본주의 시간 레짐의 결과이다. 자본주의에 의한 경제와 사회의 가속화는 정치를 느리고 비생산적인 것으로 간주하게 만든다. 민주주의를 유지하면서 정치를 경제 및 사회의 속도에 맞춰 동시화하는 길은 민주적 절차를 무시하고 기술합리성만을 고도화하는 정치의 가속, 예컨대 전문가지배expertocracy가 아니라 거꾸로 경제와 사회의 감속밖에 없을 것이다. 여기에서는 과연 기본소득이 이와 같은 감속장치가 될 수 있는지에 주목한다.

여가시간의 양과 질을 결정하는 넓은 의미의 시간 레짐

개별적 시간의 양적 분배에 개입하는 방식을 시간 레짐이라고 본다면, 개념의 내포는 매우 넓어진다. 어떤 사람이 한정된 자원인 자연적 시간량을 어떻게 분배할 것인가에 영향을 끼치는 모든 사회적 조건들을 넓은 의미의 시간 레짐이라고 말할 수 있다. 어떤 사람이 어떤 활동에 얼마만큼의 시간을 쓸 것인가는 사회적 조건으로부터 독립적일 수 없다. 예컨대 노동시간의 길이는 사회의 생산조건과 기술수준에 달려 있고, 기술혁신에 따라 노동시간이 실제로 줄어들 수 있는가는 임금 수준에 따라 좌우된다. 기술혁신이 이루어지더라도 임금이 낮으면 개별 노동자는 노동시간을 줄일 수 없다. 결국 노동시간은 개별 노동자의 재량에 따라 줄어들 수 있는 것이 아니라 사회적 변수들, 기술수준이나 임금 수준과 같은 사회적 요소에 따라 결정된다. 노동시간의 크기가 사회적 요소에 의해 결정된다는 말은 자유로운 활동시간의 크기도 사회의 발전수준에 달려 있다는 말과 같다.

사회적으로 결정되는 것은 노동과 여가의 분할 비율만이 아니다. 여가시간을 어떤 활동에 쓸 것인가도 사회적 조건에 따라 달라진다. 출산, 육아, 교육에서의 공공인프라 발전 수준, 의료서비스의 공공성 수준 등 재생산영역의 조건은 개인이 자유로운 활동시간을 어떻게 분배할 것인가에 결정적인 영향을 끼친다. 노동시간의 길이가 같다고 가정하고 한 사회는 재생산 영역에서 공공서비스 공급체계가 발전해 있고 서비스의 질이 높은 반면 다른 사회는 정반대라고 가정하면, 공공서비스를 제공하는 사회의 개인은 재생산 노동으로부터 더 많은 시간을 절약하여 문화 활동에 돌릴 수 있다. 물론 동일한 공공서비스 수준에서도 문화 활동에 쓸 수 있는 시간의 크기는 가족 관계상의 개별적 처지에 따라 다를 것이다. 예컨대 육아부담을 가진 경우와 1인 가구인 경우는 분명한 차이를 보인다. 이는 재생산영역에서 공공서비스로 완전히 대체될 수 없는 부분이 분명히 존재한다는 뜻이다.

여가시간의 크기는 육아부담이 있는 경우라도 성별에 따라 달라질 것이다. 이는 성별분업의 구조가 여가시간의 불평등을 만든다는 뜻이다. 물론 성별분업 역시 사회적 조건이고 실제로 성별분업의 구체적 형태도 사회마다 다르며 또한 사회발전에 따라 꾸준히 변화해왔다. 또한 여가시간의 크기만 사회적 조건에 달려 있는 것이 아니라 여가시간을 어떻게 보낼 것인가도 사회적 조건에 달려 있다. 등산을 할 것인가, 영화를 볼 것인가, 공연장에 갈 것인가의 선택은 주관적 요인에도 달려 있겠지만 주거지역이나 공연, 전시, 공공도서관과 같은 문화적 접근권의 발전 수준에 따라 달라진다. 사회적 조건은 노동시간과 자유로운 활동시간의 분할 비율만이 아니라 재생산노동을 뺀 자유로운 활동시간의 크기도 결정하며, 나아가 전적으로 개인의 선택에 맡겨져 있는 것처럼 보이는 자유로운 활동의 내용도 결정한다.

한 사람은 자연적 시간만이 아니라 사회적 시간을 살아간다. 또한 사회적 시간의 분배는 사회적 조건에 종속된다. 결국 사회적 시간의 재분배를 모색하는 것은 시간 레짐의 변화를 모색하는 일이고 그것은 시간 분배에 영향을 미치는 포괄적인 사회적 조건의 현황을 살피고 변화의 방향과 수단을 탐색하는 일이다.[7]

2. 성별분업의 역사적 전개

시간의 성별분할에 기초한 불평등

성별분업은 사회적 시간 분배에 영향을 미치는 중요한 사회적 조건 중의 하나이다. 자본주의 역사 속에서 성별분업의 구체적인 형태는 시대마다 변했고 현재도 변화 중이다. 자본주의적 성별분업의 최초 형태는 '남성 생계부양자 모델male breadwinner model'이었다. 남성은 노동시장에 참여하는 반면에 가족구성원의 재생산은 전적으로 여성에게 맡겨진다. 임금은 생산에 참여하는 남성의 노동력에 대해서만 지불되고 여성의 재생산노동은 부불노동unpaid labor■으로 머문다. 부불노동 형태로 수행되는 여성의 재생산노동 없이는 '남성 생계부양자 모델'은 지속될 수 없지만 남성 노동자에게 주어지는 임금은 남성 노동자가 수행한 노동의 대가라는 형태를 취한다. 하지만 그 크기는 남성 노동자 1인의 노동력 재생산이 아니라 가구 전체의 재생산에 필요한 크기여야 한다.

결국 남성은 여성의 부불노동 대가까지 포함한 가족 임금family wage을 받는다. 그렇지 않다면 노동자계급의 재생산이 이루어질 수 없기 때문이다. 임금은 가족 임금의 성격을 가지지만 전적으로 남성 노동자의 처분권에 속하기 때문에 소득의 원천과 물질적 독립성에서 성별 불평등은 남성 생계부양자 모델에 이미 내장되어 있다. '남성 생계부양자 모델'의 젠더 불평등성은 가처분소득의 불평등에만 한정되지 않는다. 남성의 사회적 시간은 노동시간과 여가

■ 임금을 지불하지 않는 노동

시간으로 분배되지만 여성은 아예 사회적 시간을 살아가지 않는다. 재생산노동의 시간 없이는 단 1시간의 사회적 시간량도 지탱될 수 없음에도 여성의 시간은 사회적 시간의 외부성에 불과한 것처럼 비가시화되고 무시된다. 사회적 시간과 사적 시간의 젠더 특유한 분할은 남성 생계부양자 모델의 전제조건이다. 이러한 분할의 성좌constellation 위에 여성도 시민의 일원인가의 논란과 성좌의 배치를 바꾸려는 여성 참정권 운동이 펼쳐진다.

맞벌이 가구와 여성의 이중부담

제2차 세계대전 이후로 '남성 생계부양자 모델'이 종식되고 여성을 비롯하여 노동 가능한 대부분의 성인이 가구 구성원의 생계부양자가 되는 '보편적 생계부양자 모델universal breadwinner model'이 등장하기 시작한다. '성인-노동자 모델adult-worker model' 또는 '맞벌이 가구two-earner household' 모델이라고 부를 수 있는 새로운 젠더질서가 등장한 배경에는 1950년대와 1960년대의 서구 자본주의 황금기가 놓여 있다. 전후의 경제팽창기는 노동력 수요를 폭발적으로 증대시켰고 여성의 노동시장 진입과 이주노동자 유입은 경제적으로 요청되었다. 적어도 몇 가지 관점에서 보편적 생계부양자 모델은 젠더 불평등의 개선을 의미했다. 일자리 창출과 여성취업률 제고, 여성에 대한 평등한 취업기회, 취업여성의 가사노동을 대체하고자 국가가 제공한 공공서비스와 사회보장제도 등이다.

물론 이러한 개선은 여성노동권운동의 성과이기도 했다. 제1차 세계대전을 전후한 시기에 여성운동의 주요 의제는 참정권이었지만, 여성의 노동시장 참여가 증대하는 제2차 세계대전 이후에는 노동권이 여성운동의 주요 의제로 등장했다. 젠더 관점에서 보자면 사회복지국가는 남성 생계부양자가 제공하던 가족구성원의 재생산비용 중의 일부를 국가가 책임져줌으로써 여성도 노동시장에 참여하게 된다. 일군의 여성주의자들은 이를 일종의 국가가부장제라 불렀다.[8] 재생산비용에 대한 공공부담은 노동력 수요가 폭증하는 전후 부흥기에 여성노동력을 노동시장으로 끌어냄으로써 전체적 임금수준을 정체시키는 역할을 했다. 아울러 사회재생산 영역에서의 공공서비스의 제공은 안정적인 축적기반을 제공하였고 자본의 이해관계도 여기에 일치했다. 여성노동력 유입을 통한 임금억제 효과로 개별자본이 덜게 된 부담의 일부는 안정적 사회재생산을 위해 조세로 납부되었다고도 말할 수 있다.

'보편적 생계부양자 모델'에서는 여성도 공식적 노동시장에 참여하고 국가는 각종 정책을 통하여 여성의 노동시장 참여를 독려한다. 그렇다고 성별분업이 완전히 사라졌다고 말할 수는 없다. 여남 모두가 노동시장에 참여하는 조건에서도 성별분업은 다양한 형태로 변형되어 유지되었고 이에 따라 젠더 불평등도 다양한 형태로 재생산되고 있다. 그 이전의 공식적 임금노동과 비공식적 부불노동의 성별분업 대신에 제조업 남성 노동자와 서비스업 저임금 여성 노동자의 성별분업이 등장했고, 이는 뚜렷한 성별 임금 격차gender pay gap로 이어졌다. 1950년대와 1960년대의 '보편적 생계부양자 모델'은 성별 임금 격차를 전제하는 불안정한 형태였다. 복지국가는 이러한 불안정성을 공공서비스 제공으로 완충하고자 하였다.

사회재생산 영역에서의 공공서비스 제공을 통해 여성노동력을 시장으로 끌어내기는 했지만 재생산에서의 여성부담은 완전히 없어지지 않았다. 복지국가를 통한 재생산노동의 탈가족화는 명백한 한계를 가지고 있었다. 즉, 성인 노동자 1인의 노동력 재생산은 시장에서 구매할 수 있는 재화와 서비스로 쉽게 대체될 수 있다. 이처럼 가사노동의 탈가족화가 비교적 용이한 것과 반대로 자녀를 낳고 돌보는 노동, 미래의 노동력을 재생산하는 노동의 탈가족화에는 분명한 한계가 있다. 여성의 이중부담이 해소되지 않는 이유는 이와 같은 양육, 곧 돌봄care 노동 중에서 탈가족화할 수 없는 부분이 있고 이를 주로 여성이 담당한다는 점에 놓여 있다.[9] 여성의 양육부담은 설령 여성이 노동시장에 참여하고 가사나 양육에 공공서비스가 제공된다고 해서 완전히 사라지지 않는다.

특히 돌봄은 정서적 능력의 향상까지 포함하는 범주이며 따라서 양육 문제에는 사회 서비스에 의해 완전히 대체될 수 없는 영역이 있다. 이 글에서 사회 서비스 개념은 육아 및 돌봄과 같이 사회 재생산에 기여하는 서비스의 뜻으로 사용할 것이다.[10] 사회 서비스는 공공적으로 공급될 수도 있으며 상품화될 수도 있다. 비록 맞벌이 모델로 변했지만 남성 생계부양자 모델의 의식적 전제와 성별 임금 격차 등의 요인으로 양육책임이 여전히 여성에게 전가되는 상황은 바뀌지 않았다.

신자유주의의 성별 노동분업

남성 전일제와 여성 시간제

국가가 공공서비스를 제공하던 시대에도 탈가족화는 분명한 한계를 가지고 있었다. 특히 양육 문제에서 그러하다. 신자유주의적 성별 노동분업은 성별 노동시간 격차를 통해 이러한 한계를 고착화한다. 1980년에 네덜란드에서 등장하여 오늘날 전 세계적으로 확산되기 시작한 남성 전일제 노동과 여성 시간제 여성노동의 분업이 바로 그것이다. 이와 같은 새로운 형태의 성별 노동분업은 전일제 일자리가 부족하게 된 노동시장 상황뿐만 아니라 특히 돌봄 영역에서 두드러지는 재생산노동 사회화의 명백한 한계와도 관련된다. 남성 전일제와 여성 시간제의 성별분업은 여성노동에 대해 시간제를 확대함으로써 일과 가족을 양립시키고 사회재생산 위기를 막으려는 시도이다. 여기에는 여성의 이중부담이라고 하는 불변의 전제가 깔려 있다. 정부는 세제 개편 등을 통해 시간제 확대에 긍정적 신호를 보내고 자본은 이에 호응하게 된 배경에는 부분적 재가족화에 의지한 안정적인 사회재생산이 있다.

네덜란드의 경우 2014년 기준으로 여성 노동자의 60% 정도가 시간제 일자리에서 일하며 시간제 일자리의 75% 정도가 여성 노동자이다. 네덜란드에 이어서 두 번째로 시간제 노동이 많은 독일의 경우도 초단시간노동인 미니잡의 2/3 가량이 여성이다.[11] 많은 지역에서 신자유주의는 재생산노동의 부분적 재가족화의 경향을 보이며, 보편적 생계부양자 모델을 유지하면서도 재가족화하는 방법으로서 시간제 확대가 선호된다. 시간제는 여성고용률 제고와 사회재생산라는 두 마리 토끼를 잡는 수단으로 인식되면서 확산된다. 한국에서도 2014년 박근혜 정부는「경제혁신 3개년 계획」을 발표하면서 시간제 확대를 시도했다. 전일제와 시간제의 성별분업의 등장으로 '보편적 생계부양자 모델'은 성별 임금 격차뿐만 아니라 성별 노동시간 격차gender time gap도 핵심적인 특징으로 가지게 된다. 어쩌면 이 모델은 맞벌이 모델이 아니라 차라리 윤자영이 말하는 대로 "변형된 1.5 남성생계부양자 모델"로[12] 부르는 것이 타당할 수도 있다.

사회 서비스의 상품화, 젠더 내부의 계층화

신자유주의 성별분업은 재가족화 경향뿐만 아니라 사회 서비스의 전면적 상품화 경향도 드러내왔다. 오히려 사회 서비스의 상품화 경향은 신자유주의 시대 전체를 관통하는 기본적 흐름이라고 말할 수 있다. 1980년대 이후로 신자유주의가 본격화되면서 국가가 제공하던 사회 서비스는 북유럽을 제외하고 거의 대부분의 지역에서 상품화되어갔다. 상품화는 사회 서비스 노동시장에 저렴한 여성노동력을 더 많이 끌어들이는 계기였으며, 여성노동의 불안정화와 함께 진행되어 제조업 정규직 남성 노동자와 서비스업 비정규직 저임금 여성 노동자의 성별분업이 확립되었다.

사회국가적 완충장치가 제거되면서 저소득층 여성이 시간제 노동과 양육책임의 이중부담을 지도록 구조화되었을 뿐만 아니라, 서비스 구매능력을 기준으로 여성의 이중부담이 계층화되었다.[13] 저소득층 여성은 상품화된 가사대체 서비스의 구매가 제한적이기에, 가구 내에서 안정적인 사회재생산 여건을 마련하기 위해 더 많은 시간을 시장 노동에 투자해야 한다. 더욱이 돌봄노동 부담이 경감되지도 않았다. 돌봄 서비스를 구매할 수 있는 중산층과 그럴 수 없는 저소득층의 분할이 구조화 될 때, 저소득층 여성에게는 시간제 일자리를 얻는 것이 차라리 나은 선택이 된다. 이처럼 사회 서비스의 상품화가 시간제 확대라는 재가족화 경향과 만나게 될 때 여성의 이중부담은 극대화된다.

사회 서비스의 상품화가 초래한 사회재생산 위기는 젠더 구조

내부의 계층화로 나타나며 성별분업을 매우 복잡하게 중층화한다. 즉, 가사노동의 재가족화와 상품화가 계층적 비대칭성으로 나타나며, 세계화와 이주민의 증대와 더불어 이러한 계층화는 종족적·문화적 정체성 차원으로 전개된다. 종족적 계층화 구조의 양극단에는 각각, "사회 서비스를 구매할 수 없으며 가구 안에서 전통적 부불노동을 수행하는 이주여성 가사노동자"와 "사회 서비스를 구매할 수 있는 고소득 커리어우먼"이 자리한다.[14]

3. 사회 서비스의 상품화와 사회재생산 위기

균열과 위기

사회 서비스의 상품화는 근본적으로 맞벌이 모델을 유지하면서 사회재생산 비용을 가족 단위에 떠넘기는 것이었다. 문제는 기계화와 자동화를 통하여 생산물 1단위당 필요로 하는 노동시간을 압축할 수 있는 생산영역과 달리, 재생산영역에서는 시간 압축의 한계가 있다는 점이다. 생산에서의 시간과는 달리 가족 안의 시간은 탄력적이지 않다. 이 문제는 사회재생산 위기의 진원지가 된다. 공식 노동에 참여하면서도 돌봄 서비스를 구매할 여력이 없어서 이중부담을 져야 하는 저소득층 여성의 사회적 상태는 이러한 위기가 드러나는 양상을 보여주는 사회적 장소이다.[15] 신자유주의에서의 사회재생산 위기의 구조를 들여다보자.

사회재생산 위기는 인구재생산과 노동력 재생산이라는 두 측면에서 발생한다.[16] 전통적인 복지국가는 자본과 노동시장을 규제하여 성별 질서를 안정화하고 제도화하며 공공적인 사회 서비스를 제공함으로써 사회재생산이 일어나는 조건을 형성하는 역할을 했다. 공공적 사회 서비스는 가족이 직면한 사회재생산의 비용을 상쇄하는 기능을 가지고 있었다. 여성의 노동시장 참여가 늘어나는 특정 역사적 국면에서 이와 같은 국가의 개입은 인구와 노동력의 안정적 재생산이라는 자본의 장기적인 이익에 부합되는 것이었다. 그런데 신자유주의 국가는 사회 서비스를 상품화함으로써 가족에게 부담을 떠넘기면서도 여남女男 모두가 시장 노동을 하는 보편적 생계부양자 모델을 고수하고자 한다. 사회재생산 비용을 가족에 떠넘기면서도 여성을 노동시장에 붙들어두는 것은 자본의 단기적 이익에 부합한다. 하지만 가족이 부담해야 하는 사회재생산 노동시간의 축소에 한계가 있기 때문에 균열과 위기는 필연적일 수밖에 없다. 사회재생산 위기는 더 적은 양의 자원과 시간을 사회재생산에 할애하려는 자본의 경향과 결코 무한히 탄력적일 수 없는 돌봄노동 사이의 균열이라는 구조를 가진다.[17] 이 균열을 국가가 메울 수 없을 때 위기는 필연적이다.[18]

상품화, 저임금화 그리고 노동통제

사회 서비스의 상품화는 과거에는 가족 내의 비임금노동이나 공공서비스에 의존하던 사회재생산을 상품생산 속에 통합하려는 시도였다. 한편으로 사회재생산 영역의 상품화로 복지국가가 제공하던 공공서비스보다 더 다양한 서비스가 시장에 등장하며, 다른 한편으로 이러한 서비스의 제공과 소비를 위하여 가사노동의 더 많은 탈가족화와 여성고용률의 비약적인 증대가 이루어진다. 문제는 이와 같은 사회 서비스 상품 생산과 소비의 지속 가능성이다. 사회 서비스의 상품화는 저임금노동을 전제할 수밖에 없다. 정확하게 말하자면, 저임금이 아니라면 시장 방식으로 사회 서비스를 공급할 수 없다. 물론 어떤 재화를 생산하든지 이윤동기에 의한 생산은 저임금화 경향을 가지고 있다. 더 많은 이윤을 추구하는 자본의 일반적인 속성이라고 말할 수 있다. 하지만 산업적 생산에서의 저임금화는 노동자계급의 안정적 재생산이나 소비 수준의 유지 등 자본의 안정적 축적의 필요성 때문에 일정한 한도 안에서 제한된다. 적어도 1950년대와 1960년대의 임금주도성장기에는 고임금과 공공적 사회 서비스가 자본의 안정적 축적기반으로 기능하였다. 하지만 사회 서비스의 상품화에서는 전혀 다른 법칙이 관철된다.

산업생산에서는 노동자 가계의 소비기반을 유지시키고 안정적인 상품판매를 보장하기 위해서 저임금화가 제약되었던 반면에, 사회 서비스 생산에서는 정반대의 운동이 전개된다. 여성을 노동시장에 끌어내고 맞벌이 모델을 유지하려면, 사회 서비스는 대량생산-대량소비 되어야 한다. 즉, 저임금 여성 노동자도 사회 서비스를 구매할 수 있도록 가격이 저렴해야 한다. 이와 같은 대량생산-대량소비 체제가 작동하지 않는다면 여성노동력을 시장에 끌어낼 수 없다. 시간제를 확대하여 일 가정 양립정책을 추구하더라도 적정 규모의 사회 서비스는 필수적으로 공급되어야 한다. 저렴한 사회 서비스를 공급하려면 사회 서비스 노동자는 저임금 체제에서 노동해야 한다.

고임금 체제였던 포드주의적 대량생산 및 대량소비 체제와는 정반대로 사회재생산의 상품화는 오직 저임금 생산체제를 통해서만 유지될 수 있다. "노동자가 자동차를 구입할 수 없다면 자동차 공장이 문을 닫아야 하므로 노동자에게 자동차를 구매할 만큼의 높은 임금을 주어야 한다"라는 논리는 이제 "저임금 여성 노동자가 사회 서비스를 구매할 수 없으니 사회 서비스 노동은 저임금이어야 한다"라는 말로 바뀐다. 사회 서비스는 저임금, 비정규직 여성 노동자를 포함하여 누구나 구매할 수 있을 정도로 낮은 가격에 공급되어야 하고, 이를 위해서 사회 서비스 노동의 저임금화는 필연적이다.

사회 서비스 노동의 저임금화는 대량생산-대량소비를 가능하게 하여 맞벌이 모델을 유지시키는 전제조건이다. 물론 시장적 공급체계를 유지하면서도 사회 서비스의 가격과 임금을 높일 수도 있다. 하지만 사회 서비스 노동자에게 높은 임금을 지급하여 서비스 가격이 오른 후에도 사회 서비스의 대량소비가 가능하려면 사회의 모든 부문에서 전반적인 임금수준이 올라가야 한다. 하지만 이는 여성을 저임금으로 노동시장에 끌어내고 전체적 노동소득 분배율을 하락시키려는 신자유주의 성별분업의 근본전략에 위배된다. 국가가 무상 또는 낮은 가격으로 제공하는 사회 서비스에서는 저임금화가 필연적이지는 않다. 공공서비스 노동자의 임금 수준은 시장이 아니라 재정지출에 달려 있기 때문이다. 하지만 상품화된 사회 서비스의 저임금화는 필연적이다. 저렴한 사회 서비스의 대량생산-대량소비 체제의 유지는 사회 서비스 자본의 단기적 이익뿐만 아니라 장기적 전망과도 관계된다. 저렴한 사회 서비스를 대량 공급할 수 없다면 사회 서비스 시장 자체가 성립할 수 없다. 시장 실패는 사회 서비스 공공화를 낳게 되고, 그렇게 되면 자본은 사회 서비스 시장을 잃게 된다.

사회 서비스의 상품화를 젠더 불평등의 관점에서 살펴보자. 여성 노동자가 사회 서비스를 구매하여 사회재생산 노동시간을 줄였다 하더라도 젠더 불평등은 본질적으로 개선되지 않는다. 저임금 대량생산과 대량소비가 이루어지려면 더 많은 여성 노동자가 저임금으로 사회 서비스 노동시장에 편입되어야 하기 때문이다. 결국 과거에 가족 안에서 사적으로 수행하던 일이 공식경제에서 수행되는 것으로, 형태만 바뀌었을 뿐이다. 더욱이 이러한 형태변화조차 안정적이지 않다. 즉, 어쩔 수 없이 가족 내에 맡겨질 수밖에 없는 부분에 대해서는 여성 노동자는 여전히 이중부담을 짊어진다. 따라서 여성노동 내부의 소득 격차에 따라 이중부담의 계층화 현상도 나타나게 된다.

가사대체노동자를 고용할 여력이 있는 커리어우먼과 그렇지 못한 저임금 여성 노동자로 젠더 내부의 계층화가 이루어진다. 사회 서비스 자본의 단기적 이윤동기가 작동하면 할수록 서비스노동은 구매력 이하로 저임금화되겠지만, 이와 함께 여성 사회 서비스 노동자들이 차라리 가족으로 복귀하는 현상도 나타나게 될 것이다. 저임금 여성 노동자의 사회적 궤적은 가족으로의 복귀와 사회 서비스 구매를 위한 임시직 노동 사이에서 진동하게 된다. 시간제 노동은 이와 같은 모순적 운동을 일정 정도의 재가족화와 일정 정도의 공식 노동화를 결합시킴으로써 젠더 질서를 안정하려는 시도라고 말할 수 있다.

이와 같은 시도는 사회 서비스 노동에 신테일러주의[■]적 통제와 결합된다. 사회 서비스산업에서 자본은 생산수단이 아니라 네트워

■ 노동자의 움직임 · 작업 범위 등을 표준화하여 생산 효율성을 높이는 테일러주의 원칙을 확대 · 심화함과 동시에 자동화를 진전시키고자 하는 과학적 관리 기법

크를 소유한다. 사회 서비스 자본이 시장에 공급하는 상품은 산업 생산과 달리 물적 재화가 아니라 서비스 상품이고, 법률적인 고용 관계에서 노동자는 자신의 노동력을 자본에 판매하며 자본은 이렇게 구매한 서비스 노동력을 소비자에게 상품으로 이전시킨다. 그런데 이전되는 서비스 상품은 해당 서비스를 제공하는 노동자와 떨어져서 따로 존재하지 않는다. 그렇기에 사회 서비스 산업에서 품질통제와 노동통제는 구분될 수 없는 것이다. 이는 사회 서비스 산업의 고유한 특성이라고 말할 수 있다.

서비스 생산의 합리화는 오직 생산자에 대한 직접적 노동통제, 즉 여성 노동자의 감정·용모·어투까지 규율하는 신테일러주의적 노동통제로 나타난다. 여성의 재생산노동이 가족 안에서 비임금노동으로 수행될 때보다 상품화된 사회 서비스 영역에서의 젠더 불평등은 더 치밀하고 노골적으로 설계된다. 물적 생산에서의 합리화가 기술혁신을 통해 1인당 생산량을 올리는 형태인 반면에, 상품화된 사회 서비스 영역에서의 합리화는 서비스노동자의 노동에 대한 신테일러주의적 통제에 의하여 달성된다.

사회 서비스 상품화와 자본주의 국가의 젠더 정치

상품화된 사회 서비스는 사회재생산 위기의 진원지일 뿐만 아니라 노동·여성·사회복지라는 세 가지 의제가 만나는 교차점이자 상품생산과 삶의 생산의 접점으로서, 사회적 갈등의 도화선이기도 하다. 사회재생산 위기는 특히 출산과 육아의 문제에서 여성의 몸이라는 신체성을 가질 뿐 아니라 사회적 공간성도 가진다. 사회 서비스 노동은 여성의제, 사회복지의제, 노동의제가 만나는 교차적 공간이며, 이 공간의 가장 중요한 쟁점은 사회적 시간의 분배 문제이다. 이로부터 저임금 사회 서비스 여성 노동자의 운동이 단순한 당사자운동이 아니라 사회적 시간의 재분배를 요구하는 보편의제적 운동일 수밖에 없다는 점이 암시된다.

또한 복지국가적 탈가족화 또는 신자유주의적 재가족화라는 상반된 운동의 추진기구로서 국가에 대한 인식이 없이 이러한 교차공간의 운동은 구성되지 않는다. 자본주의 국가는 젠더질서를 공공화하며 자본에 안정적 축적기반을 제공하려는 공통적 특징을 가지고 있다. 신자유주의 국가가 추진한 사회 서비스 상품화는 이 점에서 특히 갈등적 전략이다. 기술혁신을 통해 단위 생산량당 필요노동시간을 줄이는 방식으로 자본은 경제적 시간을 압축할 수 있지만 양육과 관련하여 이러한 압축 가능성과 시간적 탄력성은 한계를 가질 수밖에 없다. 소통·교류·양육과 교육 등 생활세계의 시간은 일정 수준 이하로 압축되지 않는다. 가족에게, 결국 여성에게 더 많은 시간압축을 요구하는 신자유주의 국가의 젠더정치는 저항에 직면할 수밖에 없다. 사회재생산의 상품화, 즉 사회 서비스의 상품화에 대한 저항은 생산과 재생산의 연관에 특정 방식으로 개입하는 신자유주의 국가의 젠더 정치에 대한 저항이다.

교차적 공간으로서 사회 서비스 영역은 여성 노동자와 신자유주의 국가의 젠더 정치가 상호 충돌하는 전장이 된다. 여기서 노동자운동, 여성운동, 사회복지운동은 하나의 보편의제적 운동으로 하나의 등가사슬을 이룰 수 있다. 사회 서비스 공급체계를 공공적 공급형태로 전환하려는 사회복지운동은 노동자운동 및 여성운동과 조우할 수밖에 없다. 특히 공급체계의 공공화만이 모든 것이 아니고, 정부 당국뿐만 아니라 사회 서비스 노동자와 수급자가 서비스의 질과 양, 전달방식을 함께 논의하는 운영구조의 수립도 매우 중요한 문제이기 때문이다. 상품화가 초래한 문제들은 이러한 교차성 속에서만 새로운 해결방향을 찾을 수 있을 것이다.

인구재생산 위기와 노동력의 질 하락

출산율 저하와 고령화는 인구재생산 위기를 낳는다. 이러한 위기는 여성들이 경력단절이나 이중부담을 사전에 방지하려는 개별적 선택의 결과이며, 임금과 고용불안정성 등 노동시장에서 여성의 불리한 지위도 출산율 저하의 요인을 이룬다. 사회 서비스의 상품화는 빈곤여성의 출산과 육아를 어렵게 하여 출산율 계층화까지 나타나게 만든다.

사회 서비스의 상품화는 인구재생산에서의 위기, 즉 사회구성원의 양 문제만이 아니라 사회구성원의 질 문제에서도 위기를 발생시킨다. 대표적으로 의료서비스와 교육서비스의 상품화를 들 수 있다. 의료서비스와 교육서비스에서도 대량생산 및 대량소비 체제가 가동되려면 낮은 임금과 저렴한 서비스 공급이 이루어져야 한다. 이와 같은 서비스의 저렴화는 현재의 노동력의 질을 떨어뜨릴 뿐만 아니라 미래의 노동력의 질도 하락시킨다. 저임금, 불안정 서비스노동의 비중이 높아져서 조직된 산업노동 가겨을 하락시키는 상태가 되면, 임금수준 일반이 사회재생산에 필요한 비용 이하로 급속히 하락한다. 어디에도 고용되어 있지 않고 필요할 때만 임시직으로 일하는 긱 경제gig economy가 확산되는 한편, 다른 한편으로는 많은 가계가 사회재생산의 필요비용 중 상당부분을 부채에 의해 충당되는 사태도 등장한다.

공유지 수탈을 넘어 공공적 사회 서비스의 재구성으로

재생산영역의 상품생산으로의 포섭을 통해 "자본은 노동을 식육하고canabalize, 국가를 길들이며, 주변으로부터 중심으로 부를 이전하고. 가계와 가족, 공동체와 자연으로부터 가치를 빨아들인다".[19] 보육서비스 상품화·보육비 지원 삭감·복지 급여 삭감 등 신자유주의의 복지국가 해체는 여성이 접근할 수 있었던 공유지에 대한 수탈이라고 말할 수 있고,[20] 그 결과는 사회재생산의 위기이다.

이와 같은 위기는 사회재생산 영역의 서비스를 공공적으로 공급하지 않고 시장기구에 맡겼기 때문에 발생한 것이다. 자본의 입장에서 사회 서비스의 효용은 미래의 노동력 상품의 안정적 재생산이다. '남성 생계부양자 모델'에서는 이러한 기능을 부불노동 형태로 전적으로 여성이 수행했으며, 복지국가형 '보편적 생계부양제 모델'은 그 일부를 국가의 공공서비스로 제공하였다. 신자유주의에서는 상품화된 사회 서비스 자본도 미래 노동력의 재생산이라는 기능을 수행해야만 한다. 하지만 노동력 재생산이 상품생산의 방식으로 이루어질 때, 그것은 현재의 저임금 노동력이 미래의 저임금 노동력을 생산하는 것이고 양적 감소와 질적 저하의 위기는 필연적이다.

돌봄노동 중에는 탈가족화의 한계가 있는 영역도 분명히 존재한다. 하지만 사회화가 가능한 부분만큼은 필요로 하는 사람들이 더 많이 소비하면 할수록 공공의 이익이 된다. 이와 같은 성격을 가진 재화는 가치재라고 볼 수 있고 무상으로 제공할수록 공익이 증대한다. 돌봄, 교육, 의료서비스 등 더 많은 소비를 권장해야 할 가치재를 공공서비스로 공급하면 재생산위기가 해소되고 사회 전체의 이익이 증대될 것이다.[21]

4. 여가시간 평등의 원칙을 실현하는 대안적 모델

'보편적 생계부양자 모델'의 문제점

'남성 생계부양자 모델'은 여성의 부불노동 문제와 경제적 예속 문제를 안고 있다. 이에 반하여 맞벌이 모델은 '보편적 생계부양자 모델'이라고 부를 수 있다. 이 모델은 여성의 시장 노동 참여율을 높여 문제를 해결하려는 시도이다. 그런데 이 모델은 현실에서 성별 임금 격차라는 문제를 안고 있다. 젠더 평등한 시간 분배의 관점에서 현실의 맞벌이 모델은 '여가시간 평등원칙'을 충족하지 못한다. 그 이유는 재생산노동의 탈가족화가 진행되어도 가사와 육아에는 완전히 대체될 수 없는 부분이 있고 이를 여전히 여성이 감당하기 때문이다.[22] 사회 서비스를 국가가 제공하는 복지국가형 맞벌이 모델에서도 공식 노동과 비공식 노동에 걸친 여성의 이중부담은 해결되지 못했다. 신자유주의와 함께 돌봄 영역에서 국가의 철수가 두드러지자 맞벌이 모델은 남성 전일제와 여성 시간제의 성별분업으로 변형된다. 이 모델은 성별 임금 격차뿐만 아니라 성별 노동시간 격차도 구조화했다.

성별 노동시간 격차는 여성의 더 많은 가사분담과 양육책임을 합리화한다. 이에 덧붙여 사회 서비스의 상품화는 여성의 이중부담을 계층화한다. 국가가 무상으로 제공하는 사회 서비스가 없어진 상황은 시장에서 사회 서비스를 구매할 수 없는 저임금 여성 노동자는 노동시장 일자리가 아니라 차라리 전업가사노동을 선택하도록 강제한다. 사회 서비스의 상품화가 지속적으로 전개된다면 계층화는 더욱 뚜렷해질 것이다. 중산층 이상에서는 재생산노동이 탈가족화 추세를 보이지만 취약계층에서는 재생산의 재가족화 경향이 강화된다.

가사노동중심주의적 해결방안의 한계

'보편적 생계부양자 모델'은 재생산노동의 탈가족화를 통한 여성고용율 제고 전략이다. 이 모델이 여성의 이중부담 문제를 해결하지 못했다는 인식으로부터 '돌봄제공자 동등성Caregiver Parity' 모델에 대한 관심이 생겨나게 된다. '돌봄제공자 동등성'의 핵심은 '비공식적인 가사노동을 공식적인 지불노동과 동등하게' 대우하는 것이다. 그 수단으로서는 임금과 동일한 수준으로 가사노동수당의 지급, 가사노동과 병행되는 파트타임 노동조건의 개선, 임금노동과 대등한 자격으로 가사노동의 사회보장체제 편입 등이 제안된다.

하지만 이와 같은 개선으로 재생산노동에 일정 정도의 소득이 부여된다고 해도 성별소득 격차가 사라질 것인가는 여전히 문제로 남는다. 가사노동수당은 오히려 시간제 일자리에 대한 임금보조금이 될 공산이 크고, 전일제 노동시장에서 여성 차별의 근거가 될 수도 있다. 여성을 공식 노동시장으로 끌어내었던 복지국가형 '보편적 생계부양자 모델'도 성별 임금 격차를 안고 있었는데, 하물며 여성을 재생산영역으로 복귀시키는 돌봄제공자 동등성 모델이 성별소득 격차를 해결할 수 있다는 지나친 낙관이다. 논리적으로 보면 돌봄제공자 동등성 모델은 특히 성별 소득불평등에서 맞벌이 모델보다 더 많이 약점을 가지고 있다.[23] 여성의 재생산노동을 인정한다는 뚜렷한 장점에도 불구하고, 재생산노동이 더 이상 그림자노동이 아니고 지불노동으로 변한다고 해서 재생산노동의 주변화를 피할 수는 없다. 이와 같은 한계가 극복되지 않는 한, '돌봄 제공자 동등성 모델'이 성별 소득불평등을 오히려 고착시킬 수 있다.

나아가 돌봄제공자의 동등성을 인정하라는 가사노동중심주의는 두 번째 난점에 직면한다. 그것은 '재가족화가 과연 올바른 방향인가'라는 근본적 질문이다. 현실에서 재생산노동은 공공적 사회 서비스에 의해서든 상품화된 서비스자본에 의해서든 이미 탈가족화 추세에 있다. 이는 완전히 탈가족화할 수 없는 한계가 있다는 점과 별개의 문제이다. 그렇다면 맞벌이 모델에서 여성의 이중부담 문제를 해결할 수단을 찾는 것이 합리적이지 '돌봄 제공자 동등성'의 확립을 통해 재가족화해야 할 필요나 정당성을 찾기는 매우 어렵다.

울스턴크래프트의 딜레마를 해결하기 위한 출발점

결국 '보편적 생계부양자 모델'도 '돌봄 제공자 동등성 모델'도 젠더 불평등에 대한 완전한 대안이라고 볼 수 없다. 불충분한 두 가지 해법은 울스턴크래프트Mary Wollstonecraft의 딜레마를 표현할 뿐이다.[24] 울스턴크래프트가 제기한 두 가지 요청, 곧 젠더 평등이 실현되는 젠더 중립적 사회에 대한 요청과 전통적으로 여성이 담당해왔던 재생산 영역에 대한 인정과 보상이라는 요청은 둘 중 하나를 선택하면 다른 하나는 버려야 하는 딜레마에 빠진다. 이로 인해 여성운동의 두 흐름이 나타난다.

공식경제에의 참여라는 선택과 가사노동에 대한 공적 보상과 지원이라는 선택으로 나눠지는 두 가지 여성해방 패러다임, 공식경제중심주의와 가사노동중심주의라는 두 뿔은 이러한 딜레마의 표현이다.[25] 이 딜레마는 어떻게 해결되어야 할까? 앞에서 보았듯이, 가사노동중심주의적 해결은 노동체제 내부의 성별불평등의 해소를 부차적으로 보게 되는 단점이 있다. 그렇다면 차라리 공식경제중심주의에 입각한 모델인 '보편적 생계부양자 모델'을 출발점으로 삼고, 그 대신에 이 모델의 문제점인 여성의 이중부담과 여가시간 불평등을 해결하는 방안을 노동시장 바깥에서 찾아보려는 시도가 젠더 평등에 좀 더 접근하는 것처럼 보인다.

여성의 이중부담을 해소하는 방법

여성의 이중부담을 없애고 여가시간 불평등을 해소하는 방법은 사실 간단하다. 필수적 조건은 전 사회적 노동시간 단축이다. 여기에서는 노동시간 단축이 젠더 평등을 위해 어떤 효과를 낳을 수 있으며 어떤 정책에 의해 뒷받침되어야 하는가에 대한 사고실험을 전개해보자.

①노동시간 단축은 전일제와 시간제의 성별분업의 해소에 긍정적인 작용을 할 것이다. 그뿐만 아니라 노동시간 단축은 정규직과 비정규직의 성별분업, 불안정노동체제의 해소에도 긍정적인 영향을 끼친다. 오늘날 세계경제는 '보편적 생계부양자 모델'이 등장했던 사회적 조건과 정반대의 상황에 처해 있다. 당시 제2차 세계대전 이후 서구 자본주의 호황기의 확대재생산에 따라 일자리가 창출되면서 여성고용률이 증대되었다. 그런데 세계경제의 장기침체와 생태적 한계로 설비투자가 어려운 현 상황에서는 일자리 문제의 해법이 될 수 있는 것은 노동시간 단축뿐이다. 이는 더 나아가 노동시장을 보다 더 젠더 평등하게 재구성하는 전제조건이기도 하다. '보편적 생계부양자 모델'의 문제점인 정규직-비정규직, 전일제-시간제의 성별분업은 임금수준과 노동조건이 좋은 일자리의 노동시간을 획기적으로 줄일 경우에만 없어진다. 이를 위해서는 전 사회적 노동시간 단축 이외에는 다른 방법이 없다.

②노동시간 단축으로 전일제와 시간제의 성별분업이 해소되면, 이는 단지 노동시간 격차만 해소하는 것이 아니라 성별 임금 격차를 줄이는 효과도 낳는다. 전일제 남성의 노동시간은 이전보다 줄어들고 시간제였던 여성의 노동시간은 이전보다 늘어날 수 있다. 노동시간의 수렴과 함께 소득 격차의 완화도 나타나게 된다. 성별 임금 격차의 완화는 여성이 저임금 대신에 가족으로 복귀하는 일을 막고 여성고용률을 더욱 올리게 된다.

물론 성별 임금 격차에는 노동시간 격차에만 돌릴 수 없는 복합적인 원인이 작용한다. 임금수준이 높은 제조업과 임금수준이 낮은 서비스업의 성별분업도 있으며, 같은 직종 안에서도 보이지 않는 유리천장도 존재한다. 심지어 시간제 일자리 안에서도 성별 임금 격차가 나타난다. 법정노동시간을 대폭 줄여서 일자리를 재분배하더라도 이러한 문제가 한꺼번에 모두 해결되지는 않을 것이다. 그럼에도 노동시간 격차로부터 비롯되는 성별 임금 격차가 사라진다는 점은 매우 중요한 효과이다. 아울러 시간격차 이외의 요소로부터 비롯되는 임금 격차에 대해서는 별도의 정책수단을 마련해야 한다. 가장 핵심적인 수단은 최저임금 인상과 동일노동 동일임금 원칙일 것이다.

③이러한 설명은 노동시간 단축이 노동시장에 미치는 효과에 한정된 설명이다. 그런데 노동시간 단축의 효과는 노동시장에만 그치지 않는다. 노동시간이 줄어든다는 것은 여가시간이 늘어난다는 것이다. 결국 노동시간 단축은 직접적으로 생산에 투자되는 시간의 단축을 넘어 전반적인 시간의 재분배를 야기하고, 이러한 재분배 속에서 젠더 불평등이 시정될 수 있다. 전일제 남성 노동자의 노동시간이 단축된다는, 것은 남성 노동자가 더 많은 시간을 자유로운 활동에 쓸 수 있고 더 많은 시간을 재생산노동으로 돌릴 여지를 가지게 된다는 뜻이다. 즉, 재생산노동에 돌릴 수 있는 시간의 객관적 크기에서 성별격차가 사라진다.

④노동시간의 단축에 의한 사회적 시간의 재분배는 여성 노동자도 현재와 같은 장시간 전일제 고용으로 전환될 것이라는 뜻이 결코 아니다. 노동시간 단축의 상당 부분은 자동화에 의하여 잠식되고 추가고용 효과는 미미할 수 있다. 오히려 여남 노동자 모두 공식 노동시간을 지금보다 훨씬 적게 가지는 결과로 귀착될 수 있다. 이러한 전망은 현재 상태에서도 기본소득 도입은 노동시간 단축이 소득삭감 없이 이루어지기 위한 필수조건이기도 하지만, 노동시간 단축이 현재 상태에서의 시간 재분배만이 아니라 일자리

희소화라는 상황에 대해서도 유효하려면 반드시 기본소득과 결합되어야 한다는 점을 드러낸다.

자본주의 경제의 시간구분은 이미 생산과 재생산 시간의 경계가 허물어져서, 과거 산업자본주의처럼 하루가 노동시간과 여가시간으로 양적으로 명확하게 구분되지 않는다. 즉, "산업적 시간industrial time"이 아니라 분할 가능하지 않은 "제3의 시간tertiary time"이 등장했다.[26] 3장에서는 이러한 변화 속에서 지식 및 빅데이터와 같은 인공적 공통부를 분배하는 제도로서의 기본소득의 중요성에 대해 논의했다. 결론적으로 자동화로 인하여 노동투입이 줄어든다고 해도, 기본소득에 의해 노동과 무관한 소득원천이 부여된다면 그와 같은 자동화는 재앙이 아니라 축복이 될 수 있다. 마찬가지로 기본소득과 함께 진행되는 자동화는 더욱 젠더 평등한 시간 분배에 유리한 조건이 될 것이다.

⑤이러한 변화가 모두 이루어진 후에도 과거의 성별분업의 의식적 잔재가 실제의 가사노동 분배에 효과를 미칠 수도 있다. 하지만 그것은 또 다른 차원에서 해결되어야 할 문제이다. 먼저 따져야 할 것은 객관적 시간 조건에서 젠더 불평등을 제거하기 위한 수단이 무엇인가의 문제일 것이다. 객관적 시간 조건이 평등하다면 남성에 대한 남성에 대한 더 많은 가사노동분담 요구도 더욱 확고한 근거를 가지게 될 것이기 때문이다.

'보편적 맞벌이-맞돌봄 모델'

젠더 차별적 노동분업이 해체되고 모두가 공식 노동과 가사노동에 종사하게 되는 모델을 프레이저Nancy Fraser는 "보편적 양육자 모델"이라고 부른다.[27] 이러한 모델은 노동시간 단축 없이는 성립할 수 없다. 노동시간 단축은 재생산 양육활동을 위한 남성 참여의 객관적 시간 조건을 만들어준다. '보편적 양육자 모델'의 합리적 핵심은 부모 모두의 평등한 맞돌봄과 같은 규범적 정의justice가 아니라 그러한 정의가 실현될 현실적 조건에 관한 설계이다. 오히려 이와 같은 맞돌봄이 가능하도록 해주는 객관적 시간 조건의 변화야말로 '보편적 양육자 모델'의 핵심이라고 말할 수 있다. 프레이저가 노동시간 단축을 '보편적 양육자 모델'의 전제조건으로 본 것도 시간 조건의 변화에 주목했기 때문이다.[28]

노동시간 단축을 통한 사회적 시간의 재분배는 성별분업의 해체로 나아가는 출발점이다. 모든 사람이 일자리를 가질 수 있으면서도 현재의 전일제보다 훨씬 더 적은 시간으로 일할 때에만 사회적 시간의 재분배가 젠더 평등하게 구성된다. 앞에서 살폈듯이, 노동시간 단축은 전일제와 시간제, 정규직과 비정규직의 성별분업을 허무는 데 큰 역할을 하며 이와 같은 과정을 통하여 젠더 특유한 노동분업이 철폐될 때 비로소 객관적 시간 조건의 변화가 가능하다.

'보편적 양육자 모델'을 규범적 맞돌봄의 문제로 단순화되고 협소하게 이해하거나 '보편적 생계부양자 모델'과 대립되는 것으로 이해하는 것은 성별분업을 고스란히 둔 채 재생산영역의 젠더 불평등만 바꾸자는 관념적 주장이 된다. '보편적 양육자 모델'의 핵심은 모두가 '부양자'이자 '양육자'가 되도록 시간 조건과 소득조건을 바꾸자는 것이다. 따라서 남성도 '양육자'여야 한다는 것은 사태의 한 측면이지만 전부는 아니다. 여기에 더하여, 여성도 '생계부양자'가 될 수 있어야 한다.

이 점에서 '보편적 양육자 모델'은 성별 노동시간 격차나 성별 임금 격차가 해소된 진정한 의미의 '보편적 생계부양자 모델'을 전제하고 있다. '보편적 양육자 모델'은 남성 전일제 대 여성 시간제의 성별분업과 같은 "변형된 1.5 남성생계부양자 모델"에서는[29] 절대로 실현 가능하지 않다. 여성의 이중부담을 해결하기 위해서는 전 사회적 노동시간 단축을 통해 성별 노동시간 격차가 해소되고 성별 임금 격차도 해소되어 '보편적 생계부양자 모델'이 제대로 완성되어야 한다.

'보편적 양육자 모델'은 가사와 양육의 재분배만이 아니라 생산과 재생산 전체에 걸친 시간의 재분배를 꾀하는 포괄적인 기획이다. 그러므로 '보편적 양육자 모델'을 '보편적 생계부양자-양육자 모델universal breadwinner-caregiver model', 곧 '보편적 맞벌이-맞돌봄 모델'로 고쳐 부르는 것은 협소화와 단순화를 피하는 방법일 수 있다. 이러한 명명은 자칫 '보편적 양육자 모델'이 오직 재생산영역에서의 젠더 평등에 관한 것으로 오해되는 것을 막고, 생산과 재생산 전체에 걸친 사회적 시간의 재분배를 통하여 젠더 평등을 구현하는 것이 핵심임을 보여준다. '보편적 양육자 모델'이 등장하지 않는 한에서 맞벌이 모델은 안정적일 수 없고 사회재생산 위기를 낳게 된다.

5. 사회 서비스 공공화의 효과

성별 임금 격차의 해소

프레이저도 공식경제에서 여성의 노동을 지원할 수 있는 가사노동 관련 서비스를 '보편적 양육자 모델'의 성공 조건을 꼽는다.[30] 문제는 이러한 사회 서비스의 공급방식이다. 앞서 살폈듯이, 사회 서비스의 상품화와 사회 서비스 노동의 저임금화는 필연적 연관관계를 가진다. 저임금화는 단순한 현황이 아니라 상품화의 필연적 산물이다. 이는 공급체계의 공공화가 저임금화에 대한 근본적인 해법임을 시사한다. 소득 수준과 관계없이 모두가 향유할 수 있도록 국가가 사회 서비스를 무상 또는 저가로 공급하면 임금도 오르고 서비스의 질도 높아진다. 물론 이를 위해서는 지속적인 재정지출이 필요하다. 하지만 무상 또는 저가로 공급되는 공공서비스는 여성의 공식 노동시장 참여를 늘리면서 동시에 서비스노동의 저임금화를 방지하여 젠더 특유한 산업별 임금 격차를 없앤다. 사회 서비스 노동은 여성의 진출이 두드러진 분야이기에 공공서비스화는 성별 임금 격차도 완화하게 한다.

여성의 시간 역량 강화

사회 서비스 공공화는 생산영역에서의 성별 임금 격차를 줄이면서 재생산영역의 탈가족화를 지원한다. 탈가족화가 상품화된 서비스가 아니라 공공적으로 공급되는 서비스에 의하여 지원되면 경제적으로 열악한 처지의 여성도 사회 서비스의 수혜자가 될 수 있고 현재의 구조에서는 저임금 서비스노동보다 차라리 전업으로 재생산노동을 택할 수밖에 없는 빈곤여성들의 권리가 보호된다. 성별 임금 격차의 해소와 탈가족화라는 효과는 사회 서비스의 공공화가 여성의 시간 역량time potential을 강화한다는 점을 보여준다.

시간 주권time sovereignty 개념은 주로 노동자가 자신의 노동시간의 길이, 곧 시작시간과 종결시간을 결정할 수 있고, 이를 통해 여가시간을 방해받지 않을 권리로 쓰인다. 즉, 통용되는 시간 주권 개념은 공식 노동 중심적이고 양적 분할에 대한 주권에 초점을 맞춘다. 반면에 지금 여기에서 말하는 시간 역량이라는 개념은 주어진 양적 분할 안에서 시간의 질적 구성에 관한 주권에 주목한다. 노동시간 단축은 노동시간과 여가시간의 분할을 좌우하고 시간 분배에 직접적인 영향을 미치는 반면에, 공공서비스는 주어진 법정 노동시간 규정 안에서 개인의 시간 역량, 특히 여성의 시간 역량을 강화하는 효과를 낳는다. 여기에서 여성의 시간 역량의 강화란, 시간 주권보다 폭넓은 의미를 가진다. 공식 노동시장에의 참여 여부를 자발적으로 결정할 수 있으며 그러한 참여가 이중부담이 되지 않을 실질적 힘과 실질적 조건을 뜻한다. 사회 서비스의 공공화에 의하여 이러한 힘과 조건은 분명 강화될 것이다. 하지만 돌봄노동의 모든 영역을 사회화할 수 없다는 매우 분명한 한계가 존재한다. 이는 여성의 시간 역량의 강화가 사회 서비스 공공화 이외에도 평등한 맞돌봄을 위한 다른 조건과 관계될 것이라는 점을 시사한다.

6. 무조건적 소득, 무조건적 시간배당

젠더 평등한 시간 분배

노동시간 단축과 사회 서비스 공공화를 동시에 진행하는 것은 '보편적 생계부양자-양육자 모델'을 수립하는 전제조건이다. 또 하나의 조건은 보편적 기본소득의 도입이다. 기본소득은 젠더 평등에 다음과 같은 긍정적 작용을 한다.[31] ①기본소득은 지급액의 범위 내에서는 개인의 경제적 독립성을 일자리와 무관하게 무조건 보장한다. 무조건적 소득의 획득은 여성이 공식경제 안에서 저임금 일자리를 거부하고 임금을 협상할 힘을 부여하며, 재생산 및 가족 영역 안에서는 남성 생계부양자에 대한 경제적 예속성을 타파한다. 기존의 성별 분업관계에 대한 해체 효과는 기본소득이 노동과 무관한 소득이라는 점에 기인한다.

무조건적 소득을 시간 분배의 관점에서 살펴보면, 적어도 지급 액수의 범위 내에서는 노동시간을 단축하고 다른 일에 시간을 돌릴 수 있게 해준다. 말하자면 일종의 '무조건적 시간배당'이다. 무조건적 시간배당은 남성이 공식 노동시간을 줄이고 가사노동시간을 늘리는 방향으로 사회적 시간을 재분배할 가능성을 만들어준다. ②기본소득은 다양한 가족구성의 자유가 보장되도록 한다. 이는 기본소득이 다른 복지제도와 달리 가구 단위가 아닌 개별 단위로 이루어진다는 고유한 특성에서 비롯된다. ③기본소득은 여성이 징벌적이고 낙인적인 현행 복지제도로부터 벗어날 수 있도록 해준다. 기본소득 도입 이전 여성 빈곤율이 높은 상황에서 선별복지 심사의 주된 대상은 여성이기 때문이다.

①에서 ③은 기존의 연구들에 공통적으로 등장하는 기본소득의 장점들을[32] 시간의 재분배라는 관점에서 다시 정리한 것이다. 마지막으로 강조할 점은 ④기본소득 없이는 그와 같은 효과가 발생하지 않는다는 것이다. 위에서 설명한 노동시간 단축이나 탈상품화된 사회 서비스만으로는 그와 같은 효과가 나타나지 않는다. 노동과 무관한 기본소득의 도입은 법정노동시간의 단축에 대해서

소득지원의 성격을 가질 수 있고 따라서 큰 규모의 노동시간 단축도 가능하도록 한다. 기본소득은 사회 서비스만으로 해결되지 않는 돌봄노동의 잔여 부분에 대해서도 평등한 맞돌봄이 가능하도록 여성의 협상력을 제고한다.[33]

기본소득에 대한 우려와 논쟁점

젠더 평등과 기본소득의 관계는 여전히 논쟁적이다. 근본적인 논점은 비록 기본소득이 가사와 양육 등 부불 재생산노동에 대한 사회적 인정의 의미를 담고 있지만, 거꾸로 그와 같은 인정으로 인하여 저임금 여성 노동자를 노동시장에서 이탈시키고 가족으로 복귀시켜버리지 않을까 하는 우려이다. 결국 재가족화의 계기가 될 수 있다는 것이다.[34] 그러나 많은 연구는 이러한 우려에 대해 기본소득을 통하여 재생산영역에서 비대칭적이고 불평등한 시간 분배가 개선될 것이라고 전망한다. 기본소득의 지급이 가족 안에서 여성의 남성에 대한 자치권과 협상력을 높일 것이며, 이러한 협상력에 힘입어 남성의 가사노동참여율이 높아질 것이라는 주장이다.[35]

이와 같은 주장은 사실 우려되는 그 지점이야말로 오히려 장점이자 효과라고 응답한 꼴이다. 우려와 지지, 언뜻 보면 상반된 것 같은 둘은 사실 동전의 양면이다. 기본소득은 저임금 노동으로부터 여성을 철수시키겠지만 가사노동과 관련하여 가족 안에서의 협상력은 커질 것이다. 이 논점을 둘러싼 양쪽 입장 모두 이 지점을 정확하게 알고 있다. 하지만 이와 같은 효과 이상을 낳을 수 없다면 기본소득은 '돌봄제공자 동등성 모델caregiver parity model'의 일종일 뿐이다. 게다가 이와 같은 효과도 지급되는 기본소득의 액수에 따라서 크게 달라질 것이다. 지급액이 많다면 분명히 그러한 효과가 나타나겠지만 지급액이 적다면 여성들은 어쩔 수 없이 저임금 노동을 떠맡으려 할 것이다. 그렇게 되면 가사노동 수행과 관련된 협상력도 마찬가지로 작아질 것이다.

두 모델 사이에서의 기본소득의 위치

논점은 결국 "기본소득은 '돌봄제공자 동등성 모델'에 불과한가, 아니면 '보편적 생계부양자-양육자 모델'의 조건이 될 수 있는가"라는 문제로 정리된다. 여기에 대해 좀 더 치밀하게 따져보자. 먼저 기본소득에 대한 우려를 다시 정리해보자. 설령 기본소득 도입으로 가족 내 여성의 협상력이 증대한다고 해도 남성만이 공식 노동시장에 참여하는 상태에서 남성과 여성의 시간 분배는 평등할 수 있을까? 그와 같이 동등하지 않은 시간 조건은 남성의 더 적은 가사노동분담에 대해 여성이 양보하는 근거가 될 수 있지 않은가? 결국 기본소득만으로는 여가시간 평등의 원칙을 실현하기에는 일정한 한계가 있지 않은가?

기본소득의 가장 큰 장점은 노동력을 일정한 한도 안에서 탈상 품화한다는 것이고, 탈상품화는 무조건적 소득의 획득을 의미한다. 사람들은 기본소득에 의지하여 노동시간을 줄이고 자유로운 시간을 더 많이 얻게 될 것이다. 기본소득은 남성의 공식 노동시간이 줄어들고 가사노동시간이 늘어나는 시간의 재분배를 가능하게 만든다. 이는 무조건적 소득의 차원을 넘어 '무조건적 시간배당'으로서 기본소득의 효과이고, 이 점에서 기본소득은 맞돌봄의 조건이다. 하지만 정작 이러한 변화가 일어나려면 기본소득 도입으로 여성의 노동시장 이탈이 촉진되고 재생산노동의 재가족화 현상이 나타나는 것을 막을 수 있어야 한다. 이와 같은 방지 효과가 기본소득만으로 나타날까?

우선 기본소득이 가져다줄 임금협상력 제고로부터 자동적으로 젠더 평등한 시간 분배라는 효과가 발생하는지에 대하여 따져보자. 논의의 빠른 진전을 위해 기본소득 지급액이 높은 경우를 가정하자. 이 경우에 여남 노동자 모두의 임금협상력이 강화되어 저임금 노동에 대한 일반적인 구축효과가 나타날 것이다. 저임금 노동에 의존하는 상품화된 사회 서비스는 설 자리를 잃게 될 것이다. 하지만 이와 같은 구축효과가 자동적으로 재생산노동의 젠더 평등을 가져다주지는 않을 수 있다. 사회 서비스가 상품화된 상태에서 서비스 노동의 고임금화는 사회 서비스 규모를 축소시킬 수도 있다. 사회 서비스 노동자의 임금을 높게 유지하면서도 재가족화를 방지하기 위해서는 국가가 공공 사회 서비스를 제공해야 한다. 기본소득과 사회 서비스 공공화는 맞벌이와 맞돌봄을 가능하게 만드는 복합적인 조건의 일부이다. 사회 서비스의 공공화와 확충 없이 기본소득만으로는 재가족화가 촉진될 수도 있다.

기본소득, 노동시간 단축, 사회 서비스 공공화의 결합

정리하자면 성별 노동분업과 재생산영역에서 젠더 불평등을 해소하기 위해서는 기본소득 이외에도 다각도로 정책이 추진되어야 한다. 특히 전체적인 노동시간 단축이나 사회 서비스의 공공화와 확충이 필수이다. 기본소득 도입·노동시간 단축·공공적 사회 서비스 확대를 결합시킨 정책은 공식 노동시간과 재생산노동시간에서의 젠더 평등의 조건이며, 시장 노동에서의 성별 소득 격차를 완화할 것이다. 기본소득만으로 젠더 평등이 달성될 것이라는 예측은 일면적이다. 이 점에서 성별 노동분업 폐지는 소득 측면의 정책만으로는 자동적으로 달성되지 않는다는 로베인스의 지적은 타당하다.[36]

젠더 평등은 단순히 소득평등에만 한정되지 않는 전반적인 시간 재분배 문제로 바라보아야 한다. 젠더 평등은 성별 소득 격차의 해소만으로 끝나지 않기 때문에 소득정책 일변도의 접근으로는 명백한 한계가 있다. 그것은 남성에게 더 많은 재생산노동시간을 부여하고 여성에게 더 많은 공식 노동시간을 부여하는 시간 재분배 문제이다. 젠더 평등은 임금 격차나 소득 격차만이 아니라 시간 역량과 시간 복지의 관점에서 다시 정의되어야 한다. 공식 노동시간과 재생산노동의 선택권에서 젠더 평등이 이루어져야 하며, 그러한 선택이 시간 복지 측면에서도 여남 모두에게 만족스러운 결과여야 한다.

물론 소득 재분배가 시간 재분배에 아무런 영향을 미치지 않는다는 것은 아니다. 기본소득처럼 노동에 결부되지 않은 소득의 증대는 시간 재분배 효과로 이어진다. 앞에서 설명했듯이 기본소득의 지급은 남성이 동일한 소득 수준을 유지하면서도 노동시간을 줄여 더 많은 시간을 재생산 영역에 사용할 수 있도록 해준다. 달리 말하자면, 기본소득은 남성 노동자의 객관적 시간 조건을 변화시킬 수 있고 젠더 평등한 시간 분배로 이어질 수 있다. 하지만 이와 같은 예상은 여전히 일면적이다. 객관적 시간 조건의 변화는 남성의 노동시간 단축과 여성의 노동시장 참여를 동시에 이끌어내는 것이어야 하기 때문이다.

한 가족 안에서 남성만이 공식 노동을 수행하고 여성은 수행하지 않는 상태가 지속되면서, 기본소득 도입만으로 여가시간 평등이 달성될 수 있다고 가정하는 것에는 개연성이 부족하다. 기본소득 도입이 노동시간 단축으로 이어져서 남성의 가사노동 분담 가능성이 높아진다고 해도, 여성이 언제든지 전업 가사노동자로 전락할 수 있다면 실제로 성별 가사노동시간의 격차 해소는 미미할 수 있다. 결국 노동시간 단축과 같은 시장 노동 수준의 시간 재분배 정책, 기본소득과 같은 직접적인 소득 재분배 정책, 공공서비스 확충과 같은 탈가족화 정책, 성차별과 유리천장을 깨는 보완적 노동시장 정책 등을 연동하고 결합시켜야만 여가시간의 젠더 평등이 확실하게 이루어질 것이다.

각각을 설명하자면, 노동시간 단축의 규모가 크면 클수록 성별 취업률의 격차가 더 많이 없어질 것이며, 그리하여 노동시간 단축의 효과가 성별분업을 철폐할만한 규모일 때 ,젠더 평등한 시간 재분배에 유리하다. 또한 기본소득의 지급액이 인간다운 삶의 유지와 사회재생산, 정치적, 문화적 참여에 충분할 만큼 많아야 시간 분배가 젠더 평등해진다. 아울러 높은 수준의 사회 서비스가 제공되고 서비스 노동자의 임금이 높을 때, 젠더 평등한 시간 재분배가 이루어질 것이다.

인정과 분배, 승인과 전환의 교차점

젠더 평등한 시간 분배의 지렛대는 가장 직접적인 시간 재분배

정책인 노동시간 단축이다. 그렇다고 노동시간 단축, 기본소득, 공공서비스의 정책조합policy mix에서 기본소득의 중요성이 사라지는 것은 아니다. 기본소득은 전 사회적인 노동시간 단축이 소득 삭감 없이 이루어질 수 있도록 하며, 여성 노동자를 포함하여 모든 노동자의 개별적인 임금 협상력을 강화한다. 기본소득은 무조건적 시간배당이자 무조건적 소득이라는 두 가지 특성을 가지며, 그렇기에 성별분업 해소에 큰 효과를 미친다. 노동시장정책으로서 기본소득과 노동시간 단축은 결합되어 동시에 실시될 경우에 젠더 평등에 가장 큰 효과를 낳을 것이다.

여가시간에서의 젠더 평등에서도 마찬가지의 말을 할 수 있다. 공공적 사회 서비스의 확충은 여성에게 공식 노동과 가족 내 돌봄에 대한 선택권을 부여할 것이며, 이러한 조건과 결합하여 기본소득은 여성의 가족 내 협상력을 강화하여 평등한 맞돌봄으로 이어지게 만든다. 여기에서 사회 서비스 공공화의 장점은 탈가족화에 대한 지원과 사회 서비스 노동의 저임금화 방지이다. 결론적으로, 기본소득과 노동시간 단축의 정책조합을 한 축으로 하고, 다른 한 축으로는 공공적인 사회 서비스 확충을 통해 가능한 한도에서 탈가족화를 지원함으로써 젠더 평등을 위한 객관적 시간 조건의 변화가 이루어질 수 있다.

이러한 세 가지 정책조합에서 기본소득만 떼어놓고 보면, 그것은 그간 여성이 주로 수행해온 공식 노동 이외의 여러 활동에 대한 사회적 '승인affirmation'을 의미한다. 여성의 재생산노동 시간이 기본소득과 더불어 비로소 사회적 시간으로 '인정'된다. 인정과 승인의 측면은 기본소득의 무조건적 소득으로서의 특성에 조응한다. 하지만 기본소득, 노동시간 단축, 공공적 사회 서비스의 정책 트라이앵글에서 기본소득은 다른 두 정책과의 결합하여 사회적 시간 분배를 젠더 평등하게 '전환transformation'하는 지렛대의 역할을 한다. 이 점에서 기본소득은 재생산에 머물고 잇는 여성의 시간에 대한 인정을 넘어서 생산과 재생산에 걸친 사회적 시간 전체를 재분배하는 수단이다. 이와 같은 효과는 기본소득의 '무조건적 시간배당'으로서의 특성에 기인한다.

울스턴크래프트의 딜레마, 즉 '인정과 분배의 딜레마'는 기본소득, 노동시간 단축, 공공적 사회 서비스의 트라이앵글에 의해 해소된다. 이와 같은 정책 트라이앵글에서 '돌봄제공자 동등성' 모델은 '보편적 생계부양자-양육자 모델'의 일부분으로 포괄된다. 프레이저는 페미니즘의 언뜻 상반되어 보이는 두 요구인 여성의 차이 및 가사노동의 가치에 대한 '인정'과 사회경제적 맥락에서의 (재)'분배'라는 두 가지 요구를 '횡단교정cross-redressing'함으로써 '승인'과 '전환'이 동시에 이루어지도록 하는 실용적 제도를 모색하는데,[37] 이러한 목표에서 바라보더라도 기본소득은 필수적 요소이다.[38] 기본소득은 '보편적 맞벌이-맞돌봄 모델'의 필수적 전제조건이다. 이를 통하여 소득정책의 관점에서는 '인정'이며 동시에 사회적 시간 분배의 관점에서는 '젠더 평등한 재분배'인 방식으로 젠더 질서의 전환이 이루어진다.

한국의 성별 임금 격차와 성별 노동시간 격차: 현황

지금까지 진행한 논의를 한국에 적용해보자. 먼저 성별 임금 격차와 노동시간 격차의 현황을 살펴보고 소득과 시간의 분배에서 젠더 평등을 가져올 해법을 모색하도록 하자.

성별 임금 격차

〈그림 1〉은 2009년에서 2018년의 기간 동안 월 급여액 평균으로 계산하여 남성 대비 여성임금 비율이 약 62.3%~66.6% 사이에서 변동하고 있음을 보여준다.[39] 추세적으로 살펴보면, 2009년부터 2012년까지 상승 추세였으나 2013년 이후 2015년까지 하락 추세로 돌아섰다가 2016년 이후 다시 상승하기 시작하여 2018년에는 66.6%를 기록했다. 이는 2018년 기준으로 33.4%의 성별 임금 격차가 존재한다는 뜻이다.

〈그림 2〉는 2019년에 발표된 OECD의 성별 임금 격차 통계이다. OECD는 2018년 기준으로 한국의 성별 임금 격차를 34.6%로 계산했는데, 이는 OECD 국가 중에서 가장 심하고 2위인 에스토니아의 28.3%와 비교하더라도 압도적인 최고치이다. 한국의 성별 임금 격차가 34.6%라는 것은 남성이 100의 임금을 받을 때 여성이 65.4의 임금을 받는다는 뜻이다. OECD 평균은 13.5%이고, 유럽 28개국은 19.1%, 미국은 18.2%이다. 일본만이 24.5%로 성별 임금 격차가 높게 나타나지만 한국과 비교하면 10.1%p 낮다. 한국은 OECD의 다른 나라와 비교할 경우에도 노동소득에서 가장 심각한 젠더 불평등이 존재한다.

한국의 성별 임금 격차를 구체적인 액수로 알아보자. 고용노동부의 『2016 고용형태별근로실태조사 보고서』는[40] 남성 노동자의 시간당 정액급여 평균은 16,819원인 반면에 여성 노동자의 시간당 정액급여 평균은 11,507원에 불과하다고 밝히고 있다. 이 차이는 〈그림 1〉의 성별 임금 격차 수치들과는 다소 차이가 있다. '고용

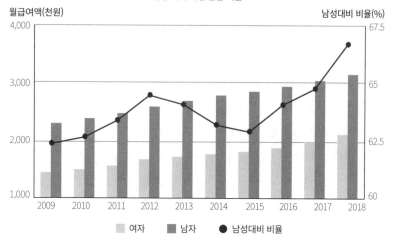

남성 대비 여성 임금 비율

〈그림 1〉 한국의 남성 대비 여성 임금 비율(출처: 고용노동부「고용형태별근로실태조사」

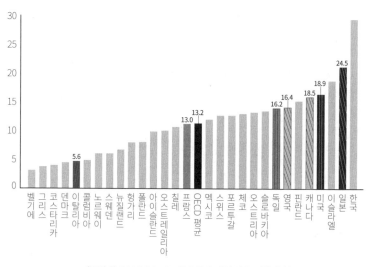

〈그림 2〉 2018년 OECD 주요국의 성별 임금 격차 현황

형태별근로실태조사'에 따르면, 여성은 남성의 68%를 받아서 약
32%의 격차를 보인다. 시간당 정액급여로 계산했을 때 나타나는

이와 같은 수치 변동은 〈그림 1〉의 수치가 월 급여액을 기준으로 했기 때문에 생기는 차이이다. 이러한 차이에 대하여 주목할 필요가 있다. 시간당 정액급여액의 성별 격차보다 월 급여액의 성별 격차가 더 크게 나타난다는 사실은 성별 노동시간 격차가 존재함을 시사한다. 평균적으로 여성이 남성보다 월 노동시간이 적다는 것이다.

성별 노동시간 격차

〈표 1〉은 주당 성별 노동시간 격차를 보여준다.[41] 월별 성별 노동시간 격차는 〈표 2〉로 나타난다.[42] 통계청 「경제활동인구조사」의 결과인 〈표 1〉의 수치를 월 단위로 환산하면 고용노동부 「고용형태별근로실태조사」 결과인 〈표 2〉의 수치와 다소 차이가 있다. 이는 두 통계의 조사방법이 다르기 때문이다. 하지만 두 통계는 공통적으로 2008년 이래로 성별 노동시간 격차가 꾸준히 확대되었고 최근까지 해소되지 않고 비슷한 수준으로 유지되는 추세를 보여준다. 〈표 1〉을 보면, '남녀취업자 주당 평균 노동시간'은 2016년에는 남성 45.4시간 대 여성 39.7시간으로 격차가 5.7시간까지 늘었다가, 2017년에는 다소 줄어들어 남성 45.2시간 대 여성 39.6시간으로 5.6시간의 격차를 보여줌을 알 수 있다. 〈표 1〉에서 알 수 있듯이, 특히 2011년경부터는 주 36시간 미만 남성취업자수에 비하여 여성 취업자수는 증가하는 반면에 주 36시간 이상 남성취업자수에 비한 여성 취업자수는 오히려 감소하는 경향이 발견되는데, 이는 여성들이 주로 일하는 서비스 부문의 시간제 일자리 확대와도 무관하지 않은 것으로 보인다.

		2009	2010	2011	2012	2013	2014	2015	2016	2017
주당 평균 취업시간	계	45.9	45.2	43.9	44.6	43.1	43.9	43.7	43.0	42.8
	남성	47.9	47.4	46.1	46.9	45.3	46.2	46.0	45.4	45.2
	여성	43.1	42.1	40.7	41.4	40.0	40.6	40.5	39.7	39.6
주36시간 미만 취업자수	계	3,126	3,637	4,575	3,650	4,730	3,984	4,006	4,487	4,413
	남성	1,283	1,511	2,055	1,478	2,073	1,576	1,564	1,760	1,714
	여성	1,842	2,127	,521	2,173	2,657	2,408	2,442	2,727	2,699
주36시간 이상 취업자수	계	20,195	20,020	19,527	20,891	20,155	21,501	21,766	21,509	21,930
	남성	12,380	12,364	12,098	12,923	12,510	13,314	13,434	13,327	13,519
	여성	7,815	7,657	7,430	7,969	7,646	8,187	8,333	8,182	8,411

〈표 1〉 남녀 취업자의 주당 평균노동시간(출처: 통계청 「경제활동인구조사」)

연 도	전체	남성(A)	여성(B)	A-B
2007	188.8	192.3	182.9	9.4
2008	184.5	188.2	178.3	9.9
2009	189.0	192.6	182.9	9.7
2010	187.0	190.6	181.2	9.4
2011	180.8	185.0	174.0	11.0
2012	173.7	178.3	166.4	11.9
2013	167.9	173.0	159.9	13.1
2014	165.5	171.0	157.1	13.9
2015	173.5	179.2	165.0	14.2
2016	171.1	176.5	163.2	13.3
2017	168.5	174.4	160.1	14.3
2018	156.4	161.8	148.6	13.2

〈표 2〉 2007~2018년 1개월 당 성별노동시간(출처: 고용노동부 「고용형태별근로실태조사」)
※ 노동시간에는 소정노동시간 외에도 초과노동시간이 포함됨.

성별 노동시간 격차와 가사노동 부담의 상관관계

성별 노동시간 격차는 가사노동 분담에 큰 영향을 끼친다. 통계청 「생활시간조사」에 따르면 2014년 한국 맞벌이 부부의 일평균 가사노동시간은 여성은 238분인 반면에 남성은 53분에 불과했다.[43] 시계열로 살펴보면, 2004년에는 남성이 일평균 40분, 여성이

256분의 가사노동을 했는데 10년 후인 2014년에도 남성의 가사노동분담이 13분 늘었지만 큰 변동 없이 격차가 유지되고 있다.

한편, OECD 젠더 데이터에 따르면[44] 2016년 기준으로 한국 맞벌이 부부의 일평균 가사노동시간은 남성 49분, 여성 215분으로 나타난다. OECD 통계는 가사노동시간에 대한 국제비교도 제공한다. 2016년 기준으로 일평균 가사노동시간이 남성 41분 대 여성 224분으로 나타난 일본, 남성 68분 대 여성 305분으로 나타난 터키와 함께 한국은 여성의 가사노동 부담이 높은 그룹에 속한다. 한국 여성의 일평균 가사노동 부담 비율은 남성 168분 대 여성 227분인 노르웨이, 남성 157분 대 여성 236분인 핀란드, 남성 135분 대 여성 224분인 프랑스, 남성 150분 대 여성 242분인 독일 등 유럽국가와는 비교할 수 없고, 2009년 기준으로 이미 남성 91분 대 여성 234분의 일평균 가사노동시간을 보여주는 중국과 비교해도 한국 맞벌이 여성이 훨씬 더 많은 가사노동 부담을 짊어지고 있다.[45]

가사노동 분담에서의 젠더 불평등은 공식 노동시장에서의 노동시간 격차와 동전의 양면이다. 성별 노동시간 격차는 가사노동 분담에서의 젠더 불평등의 객관적 시간 조건으로 작용한다. 성별 노동시간 격차가 크면 클수록 가사노동에 대한 여성의 분담이 커져갈 객관적 시간 조건이 조성된다. 여기에 덧붙여 문화적 사회적 불평등은 객관적 시간 조건에서 기인하는 불평등을 더욱 확대한다.

가사노동의 여성부담을 전제한 모델

〈표 3〉은 통계청 「경제활동인구조사」에 따른 여남 노동자의 주당 취업시간별 현황으로서 초단시간노동일수록 여성비율이 높고 장시간노동일수록 남성비율이 높다는 사실을 보여준다.[46]

	계	15,606
남성	1~17시간	602
	18~35시간	1,151
	36~44시간	6,738
	45~53시간	4,326
	*36시간 미만	1,752
	*36시간 이상	2,668
	*54시간 이상	13,732
	일시 휴직자	121
	주당평균취업시간(시간)	43.7
	계	11,903
여성	1~17시간	1,237
	18~35시간	2,022
	36~44시간	5,281
	45~53시간	1,943
	*36시간 미만	3,260
	*36시간 이상	1,233
	*54시간 이상	8,457
	일시 휴직자	187
	주당평균취업시간(시간)	37.5

〈표 3〉 취업시간별 취업자 현황(출처: 통계청 「경제활동인구조사」, 2019년 10월 기준)

〈표 3〉의 주당 취업시간별 비교는 〈표 1〉과 〈표 2〉에서 드러난 여남 평균노동시간 격차가 남성 전일제와 여성 시간제의 성별 노동분업 구조와 관련성이 있음을 시사한다. 이와 같은 변형된 남성 생계부양자 모델은 여성의 더 많은 가사노동부담을 전제하고 있다. 특히 여성의 육아부담은 경력단절을 낳고 노동시장에 참여하더라도 어쩔 수 없이 시간제를 택하도록 하는 요인 중의 하나이다. 독일의 경우, 양육하는 아이가 많을수록 여성의 주당노동시간은 눈에 띄게 감소하는 반면 남성의 경우는 그렇지 않다는 조사결과가 있다.[47] 양육책임을 주로 여성이 짊어지는 상황에서 양육하

는 아이의 숫자는 여성의 노동시간에 큰 영향을 끼치기 때문이다. 한국의 경우에도 마찬가지이다. 김소영의 연구는 여성의 가사노동시간에 대해 여성의 주당 노동시간이 가장 큰 연관성을 보임을 밝혔다.[48] 여성의 주당 노동시간과 가사노동시간은 음(−)의 연관이 있고 관련성 정도를 나타내는 회귀계수는 2004년 −1.36, 2009년 −1.78, 2014년 −2.59로 점점 더 강해진 것으로 나타났다.[49]

김소영의 연구는 여성의 주당 노동시간과 가사노동시간의 상관관계가 노동소득과 가사노동시간의 상관관계보다 훨씬 크다는 점도 밝히고 있다.[50] 맞벌이 여성이 벌어 오는 소득이 증가하더라도 남성의 가사 분담은 늘지 않았던 반면에 여성의 가사노동시간은 줄었다는 것이다. 이는 여성의 소득 비중은 남성 배우자의 가사노동 참여를 끌어내는 협상에서 유리한 자원이 아니었다는 해석을 가능하게 한다. 오히려 높은 노동소득을 얻는 여성은 본인 소득을 가사노동의 '아웃소싱'에 사용하여 가사노동시간을 줄였을 개연성이 크다고 해석할 수 있다.[51] 이 글의 앞부분에서 여러 차례 설명한 여성의 이중부담의 계층화가 나타난다고 볼 수 있다.

여성의 소득 비중이 본인의 가사노동시간에는 영향을 미치지만 남성 배우자의 가사노동시간에는 변동이 없는 것에는 복합적인 요인이 있을 것이다. 문화적 사회적 젠더 불평등의 차원을 도외시하면, 공식 노동시간과 가사노동시간이 음의 상관관계를 가진다는 점은 명백하다. 따라서 맞벌이 여성의 소득과 남성 배우자의 가사노동시간이 큰 상관관계를 보이지 않는 이유는 남성의 노동시간이 줄지 않았기 때문이라는 해석도 가능하다. 김소영의 연구에 따르면 남성 배우자 본인의 주당 노동시간이 길면 길수록 남성의 가사노동시간은 줄어드는 추세를 보였다.[52]

이 연구가 이러한 조사 결과로부터 끌어낸 결론은 남성의 주당 근로시간을 줄이고 여성의 노동시장 지위를 높이는 정책을 적극적으로 시행한다면 남편의 가사노동시간과 분담률이 늘어날 수 있을 것이라는 점이다. 그런데 여성의 노동시장 지위를 높이는 정책만으로는 남성 배우자의 가사노동분담률이 반드시 올라간다는 보장은 없다는 점이 중요하다. 이와 함께 노동시간의 전반적 단축이 일어나서 남성 배우자의 노동시간은 줄어들고 여성 배우자의 취업률이 올라가고 성별 노동시간 격차가 사라지게 될 때에만 남성 배우자의 가사노동시간이 늘어날 수 있는 객관적 시간 조건의 변화가 일어난다고 말할 수 있다. 이와 같은 시간 조건의 변화를 전제한 모델을 위에서는 '보편적 생계부양자-양육자 모델'이라고 명명했다.

육아부담의 젠더 불평등

통계청의 『2018 일·가정 양립 지표』는 육아에서 여성의 부담이 많다는 점을 보여준다. 육아부담은 경력단절의 원인이며, 결과적으로 여성고용률을 떨어뜨리고 여성 일자리의 질을 저하시킨다. 2018년 15~54세 기혼여성 취업자 554만 9,000명 중에서 결혼·임신·출산·육아·자녀교육·가족돌봄 등의 이유로 직장을 그만둔 적이 있는 경험자는 208만 3,000명(37.5%)으로 나타난다.[53] 육아부담의 젠더 불평등을 해소하기 위해서도 노동시간 단축은 매우 중요하다. 하지만 이 문제의 해결에는 노동시간 단축만으로는 부족하다. 한편으로는 공공 사회 서비스의 확충이 필요하고, 다른 한편으로는 평등한 맞돌봄을 위한 육아휴직제도의 재정비가 필요하다.

한국의 성별 임금 격차와 성별 노동시간 격차: 해법

①성별 노동시간 격차와 가사노동시간 격차를 비교해보자. 2014년 일평균 가사노동 분담은 여성 238분, 남성 53분으로 성별 격차는 185분으로 주단위로 환산하면 1,295분, 대략 21.58시간이다.[54] 보다 최근 통계인 2019년의 OECD 자료에 따르면, 2016년 기준으로 한국 맞벌이 부부의 일평균 가사노동시간은 남성 49분 대 여성 215분으로 나타난다. 격차는 166분, 주단위로 환산하면 1,162분으로 대략 19.36시간이다. 2016년 한국의 성별 노동시간 격차는 주당 남성 45.4시간 대 여성 39.7시간으로 격차는 5.7시간이다.[55]

②이로부터 다음과 같은 해석이 가능하다. 19.36시간에 달하는 주당 가사노동분담의 격차 중에서 5.7시간은 성별 노동시간 격차에 기인한다. 물론 19.36시간 중에서 5.7시간을 뺀 13.66시간은 성별 노동시간 격차와 직접적으로 상관없는 문화적 사회적 요인에서 비롯될 것이라고 추측할 수 있다. 하지만 성별 노동시간 격차를 해소하는 것만으로도 가사노동 분담의 젠더 불평등을 최대 5.7시간 줄일 수 있는 여지가 생긴다. 남성의 주당 노동시간이 5.7시간 줄어들고 이 시간을 모두 가사노동에 전용한다면 주당 가사노동 분담의 성별 격차는 7.96시간으로 줄어든다.

③성별 노동시간 격차를 해소하는 방법은 무엇일까? 전후 자본주의 황금기도 아니며 한국경제도 개발기가 한참 지난 현 시점에서 취업여성의 노동시간을 늘리는 것은 답이 아니다. 차라리 전 사회적인 법정노동시간을 5.7시간 단축하여 성별 노동시간 격차를 없애는 것이 답이다. 취업여성의 주당 평균노동시간을 늘리는 방

법이 경제적으로 불가능하거나 바람직하지 않다는 것뿐만 아니라 그러한 방법으로는 결코 가사노동 분담의 젠더 불평등의 해소에 기여하지 않는다는 점이 더욱 중요하다. 여성의 주당 평균노동시간의 증가는 여성의 가사노동시간을 줄이는 대신에 이중부담을 늘리는 결과를 낳게 될 것이다. 정반대로, 남성의 주당 평균노동시간을 줄여서 성별 노동시간 격차를 해소할 경우에만 젠더 평등한 맞벌이-맞돌봄 모델의 등장에 유리할 것이다. 남성의 노동시간을 줄이는 방법은 사실 간단하다. 남성의 노동시간만 특별히 단축하는 젠더 특유한 법안을 만들 필요는 없다. 그저 사회 전체의 법정노동시간을 단축하면 장시간 노동자인 남성 노동자의 노동시간이 자연히 줄어든다. 앞의 논의에서 여러 번 강조했듯이, 기본소득은 이와 같은 노동시간 단축이 가능하도록 해주는 전제조건이다.

④성별 노동시간 격차만이 노동시장에서의 젠더 불평등의 전부일 수는 없다. 임금 격차나 여성의 노동시장지위도 중요한 문제이다. 하지만 노동시간 단축은 다른 문제에 큰 영향을 끼친다. 노동시간 단축은 직접적으로는 시간을 재분배하는 기능을 가지지만 간접적으로는 소득과 자원의 재분배 기능도 가지기 때문이다. 남성 전일제와 여성 시간제의 성별 노동분업은 맞벌이 여성이 남성 배우자보다 적은 노동소득을 얻도록 구조화한다. 이러한 연관성은 여성 시간제 노동이 크게 확산된 나라에서 두드러지게 나타난다. 네덜란드와 함께 시간제 여성노동의 확대가 두드러진 국가의 하나인 독일의 경우 노동조합총연맹(DGB)은 성별 임금 격차가 노동시간 격차와 큰 상관관계에 있다는 견해를 제시하고 있다.[56]

노동시간 단축은 이와 같은 기형적 성별 노동분업을 없앰으로써 성별 임금 격차 해소에 기여한다. 나아가 노동시간 단축은 여성의 취업률을 올리고 노동시장지위를 개선할 것이다. 물론 성별 임금 격차는 노동시간 격차로부터 기인하는 것이 아닌 복합적인 요인과 관련되기 때문에 원인을 제거하는 추가적인 정책들과 결합되어야 한다. 노동시장에서 여성의 지위를 개선하기 위한 적극적 조치가 필요하며, 특히 최저임금 인상, 동일노동 동일임금 원칙, 가사노동자를 포함하여 5인 이하 사업장까지 근로기준법 적용 범위 확대 등 노동법적 보호도 강화되어야 할 것이다.

⑤육아부담은 시간 분배의 젠더 불평등의 가장 큰 원인이다. 육아부담을 줄이기 위해서는 공공 사회서비스의 확충이 필수적이다. 사회재생산 비용을 가족에 전가하는 저임금 맞벌이 체제는 사회재생산 위기를 맞이할 수밖에 없다. 하지만 사회재생산 영역의 공공서비스 제공만으로는 여성의 육아부담이 완전히 해소될 수는 없다. 부와 모가 직접 담당해야 하는 잔여 시간이 있을 수밖에 없다. 이 부분에서 젠더 평등을 이루어내기 위해서는 육아휴직제도의 개편과 같은 법제도적 개입이 필요하다. 현황을 살펴보면, 2010~2017년의 기간에서 7세 이하의 자녀를 가진 임금노동자 중에서 육아휴직 사용률은 모가 38.3%이며, 부는 1.6%에 불과하다.[57]

이러한 상태를 개선하기 위한 개입으로서 남성의 육아휴직을 장려하는 인센티브 제도의 도입을 생각할 수 있다.[58] 하지만 이와 같은 경제적 인센티브보다 강력한 개입은 부모 모두에게 출산육아 휴직을 의무화하고 유급화하는 것이다. 현행 제도처럼 부의 출산육아휴직에 대한 단순한 허용만으로는 충분한 효과가 나오지 않는다. 「남녀고용평등과 일·가정 양립 지원에 관한 법률」(법률 제12244호) 19조를 개정하여 부의 출산육아휴직은 아예 의무화하고 출산육아휴직의 유급기간은 늘리고, 나아가 급여수준은 높일 필요가 있다. 모와 부 모두에 대한 의무휴직제는 부에게 인센티브를 주는 제도보다 훨씬 더 강력하다. 아울러 부의 육아휴직을 의무화함으로써 유급육아휴직의 기간의 연장이나 급여수준의 인상이 여성 취업률을 떨어뜨리는 효과도 전혀 발생하지 않게 된다는 장점을 가진다. 부의 육아휴직의 의무화, 육아휴직의 기간 연장과 완전유급화 등 출산육아휴직 제도의 개혁으로 평등한 맞돌봄을 유도하고 여성의 경력단절을 막을 수 있다.

③에서 ⑤까지의 정책조합을 실행하면 노동시간과 여가시간의 젠더 평등한 시간 분배를 위한 객관적 조건은 형성된다. 그럼에도 남성 생계부양자 모델의 의식적 잔재가 남아 있을 수 있고, 이를 해소하기 위해서는 문화적 차원의 변화가 이루어져야 할 것이다. 그럼에도 불구하고 객관적 시간 조건의 변화는 문화적 차원의 변화를 위해서도 매우 유리한 조건이 된다.

8장

녹색 기본소득은 가능한가

현대적 기본소득 논의의 탄생지는 1980년대 서유럽이었으며 생태주의는 기본소득이 논의되는 가장 중요한 맥락이었다. 이 장에서는 당시의 논의에서 출발하여 현재에도 유의미한 논점들을 끌어내고, 사회적 전환과 생태적 전환이 만나는 근본적인 지점으로 논의를 이끌어간다. 가장 먼저 다룰 관점은 생태적 전환과 경제적 평등의 상관관계이다. 한계소비성향이 높은 저소득층의 소비를 진작한다는 점은 기본소득의 중요한 효과 중의 하나이다. 그런데 사회 전체의 소비를 촉진하는 제도가 과연 생태적일 수 있을까?

이 장에서는 분배가 평등할수록 자원을 더 많이 절감할 수 있으며, 생태적 전환에 유리하다는 것을 논증한다. 경제적 평등은 탁월한 생태적 효과를 낳으며, 기본소득은 분배를 보다 평등하게 만든다. 산업자본주의에서 소득분배는 일자리를 매개로 했으며, 이는 더 많은 일자리와 더 많은 이윤을 교환했던 자본과 노동의 생산주의 동맹을 낳았다. 자본주의 경제에서 생태적 위기가 심각해지고 일자리의 양극화가 심각해진 신자유주의는 부채의존형 소비를 키우는 방식으로 수요문제에 대응했다. 이 상황에서의 출구는 불평등한 사회상태를 그대로 둔 채 탈성장 경제로 나아가는 것이 아니다. 경제적 평등을 달성함으로써, 굳이 많이 팽창할 필요 없는 경제로 나아가는 것이다.

평등의 생태적 가치에 대하여 깊이 있는 논의를 전개한 후, 나아가 생태적 전환의 기술적 차원과 사회경제적 차원이 어떤 관계에 놓여 있는지를 생태배당이라는 예를 통해 드러낼 것이다. 생태적 전환을 위해서는 생태파괴적 위험기술의 금지와 생태적 기술의 개발이 필요하지만, 이는 단순히 기술적인 문제가 아니다. 탄소세와 생태배당의 연동은, 당장 금지할 수 없지만 생태파괴를 야기하는 산업기술들을 생태적 전환의 방향으로 유도하는 우회적인 개입 방식이다.[1]

1. 생태주의와 기본소득의 만남

1960년대 말부터 1970년대 중반까지 미국과 캐나다를 중심으로 이루어진 기본소득 논의는 점증하는 소득불평등과 탈빈곤을 배경으로 등장했다. 기본소득 논의는 북미에서 몇 차례의 사회실험을 거친 후 소강상태에 접어들었지만,[2] 1980년대 중반부터 유럽에서 다시 점화되었다. 그 이전과 비교할 때 1980년대 유럽의 논의는 생태주의를 배경으로 한다는 점에서 뚜렷하게 차별된다. 1980년대의 주요 기본소득 이론가인 앙드레 고르츠,[3] 토머스 슈미트,[4] 오필카,[5] 게오르그 보브루바[6] 등은 생태주의 사회철학자이거나 녹색당 주변의 이론가들이었다. 기본소득에 대한 관심은 한편으로는 1970년대의 불황과 대량 실업을, 다른 한편으로는 산업자본주의의 생태적 지속 불가능성에 대한 인식을 바탕으로 대두되었다.

이러한 배경 속에서 기본소득론은 설비투자와 확대재생산을 통해 신규 일자리를 만들려는 생산주의적 압박에서 벗어나 노동시장과 사회를 재구성하는 생태주의적 기획으로서 제출되었다. 북미를 중심으로 한 1960년대와 1970년대 논의가 기본소득의 1차적 효과인 소득 재분배와 탈빈곤 중심이었다면, 1980년대 유럽 논의의 중심은 생태적 전환이었다. 이러한 생태주의적 인식은 1986년 기본소득유럽네트워크의 창립에도 큰 역할을 한다. 창립을 이끈 필립 판 파레이스에게 생태주의적 출발점을 발견할 수 있으며,[7] 얀 오토 안데르손Jan Otto Andersson과 같은 생태주의 좌파도 발기인으로 참여하였다.[8] 오늘날의 기본소득 논의에서 인공지능 개발과 일자리의 미래, 일자리와 소득의 탈동조, 플랫폼 노동 등의 주제가 차지하는 역할만큼 당시의 논의에서 생태주의가 차지하는 역할은 지대했다.

당시의 생태주의적 기본소득 논의는 자본주의적 노동시장에 대한 관점에서 크게 두 가지 방향으로 이루어졌다.[9] 첫 번째는 대량 실업 문제를 해결하는 생태주의적 일자리 정책으로의 기본소득이다. 대표적으로 보브루바는 노동시간 단축으로 일자리 분배를 유도하며 생산주의적 압박을 낮추려는 기획으로서 기본소득을 다루었다.[10] 보브루바의 논의는 일자리와 소득의 분배에서 노동시장의 1차적 역할을 인정한 후 기본소득을 노동시장에 개입하는 유력한 수단으로 본다는 특징을 가진다. 두 번째 방향은 임금노동을 넘어선 다면적이고 다중적인 자유 활동의 증대에서 기본소득의 주요 효과를 찾고, 기본소득을 탈성장과 문화사회로의 이행의 단초로 보는 것이다. 이러한 경향은 대표적으로 프랑스에서 활동한 생태주의 사회철학자 앙드레 고르츠에게서 나타난다.[11]

두 방향의 차이는 노동시장의 역할과 기능에 대한 관점, 즉 '생산요소의 투입과 소득의 분배에서 노동시장을 기본적인 규율체제로 간주하는가' 여부에 있다. 보브루바가 기본소득을 시장 노동을 재분배하여 노동시장을 재구성하는 개입수단으로 보았다면, 고르츠는 기본소득을 노동시장 바깥의 다면적 활동의 증대를 위한 사회전환적 수단으로 보았다. 보브루바는 기본소득의 고용 효과나 임금 효과에 주목했고, 고르츠는 다면적 활동의 해방과 탈노동 그리고 노동사회를 넘어서는 생태적 문화사회로의 이행을 위하여 기본소득에 주목했다.

양측의 공통점은 기본소득 도입과 함께 개별적 노동시간의 획기적 단축이 가능할 것이라는 전망이다. 이는 두 경향이 공통적으로 기본소득을 고용 창출에 대한 생산주의적 압박을 해소하는 중요 수단으로 본다는 점을 뜻한다. 하지만 노동시간 단축 문제와 관련해서도 그 의미를 바라보는 관점이 다를 수밖에 없다. 보브루바의 논의가 노동시간 단축의 양적 측면에 한정되어 있다면, 고르츠는 임금노동으로부터 활동으로의 이행이라는 거시적 틀 속에서 노동시간 단축의 해방적 성격과 노동의 질적 변화를 강조한다.

2. 여전히 유효한 관점

노동시간 단축으로 설비투자의 확대와 생태적 환경의 파괴 없이 일자리를 만든다는 기획이나 기본소득 도입이 연동된다면 생산의 자동화와 노동력 절감 기술의 발전은 임금노동의 시간을 줄이고 보다 많은 시간을 다면적 활동에 사용할 수 있도록 해주는 축복이 될 것이라는 관점은 오늘날에도 여전히 유효하다. 극단적으로 말하자면, 기본소득을 매개로 한 임금노동 중심의 사회와 성장 만능주의를 바로잡으려는 개입은 오늘날 단지 여전히 유효한 것만이 아니라 오히려 더 절박해졌다. 기후재앙의 시대에 접어든 오늘날 성장주의의 불가능성은 과거 어느 때보다 더욱 분명해 보이기 때문이다.

자본과 노동의 성장주의 동맹의 한계

개별 기업에게 경제의 목적은 더 많은 이윤이다. 자본주의 전체로 보면, 더 많은 이윤을 위해서는 더 많은 성장이 필요하다. 그렇다고 성장이 사회적 마찰 없이 늘 순조롭게 이루어지는 것은 아니다. 자본 간의 경쟁은 기술혁신을 낳고, 그 결과 노동력 절감 기술의 발전으로 노동 수요가 감소하면 실업이 증가한다. 일자리가 줄어들어 유효수요가 부족해지면 불황에 빠진다. 그런데 불황기에도 성장의 강제는 여전히 작동한다. 물건이 다시 팔리게 하려면 일자리가 늘어야 하고 노동자의 구매력이 향상되어야 한다. 결국 추가적인 설비투자가 필요하다.

1930년대 공황기에 등장한 뉴딜 정책은 이 역할을 공공투자가 담당한 경우이다. 대공황에 대한 해결책으로 등장한 케인스주의는 일자리 증대와 임금소득 안정을 통해 자본의 안정적 축적을 보장해주는 성장 정책이었다. 대공황 이전과 이후가 크게 달라진 것 같지만 변하지 않은 사실이 있다. 자본주의체제의 유지를 위해서는 성장이 반드시 필요했다는 사실이다. 따라서 케인스주의적 전환과 관련하여 생태주의적 문맥에서 반드시 주목해야 할 점은 자본과 노동의 성장주의적 동맹이다. 산업적 성장은 단지 자본의 이윤 추구만이 아니라 일자리와 임금소득의 유지를 위해서도 반드시 필요했다는 점에 주목해야 한다.[12]

1970년대부터 케인스주의적 성장 방식이 위기에 처하면서 성장주의 동맹의 주도권을 자본이 쥐게 된다. 케인스주의적 성장은 임금 주도 성장이었다고 말할 수 있지만, 신자유주의 시대의 성장 방식은 노동소득 분배율 하락과 부채 의존 성장으로 바뀐다. 부채 의존 성장은 임금하락 경향을 유지하면서도 중심국의 수요를 지속시킬 수 있는 요술방망이였다. 하지만 2008년 이후 중심국의 거품경제가 붕괴하면서 중심국의 부채 의존 성장과 개발도상국의 수출 주도 성장이 맞물려 돌아가던 세계경제는 파국에 빠졌다. 중심국의 소비 축소는 수출 주도 성장으로 버티던 신흥개발국마저 침체의 늪에 빠뜨렸다. 양적 완화와 같은 비전통적 통화정책을 사용해도 세계경제는 저성장으로부터 좀처럼 헤어나지 못하는 실정이다. 이러한 상황에서 '케인스주의적 성장 동맹'으로의 복귀는 전 지구적 차원에서 이미 분명해질 대로 분명해진 생태적 한계에 직면할 것이고 기후 파국을 앞당기는 계기가 될 뿐이다.

지구화와 생태적 한계

1980년대 이후 자본주의 중심국에서는 자본축적의 중심이 금융과 서비스 영역으로 이동하고 탈산업화가 진행되었다. 하지만 전 지구적 수준에서 탈산업주의를 말하기는 어렵다. 정반대로, 세계화로 인해 저개발 국가에서는 급격한 산업화와 인구 팽창이 이루어졌다. 중심국에서도 부의 불평등은 유례없이 증가했지만 소비는 저소득층에서도 완만하게 늘어났다. 은행이 저소득층에게도 가계 대출을 해주었고 부채 의존 소비로 경제가 유지되었기 때문이다. 전 지구적 분업은 중국을 세계의 공장으로 탈바꿈시켰고, 신흥국의 값싼 공산품에 의존하게 된 중심국의 저소득층의 소비는 자국 안에 공장을 가지고 있던 시절보다 훨씬 긴 탄소 발자국과 생태 발자국을 가지게 되었다.

2008년의 파국은 이처럼 세계경제가 역사상 가장 긴 생태발자국을 가지게 된 정점에서 일어났다는 점에 유의할 필요가 있다. 이미 오래전부터 산업적 성장은 근본적인 생태적 한계에 직면했다. 금융 부문에 몰려 있는 자본을 산업 생산으로 돌려 일자리를 만들 수 있다는 가정은 더 이상 유효하지 않다. 이미 생태적 한계에 도달한 산업 생산을 팽창시킴으로써 경제를 회생시킬 수는 없다. 여전히 지속되는 저성장, 기술혁신, 일자리와 소득의 탈동조, 노동소득 분배율과 중위소득의 하락 등은 기본소득이 도입될 수밖에 없는 사회적 필연성을 보여준다. 하지만 이와 동시에 기본소득이 이러한 상황에 대한 해법일 수 있는 이유는 기본소득이 생태적 전환에 기여하는 유력한 정책수단이기 때문이라는 점도 강조할 필요가 있다.

노동시간 단축의 사회적·생태적 효과

신자유주의는 고용 없는 성장 시대였다. 그런데 '제4차 산업혁명'은 더 많은 일자리를 더 많이 줄일 것이다. 현재 진행 중인 기술혁신이 초래할 고용 감소의 규모에 대해서는 예측들이 엇갈리지만, 고용의 양은 지금보다 축소되고 고용의 질은 악화되어 '긱 경제'와 '수요에 맞춘 고용'이 확대되어 고용불안정성이 심화될 것이라는 전망은 널리 확산되었다.[13] 일자리 축소와 노동소득 감소에도 불구하고 자본주의의 상품 순환을 유지하려면 역설적으로 노동과 소득의 연관성을 느슨하게 할 수밖에 없을 것이다.

완전고용이 아니라 일자리의 희소성이 상수가 되어버린 사회에서는 앞으로 일자리가 생겨날 것이라는 막연한 가정에 기초해 있는 노동연계복지 대신에 생계 수준 소득을 모든 사회구성원에게 제공하여 소비기반을 만들고 자본순환을 유지할 수밖에 없게 될 것이다. 자본순환의 보장을 위해 자본주의가 역설적으로 자신의 토대인 임금노동에 대한 경제적 강제를 느슨하게 할 수밖에 없는 과정이 진행된다. 또한 이 과정에서 성장주의 동맹은 더 이상 불가능해지고 역설적으로 일자리를 만들려면 노동시간을 가능한 한 단축할 수밖에 없다는 사실이 분명해진다. 더 많은 사람들에게 일자리를 공급하려면 노동시간을 더 많이 줄여가는 수밖에 없다.

앞서 살펴본 보브루바나 고르츠의 생태주의 기본소득론의 공통적 요소인 노동시간 단축과 기본소득의 연동은 그 목표의 현격한 차이에도 불구하고 일자리의 희소성이라는 시대 상황에 대한 생태주의적 접근이라고 볼 수 있다. 30년이 지났지만 이러한 접근은 여전히 유효하고 더욱 절실하게 되었다. 플랫폼 노동의 불안정한 소득 기반을 보충하기 위해서도 기본소득이 필요하지만, 노동시간 단축을 지원하여 버젓한 일자리를 나누기 위해서도 기본소득 도입은 불가피하게 될 것이다. 장기적으로 볼 때, 이러저러한 우여곡절을 거쳐 임금노동을 자유로운 다면적 활동으로 해방시키는 과정이 개시될 것이고 그 과정 속에서 탈성장과 탈자본주의의 접점이 만들어질 수 있다.

노동시간 단축이라는 측면에서 바라보자면, 기본소득은 국민총소득의 일정 부분의 평등한 분배만이 아니라 이미 7장에서 살펴보았듯이 노동시간·재생산시간·여가시간 등 사회적 시간의 재분배도 의미한다. 여기에서는 이와 같은 과정이 생태적 전환과 어떻게 연결되는가를 따져볼 필요가 있다. 노동력 절감 기술의 발전은 사회 전체의 총노동시간을 단축시킨다. 그럼에도 불구하고 개별적인 노동시간이 단축되지 않으면 일자리는 점점 더 희소해진다. 기본소득 도입은 개별적 노동시간의 단축을 가능하게 만드는 사회적 조건이 된다.

만약 단축된 노동시간만큼 추가 고용이 이루어진다면 고용 효과가 생겨나고 일자리 분배가 좀 더 평등해진다. 물론 단축된 노동시간이 어느 정도의 일자리 증대로 나타날 것인가는 기본소득과 무관하게 오로지 자동화의 전개 양상에 달려 있다. 이미 1990년대 말에도 프랑스의 노동시간단축법인 오브리법의 고용효과는 단축된 노동시간 전체가 추가 고용으로 이어지지는 않으며 40% 정도는 자동화로 인해 잠식되었음을 보여준다.[14] 기본소득은 이러한 사정을 변경시킬 수 있는 변수가 아니며, 오히려 자동화 기술의 최근 발전에 비추어볼 때 고용효과는 미미할 수 있다.

그럼에도 노동시간 단축과 관련하여 생태적 관점에서 매우 중요한 문제를 강조할 필요가 있다. 그것은 단축된 노동시간이 추가 고용으로 채워지지 않은 부분만큼은 탈성장 효과가 생겨났다는 점이다. 단축된 노동시간은 고용 효과가 발생한 부분, 동일한 생산량이 유지되면서 추가고용 없이 기술혁신으로 잠식된 부분, 생산량의 축소가 일어난 부분으로 나뉠 것이다. 두 번째와 세 번째 부분은 생태적 효과로 분류할 수 있다. 어쨌든 이러한 축소의 과정은 탈성장으로 나아가는 경제적 메커니즘을 만들어낸다.

노동시간 단축은 생태적 효과를 낳으며, 기본소득은 전 사회적으로 노동시간 단축이 가능하게 해주는 토대가 된다. 그런데 기본소득의 생태적 효과는 이 보다 더 근본적인 문제에 닿아 있다. 그것은 소득, 일자리, 시간의 분배에서 평등하면 평등할수록 생태적 전환에 유리하며 기본소득은 분배의 평등을 위한 강력한 수단이라는 점이다.

3. 평등의 생태적 가치

기본소득에 대한 생태주의적 우려

장기 침체의 조건에서 기본소득은 가계소득의 토대를 만들어주며 부채 의존 소비를 벗어나게 하는 효과를 가진다. 물론 이러한 효과는 생태적 관점과 일단 관계없다. 오히려 불평등 해소와 소비 효과를 통해 옹호되는 기본소득은 새로운 방식의 케인스주의라는 비판에 직면할 수 있다. 더 많은 소비를 촉진하는 반생태적인 해법이라는 염려도 생긴다. 기본소득은 독일 녹색당과 같은 유럽 생태주의의 가장 큰 정당으로부터 분명한 지지를 받지 못하고 있다. 기본소득에 관한 찬반투표를 진행했던 2007년 당대회에서 60%의 대의원이 기본소득을 반대한 후 독일 녹색당은 기본소득이 아니라 기본보장 정책을 고수하고 있다.[15]

유럽의 녹색당 중에서 기본소득에 분명한 지지를 표명한 정당은 영국 녹색당, 핀란드 녹색당, 네덜란드 녹색좌파당뿐이다.[16] 이와 같은 지형은 독일 녹색당처럼 규모가 큰 정당의 경우에는 기본소득과 같은 대대적인 분배정책을 수용하기 어려울 정도로 보수화되었다는 점을 드러내기도 하지만, 보다 근본적으로는 현대적 기본소득 논의의 태동기인 1980년대의 특징인 생태주의와 기본소득의 깊은 연관성에도 불구하고 기본소득에 대한 생태주의적 염려가 아직까지 완전히 해소되지 않았다는 사실을 보여준다.

생태주의적 염려는 오히려 근본적 생태주의자들에게서 나타나는데, 특히 불안정노동의 확산과 임금소득 부족, 부채 의존 성장과 세계경제의 장기 침체, 급속도로 진행되고 있는 인공지능 혁명과 일자리의 미래 등이 최근의 기본소득 논의의 배경이 되면서 기본소득의 경제부양 효과가 강조되고 있다는 사정과도 닿아 있다. 극단적으로 표현하자면, 기본소득은 탈성장의 수단이 아니라 경기회복을 이끄는 수단이며 기본소득 도입으로 자본주의적 생태 파괴를 되풀이하게 될 것이라는 염려가 여전하다는 뜻이다. 이러한 근본적 염려와 별도로 보다 좁은 범위의 정책적 수준에서는 생태세로 거두어들인 재원이라면 기본소득이 아니라 '녹색기술' 개발에 사용해야 하지 않을까라는 이견도 등장한다. 이와 같은 항의를 뜯어보면, 기본소득을 주로 소비부양 수단으로 본다는 점이 특징적이다.

더 평등한 분배와 생태적 전환

기본소득의 소비부양 효과에 대한 생태주의적 염려는 오해에서 비롯된 것이다. 일단 기본소득이 수요 관리의 측면에서 논의된다는 사실 그 자체는 성장주의 시대가 끝났다는 이 시대의 현실을 여과 없이 표현할 뿐이라는 점을 명확히 해둘 필요가 있다. 즉, 설비투자 확대로 일자리를 늘릴 수 있는 시대가 지나갔기 때문에 노동과 무관한 소득을 보장해주는 기본소득이 본격적으로 논의되는 것이다.

괜찮은 일자리가 줄어들어가고 있는 시대에 기본소득은 소득 불평등을 해소할 수 있는 거의 유일한 방법이다. 종래의 공적 이전 제도들과 비교할 때 기본소득에는 가장 강력한 불평등 해소 효과가 있다. 왜냐하면 기본소득은 과세와 배당의 결합이라는 특징을 지니기 때문이다. 즉, 내는 세금은 다르지만 돌려받는 배당은 같다. 이와 같은 기본소득 원리에 이미 소득 재분배 효과가 내재한다. 그간 많은 연구들은 현존하는 소득이전 제도와 비교하여 기본소득의 탁월한 불평등 해소 효과를 논증해왔다.[17]

생태주의 관점에서 중요한 문제는 분배가 평등하면 평등할수록 생태적 전환에 유리하다는 점이다. 파이 나누기의 비유를 들자면, 파이의 분배가 불평등할수록 파이 전체의 크기를 늘리려는 성장주의의 함정에 빠지기 쉽다. 파이의 분배를 바꾸지 않고 파이 전체의 크기를 늘리면 상대적 불평등은 늘어나겠지만 적은 몫을 가진 사람에게 돌아가는 절대적인 크기도 그 전보다는 많아질 수 있다. 이는 과거에 성장주의 동맹이 손쉽게 분배 투쟁을 제압할 수 있었던 이유이기도 하다. 여기서 많은 논자들이 지적하고 있듯 1950년대와 1960년대 자본주의 황금기의 정합게임positive-sum game이 신자유주의 시대 이래로 영합게임zero-sum game으로 전환되었다는 사실을 주목해야 한다. 파이의 크기를 아무리 늘려도 가난한 사람에게 돌아가는 몫은 거의 없는 시대가 되어버렸다.

물론 여기에서의 논점은 부의 사회적 분배의 불평등 문제가 아니라 성장주의의 지속 가능성 문제이다. 산업적 확대로 파이의 크기를 늘리는 경제는 이미 생태적 임계점에 도달했다. 이러한 임계점에서는 더 평등한 분배의 생태적 가치가 오히려 분명해진다. 파이의 비유로 말하자면, 파이의 몫이 평등하게 분배될수록 성장주의의 함정에서 벗어날 수 있고 파이 크기를 키우는 일을 생태적 관점에서 통제할 수 있다. 이처럼 평등한 분배는 경제와 사회의 생태적 전환에 매우 유리한 조건을 마련해준다. 더 평등한 소득 분배의 관점에서 기본소득은 현존하는 어떤 제도와 비교할 수 없을 정도로 효과적인 프로그램이라는 사실이야말로 기본소득과 생태적 전환이 만나는 가장 심층적인 차원이다.

생태적 전환을 위한 재분배

앞서 언급했듯이, 기본소득은 단순한 소득 재분배 이상의 의미를 가진다. 즉, 기본소득은 소득 재분배의 방식으로 사회구성원들에게 사회적 노동을 재분배하며, 이를 통하여 여가시간과 자유로운 활동시간도 재분배한다. 기본소득처럼 노동과 무관한 소득최저선이 모두에게 무조건적이고 부여되면, 임금노동 시간을 축소하여 자유로운 활동을 위한 더 많은 시간을 얻게 된다. 이와 같은 과정은 두 가지로 나타나게 될 것이다. 소득 재분배를 '기본소득의 1차 효과'라고 본다면, 이와 같은 1차 효과는 노동시장에 작용하여 '2차 효과'인 사회적 노동의 재분배로 이어지게 된다. 보브루바가[18] 주목했던 노동시간 단축과 일자리 재분배를 기본소득의 2차 효과라고 말할 수 있다.

그뿐만 아니라 나쁜 일자리를 거부할 선택권의 부여, 개별 노동자의 협상력의 강화, 전체적인 임금 상승과[19] 같은 변화들도 2차 효과에 포함된다. 1차 효과와 비교할 때 노동시장 효과라고 말할 수 있을 2차 효과는 생태적 전환에 더 유리한 조건을 조성한다. 즉, 기본소득은 설비투자 확대 없이도 신규 일자리를 확대할 여지를 만든다. 나아가 기본소득은 사람들에게 자연 약탈적인 일자리를 거부할 역량을 부여함으로써 노동 공급의 측면에서도 생태적 전환의 조건을 만든다.

긴 안목으로 볼 때, 임금노동 시간이 감소하고 자유로운 활동시간이 증대하면 자연 약탈성이 줄어들 것이라고 예상되는데, 이 또한 기본소득의 생태적 효과이다. 기본소득 도입으로 자본주의적인 속도의 경제에 감속장치를 달게 된다고 말할 수도 있다. 앙드레 고르츠가 주목한 변화는 이와 같은 2차 효과의 중첩에 의해 하나의 임계점을 넘어서는 변화로서 '3차 효과'라고 말할 수 있다. 이와 같은 과정에 의해 기본소득은 임금노동의 주체가 아닌 다면적인 활동 주체를 역사 무대에 등장시키며, 이와 같은 비시장적 주체의 탄생과 함께 생태적 전환은 더욱 앞당겨질 것이다.

기본소득의 1차 효과는 소득불평등을 시정함으로써 순소비지출의 평등을 촉진할 것이다. 1차 효과에서도 기본소득은 저소득층을 생태 발자국과 탄소 발자국이 긴 소비로부터 해방시키는 역할을 함으로써 생태적 전환에 기여한다. 하지만 보다 분명한 전환은 노동시장을 재구성하는 2차 효과와 사회적 시간과 좋은 삶^{Buen} ^{Vivir}을 재분배하는 3차 효과에 의해 달성된다. 2차 효과와 3차 효과의 차원에서 기본소득은 자본주의 가속경제에 대한 일종의 사회적 감속장치로 기능한다. 감속장치로서의 기능에 의하여 기본소득은 경제사회와 정치의 동시화에 기여하게 된다. 자본주의에 의해 강제된 경제와 사회의 가속화는 정치를 느리고 비생산적인 것으로 간주하게 만드는데, 민주주의를 유지하면서 정치를 경제사회와 동시화하는 길은 정치에 빅데이터에 의존하여 실시간 결정하는 인공지능을 도입하는 것이 아니라 정반대로 경제의 감속밖에 없다. 3차 효과는 노동시간으로부터 더 많이 해방된 주체를 탄생시키며 이는 정치의 재장전과 민주주의의 재활성화로 이어질 것이다.[20]

탈성장과 리바운드 효과

지금까지의 이야기는 기본소득에 의한 사회적 전환과 생태적 전환이 큰 틀에서 어떻게 연관되어 있는가를 중심으로 이루어졌다. 이제부터는 보다 좁은 지평에서 생태적 전환의 기술적 측면에 대하여 기본소득이 어떠한 영향을 미칠 것인가를 살펴보자. 생태주의의 문맥에서 생태적 전환은 곧 탈성장이다. 그렇다면 탈성장 개념부터 명확하게 할 필요가 있다. 먼저 확인해둘 점은 '탈성장은 화폐량으로 표시되는 국민총생산의 증감과 직접 관련되는 것은 아니다'라는 점이다. 생태적 전환은 전체 규모에 있어서 자원 소비량의 축소를 뜻하며, 생산의 내용에 있어서는 생태 파괴적 생산의 중단을 뜻한다. 여기에서 자원 소비의 변동은 화폐량이 아니라 자원의 물리적 크기의 증감으로 표시되어야 한다. 예컨대 화석연료 의존성으로부터 얼마나 탈피했는지 알아보고자 석유 소비량을 비교하려면 시점 T1과 시점 T2 사이의 석유 가격 총액을 비교할 것이 아니라 배럴로 표시된 채굴량을 비교해야 한다. 물리적 크기로서의 투자 자원량이 같거나 감소하면서도 화폐량으로 표시되는 국민총생산은 오히려 늘어날 수 있다. 실제로 동일량의 효용 또는 동일 생산량에 대한 필요 자원량을 표시하는 '자원 효율성'은 자본주의에서 1970년대의 석유파동 이후로 증대해왔다.[21] 즉, 적은 자원으로 이전보다 높은 경제성장을 달성했다.

자원 소비를 줄이면서도 명목 국민총생산을 증대시킬 수 있었다는 점에 놀랄 필요는 전혀 없다. 화폐는 부의 소재적 내용과 무관하고, 화폐량으로 표시되는 성장도 굳이 자연 약탈적인 생산방식에 의존할 필요는 없다. 신자유주의에서도 자본축적의 중심이 금융과 서비스업으로 옮겨가면서 국민총생산의 증대와 물질적 생산의 상관관계는 그 이전과 비교하여 확연히 줄어들었다. 이와 같은 점을 통하여 탈성장은 명목 국민총생산의 감소와 동일한 개념이 아님을 알 수 있다. 그런데 이러한 측면만 강조하면 자칫 생태적 전환을 명목 경제성장과 무관한 기술개발 문제로 좁히는 오류를 낳을 수도 있다.

자원 효율성 증대와 생태적 전환은 단선적 인과관계로 설명할 수 없다. 자원 효율성이 개선되면 생태환경에 긍정적 영향이 나타날 수도 있지만, 반대로 리바운드 효과가 생길 수도 있다. 온실가스 감축 기술의 발전이 오히려 온실가스 총량을 증대시키는 역설이 발생하는 것이다.[22] 여기에서 자원 절감 기술의 발전을 탓한다면, 그것은 인과관계의 오류이다. 기술혁신은 자원 절감에 기여했지만 생산량이 확대될 계기를 제공했고 결과적으로 더 많은 생산이 이루어졌을 뿐이다. 문제는 자원을 절감하게 만든 기술혁신이 아니라 더 많은 자원소비를 재촉한 성장주의적 압력이다.

이윤을 목표로 하는 자본주의적 생산에는 자연 약탈적 성장주의의 위험이 내재한다. 더 많은 화폐를 목적으로 하는 자본주의 생산은 두 극단에 대해 두루 열려 있고 무차별적이다. 다시 말해서 폐기물, 오염, 비재생자원 낭비의 문제가 해결된 '자원 순환형 경제Circular Economy'와 '자연 약탈적 성장주의'의 두 가지 가능성에 대하여 자본주의는 무차별적이다. 더 많은 이윤을 낳는다면 자연과 어떤 관계를 맺을 것인가는 문제되지 않는다. 이러한 무차별성은 화폐의 고유한 속성인 소재적 무차별성에서 비롯된다. 여기에서 무차별적이라는 말은 시장 외부로부터의 개입 없이 그대로 두면 언제든지 자연 약탈형 경제로 되돌아간다는 뜻이기도 하다.

자원 효율성 증대와 생태적 전환을 단선적 인과관계로 설명할 수 없듯이, 총노동시간의 단축과 탈성장도 일대일 대응으로 이해할 수는 없다. 물질적 생산에 필요한 인간노동의 총량은 기술혁신과 더불어 줄어들어왔다. 그럼에도 노동력 절감기술의 발전이 반드시 생태적 부담을 줄이는 결과를 낳는 것은 아니다. 우선 자본주의에서의 기술혁신은 자원 절감 기술의 발전보다 노동력 절감 기술의 발전에 의하여 추동되었다는 점에 주목할 필요가 있다. 자원 절감 기술의 발전은 1970년대 이전으로 거슬러 올라가지 않지만 노동력 절감 기술은 이미 19세기 말의 산업혁명에서도 비약적으로 발전했다. 이와 같은 시간적 편차로 인하여 노동시간은 줄었지만 자원 효율성은 이전과 마찬가지인 상태가 이어질 수 있다. 아울러 자원 절감 기술이 발전할 때에도 리바운드 효과가 함께 작용한다. 즉, 기술혁신은 인간노동의 투입뿐만 아니라 단위 생산물당 투입자원을 절감하는 효과도 낳지만, 총생산 그 자체를 팽창시켜서 더 많은 생태 부담을 만들어낼 수도 있다. 자원 절약과 자원 순환의 관점에서 본다면, 노동시간 단축에서 생태적 전환으로 이어지는 필연적 인과관계는 없다. 기본소득과 생태적 전환에 대해서도 마찬가지이다.

　하지만 둘 사이에 단선적인 인과관계가 없다고 아무런 연관관계까지 없는 것은 아니다. 생태적 전환은 자원절감 기술의 발전만을 뜻하지 않으며 포괄적인 경제체제의 전환이다. 그렇다면 기본소득의 생태적 의의도 이와 같은 전환 전체에 대한 유용성과 필요성의 관점에서 판단되어야 한다. 앞서 밝혔듯이 더 평등한 소득 분배, 더 평등한 일자리 분배, 사회적 시간의 더 평등한 분배는 생태적 전환에 기여한다. 좀 더 깊이 따져야 할 점은 이와 같은 큰 틀에서의 긍정적 효과가 아니라 기본소득이 자원 절감 기술의 리바운드 효과를 억제하는 수단이 될 수 있는가라는 매우 구체적인 문제이다. 이 문제는 앞에서 언급한 기본소득에 대한 생태주의적 염려, 특히 생태세는 기본소득이 아니라 녹색기술 개발에 사용되어야 한다는 문제 제기와도 관련된다.

4. '정의로운 전환'의 조건

생태세의 역진성을 어떻게 해결할 것인가?

자원 순환형 경제는 자원 절감 기술의 발전만이 아니라 리바운드 효과를 억제할 수 있는 사회경제적 조건 속에서만 등장할 것이다. 자원 순환형 경제를 위해서는 환경 파괴적인 산업에 대한 금지가 당연히 필요하다. 핵발전의 경우가 여기에 속한다. 디젤차뿐만 아니라 화석연료 자동차 전반에 대해서 금지주의가 필요한 시점도 조만간 다가올 것이다. 여기에서 다룰 문제는 지금 당장 완전히 금지할 수 없는 것들에 대해서는 어떻게 할 것인가이다. 이 경우에는 그러한 물질의 사용량이나 발생량을 감축해 나가는 과정이 필요하다. 총량 규제·조세·대체 기술 지원 등이 그러한 과정을 열어갈 것이다.

이 중에서 생태세는 당장 금지할 수 없는 생산물에 대한 우회적이고 간접적인 규제라고 볼 수 있다. 그렇지만 생태세가 리바운드 효과를 억제하는 조정 기능을 가리려면 일체의 사회적 고려 없이 오로지 생태적 효과의 관점에서 생태세를 인상할 수도 있어야 한다. 분명, 화석연료와 전기에 고율의 생태세를 부과한다면 절감 기술의 지속적인 발전을 강제하고 에너지 저소비 사회로 이끌 수 있다. 하지만 여기에는 명백한 사회적 한계가 따른다. 저소득층과 고소득층의 개인 에너지 소비량의 차이는 다른 종류의 상품소비량에 비교할 때 매우 적은 차이만을 보여준다.

결국 높은 생태세는 높은 에너지 가격을 감당하기 어려운 저소득층의 에너지 평등권을 침해하는 결과를 낳고 이는 사회적 저항으로 이어질 수 있다. 단적인 예가 2018년 프랑스를 휩쓸었던 노란조끼 시위이다. 노란조끼 시위는 생태세 인상계획으로 촉발되었다. 이 문제는 1990년대 독일의 적록연정도 부딪쳤던 문제이다. 적록연정은 생태세 세수의 일부를 연금 부족분 충당으로 돌렸기 때문에 세원의 성격만이 아니라 생태세의 지출효과마저 역진적이었다. 독일의 연금 제도는 적립식이 아니라 부과식인데 연금 보험료 징수분이 부족하면 고액 연금 수령자에게 지급될 몫부터 삭감하기 때문이다. 결국 저소득층에게 생태세를 걷어 고액 연금 수령자의 연금을 지급한 꼴이 되었다. 적록연정은 생태세율을 애초의 계획만큼 인상할 수 없었다.

저소득층의 저항 없이 생태세를 올리는 간편한 방법은 기본소득의 원리인 과세와 배당의 결합 원리the principle of tax and share를 도입하는 것이다. 생태세수를 기본소득 방식으로 사회구성원 모두에게 무조건적으로 분배하는 동시에 생태세를 인상한다. 분배의 개선과 생태세 부과를 결합시키는 것이다.[23] 생태세 세수를 생태배당 또는 생태보너스Ecobonus로 지출하는 방식은 저소득층의 에너지 기본권이 보장되는 '정의로운 전환Just Transition'의 기초 위에서 지속적으로 생태세율을 조정할 수 있도록 해준다. 과세와 배당을 결합시킨 이러한 방식은 리바운드 효과를 방지하는 데에 매우 효과적이다. 리바운드 효과가 확인되면 생태세율을 더 올리고 더 많은 생태배당을 지급할 수 있다. 생태세율을 올리면 올릴수록 자원소비는 줄어들고 유해 물질 절감 기술은 더 발전하게 될 것이며, 사회 전체는 에너지 저소비로 전환하게 된다. 기술혁신의 전망에 맞추어 생태세율 인상의 폭을 적절하게 조정할 수 있다.

일반적으로 생태세는 역진성을 보인다. 여기에 대한 대응 정책은 완화mitigation·보상compensation 또는 기존 세제의 개편을 통한 조세체계 전체의 역진성 개선 등을 생각할 수 있다. 물론 이러한 대응에는 각기 고유한 문제점이 뒤따른다. 저소득층의 부담을 완화하는 감면 방식은 조세행정 비용을 발생시킨다. 또 다른 방식은 저소득층의 사회보장 지출 확대를 통해 저소득층의 세부담을 보상해 주는 것이다. 이러한 방식을 채택할 경우, 그중에서도 생태세 재원 일부를 보상 재원으로 활용하는 경우라면 생태세와 보편적 무조건적 생태배당의 결합과 유사한 효과를 낳을 수도 있지만, 사회 전체적 재분배 규모에서는 확실히 뒤떨어질 것이다. 더욱이 리바운드 효과가 발생할 때 생태세를 추가적으로 더 올릴 수 없는 막다른 구석에 몰릴 수도 있다.

이에 반하여 생태세와 생태배당의 결합은 생태세가 오르는 만큼 생태배당도 많아지기 때문에 세율 인상에 아무런 문제가 없다는 큰 장점을 가진다. 생태세와 생태배당의 연동은 저소득층의 에너지 평등권을 보장하면서도 에너지 저소비 사회로 나아갈 수 있도록 한다. 마지막으로, 기존 세제의 역진성을 개선하는 것은 그 자체로 유의미하지만 생태세의 역진성에 대한 대응 수단이라고 말할 수는 없다. 오히려 생태세가 역진성을 가지더라도 생태배당의 재분배성과 결합되어 신축성 있는 세율 인상이 가능한 경우가 생태적 전환에 가장 유리하다. 탄소세와 생태배당을 결합한 모델은 2008년부터 이미 스위스에서 시행 중이고 앞으로는 다른 나라에서로 확산될 것이다.[24]

생태세 배당과 그린딜 재원

생태배당에 대한 또 다른 질문이나 항변이 제기될 수 있다. 첫째 질문은 반드시 화폐 형태이어야 하는가라는 것이다. 현물 형태보다 화폐 형태의 생태배당이 효과적인 이유는 저소득층의 절약 가능성도 감안해야 하기 때문이다. 무상 에너지 제공이나 현금 제공이나 에너지 평등의 보장에는 똑같은 효과가 있지만, 현물로 제공하면 대개는 그 한도까지는 다 쓰게 된다. 반면에 현금으로 제공하면 에너지 소비를 줄이고 문화적 용도로 사용할 수도 있다.[25]

또 다른 질문은 생태세수는 에너지 전환 기금으로 사용하는 것이 합당하다는 주장이다. 이러한 주장은 국가가 공적 재정으로 친환경 기술을 개발하고 생태적인 공공기업에 조세 감면이나 관급 조달의 혜택을 부여하는 방식이 경제 전체의 생태적 전환에 지금까지 과연 얼마만큼 효과적이었는가를 따지지 않는다.[26] 흔히 '그린딜Green Deal'이라고 불리는 공공투자 방식은 비용 문제로 인하여 사적 자본이 기피하는 자원 절감 기술에 대한 투자를 국가가 대신하는 것으로 귀착될 수 있다. 이러한 방식은 녹색기술을 개발하는 사기업을 각종 세제 혜택과 지원금으로 부양하는 시장주의적 방식보다는 바람직해 보인다.

녹색 공기업의 이윤을 기본소득으로 배당할 수도 있을 것이다. 하지만 그러한 방식으로 기술개발이 이루어지더라도 문제는 남는다. 생태세율이 높지 않다면, 종래의 생산방식의 비용이 여전히 저렴하다면 생태적 신기술이 사적 자본주의 부분으로 파급하는 과정은 느리게 진행될 수 있다. 생태 친화적 기술은 개발만이 문제가 아니라 확산도 문제이다. '그린딜'이 효과적이려면 생태세율 인상과 함께 가야 한다. 그럴 경우에만 사적 자본에게 친환경적 기술의 수용을 강제할 수 있고 자원 절감 기술의 개발에 나서도록 강제할 수 있다.

　또한 앞서 밝혔듯이, 생태세율이 절감 기술 개발에 맞춰서 조정적 기능을 가지려면 생태배당을 통해 저소득층의 에너지 향유권을 보장해주어야 한다. 결론적으로, 생태세 세수는 생태배당에 사용하고 녹색 뉴딜의 재원은 생태세 세수를 제외한 일반 재정에서 충당하는 것이 더욱 효과적이다. 생태세는 생태배당과 연동하고, 그 대신에 그린딜의 재원은 토건 예산이나 국방비의 삭감 등 재정지출의 재구성과 생태세 이외의 조세를 그린딜에 돌리는 방식으로 마련하는 것이 국가재정 전체의 생태적 재편이라는 취지에 맞다. 그린딜의 재원을 생태세 세수 이외의 일반 조세에서 마련하는 것은 재정에 있어서 생태주의의 비중이 더 커진다는 것을 뜻하게 될 것이다.

　생태세 본래의 목적은 지금 당장 금지할 수 없는 항목을 간접적으로 규제하는 것이다. 그런데 생태세로 생태배당을 지급해야 할 가장 근본적인 정당성은 생태·환경이 모두에게 속한 공통부라는 점 때문이다. 생태배당은 토지배당과 함께 자연적 공통부의 배당의 한 유형이다. 하지만 생태배당의 의의는 이와 같은 규범적 정당성을 넘어 경제에 대한 생태적 조정이라는 측면까지 연결된다. 조정 기능의 측면에서 생태배당 모델은 만약 리바운드 효과가 발생할 경우 언제든지 저소득층의 부담 없이 생태세율을 올릴 수 있는 수단이기도 하다는 점을 기억해두자.

한국에서의 생태배당 논의

정원호, 이상준, 강남훈은[27] 기본소득을 재원에 따라 시민배당, 환경배당, 토지배당으로 나누고, 그중 환경배당은 기존의 환경 관련 세제와 별도로 GDP의 약 2%를 과세하여 조성한다. 즉, 2015년에 교통·에너지·환경세 수납액은 약 14.1조 원으로 GDP의 약 1% 정도인데,[28] 이와 별도로 2015년 기준으로 GDP의 약 2%에 달하는 30조 원을 환경배당 재원으로 조성한다는 것이다. 재원은 환경세로서 탄소 배출원인 화석연료의 사용에 부과하는 '탄소세'와 원자력발전 억제를 위한 '원자력안전세'로 구분된다. 저자들은 원자력 위험이 커지고 있는 만큼 후자를 전자보다 높게 할 필요가 있다고 말하는 한편, 과세 방식은 부가가치세 방식으로 부과할 수도 있고 오염 원천에 부과할 수도 있다고 열어둔다. 환경세로 조달한 연간 30조 원은 1인당 월 5만 원씩 환경배당으로 지급된다.

이 모델은 기존의 생태세 세수와 별도로 일종의 준조세로서 오직 생태배당만을 위한 생태배당기여금contributions을 걷는 것이라고 볼 수 있다. 토지, 지식, 네트워크, 금융 등과 마찬가지로 생태·환경은 사회구성원 모두의 공통부라는 점에서 생태부담에 대한 과세와 배당을 연동하는 모델은 이 책의 가장 큰 주제인 공통부 분배정의에 합당하다. 그런데 이 모델의 의의이자 특징은 재정지출 목표와 관련된 이중적인 설계와 관련된다. 즉, 저자들은 교통 에너지 환경세수를 배당재원으로 삼지 않았다. 기존의 환경세수는 녹색전환기금으로 사용하고, 이와 별도로 100% 배당되는 탄소세와 원자력안전세를 신설한 것이다. 기존의 환경관련 세수가 생태적 전환의 기술적 토대를 구축하기 위해 지출되는 반면에, 새로 도입되는 탄소세와 원자력안전세는 저소득층의 에너지 향유권을 보장하는 동시에 환경친화적 기술혁신을 강제하고 리바운드 효과를 억제하는 생태적 조정 기능을 담당한다.

정원호, 이상준, 강남훈이[29] 생태배당으로 제시한 1인당 월 5만 원은 저소득층의 에너지 사용을 보장해줄 수 있는 크기로서 결코 적지 않은 금액이다.[30] 이 점에서 이 모델은 생계수준 에너지배당을 상회하는 높은 수준의 생태배당 모델이라고도 말할 수 있다. 이 모델이 도입된다면 누구나 생계에 충분한 에너지 향유권을 누리게 되며 사회와 경제 전체에 대해서는 생태친화적 기술발전이 강제된다. 아쉬운 점은 이 모델에서 새로 도입하려는 탄소세와 원자력안전세의 세수 규모는 탄소배출 감축 목표치와 연동되어 제시되지는 않았다는 점이다.

2019년 기후위기에 대한 대중적 저항이 본격화되면서 한국의 기본소득당은 2030년까지 탄소배출 50% 감축을 목표치로 설정하고 1톤당 10만 원의 탄소세를 부과하고 무조건적·보편적·개별적으로 배당하자는 제안을 함으로써 감축목표치와 탄소세 부과기준을 연동시켰지만 구체적인 근거는 밝히지 않았다.[31] 탄소세와 생태배당의 연동은 자원절감 기술의 발전을 강제하고 리바운드 효과를 억제하는 기능을 가진다. 탄소배출량 감축은 탄소세 부과 기준과 밀접한 관계를 가진다. 1톤당 부과하는 탄소세 액수가 높으면 높을수록 탄소배출량은 더욱 많이 줄어들게 된다. 앞으로 남은 과제는 탄소배출량 감축 목표치와 탄소세 부과기준을 과학적 근거에 입각하여 연동시키는 방식으로 생태세수의 총규모, 곧 생태배당의 총규모를 정하는 것이다.

마치며

　이 책의 1부는 기본소득, 곧 공통부의 무조건적·보편적·개별적 배당의 규범적 정당성과 다양한 실현 형태들을 다루고, 디지털 전환과 자동화의 시대에서 기본소득의 현재성을 보여주고자 시도했다. 2부는 1부의 내용을 바탕으로 기본소득의 전환적 효과를 서술했다. 이제 책을 마치면서 한 가지 질문을 던지고자 한다. 과연 기본소득은 정치적으로 실현 가능한가? 이 질문에 답하기 위해서는 기본소득의 정치적 실현을 가로막는 걸림돌은 무엇인가를 먼저 살펴야 한다. 현재 기본소득 운동이 직면하고 있는 딜레마들에 대한 정확한 이해, 과장되거나 과소평가되지 않은 이해 위에서만 정치적 실현 가능성도 가늠할 수 있을 것이다. 기본소득은 시간, 범위, 주체의 차원에서 실현 가능성의 딜레마에 직면한다. 따라서 실현의 전략은 이러한 딜레마를 벗어나는 운동의 형태를 만들어내는 문제이다.
　가장 먼저 다룰 딜레마는 기본소득의 시간 지평이다. 기본소득을 우회하는 가장 효과적인 방법은 한편으로 기본소득의 정당성을 인정하면서도 기본소득의 시간 지평을 먼 미래로 미뤄버리는 것이다. 정치적 효력 면에서 보자면, 이는 기본소득에 반대하는 가장 교묘한 방법이다. 여기에 덧붙이고자 하는 말은 정반대이다. 기본소득은 오늘날의 사회가 직면하고 있는 문제들에 대한 최종적인 해법이 아닐 수 있다. 오히려 기본소득은 지금 여기서 필수적인 처방으로서, 또 다른 단기적인 처방에 의하여 유예되거나 지연될 수 없는 현실적이고 절박한 사안이다.

오늘날처럼 정치가 집권 기간 동안에도 유지할 수 없을 정도의 단기적 처방에만 몰두할 때 기본소득의 정책적 채택 가능성은 후순위로 밀릴 수밖에 없다. 예를 들어 기본소득이야말로 기술적 실업·자동화에 의한 생산성·일자리·소득의 탈동조에 대한 근본적 해법이라는 점을 인정하더라도, 근로장려세제나 사회보험 개편과 같은 단기적인 처방에 비해 기본소득은 후순위로 밀릴 수 있다. 예산제약성의 이데올로기도 이러한 상황이 반복적으로 나타나도록 만드는 요인이 될 것이다.

이러한 딜레마에 직면하여 기본소득을 대체할 수 있으리라고 기대되는 단기적 처방에 대한 비판 못지않게 중요한 것은 기본소득의 정당성을 명확하게 하는 것이다. 물론 이때 강조해야 할 점은 규범적 정당성에 대한 정교한 논리만이 아니며 그와 같은 정당성의 현실적 맥락이다. 엄밀하게 말하자면 기본소득의 규범적 정당성은 기술혁명이 일자리에 미칠 영향과는 아무런 상관이 없다. 이 책에서 주장한 공통부의 무조건적·보편적·개별적 배당으로서의 기본소득은 정의의 문제이며 일자리 상황에 의존하는 문제가 아니고, 따라서 일자리 증감에 무관하게 도입되어야 한다. 하지만 디지털 전환과 자동화는 공통부 배당의 정당성을 적극적으로 부각시킬 수 있는 당대적 맥락인 것도 분명하다.

이 책에서 주목한 것은 기본소득의 규범적 정당화와 현실적 맥락을 하나의 질문과 답변의 연결된 체계로 통합하는 것이었다. 규범적 정당화와 현실적 필요성은 서로 차원이 다른 문제 영역이지만, 규범적 정당화를 위한 질문도 경제와 사회의 정당성 근거를 묻는 방식으로 다시 던질 필요가 있다. 그렇기에 인공지능 혁명이 진행되는 데이터 자본주의의 상황에서 기본소득의 정당성은 인공지능은 누구의 것인가라는 질문, 빅데이터는 누구의 것인가라는 질문으로부터 출발한다. 이러한 질문에 대한 답변은 데이터 경제의 현실적 운동에 대한 분석에 의지할 수밖에 없고 따라서 특정한 철학체계, 특정한 분배정의론 체계 안에서 기본소득의 정당성을 따지는 작업과 상당히 다를 수밖에 없다. 이 책의 3장은 현실의 데이터 경제에 대한 분석 위에서 공통부의 평등한 배당의 규범적 정당성과 현실적 필요성을 통합적으로 보여주고자 했다.

이때 현실적 필요성이란 좁은 의미의 사회정책적 필요성의 수준을 뛰어넘는 포괄적 시대인식의 문제이다. 예를 들어 자본주의 경제의 변화 전체를 시야에 두지 않고 좁은 의미의 사회정책 수준에서 일자리의 희소화와 질적 저하에 대한 대응책을 따지게 될 때 기본소득의 시간 지평은 후순위로 밀릴 수 있다. 그러할 때 정책제안은 일자리 문제에만 한정된 국지적인 정책, 얼마 후에는 효력을 잃게 될 방어적인 정책이 될 수밖에 없고, 인공지능 혁명의 잠재력을 사회구성원 모두의 과실로 돌리는 보다 근본적인 해법은 먼 미래의 일로 미뤄지게 된다. 하지만 경제적 변화 전체를 시야에 두고 해법을 모색한다면 기본소득은 지금 당장 필요하고 가능한 유일의 대안으로 부각될 것이다.

물론 단기적 처방으로는 현재의 사회적 위기를 극복할 수 없다는 점이 분명해지면 기본소득의 시간 지평은 현실지평이 될 것이다. 하지만 그렇게 생각하는 사람들, 기본소득을 후순위로 미뤄두고자 하는 사람들은 이미 그와 같은 시점에 도달하지 않았는가를 의심해볼 필요가 있다. 일자리를 중심으로 하는 단기적인 정책들의 실효성에 대한 대중의 의심은 이미 깊은 뿌리를 내리고 있다. 하지만 이와 같은 불신은 보다 근본적인 해법으로서 기본소득에 대한 열망으로 이어지는 것만이 아니라 정치 불신이나 일자리 포퓰리즘으로 이어지기도 하는 것이 오늘날의 현실이다. 이와 같은 교착 상태에서 기본소득 운동은 데이터 자본주의 시대의 소득과 자산 분배의 정당성 문제를 새롭게 제기하며 기본소득의 정당성 문제를 현재의 사회경제적 맥락과 연결할 필요가 있다. 이 책의 1부는 이러한 문제의식을 담고 있다.

기본소득 운동이 직면하는 두 번째 딜레마는 범위의 문제이다. 이 책의 2부에서 다루었듯이 기본소득의 효과는 소득과 자산의 재분배를 넘어 일자리와 시간의 재분배에 이르며, 이를 통해 생태·젠더·민주주의 등 사회의 전 영역에 양향을 미치고 전방위적인 변화를 만들어낸다. 그런데 이와 같은 전방위적 효과는 딜레마가 되는 것처럼 보인다. 어떤 한 분야에 한정된 정책 카탈로그에서 설령 기본소득이 기본값이 될 수도 있지만 실행 순위에서는 뒤로 밀릴 것이기 때문이다. 기본소득이 분야별 정책과제에서 우선순위가 되기 위해서는 소득 및 자산의 재분배, 나아가 공유지분권 모델이나 공동소유형 배당과 같은 새로운 형태의 소유관계 수립의 과제가 생태, 젠더, 민주주의의 영역에서도 필수적 과제임이 확증할 필요가 있다.

분야별 과제에서 기본소득의 후순위 딜레마를 해결하기에 기본소득이 생태적 전환·젠더 평등·민주주의의 실질적 기초의 확립에 좋은 조건을 제공한다는 논의만으로는 다소 부족하다. 거꾸로 이 책의 2부에서 다루었듯이 평등의 생태적 효과, 에너지 평등권과 생태배당의 연동, 기본소득이 여가시간의 재분배에 미치는 긍정적 효과, 젠더 평등의 관점에서 분배페미니즘의 필수성, 자산 소유자 민주주의를 넘어 공유자 민주주의로의 확장과 같은 적극적 논의가 반드시 필요하다. 즉, 기본소득이 없다면 다른 해법의 효과가 없거나 제한적일 것이라는 점을 밝힐 필요가 있다.

세 번째 문제는 주체의 딜레마이다. 개념적으로 기본소득은 공통부의 무조건적·보편적·개별적 배당이고, 그렇다면 기본소득 운동의 주체도 사회구성원 모두일 수밖에 없다. 공통부를 배타적으로 전유하고 있는 일부를 제외하자면 개념적으로 볼 때 기본소득은 민주주의적 다수를 획득할 수 있는 정책이다. 조세형 기본소득의 경우에도 순수혜자 범위를 80% 이상으로 하면 이해관계 정치의 모델에 따르더라도 기본소득은 다수형성의 잠재력을 가진다. 다수형성에 의해 집권을 목표로 하는 포괄정당catch-all party이라면[1] 당연히 기본소득을 정책으로 채택할 것이라는 생각이 들 수도 있다. 그럼에도 이처럼 잠재적으로 넓은 지지기반은 동시에 딜레마적 구조를 뜻할 수 있다.

우선 기본소득 운동은 핵심적 주체와 조직형태가 불분명하다는 약점을 가질 수 있다. 20세기 전반기 사회운동의 중요한 조직형태였던 노조는 멀지 않은 시점에 기본소득을 지지하게 될 것이라고 가정하더라도 지금 당장 일자리가 줄어들고 노동의 양극화가 급격히 진행되는 상황에서 중심적 주체가 되기 어렵다. 기본소득에 대한 찬반 여부를 떠나서 전일제 정규고용을 주요한 조직기반으로 하는 노조의 최우선 과제는 고용유지가 될 것이기 때문이다. 프레카리아트의 광범위한 등장과 플랫폼 노동의 확산은 노조의 조직기반을 이동시키는 결과보다 정규직 노조의 대표성의 위기를 가져오게 될 것이다.

디지털 전환으로 인한 노동시장 변화는 기본소득에 대한 잠재적인 지지기반을 강화한다. 하지만 잠재적 지지기반이 구체적인 대중조직 형태로 표현될 수 있는지는 별개의 문제이다. 플랫폼 노동자들에 대해 전통적인 노조가 조직화의 어려움을 가질 것이라는 점은 명백하다. 설령 기본소득을 지지하는 플랫폼 노조가 등장한다고 가정해도 조직률은 매우 낮을 수 있다. 결론적으로, 주요한 노조들이 기본소득을 지지할 수는 있겠지만 기본소득의 광범위한 지지기반을 표현하는 조직형태를 노조로 보기에는 많은 한계들이 엿보인다.

물론 1968년 이후로는 노조만큼 영향력을 가진 다양한 형태의 신사회운동이 존재하며 기본소득 운동의 주체를 여기에서 발견할 수도 있을 것이다. 하지만 그러한 과정이 진행되기 위해서는 계급·인종·젠더의 교차성intersectoralism을 넘어서는 보편적인 정치전망이 필요하다. 달리 말하자면, 정체성의 정치를 넘어설 공유자적 보편성이 수립되어야 한다, 당연하게도 공유자 보편주의의 내적 핵심에는 생태주의적 전망이 담겨 있어야 한다. 이러한 의미에서 새로운 사회운동의 맹아는 분명 존재한다. 하지만 대단히 복잡한 혼동 상태에 놓여 있으며 아직 정치적으로 유효한 세력이 되지 못했다는 점도 인정해야 할 것이다. 이러한 사정을 염두에 둔다면, 공통부의 배당론을 중심 주제로 삼은 이 책은 새로운 사회적 기술적 조건 위에서 새로운 정치적 주체를 형성할 예비적 논의라고 말할 수 있다.

주체의 딜레마의 해결을 정당에서 찾을 수도 있다. 앞서 말했듯이, 기본소득은 포괄정당의 의제가 되기에 충분한 유효성을 가지고 있다. 그럼에도 불구하고 정당정치에서 기본소득은 과소대표될 수 있다. 정당정치란 기본적으로 선거정치이다. 이 점을 염두에 두면 과소대표의 우려는 더욱 커진다. 특히 단순다수대표제를 채택한 국가에서는 사회적 위기가 폭발 직전에 이르기까지 포괄정당이 개혁의 핵심 의제로서 기본소득을 채택하는 것은 난망할 수 있다.

단순다수대표제에 가장 잘 들어맞는 선거경쟁 모형은 중간선거권자 정리median voter theorem이다. 간단하게 설명하자면, 다수형성은 전체 유권자의 성향으로 볼 때 가운데에 위치한 유권자의 선호에 따라 결정된다는 것인데, 이 정리는 비례대표제에 의한 당당구조가 아니라 단순다수대표제에 의한 양당구조일수록 잘 들어맞으며, 선거쟁점이 단순화되어 단일사안one dimensional policy이고 단봉single-peaked 선호를 보일수록 더 잘 들어맞는다.[2] 중간선거권자 정리로 2016년 미국 대선에서 트럼프 당선을 분석해보면 대외무역이 가장 큰 쟁점이 되고 중간선거권자들이 일자리 위기의 원인을 중국과의 무역에서 찾았기 때문이라는 점이 드러난다.[3] 이러한 분석은 트럼프 시대의 신보호주의를 국가 대 국가의 문제가 아니라 국내정치적 분배차원에서 바라볼 수 있도록 만들어준다.

일자리 감소의 가장 큰 원인은 숙련편향적 기술진보skill-biased technological progress이다. 중간숙련 일자리는 없어지고 저숙련 일자리만 많아지며 중간층은 공동화된다.[4] 하지만 중간층 유권자들은 문제의 주된 원인을 숙련편향 기술진보라고 생각하지 않으며 일면적으로 대외무역에 책임을 돌릴 가능성이 있다. 게다가 한 주의 선거인단을 다수득표자가 독식하는 미국의 대통령 선거제도에서는 숙련편향 기술진보와 대외무역 요인이 일자리 감소에 보이는 지역적 편차가 선거결과에 반영된다. 즉, 중국요인이 크게 드러난 지역의 선거인단은 트럼프가 독식한다. 총투표에서 패배하고서도 당선될 수 있는 이유는 이와 같은 지역적 편차 때문이다.

중간선거권자 모형은 단순단수선거제를 채택하고 있는 국가인 미국·영국·일본에서 우파 포퓰리즘이 어떻게 집권할 수 있었는지를 보여준다. 일자리 문제의 원인을 대외무역 역조와 이주민 문제로 단순화하는 우파 포퓰리즘의 선거전략은 단일사안, 단봉선호에서 가장 잘 들어맞는 중간선거권자 모형이 작동하기 위한 전제이기도 하다. 예전에는 중간선거권자 정리가 정당들의 이념적 수렴과 중도화를 위한 설명을 제공하기도 했지만 기술변화로 중산층 일자리가 무너지기 시작한 시대에는 신우파의 등장과 신보호주의의 대두를 설명해주는 선거경쟁 모형이 되기도 한다.

단순다수대표제를 택하고 있는 미국이나 영국, 나아가 일본의 중간선거권자들이 정작 문제는 숙련편향 기술진보(SBTC)와 기술적 실업이라는 점을 알게 되기 전까지, 장벽을 쌓으려면 멕시코에 장벽을 쌓을 것이 아니라 실리콘 밸리에 장벽을 쌓아야 하며, 이는 불가능한 일이라는 점을 깨닫기 전까지, 그렇기에 정작 필요한 일은 노동소득 이외의 소득원천이며 획기적으로 소득불평등과 자산불평등을 시정할 기본소득과 같은 재분배정책이라는 점을 깨닫기 전까지, 어떤 당이 집권하든지 신보호주의의 토양은 지속적으로 존재한다.[5]

신보호주의의 퇴장은 전 지구적 차원에서 불평등 문제를 해결할 수 있는 사회개혁을 통해서만 가능하고 기본소득은 기술혁명에 대해 친화적이면서도 경제적 불평등을 해소할 수 있는 가장 강력한 선택임에도 불구하고, 우파 포퓰리즘을 대체할 대안의 목록에서도 기본소득보다 일자리 보장이나 기본소득 없는 공공투자 중심의 그린딜이 선호될 수 있다. 이는 우파 포퓰리즘의 대두와 마찬가지로 중간선거권자들의 시간 지평이 단기 해법에 매몰되어 있기 때문이다. 미국, 영국, 일본과 비슷한 선거제도를 가지고 있는 한국의 경우에도 기본소득은 언제나 과소대표될 위험을 안고 있다. 미중 무역전쟁, 일본의 수출규제 등 한국 무역을 둘러싼 신보호주의적 환경 변화는 집권을 목표로 하는 정당들이 기본소득이 아니라 일자리 중심의 해법을 선호하도록 하는 요인이 될 수 있다.

단순단수대표제가 신보호주의의 제도적 기반이 되고 있다. 하지만 거꾸로 비례대표제와 기본소득 도입이 논리필연적인 연관을 가지는 것도 아니다. 물론 비례대표제에서 기본소득의 도입 가능성은 단순다수선거제보다 압도적으로 높을 수 있지만, 좌우의 많은 정당이 기본소득을 찬성하게 되더라도 어떤 수준으로 어떤 형태의 기본소득을 도입할 것인가에 대한 합의는 쉽지 않을 수 있다. 이는 기존의 정당들이 성립했던 역사적 배경은 기본소득이 최대 이슈가 되고 있는 현재의 디지털 전환, 데이터 자본주의의 현실이 아니라 산업자본주의 시대의 과거라는 사정과도 관계된다. 당의 성립 배경으로부터 물려받은 전통적 입장을 넘어서는 일은 쉽지 않다.

물론 기본소득 운동이 이 시대의 문제점에 대한 가장 현실적인 답변이며 새로운 시대를 여는 운동이라면 그러한 운동은 새로운 정당의 탄생 배경이 될 수도 있다. 따라서 기본소득과 기술혁신을 연동한 포괄적인 사회개혁 프로젝트를 현안 과제로 하고 신보호주의와 신냉전, 일체의 혐오와 배제에 반대하는 새로운 유형의 사회운동정당의 출현은 정당정치 차원에서 과소대표의 딜레마를 해소할 수도 있을 것이다. 이러한 정당이 정치적으로 유의미한 결집력과 동원력을 가지고 등장한다면 20세기에 유럽에서 녹색당이 생태주의를 초당파적으로 확장시켰듯이 기본소득 의제를 초당파적으로 보편화하는 기폭제가 될 수도 있을 것이다.

책을 마무리하면서 마지막으로 언급해야 할 점은 노동주의laborism에 관한 것이다. 사실 노동주의야말로 기본소득 도입을 가로막고 있는 가장 큰 장벽이다. 이는 앞에 열거한 딜레마들의 심층에 놓여 있는 근본적인 걸림돌이라고 말할 수 있다. 예를 들어, 20세기의 노동자주의에 뿌리를 두거나 상징적 전통을 계승하고 있는 사회민주주의 정당들에게 일자리 보장은 기본소득보다 훨씬 더 선호된다. 차라리 노골적인 러디즘luddism은 시대착오적인 것으로 치부될 수도 있지만, 일자리 보장은 노동주의 최후의 버팀목으로서 기본소득 도입을 지연시킬 수 있다.

극단적으로 말하자면, 최종 고용자로서 국가 차원의 일자리 보장이 이루어진 조건에서 아무런 내적 가치를 가지지 않는 일자리를 제공하느니 차라리 소득을 제공하라는 너무나도 당연한 요구가 등장할 때까지 기본소득은 지연될 수 있다. 그 이전의 시공간에서 대중들은 일자리를 단지 소득원천으로서 기능적으로 이해하는 대신에 내재적 가치를 부여하는 데 익숙할 것이고, 대중들에게는 일자리 보장이 기본소득보다 훨씬 더 현실적이고 매력적으로 다가올 수 있다. 따라서 노동주의의 문제야말로 가장 근본적인 문제이다. 노동주의는 자본주의 역사만큼 오래 되었으며 대중들의 심성에 내면화되어 있다. 자본주의적 근대화도 20세기의 사회주의 실험도 모두 노동주의 전통을 벗어나지 못했다. 따라서 여기에 대해서는 근본적인 선언이 오히려 가장 강력한 무기일 수 있다.

임금노동이 신성한 것이 아니라 인간이 존엄한 것이다. 이는 일자리를 국가가 보장하는가 또는 기업이 창출하는가에 의해 전혀 달라지지 않는다. 일자리에 대한 노동법적 보호나 임금수준의 유지가 중요한 이유는 임금노동 일자리가 신성하기 때문이 아니라 오늘날의 사회에서 일자리 이외에는 변변찮은 소득원천이 없기 때문이다. 따라서 기본소득 도입을 가로막는 가장 큰 장벽을 넘어서려면, 노동과 소득, 노동과 부의 연계를 필수적으로 간주하며 노동투입 없는 공통부를 인정하지 않으려는 낡은 사고방식과의 결별이 필수적이다.

기본소득은 완전고용의 낙원을 상실한 이후 무직업 무노동에 대해 보상하는 변변찮은 위로금이 아니다. 정반대로, 기본소득은 더 많은 자동화와 더 많은 자유시간, 더 많은 다층적인 활동을 촉진하는 사회적 전환의 수단이며, 희소성의 경제를 넘어 풍요의 경제로 나아가는 이행의 경로이다. 높은 수준의 기본소득은 임금을 상승시켜 더 많은 자동화를 강제하며 이는 더 높은 지식생산성으로 경제를 이끌게 된다. 기본소득이 도입되면 자동화는 더 이상 일자리를 박탈하는 재앙이 아니라 풍요의 경제를 앞당기는 축복이 될 수 있다. 이 책이 이러한 근본관점을 확보하는 데 조그만 기여라도 되었기를 바라며 글을 맺는다.

주

들어가며

1) Simon, 2010.

2) Cole, 1935: 228.

3) Cole, 1935: 231~232.

4) Crocker, 2014; 2015; Creutz, 2002; Huber, 1998: 2017.

1장 모두의 것과 각자의 것

1) Paine, 1969[1796]: 611; Spence, 1982[1797]: 47.

2) Cicero, 1858: I, 21; 1991[45 BC]: III, 20, 67. Tuck(1979: 20-22)과 Brocker(1992: 46~47)를 참조하라.

3) Aquinas, 2007: II-II, 66, 2; II-II, 66, 2, 1; I-II, 94, 5, 3; II-II, 62, 1.

4) Vives, 1998[1526]: 62. 여기에 대해 Zeller(2006: 167-170; 2017)를 참조하라.

5) Grotius, 1964[1625]: II, 2, § 2, 1; Pufendorf, 1934[1672]: IV, 4, § 4; Locke, 1988b[1689]: § § 26, 6; 1988b[1689]: § § 86, 87, 92.

6) Locke, 1988a[1689]: § 42.

7) Cicero, 1858: I, 21, 22, 31.

8) Grotius, 1964[1625]: II, 2, § 2, 3; Pufendorf, 1934[1672]: IV, 4, § 4.

9) Cicero, 1858: I, 22.

10) Locke, 1988b[1689]: § 28.

11) Brocker, 1992: Wood, 1988; Wacht, 1982: 30~33; Fückiger, 1954: 213~238.

12) Cicero, 1991[45 BC]: III, 67.

13) Aquinas, 2007: IIa-IIae, q. 66, art. 2, ad 1.

14) Aquinas, 2007: IIa-IIae, q. 66, art. 2; Brocker, 1992: 41~45.

15) Locke, 1988a[1689], § 42.

16) Pufendorf, 1934[1672]: III, 5, § § 1, 3.

17) Tully, 1982: 73; Tuck, 1979: 156.

18) Simmons, 1994: 76.

19) Locke, 1988b[1689]: § 171.

20) Locke, 1988b[1689]: § 42.

21) 아퀴나스에게는 종교적 삶뿐만 아니라 정치공동체의 형성도 인간의 목적이다. 이 점에서 아퀴나스는 "인간은 폴리스적 동물"이라고 규정한 아리스토텔레스 『정치학』의 근본 명제를 따른다.

22) Schneider, 2017: 197~198.

23) Scherpner, 1962: 29~30, 35.

24) Vives, 1998[1526], 「빈민 원조에 관하여」는 두 권으로 구성되어 있다. 제1권의 주제는 사적 자선인 반면에 제2권은 빈민에 대한 공공부조를 다룬다.

25) 아퀴나스부터 비베스까지의 빈민구호론의 변화에 대해서는 Keck(2010)을 보라.

26) Zeller, 2017: 166.

27) Wagner, 2006: 33.

28) 1576년 빈민구제법의 주요 내용은 ①노동능력자는 작업장에 보내어 강제노동을 시키고, ②노동능력이 없는 사람은 자선원에 입소시키며, ③구걸을 금지하고 이를 어기는 빈민은 교정원에 보내어 처벌하는 것이다. 1576년 이후로 빈민구제 법률들이 발전했고 이는 1601년 '엘리자베스 빈민법'으로 집대성된다. 엘리자베스 빈민법은 교회가 아닌 지방정부에 구빈 책임을 지웠다는 점에서 비베스의 영향이 확실히 발견된다. 여기에 관해서는 Patriquin(2007: 90, 99 이하)을 참조하라.

29) Montesquieu, 1977[1748]: Part 2, Book XXIII, Chap. 2.

30) 자산조사에 입각한 선별적 공공부조의 대표적 사례는 1961년부터 2004년까지는 '연방사회부조법'(BSHG)에 의거했고 2004년 이후에는 '사회법 제12편'(SGB XII)에 근거하여 시행되는 독일의 사회부조(Sozialhilfe), 1988년부터 시행 중인 프랑스의 최저통합수당(RMI), 1997년에 도입된 포르투갈의 최저보장소득(RMG) 등이다.

31) Zeller, 2006: 302.

32) Locke, 1988b[1689]: § 35.

33) 이 수고에 관한 연구로서 Sheasgreen(1986)을 보라.

34) 턱(Tuck)은 로크의 정치철학을 "그로티우스 복권"(rehabilitation of Grotius)으로 해석했다. 틸리(Tully)는 턱의 해석을 로크의 소유론에 급진적으로 적용한다. 틸리는 노동투입에 의한 소유획득이라는 로크의 소유론을 단지 공유지 내부의 용익권에 대해 서술에 불과하며 결국 그로티우스(Grotius, 1964[1625]: II, 2, § 2, 1)의 '긍정적 공유' 개념과 동일하다고 본다. 따라서 로크의 소유론의 대상은 공유지 용익권이며 토지에 대한 배타적인 사적 소유를 옹호한 것은 아니라는 결론을 낸다(122~125, 153~154). 틸리는 로크가 소유획득 과정에서의 노동투입을 강조한 곳도 그로티우스나 푸펜도르프의 '선점에 대한 동의'에 대한 이론적 대안으로 제출된 것이 아니라 공유지 용익권의 좀 더 정교한 분배규칙을 보여주고자 한 것으로 해석한다(100). 이러한 해석에 의거하면 자본주의적 임금노동은 "강제노동"이며, 화폐의 도입은 자연법에 위배된다(137~138; 142~143). 틸리의 해석은 로크의 소유론이야말로 반자본주의적이라는 평가(147~151; 173)에서 정점에 이른다. 사회계약과 국가의 목적에 대해서도 틸리는 국가가 배타적인 사유재산권의 보호를 목적으로 성립되었다는 통상적인 입장과 정반대의 해석을 제출한다. 로크에게 국가 목적은 "공동소유"와 "공공재"의 보호이다(154; 163 이하). 틸리의 해석은 방법론적으로 "해석보다 역사를" 중시하는 포칵(Pocock, 1980: 21)의

역사주의 및 스키너(Q. Skinner)를 비롯한 캠브리지 학파의 전통에 서 있으며, 텍스트에 대한 체계적 해석보다 당대적 논쟁 맥락을 드러내고 숨겨진 의미를 찾는 데 중점을 둔다.

35) 틸리(Tully, 1982)에 대한 비판은 Waldron(1984)과 Balwin(1982)을 들 수 있고, 맥퍼슨(Macpherson, 1962)에 대한 비판으로는 무엇보다도 Ryan(1991[1965])을 들 수 있다.

36) Locke, 1988a[1689]: § 42; Simmons, 1994.

37) 노동투입에 의한 소유획득에 관한 통상적 해석은 특히 Waldron(1982; 1984; 1988; 1992)을 보라.

38) Locke, 1988b[1689]: § § 27, 31, 34, 46. 여기에 등장하는 '충분성 단서'에 관한 해석은 대표적으로 Waldron(1979)을 보라.

39) 『통치론 제2부』 제5장 「소유에 관하여」는 일체의 재분배에 반대하는 노직(Nozick)의 우파 자유지상주의뿐만 아니라 자유지상주의의 좌파적 극단인 스타이너(Steiner)의 평등주의에도 큰 영향을 미쳤다. 이 점에서 자유지상주의의 좌우를 아우르는 경전이라 부를 만하다.

40) Filmer, 1949[1680]; Locke, 1988a[1689]: § § 86, 87, 92.

41) Locke, 1988b[1689]: § § 27, 31, 33, 34, 36, 37.

42) Locke, 1988b[1689]: § § 31, 37, 38, 46.

43) Waldron, 1988: 214-15; Sreenivasan, 1995: 40; Tully, 1980: 137, 138.

44) Locke, 1988b[1689]: § 32.

45) Locke, 1988b[1689]: § 35.

46) Locke, 1988b[1689]: § 41.

47) Locke, 1988b[1689]: § 40.

48) 물론 이러한 해석이 모든 연구자로부터 지지받는 것은 아니다. 대표적으로 틸리는 로크가 임금노동을 아예 인정하지 않았다고 정반대로 해석한다.

49) Kaldor, 1939; Hicks, 1939.

50) Nida-Rümelin, 1993: 86-88.

51) Locke, 1988b[1689]: § § 26∼27.

52) Locke, 1988b[1689]: § 28.

53) Locke, 1988b[1689]: § 41.

54) Locke, 1988a[1689]: § 42; 1988b[1689]: § 70.

55) Locke, 1988b[1689]: § 26.

56) Locke, 1988b[1689]: § 27.

57) Locke, 1988b[1689]: § 26. 『통치론 제2부』 § 44에도 비슷한 구절이 등장하며 § 190에는 "인격에 대한 자유"(freedom to his person)라는 표현도 등장한다.

58) Locke, 1988b[1689]: § 6.

59) 반면에 신의 소유물이라는 규정과 인격에 대한 자기소유권이 상호 모순적이라는 해석이 오랫동안 지배적이었다. 대표적으로 Day(1966: 209), Parry(1978: 50-51), Mansfield(1979: 29-33)를 보라.

60) Locke, 1975[1632-1704]: Ⅱ, 27, § 9.

61) Grotius, 1964[1625]: Ⅱ, 2, § 2, 3; Pufendorf, 1934[1672]: Ⅳ, 4, § 4.

62) Locke, 1988b[1689]: § 28.

63) Locke, 1988b[1689]: § 25.

64) Locke, 1988b[1689]: § § 40~43.

65) Nozick, 1974: 174-175.

66) Paine, 1969[1796]: 606.

67) Paine, 1969[1796]: 611.

68) Paine, 1969[1796]: 612~612.

69) Locke, 1988b[1689]: § § 40~43.

70) Locke, 1988b[1689]: § 42.

71) Paine, 1969[1796]: 618, 612, 617.

72) 누진세에 대해서는 Paine, 1969[1792]: 437를, 노인수당, 모성수당, 교육재정 및 결혼지원금은 Paine, 1969[1792]: 425, 427를 보라.

73) Paine, 1969[1792]: 430.

74) Paine, 1969[1792]: 427.

75) Paine, 1969[1796]: 606, 611.

76) Paine, 1969[1796]: 612.

77) Paine, 1969[1796]: 609.

78) Locke, 1988a[1689]: § § 86, 87, 92; Filmer, 1949[1680].

79) Spence, 1797: 47.

80) Paine, 1969[1796]: 611.

81) Paine, 1969[1796]: 606.

82) Paine, 1969[1796]: 607.

83) Paine, 1969[1796]: 612.

84) 『국부론』에서 애덤 스미스는 사유재산권과 노동분업을 기준으로 문명 상태와 문명 이전의 수렵과 목축 단계의 두 단계로 역사발전을 구분하기도 한다. 하지만 『법학강의』(1763)에서는 일관되게 수렵·목축·농업·상업의 4단계로 역사단계를 구분한다. "이론적 또는 추측적 역사" 개념은 1790년대에 스튜어트(Dugald Stewart)에 의해 정립되었다. 스튜어트는 애덤 스미스가 이미 1748년경에 『수사학 강의』에서 언어에 대한 '추측적 역사'를 발전시켰다고 말한다(Stewart, 1980: 293). 역사 현상에서 원인을 추론하고 이러한 원인에 근거하여 현실을 설명하는 '추측적 역사'는 뉴턴의 실험과학의 분석과 종합의 방법론에서 영향을 받았고 데이비드 흄이 『종교의 자연사』에서 정립한 "자연사" 개념이 최초의 형태이다. 이러한 방법론은 도덕 법칙을 이성의 일반원칙이 아니라 역사적인 방식으로 탐구하고자 했던 스코틀랜드 계몽주의자들, 즉 허치슨(F. Hutcheson), 홈(H. Home), 로버트슨(W. Robertson), 퍼거슨(A. Ferguson), 밀러(J. Millar) 등이 널리 공유했던 방법론이다. 스코틀랜드 역사학파의 방법론에

대해서는 Berry(1997: 93-99)를 참조하라.

85) Paine, 1969[1796]: 611, 612.

86) 데이비드 흄(David Hume)은 도덕적 원칙은 이성에 기인한 것이 아니라 역사적으로 확립된 관행일 뿐이라고 주장함으로써 로크의 자연법철학을 18세기 영국의 주류담론으로부터 구축한다(D. Hume, A Treatise of Human Nature, 1740: III, II, I). 페인은 흄 이전으로 거슬러 올라가 로크를 계승했다고 말할 수 있다. 이와 비슷한 해석으로서 램(Lamb, 2015: 122)을 참조하라.

87) (Paine, 1969[1792]: 398.

88) Paine, 1969[1796]: 610.

89) 같은 곳.

90) Locke, 1988b[1689]: § 37; Paine, 1969[1796]: 616.

91) Locke, 1988b[1689]: § 41; Paine, 1969[1796]: 610.

92) 유사한 해석으로서 램(Lamb, 2015: 115)을 보라. 페인의 입장은 문명이 탈빈곤화에 기여한다는 스미스(Smith, 1981[1776]: book 1, ch. 1, 16)의 입장과 대비된다.

93) Paine, 1969[1796]: 610.

94) Paine, 1969[1796]: 606, 612.

95) Roussea, 1754: 161, 203.

96) Keane, 1995: 427.

97) King and Marangos, 2006; Marangos, 2008: Zwolinski, 2015.

98) Paine, 1969[1792]: 611.

99) Paine, 1969[1791]: 252; Lamb, 2015: 119.

100) Lamb, 2015: 118.

101) Lamb, 2015: 129, 130.

102) Paine, 1969[1792]: 612.

103) 같은 곳.

104) 램(Lamb, 2015)도 가치증대와 자연적소유의 관계를 전혀 다루지 않는다.

105) Paine, 1969[1796]: 620, 611.

106) Paine, 1969[1796]: 612, 613.

107) Paine, 1969[1796]: 611.

108) 같은 곳.

109) Paine, 1969[1796]: 619.

110) Paine, 1969[1796]: 618.

111) Lamb, 2015: 136~138.

112) Paine, 1969[1796]: 613.

113) 같은 곳.

114) Paine, 1969[1796]: 619.

115) Lamb, 2015: 120.

116) Lamb, 2015: 111; Himmelfarb, 1984.

117) Lamb, 2015: 111; Claeys, 1989: 196~208; Philip, 1989: 84~93.

118) Jackson, 2005.

119) Agassi, 1991.

2장 모두의 것에서 나오는 모두의 몫

1) Spence, 1982[1797]: 47

2) pence, 2014[1775]: 8.

3) 하딘의 논의는 생물학, 응용심리학, 인류학 등의 영역에서 공유지에 대한 비관적 논의로 이어졌고 (Wall, 2014: 23), 경제학에서는 오랫동안 사유재산권 제도의 효율성을 위한 사례로 오독되었다. 오스트롬의 『공유의 비극을 넘어』(1990)는 이러한 오독에 대한 비판으로 읽을 수 있다.

4) Ostrom, 1990.

5) 포용적 권리와 배타적 권리의 구별은 맥퍼슨(Macpherson, 1984: 95-97)을 보라.

6) 소유대상에 대해 타인의 개입을 배제하는 권리로서의 소유개념은 피히테의 소유론에서 최초로 제시된다. Fichte, 1880[2015]: 45-51.

7) McKean and Ostrom, 1995.

8) Cicero, 45 BC[1991]: III, 67. 그로티우스도 공유 개념을 설명하면서 키케로의 이 구절을 인용한다. Grotius, 1964: II, 2, § 2, 1.

9) 유스티니아누스 법전(*Corpus Iuris Civilis*) 「학설휘찬」(Digesta, 1.1.10)에서 울피아누스(Ulpianus)는 이 원칙을 '각자에게 각자의 몫을 나눠주라'(suum cuique tribuere) 및 '정직하게 살아가라'(honeste vivere)와 함께 법의 근본원칙이라고 말한다.

10) Hess and Ostrom, 2007: 3~26.

11) Lessig, 2002.

12) 벅(Buck, 1998: 32-35)은 오스트롬의 공유자원 개념을 지구공유지에 확장하여 남극, 바다, 대기, 외계 공간, 통신 등을 지구공유지로 본다. 지구공유지가 '인류의 공동유산'임을 강조하고 있음에도 벅의 논의는 단지 '처음 오는 자가 처음 서비스 받는' 규칙으로 인해 개발도상국들이 손해를 보지 않도록 채굴에 참여할 권리를 보장하고 참여에 필요한 개발 원조를 받을 수 있도록 해 주어야 한다는 점만을 강조한다. 그 이유는 애초에 오스트롬의 공유자원 개념이 용익권 행사의 경합성을 조정하는 규칙의 정립에 초점이 맞춰져 있었기 때문이다. 하지만 지구공유지는 '인류의 공동유산'이라는 원칙은 공유지 용익권의 기회평등만이 아니라 지구기본소득에도 정당성을 부여한다. 즉 선진국이 채굴한 것이든 개발도상국이 채굴한 것이든 일정한 몫은 '인류의 공동유산'의 원칙에 근거하여 지구기본소득

재원으로 거둬들일 수 있다. 물론 이러한 논의는 생태적 보존 문제와 별도로 보아야 할 것이다.

13) Meade, 1989: 38, 40; 강남훈, 2015: 145; 권정임, 2015: 26.

14) 알래스카 영구기금에 관해서는 Widerquist and Howard(2012) 스카이 트러스트 기획은 Barnes(2014)를 참조하라.

15) Roemer, 1994.

16) 곽노완, 2017.

17) 유스티니아누스 법전(*Corpus Iuris Civilis*) 「법학제요」(*Institiones*, 1,1,3-4)에 실리고 「학설휘찬」(Digesta, 1,1, 10 § 1)에서 울피아누스(Ulpianus)에 의해 다뤄진 이 법언은 분배정의에 대한 가장 오래된 원칙이다. 플라톤의 『국가』(4. 433a)에서 유래하며 아리스토텔레스가 「니코마코스 윤리학」 제5권에서 분배정의의 원칙으로 삼았던 이 원칙은 키케로(*De Natura Deorum*, III, 38; De officiis 1 § 15; De legibus, 1 § 19)에 의해 로마에 소개되었다.

18) Van Parijs, 1995.

19) Barcelona Digital City, 2016; Morozov and Bria, 2017: 63~65.

20) 열거한 네 원칙 이외에도 '디지털 어젠다'는 추가적으로 ①공공재산의 사유화를 중단하며 도시인프라와 서비스는 재공공화하여 민주적 통제 하에 두며, ①교통·주거·의료·교육의 4대 영역에서 사회적 약자와 빈자의 기초적 욕구가 보장한다는 원칙을 밝히고 있다. 시민의 기술주권을 전면에 내세운 바르셀로나 모델은 플랫폼 자본이 주도해 온 스마트시티 모델에 대한 최초의 대항 프로젝트라고 말할 수 있다.

21) Cole, 1935: 235.

22) Cole, 1935; 1944; Meade, 1935 [1988]; 1937; 1989. 1930년대에는 사회배당이 기본소득이라는 개념보다 널리 통용되었다. 이 개념은 런던정경대학(LSE)의 교수들이었던 오스카 랑게와 아바 러너의 시장사회주의 토론을 통해 유명해졌다. 러너(Lerner, 1936)에 대한 응답에서 랑게(Lange, 1937: 143-4)는 '사회배당' 개념을 자본에 대한 수익으로 정의하며 기여와 무관하게 모든 시민에게 독립적인 소득 원천으로서 지급된다고 설명한다(Van Parijs and Vanderborght, 2017: 273). 공유지분권 수익으로 공유부 기금을 조성하고 사회배당을 지급한다는 구상은 미드(Meade, 1989)에게 이어졌고 최근 바루파키스(Varoufakis, 2016)에 의해 재발견된다.

23) Meade, 1989: 133, 19; 권정임, 2015: 16~17.

24) 강남훈(2015: 144)은 아가쏘토피아가 "공유기업, 공유자산, 기본소득이라는 세 가지 요소로 구성"된다고 본다. 그런데 논리적으로 보면, 국가 공유지분권과 사회배당(기본소득)의 결합이 한 축이고, 노동-자본 파트너십에 입각한 공유기업이 다른 한 축이다.

25) Marx, 1875: 21.

26) Van der Veen and Van Parijs(2006: 6)를 보라. 곽노완(2007: 205)도 현대 복지국가에도 이미 필요의 원리에 따른 사회수당이 도입되어 있다는 점을 지적하면서 '노동에 따른 분배' 원리는 "이미 부분적으로 낡았다"고 말한다. 물론 이러한 비판은 무조건적 기본소득을 공산주의의 분배원리의 구성 요소로서 등장시키기 위한 이론적 변형의 일환이다. 하지만 마르크스가 공산주의의 높은 단계의 분배원리로 제시한 '필요에 따른 분배'가 현대 복지국가에서 "제한적이지만" 이미 실현되었다고 생각하는 것은 『고타강령비판』에 등장하는 '필요에 따른 분배' 개념과 결핍을 충족시켜줄 사회정책적 필요에 따른 공공부조를 범주적으로 혼동한 결과이다. 마르크스의 '필요에 따른 분배' 원리는 오히려 인공지능

혁명과 자동화의 맥락에서 읽어야 한다. 그것은 노동투입이 최소화된 풍요의 경제를 전제한다.

27) 판 더 벤과 판 파레이스(van der Veen and Van Parijs, 2006: 6)는 기본소득 지급액을 인간의 기본욕구를 충족시키는 절대량으로 설정한다. 그런데 이로 인하여 기본소득을 '필요에 따른 분배'의 일종으로 보게 된다. 그들이 기본소득 도입으로 '노동에 따른 분배'가 이루어지는 사회주의 단계를 거치지 않고 자본주의에서 곧바로 공산주의의 높은 단계로 직행할 수 있게 된다고 주장하게 되는 배경에는 완전기본소득을 기본필요의 충족으로 보는 입장이 전제되어 있다. 기본소득 지급수준 문제를 논할 때 종종 '필요' 개념이 등장하는 것도 비슷한 이유 때문이다. 하지만 이러한 의미 맥락에서의 '필요'는 『고타강령비판』에 등장하는 '필요에 따른 분배' 원리와 전혀 다른 것이다. 『고타강령비판』의 의미 맥락에서 '필요에 따른 분배'는 풍요의 경제의 다른 명칭이다. 한국 기본소득 논의의 초창기에 집필된 글에서 곽노완은 판 파레이스를 비판하면서 기본소득 지급액은 고정적인 절대량이 아니라 "기업별 사업성과의 일정비율"이라고 말한다. 하지만 두 단계로 구분된 공산주의의 분배원리를 하나로 통합하여 "성과＋필요에 따른 분배원리"로 정리할 때, 곽노완도 기본소득(또는 그의 논문에 등장하는 개념을 사용하자면 '사회연대소득')을 '필요에 따른 분배원리'의 일종으로 분류하고 만다(곽노완, 2007: 206). 이렇게 접근하면 선별적인 방식의 사회수당과 기본소득의 차이도 그저 '필요의 원리'가 보편화되었는가 또는 특정한 타깃 그룹에 한정되는가의 차이로만 나타날 뿐이다. 하지만 '필요의 원리'는 '노동에 따른 분배'가 아닌 모든 방식의 분배원리를 통칭하는 유적 개념이 아닐뿐더러, 마찬가지로 기본소득도 '필요의 원리'와는 무관하며 오직 보편적 공유자 자격에 입각한 공통부의 평등배당일 뿐이다.

28) Bastani(2019)는 희소성의 완전한 소멸과 기본소득을 연결시키지 않는다.

29) 이는 Srnicek and Williams(2016: chap. 5)가 취하고 있는 관점이다.

30) 반면에 곽노완(2007: 205)은 이 원칙에 유토피아적 난점이 있다고 본다.

31) Howard, 2005a: 129~134; 곽노완, 2017.

32) Howard, 2005a: 128~129.

33) Howard, 2005b: 116.

34) 『자본』 1권에서도 마르크스는 "노동은 생산된 사용가치, 곧 소재적인 부의 유일한 원천이 아니다. 윌리엄 페티가 말했듯이 노동은 부의 아버지이며 지구는 부의 어머니"(Marx, 1890: 58)라고 말한다.

35) Winstanley, 1973: 272. 당시의 토지공유론에 관해서는 Petegorsky(1995: 139)를 보라.

36) Buonarroti, 1796: 126-135; Babeuf, 1795.

37) Rose, 1978: 32, 332.

38) Buonarroti, 1796: 126-135.

39) Paine, 1969[1796]: 607-608.

40) 금민, 2017

41) Bellamy, 1960[1889]. 1960년 판 서문은 스스로도 기본소득 지지자인 에리히 프롬(Fromm, 1966)에 의해 작성되었다.

42) Morris, 2003[1890]; Lutchmansingh, 1991.

43) 권진아, 2008; 손세호, 2008.

3장 플랫폼 자본주의와 빼앗긴 빅데이터

1) Srnicek, 2017: 25-34.

2) Battelle, 2017.

3) Brynjolfsson et al., 2011.

4) Bakhshi et al., 2014.

5) Srnicek, 2017a: 64-70.

6) Daum, 2017; 226-227.

7) Morris-Suzuki, 1986.

8) 정상준, 2018.

9) Economist, 2017.

10) Andrade, 2019: 187.

11) Nick Srnicek(2017a: 50-88)은 플랫폼 자본을 다섯 가지 유형으로 분류한다. 플랫폼 자본은 구글이나 페이스북처럼 사용자정보를 추출, 분석하고 광고공간을 판매하는 광고플랫폼(advertising platform), AWS나 Salesforce처럼 디지털 비즈니스의 하드웨어나 소프트웨어를 소유하고 필요에 따라 임대하는 클라우드 플랫폼(cloud platform), GE나 지멘스(Simens)처럼 전통적 제조를 인터넷 연결 프로세스로 변환하여 생산비용을 낮춰주며 제품을 서비스로 변형시키는 데 필요한 하드웨어 및 소프트웨어를 구축해주는 산업플랫폼(industrial platform), 롤스로이스나 스포티파이(Spotify)처럼 판매에 의해 제품의 소유권을 이전하는 대신에 서비스로 변형시켜 임대료나 가입비를 징수하는 제품 플랫폼(product platform), 우버(Uber)나 에어비앤비(Airbnb)처럼 자산 소유를 최소화하고 노동비용을 줄여서 수익을 얻는 린 플랫폼(lean Platform)으로 구분된다.

12) Rochet and Tirole. 2006.

13) Srnicek, 2017b.

14) Standing, 2016: Chap. 6.

15) 금민, 2019b.

16) Zuboff, 2019.

17) 금민, 2019b: 13.

18) Barva and de Vivo, 2012; Passarella and Baron, 2014; 정상준. 2018; 2011.

19) 미 연방준비기금은 목표 이자율을 2007년 8월 5.25%에서 2008년 12월 0~0.25%로 떨어뜨렸다. 잉글랜드은행은 기준금리를 2008년 9월 5%에서 2009년 3월 0.5%로 인하했다. 2008년 이후 이후 2016년까지 전 세계의 통화정책 결정권자들은 이자율을 637회에 걸쳐 인하했다. 이렇게 수립된 초저금리 환경이 금융을 수축시키자 각국의 중앙은행들은 소위 '양적 완화'를 단행한다. 즉 화폐 창조를 국채, 화사채, 모기지 등 다양한 자산을 사들이는데 활용했다. 2016년 초반에만 세계의 중앙은행들은 12.3조 달러 이상의 자산을 사들였다. 전체 과정은 국채의 수익률을 낮추고 신용을 완화하고 주식 가치를 부양하며 자산효과를 만들어 냈다. 신자유주의적 버블경제의 반복이라고도 말할 수 있지만 초저금리 정책은 자본주의의 중요한 변화를 낳았다. 즉 저금리 환경의 보편화로 금융자산의 수익

률이 급격히 줄어들었다. Srnicek, 2017a: 30.

20) Srnicek, 2017a: 25-34.

21) 엥스터, 2019.

22) Daum, 2018: 146-161.

23) 자율주의 고전(Marazzi 2008: 43; cf. Negri 1991; Hardt and Negri 2000)은 투하노동 척도의 위기와 소멸을 오늘날의 자본주의의 중요한 특성으로 본다. 하지만 가치의 측정 불가능성은 오늘날의 자본주의에 대해서도 성립하지 않을 뿐만 아니라 과거의 산업자본주의에 대해서도 성립하지 않는다. 자본주의의 어떤 역사적 형태에서도 투하노동시간은 가치척도가 아니었고 상품가치는 오직 그 상품 생산에 필수적인 사회적 평균노동시간에 의해 결정되었다. 사회적 평균노동시간은 생산과정에서 투하된 노동시간량과 다르며, 상품 가격은 그 상품 생산을 위해 미래에 투하되어야 할 사회적 평균노동량을 화폐량으로 표현한다. 이와 같은 노동가치론의 화폐론적 전회(monetarian turn)의 핵심은 자연적 척도와 사회적 척도의 구별이다. 상품가치의 측정은 자연적 척도에 따른 측정이 아니라 사회적 측정이며 교환을 통해서 이루어진다. 사회적 측정에서 척도는 측정과정(교환과정)의 외부에 자연량(투하된 노동시간량)으로 사전에 존재하지 않고 오직 측정과 더불어 발생한다(Engster and Schröder, 2014; Engster 2014; Postone, 1993). 개별적 노동이 등질화되어 오직 시간적 길이로 비교되는 포드주의적 공장생산은 투하노동량에 의해 가치가 결정될 것이라는 가상을 만들어냈을 뿐이다.

24) Moore, 2018; 2019.

25) 규제와 금지 앞에서는 뾰족한 대책이 없고 우버는 막대한 로비 비용을 지불해야 하고 수익성 문제에서 취약한 구조이다. 그런데도 2018년에는 기업가치가 약 1200억 달러(약 134조원)로 평가되었다. 미국의 자동차제조사인 GM의 기업가치 453억 달러, 포드의 351억 달러, 피아트크라이슬러의 318억 달러와 비교하면, 이미 자동차제조업체의 기업가치를 승차공유 플랫폼 회사가 상회했다고 말할 수 있다. 2009년 샌프란시스코에서 리무진 대여업으로 시작한 영세기업이 자동차제조업체보다 더 큰 기업이 되어 버린 것이다. 캘리포니아 주의회의 AB5법 통과는 우버의 기업가치를 또 다시 떨어뜨렸지만 자율주행이 등장하게 될 때 자율주행 서비스를 제공하는 회사가 구글이든 우버이든 그 회사는 자동차 제조사를 가치사슬 아래로 포섭하게 될 것이다.

26) 금민, 2018a.

27) 스마트시티 사업에 진출한 대표적인 기업은 Simens, IBM, Cisco, Phillips이다. Simens는 건물관리플랫폼으로 건물에서 모든 건축물의 화재방지, 보안, 냉난방, 통풍, 공기 질 관리, 조명 등을 통합적으로 관리하는 플랫폼 알고리즘인 Desigo CC를 제공하며, IBM은 도시 데이터들의 중앙집중적 평가와 활용을 목표로 하는 '지능형 운영센터'(Intelligent Operations Center/IOC)를 제공한다. 사물인터넷의 선두기업인 Cisco는 Smart and Connected Communities (S&CC) program을, Phillips는 도시의 LED 조명 플랫폼인 CityTouch를 제공한다.

28) Rossi, 2015; Morozov and Bria, 2017.

29) Wark, 2004.

30) Fuchs, 2019: 60.

31) Koh et. al., 2015.

32) 가장 비관적인 전망으로서는 미국 직업의 절반 정도가 자동화될 수 있다고 예측한 프레이와 오스본(Frey & Osborne, 2013)의 연구와 2015년에서 2020년간 세계적으로 510만 개의 일자리 순감이 일어날 것으로 예측한 세계경제포럼(WEF)의 『고용의 미래』 보고서(2016)를 들 수 있다. 하지만 이처럼

극단적이지 않더라도 비관적인 연구들이 주요 흐름을 이루고 있다(Brynjolfsson and McAfee, 2016; Bowles, 2014; Ford and Cumming, 2015). 물론 기술혁명으로 높아진 생산성이 고용을 확장할 것이라는 보상효과(compensation effects)를 예측하는 연구들도 있다(Arntz et al., 2014; Goos et al., 2014; Graetz and Michaels, 2015; Gregory et al., 2015; Mokyr et al., 2015; Marcolin et al., 2016).

33) Autor, Levy, and Murnane, 2003.

34) Autor and Dorn, 2013.

35) Huws, 2014.

36) 장흥배, 2019b.

37) Harris and Krueger, 2015.

38) Daugareilh, 2019.

39) 장흥배, 2019a.

40) 장흥배, 2019b: 81.

41) 김교성, 백승호, 서정희, 2018: 97-111.

42) 금민, 2018b.

43) Marx, 1890: 433; 2011[1864/65]: 95.

44) Standing, 2011.

45) Bastani, 2019.

46) Brynjolfsson and McAfee, 2013; 2012a.

47) Brynjolfsson and McAfee, 2016.

48) Daum, 2017: 11; The World Bank, 2015.

49) Valladao, 2014.

50) Marx, 1890: Chap. 13, 6.

51) Brynjolfsson and McAfee, 2012b.

52) Autor and Dorn, 2013.

53) 근로장려세제(EITC)가 수급자들과 비수급자들의 임금과 수입에 미치는 영향을 비교함으로써 임금보조금 효과를 측정한 Rothstein(2010)은 근로장려금 1달러 지출에 대해 고용주가 0.36달러를 가져가서 근로장려금의 36%는 임금삭감으로 이어진다는 결과를 얻었다. 수급자들의 증가된 노동공급과 비수급자들의 임금삭감 및 감소된 노동공급 효과를 종합하여 비교한 Nichols and Rothstein(2016)는 수급자들의 세후 수입은 근로장려금(EITC) 1달러 지급 당 1.07달러로 늘어났지만 비수급자들의 세후 수입은 임금삭감 때문에 0.18달러가 줄어들고 노동공급 감소로 0.16달러가 줄어들었다고 보고한다. 장흥배(2018)을 참조하라.

54) Standing, 2017: 208.

55) 이건민, 2018b.

56) 이건민, 2018a.

57) 강남훈, 2019: 56-58.

58) Mason, 2015; Rifkin, 2014.

59) David Graeber, 2018.

60) Rifkin, 2014; Mason, 2015; Bastani, 2019.

61) Stiegler, 2011; Stiegler, 2012: Derrida, 1981.

62) Srnicek, 2017: 40; Haskel and Westlake, 2017.

63) 이항우, 2014.

64) Marx, 1983[1857~1858]: 590-609.

65) Virno, 2007; Vercellone, 2007; Hardt and Negri, 2004.

66) Lazzarato, 2014: 43.

67) Marx, 1983[1857~1858]: 590-609.

68) Hardt and Negri, 2000: 403; 이항우, 2017.

69) Arrieta et. al., 2017.

70) Lanier, 2013.

71) Andrade, 2019.

72) Ibarra et al., 2018.

73) Carrascal et. al., 2013.

74) Rushkoff, 2016.

75) Zuboff, 2019.

76) Lanier, 2013: 99.

77) 데이터 공유지 문제를 쟁점화 하고 있는 Bria(2018)는 매우 예외적인 경우이다.

78) Schwartmann and Hentsch, 2015.

79) Bundesministerium fur Verkehr und Digitale Infrastruktur, 2017.

80) Schwartz, 2004.

81) European Union, 2016.

82) Paine, 1969[1796]: 606.

83) 1969[1796]: 612.

84) Paine, 1969[1796]: 620.

85) 1969[1796]: 612.

86) 1969[1796]: 620.

87) 1969[1796]: 612.

88) Meade, 1989: 38, 40.

89) 금민, 2018c.

90) Paine, 1969[1796]: 620.

91) 강남훈, 2019: 151-153, 155; 2016.

92) Meade, 1989: 38, 40; 1993[1964]: 63-4.

93) Cole, 1935; 1944.

94) Meade, 1993[1964]: 63.

95) 1993[1964]: 95.

96) 2016: 2.

97) OECD, 2015.

98) European Commision, 2018.

99) OECD, 2018.

100) Standing, 2017, 185.

101) Meade, 1993[1964].

102) 린 생산(lean production)이 보편화된 자동차 산업에 대한 실증연구는 자동화가 일정 수준을 넘어서면 비용이 절감되지 않고 정반대로 급격히 상승한다는 점을 보여준다(Gorlach and Wessel, 2008). 실제로 2018년 3월에 일어났던 전기차 제조기업 테슬라(Teslar)의 주식 폭락의 원인으로서 '최적 수준'을 초과하는 자동화로 인한 비용 상승이 꼽혔다(Business Insider, 2018). 전기차 생산의 최적 자동화 수준을 내연기관 자동차 생산과 단순 비교할 수는 없지만 일정 수준 이상의 자동화가 노동력 비용보다 훨씬 높은 설비투자 비용을 발생시킨다는 점은 마찬가지이다.

103) Srnicek and Williams. 2016: chap. 5.

4장 기본소득, 민주주의의 경제적 기초

1) Paine, 1969[1796]: 612.

2) Fitzpatrick, 1999: 46-47.

3) 조건적 권리는 '특수한 권리'(special rights)이며 무조건적 권리는 '일반적 권리'(general rights)이다(Hart, 1955: 183). 이러한 구분은 우연적 권리(contingent rights)와 필수적 권리(necessary rights)의 구분으로 유형화할 수도 있다(Simmons, 1994: 73-74).

4) Paine, 1796: 611.

5) Locke, 1988a[1689], § 42; 1988b[1689]: § 171.

6) Aristoteles, 1998: 1253a2.

7) Arendt, 1998.

8) 강남훈, 2019: 129-144.

9) Pettit, 1997: 22, 272.

10) Raventós, 2007.

11) 조승래, 2018.

12) Raventós and Wark, 2014.

13) Raventós and Casassas, 2002; Raventós, 2007.

14) Pettit, 2007; Cassasas, 2007.

15) 금민, 2018.

16) 선별적 공공부조가 시민의 존엄을 해친다는 입장에 서더라도 반드시 공화주의 철학을 전제할 이유는 없다. 아울러 기본소득만이 아니라 사회적 지분급여나 보편적 공공서비스와 같은 다른 종류의 보편복지에서도 징벌성과 낙인성은 사라진다는 점도 주목할 필요가 있다. 기본소득이 아니라 사회적 지분급여를 대안으로 보는 닛산과 르 그랑도 다음과 같이 말한다. "보편적인 혜택은 국민의 공동체 감정에 기여하지만, 표적화된 수혜는 사회를 분열시킬 수 있다"(Nissan and Le Grand, 2000: 9).

17) Jackson, 2012.

18) Spitz, 2016.

19) Paine, 1969[1796]: 606.

20) Paine, 1969[1796]: 611~613.

21) Jackson, 2012: 47.

22) Meade, 1993[1964], 41.

23) Rawls, 2001: 136~137, 140.

24) Jackson, 2012

25) Rawls, 2001: 136~137, 140.

26) '재산소유 민주주의'를 제임스 미드의 '자유주의적 사회주의' 또는 존 롤스의 '자유주의'와 같은 자유주의적 좌파에만 나타나는 고유한 관점이라고 볼 수는 없다. 1923년에 스켈톤(Noel Skelton)이 '재산소유 민주주의'라는 개념을 사용한 이후 보수적 변용이 존재했으며 1980년대의 대처(Margaret Thatcher)와 신자유주의자들도 공공재의 사유화를 '재산소유 민주주의'라고 불렀다.

27) 기본자산제(Ackerman and Alstott, 1999)는 기본소득과 마찬가지로 무조건적·보편적·개별적이다. 기본자산은 소진 위험이 있다(서정희, 조광자, 2008). 그럼에도 불구하고 소득이 아닌 자산을 분배하는 이유는 자산불평등 시정을 중요한 목표로 여기기 때문이라고 해석할 수 있다. 하지만 「세계 불평등 보고서 2018」(알바레도 외, 2018) 3부는 민간자본의 증대와 공공자본의 감소가 자산불평등의 큰 원인이라고 말한다. 이와 같은 상황에서 미드의 공유지분권 모델은 기본자산제보다 훨씬 효과적으로 자산불평등을 시정한다. 기본자산을 얻은 청년들 간에도 시간의 경과함에 따라 지급받은 기본자산을 얼마나 보유하고 있는가의 격차가 생겨날 수밖에 없는 반면에 미드의 공유지분권 모델은 매각할 수 없고 배당만을 받을 수 있기 때문에 그러한 위험이 없다. 무엇보다 공유지분권 모델의 도입은 전체 자산에서 차지하는 민간자산의 몫이 줄어들고 그만큼 공유자산이 늘어났음을 의미한다.

28) 금민, 2014; 2010.

29) Paine, 1969[1795]: 579.

30) Paine, 1969[1795]: 577-578, 583.

31) Paine, 1969[1795]: 579.

32) Rousseau, 1997[1762]: IV, 2, 124.

33) Lamb, 2015: 85-86.

34) Paine, 1969[1796]: 612.

35) Paine, 1969[1795]: 579.

36) 규범적 우선성 개념은 정치철학에서 매우 익숙한 것이다. 『정치학』에서 아리스토텔레스는 존재목적의 관점에서 "국가는 본성상 가정과 개인에 우선한다"(1253a18)고 말한다.

37) Paine, 1969[1796]: 607-608.

38) Paine, 1969[1792]: 425, 427.

39) Paine, 1969[1796]: 611.

40) Spence, 1982[1801]: 71.

41) Spence, 2014[1775]: 7.

42) Spence, 1982[1797]: Appendix.

43) Chase, 2010: 62.

44) Chase, 1988.

45) Parssinen, 1973.

46) Fourier, 1967[1836]: 491-497; Charlier, 1848.

47) Mill, 1987[1849]: 212~214.

48) Mill, 1977[1861]: 470, 474.

49) Lamb, 2015: 87.

50) Mill, 1861: 470, 474.

51) 『국가』 제8권, 558c.

52) Paine, 1969[1795]: 579.

53) Spitz, 2016.

54) Rawls, 2001.

55) 예컨대 크라우치, 2008: 2장; Pelagidis et. al., 2018.

56) Musgrave, 1959: 13.

57) Atkinson, 1996.

58) Cole, 1935: 228.

59) Cole, 1935: 232.

60) 1935: 231.

5장 기본소득, 기존 복지와 어떻게 다를까

1) Van Parijs and Vanderborght, 2017: 158.

2) 페인(Paine, 1969[1796])은 토지공통부 배당의 출발점이지만, 21세 청년에 대한 사회적 지분급여와 50세 이상을 대상으로 하는 범주형 기본소득만을 배당방식으로 제시했다. 보편적 기본소득 대신에 범주형 기본소득이 등장하게 된 사정은 아마도 그가 사회적 지분급여를 도입하고 있기 때문일 것이다. 하지만 사회적 지분급여도 공통부 배당의 한 형태라는 점에서 페인은 공통부 배당론의 원형을 제시했다고 말할 수 있다.

3) 조민서(2019)는 서울시 청년수당 논의와 관련하여 이 문제를 심도 깊게 다루고 있다.

4) 여기에서 말하는 혼합복지모델은 사회복지학에서 쓰이는 '복지혼합'과 전혀 관계없다. 복지혼합이란 국가, 시장, 자원, 비공식복지 등의 복지요소들의 병존, 법적 복지, 재정복지, 기업복지로의 사회적 분화가 시공간에 따라 어떤 다양한 모습으로 등장하는지를 나타내는 개념이다(포웰, 2011).

5) Mabel and Milner, 1918[2004]: 126.

6) 강남훈, 2017: 16-17.

7) Widerquist, 2017.

8) Widerquist(2017)는 기본소득 순비용(N)을 기본소득(U)에서 시장소득(Y)에 세율(t)를 곱한 값을 뺀 값으로 표시했다. N = U − (Y x t). 그런데 보다 엄밀하게 표시하자면, 전체 순비용(Total Net Cost: TNC)은 다음과 같다. TNC = . 여기에서 Y는 시장소득, t는 세율, U는 기본소득을 뜻한다. 전체 순비용(TNC)은 전체 순혜택(Total net benefit)과 같고 (TNC=TNB), 이 규모가 재분배의 순규모이다.

9) Hein and Mundt, 2013: 174-179.

10) 강남훈, 2011; 2017; 백승호, 2010; 이건민 2018; 최태훈, 염영배, 2017; Garfinkel, Huang and Naidich, 2003; Torry, 2016.

11) George D. H. Cole, 1944: 144.

12) Rhys-Williams, 2004[1943].

13) Sloman, 2015.

14) Cole, 1944: 144.

15) Charlier, 1848.

16) OECD, 2016; 이병희, 반정호, 2008: 69: 박종규, 2017, 각주 2.

17) OECD, 2016.

18) Van Parijs, 1995: 30.

19) Cole, 1935: 235.

20) Beveridge, 1942.

21) 최성은, 신윤정, 김미숙, 임완섭, 2009: 24.

22) Fitzpatrick, 1999: 22.

23) Harris, 1997; Fitzpatrick, 1999: 22.

24) Fitzpatrick, 1999: 19, 46-47.

25) Atkinson, 1996: 68.

26) 윤자영, 2016: 25.

27) Basic Income Earth Network General Assembly, 2016.

28) 범주형 기본소득에서 출발하여 지급수준이 낮은 부분기본소득과 기존의 제도가 병존하는 혼합복지 모델을 거쳐 완전기본소득으로 이행하는 과정에 대한 탐색으로서 김교성, 백승호, 서정희, 이승윤 (2018: 13장)을 보라. 물론 주어진 사회적 맥락에 따라 저자들이 제시하는 이행경로 이외에도 다양한 경로가 가능할 것이다.

29) Murray, 2006.

6장 일자리 보장이 가난을 해결해줄까

1) Standing, 2011: 26.

2) Koh et al., 2016.

3) The Hill, 2019a.

4) Standing, 2019: 71.

5) The Hill, 2019b.

6) Chappell, 2019.

7) 판 파레이스, 판데르보흐트, 2018: 111.

8) 특히 Harvey, 2005; Standing, 2005.

9) *Basic Income Studies*, 7:2. 2012년 『기본소득연구』(*Basic Income Studies* 7, 2)의 특집 "일할 권리와 기본소득"(The Right to Work and Basic Income)에는 Harvey(2012), Lewis(2012), Noguchi(2012)의 글과 현대화폐론에 입각한 일자리 보장 프로그램을 주장하는 Tcherneva(2012a)의 글이 실려 있고, '*Rutgers Journal of Law & Urban Policy*' 2005년 특집호에 실렸던 가이 스탠딩의 논문(Standing, 2005)도 재수록 되어 있다.

10) Tcherneva, 2003: 3.

11) Kalecki, 1943.

12) Cowling et al., 2003.

13) Minsky, 1986: 308.

14) 일자리 보장 프로그램을 지지하는 현대화폐론 이론가로서 바드대학의 랜덜 레이(L. Randall Wray)와 파블리나 체르네바(Pavlina R. Tcherneva), 스토니브룩대학 스테파니 켈튼(Stephanie A. Kelton), 미주리대학 스콧 풀윌러(Scott Fullwiler), 뉴욕주립대학 코틀랜드의 플라비아 단타스(Flavia Dantas), 호주 뉴캐슬대학 윌리엄 미첼(William Mitchell)과 마틴 와츠(Martin Watts), 매튜 포스테이터(Mathew Forstater) 등이 있다. 대표적인 연구성과로서 Mitchell(1989), Randall Wray(1998), Forstater(2000;

2012), Murray and Forstater(2013), Tcherneva(2005; 2006; 2012a; 2012b), Tcherneva and Randall Wray(2005a; 2005b) 를 꼽을 수 있다. 최근 바드대학의 제롬 레비 연구소는 루즈벨트 연구소와 함께 기본소득의 거시경제 효과에 대한 긍정적인 보고서를 내놓기도 했다(M. Nikiforos et al., 2017).

15) Minsky, 1986; Randall Wray, 1998; Tcherneva and Randall Wray, 2005b.

16) 랜덜 레이, 2017: 446-447.

17) Mitchell, 1998.

18) Tcherneva and Randall Wray, 2005a; Tcherneva, 2006.

19) Harvey, 1989; 2005; 2006; 2013.

20) Harvey, 1989.

21) Harvey, 2005.

22) Standing, 2005.

23) Harvey, 2012: 5.

24) Harvey, 2005.

25) 예컨대 McAfee and Brynjolfsson, 2016.

26) Standing, 2005; 2009: 6; 2017: 202.

27) Harvey, 2005; Tcherneva, 2012a: 84.

28) Cowling et al., 2003.

29) Tcherneva, 2006.

30) Harbey, 2005; 2012.

31) Standing, 2019.

32) 스탠딩, 2018: 237.

33) 근로장려세제는 세 개의 구간으로 이루어져 있다. 첫 구간은 점증구간으로서 노동소득이 늘어나면 날수록 소득지원도 늘어나지만, 일정한 소득 수준 이후부터는 노동소득이 늘어나도 소득지원은 더 이상 늘어나지 않는 평탄구간이 시작된다. 평탄구간을 지나면 노동소득이 늘어날수록 소득지원은 줄어드는 점감구간이 있다. 실업의 덫에 빠지지 않고 유급노동 참여를 통해 빈곤의 덫(poverty trap)에서 벗어나는 효과는 오직 첫 번째 구간에서만 발생한다.

34) Standing, 2012: 25; 2017: 205.

35) Groot, 2004: 34-35.

36) Harvey, 2005.

37) Standing, 2019: 73.

38) 현재 OECD 주요국에 중에서 실업부조를 지급하는 대표적인 국가는 호주, 핀란드, 아일랜드, 영국, 뉴질랜드 등이다. 2005년 이후 독일에 도입된 '실업급여 II'(Arbeitslosengeld II)도 실업급여 수급권이 소진된 사람뿐만 아니라 근무경력이 없는 구직자를 대상으로 포함한다. OECD 각국의 자세한 현황은 채구묵(2011: 6-7, 표 1)을 참조하라.

39) Van Parijs and Vanderborght, 2017: 47.

40) Stern and Kravitz, 2016: 164-5.

41) Jordan, 1994.

42) Santens, 2017.

43) Mitchell, 2016.

44) Kolokotronis and Nakayama, 2017.

45) Lewis, 2012: 49-50.

46) Tcherneva and Randall Wray, 2005a; Tcherneva, 2006; 2018.

47) Paul et al., 2017; Tcherneva, 2012a.

48) Harvey, 2012.

49) Harvey, 2005: 31; 2012: 15-16.

50) Wright, 2006.

51) Fitzpatrick, 1999: 84.

52) Roth, 2006.

53) Blaschke, 2006: 5. 콤비임금은 하르츠 제IV법에 의한 실업수당II의 수준보다 낮은 임금률에 취업한 사람들에게 국가가 일정한 임금보조금을 보조함으로써 취업을 촉진시키려는 것이다.

54) Blaschke, 2010.

55) Krull et al., 2009.

56) 강남훈, 2017.

57) Yi, 2017. 물론 손익분기점 소득층의 노동공급은 지급되는 기본소득의 크기와 비노동소득 과세액의 상대적 크기에 따라서 상이하게 나타나며, 고소득층의 노동공급은 이론적으로는 미정으로 보아야 한다. 이는 모든 소득구간에서 소득효과는 양수이고 대체효과는 음수이므로 소득효과와 대체효과의 상대적 크기에 따라서 노동공급에 미치는 총 효과의 방향과 크기가 달라지기 때문이다.

58) 단체협상력을 결정하는 요소에는 노동조합의 조직력 이외에도 노동법 및 각종 보호제도와 같은 제도적 요소와 전반적 경기 상황이나 해당 부문의 특수한 요인과 같은 상황적 요소도 넣어야 한다. Wright, 2000: 962-963.

59) Groot, 2004: 34-35, 69; 강남훈, 2017.

60) Harvey, 2012.

61) Tcherneva, 2012a.

62) Standing, 2002; 2012.

63) Tcherneva, 2012a.

64) Harvey, 2005.

65) Yi, 2017.

66) Harvey, 2005.

67) Harvey, 2012: 14-15.

68) Standing, 2012; 최희선, 2017: 31: Standing, 2019: 72.

69) Miller, 2017: 245-246; 이건민, 2017.

70) Harvey, 2012: 8.

71) Clark, 2003.

72) Noguchi, 2012.

73) Harvey, 2005.

74) Harvey, 2012.

75) Lewis, 2012: 43.

76) Lewis, 2012: 42.

77) Lewis, 2012: 44.

78) Harvey, 2005.

79) Tcherneva, 2006; 2012a.

80) Mitchell, 1998.

81) Tcherneva, 2006; Randall Wray, 1998.

82) Tcherneva and Randall Wray, 2005a; Tcherneva, 2006.

83) Tcherneva, 2012a.

84) Lewis, 2012: 45-46.

85) Offe 2009: 76

86) 2019: 91-92.

87) 도모히로, 2019: 124-129.

88) Van Parijs and Vanderborght, 2017: 11.

89) 한국의 경우 급속한 기술진보에 따른 대체 가능성이 높은 고위험군 일자리의 비중이 미국과 비교해도 유의하게 높다는 연구 결과도 있다(김세움, 2016a; 2016b).

90) Gorz, 1999; 2000.

91) Bregman, 2017.

92) Srnicek and Williams, 2016: 67.

93) 이대창, 문외솔, 2015: 5.

94) 최희선, 2017.

95) 금민, 2018: 56-89.

7장 시간은 어떻게 여성을 억압하는가

1) Haug, 2011.

2) Rosa, 2005.

3) 115.

4) 114.

5) Rosa, 119.

6) Hohn, 1984.

7) 물론 사회적 시간은 단지 양과 질의 문제만이 아니라 척도의 문제이기도 하다. 똑같은 1시간 노동의 생산물이라고 하더라도 값어치의 차이가 나는데 그 이유는 값어치를 결정하는 척도가 투하된 개별 시간이 아니라 사회적 시간이기 때문이다. 값어치의 척도로서 사회적 시간에 대한 논의나 사회적 시간을 축적하는 화폐에 관한 논의, 나아가 은행에 의한 신용창조나 가공자본의 경우처럼 미래의 사회적 시간의 현재화에 대한 논의는 이 글의 주제를 벗어난다.

8) Pateman, 1988.

9) 돌봄(care)의 개념화는 폴브레(Folbre, 1994)에 의해 이루어졌다. 폴브레는 "타인의 상태를 나아지게 하기 위한 대면 서비스를 제공하는 노동"으로 돌봄노동을 정의하고 가사노동 개념과 구분하였다. 여기에서 "상태"(capabilities)란 건강, 기술, 역량 등이며 육체적, 정신적, 정서적 능력을 모두 포괄한다. 농경사회에서 산업사회로 이행하면서 현재의 노동력을 재생산하는 가사노동보다 미래의 노동력을 재생산하는 돌봄노동이 중요해졌으며 여성이 이중으로 부담하는 주요 영역이 되었다.

10) 서정희, 2017: 13-15.

11) Haipeter, 2013.

12) 윤자영, 2016: 25.

13) 윤자영, 2014: 25.

14) 윤자영, 2012.

15) Bezanson, 2006.

16) 에드홈, 해리스, 영(Edholm et al., 1977)은 현재 및 미래의 노동력의 일상적인 유지를 위한 '노동력 재생산', 출산과 수유 등 보다 구체적인 활동 등을 '인간재생산'으로 정의한 후, 이를 '사회재생산' 개념의 일부로 포괄한다. 이와 더불어 광의의 '사회재생산'에는 사회체제를 지탱하는 물질적 조건과 이데올로기적 조건의 재생산이 포함된다.

17) Fraser, 2016.

18) Picchio, 1992.

19) Fraser, 2016: 112. 사회서비스 자본의 본성에 관하여 Adrienne Roberts(2013) 및 낸시 프레이저와 사라 레오나르드의 대담(Leonard and Fraser, 2016)을 참조하라.

20) LeBaron, 2010.

21) 의료·보육·교육 서비스의 개혁에서는 공급체계의 공공화가 중요하다. 국가재정에 의한 지원만으로는 사적 서비스자본에 조세를 이전하는 꼴이 된다. 반면에 에너지는 소비를 권장해야 할 것이 아니

라 저소비를 유도하면서도 이 과정에서 저소득층의 에너지향유권이 보장되도록 해야 한다. 따라서 기본에너지를 현물형태로 지급하거나 무상화하는 것보다 보편적 에너지배당을 화폐로 지급하는 것이 에너지 저소비 사회의 수립에 더욱 효과적이다.

22) Fraser, 2013: 126-127.

23) Fraser, 2013: 131.

24) 캐롤 페이트먼은 메리 울스턴크래프트의 *A Vindication of the Rights of Woman with Strictures on Moral and Political Subjects*(1967[1792])에서 이와 같은 두 가지 요구의 모순을 읽어내고 이를 '울스턴크래프트의 딜레마'라고 명명하였다(Carver and Chambers, 2011).

25) 마르크스주의 전통의 페미니즘은 공식경제중심주의적 편향을 보여 왔다. 그 이유는 자본주의에서는 가사노동이 지속적으로 상품화할 것이며, 반대로 사회주의로 이행하면 상품화되었던 가사노동이 모두 사회화될 것이고 가구는 더 이상 경제적 생산에서 유의미한 단위로 기능하지 않을 것이라는 전망 때문이다. 엥겔스(Friedrich Engels)의 『가족, 사유재산, 국가의 기원』(2016[1892])에서 비롯되는 이러한 전망과는 정반대로 자본주의에서의 재생산노동의 상품화는 사회재생산 위기를 낳았고 계층적으로 양극화된 방식의 재가족화 경향이 등장하고 있다. 또한 20세기에 존재했던 사회주의 국가들에서도 여성의 공식 노동 참여는 이중부담을 해소하지 못했다는 점이 사실로 밝혀졌다. 비교적 탈가족화가 용이한 가사노동과 달리 양육노동에서는 완전히 탈가족화할 수 없는 한계가 존재한다. 탈가족화의 한계에 주목하고 여성의 이중부담을 해소하는 구체적인 방안을 마련할 때, 노동권에서의 젠더 평등이라는 공식 노동중심주의의 이상도 비로소 실현된다.

26) Standing 1999: 3-9;2009; 2010; 2013.

27) Fraser, 2013: 133-135.

28) Fraser, 2013: 134.

29) 윤자영, 2016: 25.

30) Fraser, 2013: 134; 권정임, 2013: 128.

31) Christensen, 2002; 2008; Elgarte, 2008.

32) Késenne, 1990; Robeyns, 2000; 2008; Gheaus, 2008.

33) Zelleke, 2008.

34) Robeyns, 2008.

35) Zelleke, 2008; Jordan, 1998; Standing, 1992; Walter, 1989.

36) Robeyns, 2008: 6.

37) Fraser, 2003.

38) 박이은실, 2014: 특히 19 이하.

39) e-나라지표, 2019a.

40) 2017: 52.

41) e-나라지표, 2018.

42) e-나라지표, 2019b.

43) 통계청, 2014.

44) OECD, 2019.

45) OECD, 2016.

46) 국가통계포털, 2019.

47) Spiegel, 2015.

48) 2016.

49) 김소영, 2016.

50) 2016.

51) 프레시안, 2016.

52) 2016.

53) 통계청, 2018.

54) 통계청, 2014.

55) e-나라지표, 2018

56) Deutscher Gewerkschaftsbund, 2016.

57) 통계청, 2018.

58) 윤자영, 2018.

8장 녹색 기본소득은 가능한가

1) 8장의 초고로서 금민(2017)을 참조하라.

2) 비록 80년대 북미에서 실천적 논의는 소강상태에 접어 들지만, 실험들의 효과는 최근까지 꾸준히 연구되어 왔다. 캐나다 민컴(Mincome) 실험에 관한 최근 연구들은 기존의 공공부조와 비교했을 때의 건강, 자존감, 공동체 의식 등 사회적 효과에 주목하는 반면에(Forget, 2011; Calnitsky, 2016), 미국의 실험에 관한 80년대의 연구들은 주로 노동공급 효과를 분석했다(Burtless, 1986; Munnell, 1986; Robins, 1985).

3) Gorz, 1985; 1989; 1999.

4) Schmid, 1984.

5) Opielka, 1986; 2004.

6) Vobruba, 1986; 1989; 1990.

7) Van Parijs 1985.

8) 기본소득유럽네트워크 창립자들과 생태주의의 관계는 안데르손(Andersson, 2016)의 회고에 잘 나타난다. 안데르손은 1983년에 출판된 앙드레 고르츠의 책(Paths to Paradise)이 자본주의적 임금노동으로부터 자율적 활동으로 전환에서 기본소득의 역할에 대한 성찰로 자신을 이끌었다고 회고한다.

9) Blaschke, 2010: 238-249.

10) Vobruba 1989; 1990; 2000.

11) Gorz 1985; 1989; 1999.

12) 1972년 로마클럽은 『성장의 한계』(*The Limits to Growth*)라는 보고서를 통해 인구 증가와 자연자원의 유한성에 대해 경고했다(Meadows et al., 1972). 이 보고서는 산업적 팽창을 통해 임금소득을 안정적으로 유지시키고 안정적 자본축적으로 이끄는 케인스주의적 성장의 문제점을 정확히 짚고 있다고 말할 수는 없지만 산업주의 경제모델이 더 이상 지속될 수 없다는 점만은 분명히 말한 셈이다.

13) 미국 상무성은 2016년 6월 통계자료를 위해 '긱 경제(gig economy)'의 범주를 기업들이 필요한 시점과 기간에 따라 정규직이 아닌 계약직이나 임시직으로 인력을 활용하고 대가를 지불하는 시장으로 정의했다. '수요에 맞춘 고용(On-Demand Employment)'이란 노동력 수요가 있는 기업의 필요에 맞추어 계약직이나 임시직 등으로 고용하는 형태이다.

14) Hermann, 2000.

15) 현재 독일 녹색당 대표 중의 1인인 하벡(Robert Habeck)은 기본소득에 찬성하지만 또 한 명의 당대표 바에르복(Annalena Baerbock)은 격렬하게 반대한다.

16) 한국 녹색당은 2012년 창당 초기부터 기본소득에 우호적이었고 2016년 총선에는 정책으로 채택했다. 이는 이미 2010년에 『녹색평론』 지면으로 사회신용론(히로노, 2010)이나 국가화폐제에 의한 사회배당론(쿡, 2010)이 한국의 녹색운동에 익히 알려졌었다는 배경과 닿아 있다.

17) 강남훈, 2017; 이건민 2018.

18) Vobruba, 1989; 1990; 2000.

19) Wright, 2006.

20) 하르트무트 로자(Rosa, 2005: 115)에 따르면 가속화(Beschleunigung)는 "단위시간당 양의 증대 또는 단위량당 필요시간의 단축"으로 정의된다. 생활세계도 가속경제와 시간자원 희소화에 반응하여 패스트푸드, 스피드 데이트, 멀티태스킹 등 "현재의 축소"(Gegenwartsschrumpfung)가 일어난다(114).

21) 1970년대의 전 세계적 스태그플레이션을 촉발시킨 석유파동은 서구 자본주의 국가가 자원 절감 기술을 개발하도록 한 계기가 된다. 독일의 경우, 동일량의 효용 또는 생산물에 대한 필요자원비중은 1978년에 4.5%였으나 1989년에는 3.3%까지 개선되었고, 그 결과 1978년부터 1989년까지 자원 소비는 연평균 1.4% 정도 줄어들었으나 국민총생산은 연평균 2.0% 정도 증대했다(Busch, 2013: 6-7). 반면에 소비에트 경제는 넉넉한 석유자원을 배경으로 산출량 증대에만 매달렸다. 이러한 차이는 소비에트 경제가 체제 경쟁에서 패배하게 된 원인 중의 하나다.

22) Eriksson and Andersson, 2010: 18.

23 Schatzschneider, 2014; Barnes, 2008; Ekardt, 2010.

24) 조혜경, 2019.

25) 현물 형태로 무상 제공할 것인가 또는 현금기본소득을 줄 것인가는 어떤 한 방식이 무조건 좋은 것이 아니라 서비스나 재화의 성격에 따라 달라진다. 예컨대 교육이나 의료처럼 넓은 층이 많이 소비하도록 강제할 경우에 공익이 증대하는 가치재(merit goods)는 현물 공공서비스로 무상 제공하는 것이 좋다. 현금을 지급하고 대학 등록금으로 쓰든지 다른 용도로 쓰든지 알아서 하라는 것보다 대학 교육의 무상화가 더 낫다. 하지만 에너지의 경우라면 더 많이 사용하면 사용할수록 공익이 증대하는 것이 아니라 골고루 절약하는 것이 공익에 부합하기 때문에 정반대의 경우라고 볼 수 있다. 에너지 저

소비 사회로 나아가려면 일정량의 에너지를 무상으로 나눠 주는 것보다 기본적 에너지 필요를 충당할 수 있는 생태보너스를 현금으로 주는 것이 유리하다.

26) 자연 재생에너지 중심 체제로의 전환은 지역 분산적인 에너지 체제로의 전환을 뜻하며, 이는 분권적인 소유 형태를 필요로 한다는 점에서 국가 주도 방식의 또 다른 문제점이 발견된다. 거대 에너지 자본에 대한 아래로부터의 통제, 지역 에너지의 분권적인 소유 형태, 아래로부터의 참여에 의해 만들어지는 국가 에너지 계획 등이 유기적으로 결합되어야만 한다.

27) 2016, 114~115.

28) 국회예산정책처, 2016: 표 1-14.

29) 2016.

30) 전기 사용량과 지출액을 비교해 보면 1인당 월 5만원이 어느 정도 크기인지를 알 수 있다(임소영, 2013). 참고로, 2012년 통계청 가계동향조사에 따르면 가구당 월 평균 전기요금 지출은 46,721원으로 10만 8천원인 연료비 지출의 약 43%를 차지했다(정윤경, 박광수, 2013: 표 3-2, 표 3-3).

소득분위	가구수	가구소득(천원)	가구당 전기사용량(kWh/월)	가구당 전기사용량(kWh/월)	가구당 전기사용량(kWh/월)	가구당 전기사용량(kWh/월)	가구당 전기사용량(kWh/월)
1분위	1,051	469	231	231	231	231	231
2분위	1,050	1,086	264	264	264	264	264
3분위	1,051	1,670	281	281	281	281	281
4분위	1,050	2,207	292	292	292	292	292
5분위	1,050	2,733	308	308	308	308	308
6분위	1,051	3,245	322	322	322	322	322
7분위	1,050	3,804	329	329	329	329	329
8분위	1,051	4,479	337	337	337	337	337
9분위	1,050	5,469	348	348	348	348	348
10분위	1,050	8,305	372	372	372	372	372
합계/평균	10,504	3,346	308	308	308	308	308

자료: 임소영(2013: 표 3)
주: 「2011 가계동향조사」 연간자료를 이용하여 임소영이 직접 계산

소득분위	가구원 수							
	1	2	3	4	5	6	7	8
1	199	266	319	292	328	488	n.a.	n.a.
2	208	279	296	331	420	n.a.	n.a.	n.a.
3	206	282	301	319	378	270	392	n.a.
4	204	287	308	306	345	349	n.a.	n.a.
5	214	294	312	331	342	338	357	n.a.
6	222	315	327	333	335	377	419	n.a.

7	268	311	329	337	357	426	384	n.a.
8	240	303	333	351	360	357	361	n.a.
9	188	306	347	365	369	449	452	410
10	258	358	380	383	409	408	601	n.a.
평균	207	293	347	347	366	398	459	410

자료: 임소영(2013: 표 4)
주: ① 「2011 가계동향조사」 연간자료를 이용하여 임소영이 직접 계산. ②가중치를 적용하여 평균함. ③n.a.는 관측치 없음으로 인해 계산이 불가함을 의미함

31) 용혜인, 2019.

마치며

1) 포괄정당은 키르히하이머(Kirchheimer, 1996[1966])가 1960년대 서유럽 좌우정당들이 노조나 카톨릭 유권자와 같은 전통적 지지 대중을 넘어 중간층을 획득하고자 수렴하던 현상을 포착한 개념이다.

2) 정치학자 다운스(Downs, 1957)가 처음 제시한 중간선거권자 정리는 구체적인 정책에 관한 선거경쟁 모형으로 발전했다. 예컨대 마이어(Mayer, 1984)는 중간선거권자 정리에 입각하여 무역정책 결정에 대한 선거경쟁 모형을 발전시켰다.

3) Autor, Dorn and Hanson(2013a; 2013b)은 기술변화에 의한 일자리 감소와 중국제품 수입에 의한 일자리 감소를 구분할 수 있다고 보고 미국의 제조업 고용감소의 약 1/4 정도가 중국요인에서 비롯된다고 계산했다. 2016년 대선 이후 Autor, D., D. Dorn, G. Hanson, and K. Majlesi(2016a; 2016b)는 중간선거권자 모형으로 선거결과를 분석하여 대외무역 이슈가 당락을 결정했다고 보았다.

4) 중간숙련 일자리는 급격히 감소하며 고숙련 일자리와 저숙련 일자리만 늘어난다는 가설(Autor, Katz, and Kearney, 2006; Goos and Manning, 2007)은 최근에 수정되고 있다. 그 대신에 고숙련 일자리마저 정체하고 저숙련 직업이 폭증한다는 연구결과가 나왔다(Autor and Dorn, 2013).

5) 박지형(2017)은 선진국 중간선거권자의 신보호주의에 대한 선호는 소득 재분배 정책의 성공 여부에 따라 변동될 수 있으며(32), Mayer(1984) 모형에 따르면 개발도상국의 중간선거권자는 소득불평등이 강화되는 경우에도 보호무역에 대한 선호를 가지지 않을 것이라고 전망한다(34). 결과적으로, 개발도상국의 중간선거권자가 국제무역체제의 향방을 좌우할 것이라는 전망이다. 하지만 개발도상국의 선거경쟁에 중간선거권자 모형을 적용할 수 없다는 반론도 존재한다.

참고문헌

들어가며

금민 (2019a). 「기본소득은 공유부의 무조건적, 보편적, 개별적 배당」, 기본소득한국네트워크, 계간 『기본소득』, 창간호 (6월), pp. 18-23.

더글라스, 클리포드 H. (2016[1924]). 「사회신용. 왜 기본소득이 필요한가」, 역사비평사; Douglas, Clifford Hugh. *Social Credit*, (Reprint. Institute of Economic Democracy, Kanada, 1979).

Cole, George Douglas Howard (1935). *Principles of Economic Planning*. London: Macmillan. available at: https://archive.org/details/in.ernet.dli.2015.50252

Crocker, G. (2014). "The economic necessity of Basic Income. Centre for Welfare Reform", www.centreforwelfarereform.org/library/by-date/the-economic-necessity-of-basic-income.html. Accessed 27 Jan 2019.

Crocker, G. (2015). Keynes, Piketty and Basic Income. *Basic Income Studies, 10* (1), pp. 91-113, https://doi.org/10.1515/bis-2015-0015.

Creutz, Helmut (2002). "Vollgeld und Grundeinkommen". *Zeitschrift für Sozialökonomie* 133. pp. 14-19.

Huber, Joseph (1998). Vollgeld: Beschäftigung, *Grundsicherung und weniger Staatsquote durch eine modernisierte Geldordnung*. Berlin: Duncker & Humblot.

Huber, Joseph (2017). Sovereign Money: Beyond Reserve Banking. London: Palgrave Macmillan.

Lansley, Stewart, Duncan McCann, and Steve Schifferes (2018). *Remodelling Capitalism: How social wealth funds could transform Britain*, Friends Provident Foundation, https://www.friendsprovidentfoundation.org/wp-content/uploads/2018/05/cover-Remodelling-Capitalism-Report.pdf

Lansley, Stewart and Duncan McCann (2019). "Citizen's wealth funds, a citizen's dividend and basic income", *Renewal: a Journal of Labour Politics*, pp. 72-83.

Morozov, Evgeny and Francesca Bria (2017). *Rethinking the Smart City. Democratizing Urban Technology*, Rosa Luxemburg Foundation, New York Office. http://www.rosalux-nyc.org/wp-content/files_mf/morozovandbria_eng_final55.pdf

Simon, Herbert A. (2000). "A Basic Income for All". *Boston Review*, 1 October. https://bostonreview.net/forum/basic-income-all/herbert-simon-ubi-and-flat-tax.

Spence, Thomas (1982[1797]). "The Rights of Infants", In H. T. Dickinson (ed.), *The Political Works of Thomas Spence*, Newcastle.

Varoufakis, Yanis. (2016). "The Universal Right to Capital Income", https://www.project-syndicate.

org·commentary·basic-income-funded-by-capital-income

1장 모두의 것과 각자의 것

Aquinas, Thomas (2007). *Summa Theologica*, English translation by Fathers of the English Dominican Province, New York: Cosimo Classics. German translation by J. Bernhart, *Summe der Theologie*, 2. Aufl., Stuttgart 1954.

Agassi, J. B. (1991). "The Rise of the Idea of the Welfare State", *Philosophy of the Social Science*, Vol. 21, No. 4, 444-457

Aristotles (1988). Politics, translated by E. Barker; revised with an introduction and notes by R. F. Stalley, Oxford and New York: Oxford University Press. 한국어판: 아리스토텔레스, 「정치학」, 천병희 역, 도서 출판 숲, 2013.

Babeuf, Gracchus (1967[1795]). "Manifest der Plebejer", in: Kool, F./Krause, W.: *Die Frühen Sozialisten*, Freiburg im Breisgau: Walter-Verlag Olten, pp. 114-121.

Baldwin, Thomas (1982). "Tully, Locke, and Land", In *Locke Newsletter*, vol. 13, pp. 21-33.

Becker, Lawrence C. (1977). *Property Rights: Philosophic Foundations*, London: Routledge and Kegan Paul.

Berry, J. (1997). *The political Theory of Scottish Enlightenment*, Edinburgh: Edinburgh University Press.

Brocker, M. (1992). *Arbeit und Eigentum: der Paradigmenwechsel in der neuzeitlichen Eigentumstheorie*, Darmstadt: WBG.

Cicero, Marcus Tullius (1858). *De officiis, Libri Tres*, New York: D. Appleton & Co., 한국어판: 허승일(역), 「키케로의 의무론」, 서광사, 2006.

Cicero, Marcus Tullius (1991[45 BC]). *De finibus bonorum et malorum*, M. R. Wright (ed.), Aris & Phillips.

Claeys, G. (1989). *Thomas Paine: Social and Political Thought*, London: Unwin Ityman,

Day, J. P. (1966). "Locke on Property", In *Philosophical Quarterly*, vol. 16, pp. 207-221.

Filmer, Robert Sir (1949 [1680]). "Patriarcha", In P. Laslett (ed.), *Patriarcha and other Political Works of Sir Robert Filmer*, Oxford: Basil Blackwell.

Fückiger, Felix (1954). *Geschichte des Naturrechts*, Bd. 1, Zürich: Evangelischer Verlag.

Grotius, Hugo (1964[1625]). *De iure belli ac pacis libri tres*, english translation by Francis Kelsey, New York: Oceana Publications Inc., Reprinted 1964.

Hicks, J. (1939). "The Foundations of Welfare Economics", *The Economic Journal*, Vol. 49, No. 196, pp. 696-712.

Himmelfarb, Gertrude (1984). The Idea of Poverty: England in the Early Industrial Age, London: Faber and Faber.

Jackson, Ben (2005). "The conceptual History of Social Justice", *Political Studies Review, 3*, pp. 356-373.

Kaldor, Nicholas Baron (1939). "Welfare propositions in economics and inter-personal comparisons of utility", *Economic Journal*, Vol. 49, No. 95, pp. 549-552.

Keck, A. (2010). *Das philosophische Motiv der Fürsorge im Wandel. Vom Almosen bei Thomas von Aquin zu Juan Luis Vives' De Subventione Pauperum*, Würzburg: Echter (Studien zur Theologie und Praxis der Caritas und sozialen Pastoral, Bd. 25).

King, J. E. and John Marangos (2006). "Two Arguments for Basic Income: Thomas Paine (1737-1809) and Thoams Spence (1750-1814)", *History of Economic Ideas*, Vol. 14, No. 1, pp. 55-71.

Lamb, Robert (2010). "Liberty, Equality, and the Boundaries of Ownership: Thomas Paine's Theory of Property Rights", *The Review of Politics*, vol. 72, No. 3, pp. 483-511.

Lamb, Robert (2015). *Thomas Paine and the Idea of Human Rights*, Cambridge: Cambridge University Press.

Locke, John (1975[1632-1704]). *An essay concerning human understanding*, edited with an introd., critical apparatus and glossary by Peter H. Nidditch, Oxford: Clarendon Press.

Locke, John (1988a[1689]). First Treatise. edited by Peter Laslett, Two Treatises of Government, Cambridge: Cambridge University Press.

Locke, John (1988b[1689]). Second Treatise. edited by Peter Laslett, Two Treatises of Government, Cambridge: Cambridge University Press.

Locke, John (1697). "Essay on the Poor Law", *Bodleian Library, MS. Locke*, c. 30, pp. 86-95.

Macpherson, C. B. (1962). *The Political Theory of Possessive Individualism: Hobbes to Locke*, Oxford: Clarendon Press.

Mansfield, H. C. (1979). "On the Political Character of Property in Locke", In A. Kontos (ed.), *Essays in Honour of C.B. Macpherson: Powers, Possessions and Freedoms*, Toronto: University of Toronto Press. pp. 23-38.

Marangos, John (2008). "Thomas Paine (1737 - 1809) and Thomas Spence (1750 - 1814) on land ownership, land taxes and the provision of citizens' dividend", *International Journal of Social Economics*, 35, pp. 313-325.

Montesquieu (1977[1748]). L'Esprit des Lois, englisch traslation: Carrithers, D. W. (ed.), *The Spirit of Laws*, Berkeley, Los Angeles and London: University of California Press.

Nida-Rümelin, J. (1993). *Kritik des Konsequentialismus*, München: R. Oldenbourg Verlag.

Nozick, Robert (1974). Anarchy, *State, and Utopia*. Oxford: Basil Blackwell.

Paine, Thomas (1969[1791]). *Rights of Man, Part the First, In The Complete Writings of Thomas Paine*, New York: Citadel Press, Vol. 1, pp. 243-344.

Paine, Thomas (1969[1792]). *Rights of Man. Part the Second, In The Complete Writings of Thomas Paine*, New York: Citadel Press, Vol. 1, pp. 345-458.

Paine, Thomas (1969[1796]). *Agrarian Justice, In The Complete Writings of Thomas Paine*, New York: Citadel Press, Vol. 1, pp. 605-624.

Patriquin, Lary (2007). *Agrarian Capitalism and Poor Relief in England, 1500-1860: Rethinking the Origins of the Welfare State*, London: Macmillan.

Parry, Geraint (1978). *John Locke*, London and Boston: G. Allen & Unwin.

Philip, M. (1989). Paine, Oxford: Oxford University Press.

Pufendorf, Samuel (1934[1672]). *De iure naturae et gentium libri octo*, Reprinted Oxford: Clarendon Press.

Pocock, J. G. A. (1980). "The Myth of John Locke and the Obsession with Liberalism", In Pocock, J. G. A. and R. Ashcraft, *John Locke*, Papers read at a Clark Library Seminar 10 December 1977, Los Angeles: William Andrews Clark Memorial Library, pp. 1-24.

Ryan, Alan. (1991[1965]). "Locke and the Dictatorship of the Bourgeoisie". In Richard Ashcraft (Ed.), *John Locke: Critical Assessments*, New York: Routledge, pp. 419-437.

Rapaczynski, Andrzej (1981). "Locke's Conception of Property and the Principle of Sufficient Reason", *Journal of the History of Ideas*, 42 (2), pp. 305-315.

Scherpner, Hans (1962). *Theorie der Fürsorge*, Göttingen: Vandenhoeck und Ruprecht.

Schneider, Bernhard (2017). *Christliche Armenfürsorge: Von den Anfängen bis zum Ende des Mittelalters*, Freiburg, Basel and Wien: Herder.

Sheasgreen, W. J. (1986). "John Locke and the Charity School Movement". *History of Education*, 15. 2, pp. 63-79.

Simmons, A. J. (1994). *The Lockean Theory of Rights*, Princeton: Princeton University Press.

Smith, Adam (1981[1776]). *An Inquiry into the Nature and Causes of the Wealth of Nations*, Campbell, R. and A. Skinner (eds.), Indianapolis: Liberty Fund.

Spence, Thomas (1982[1797]). The Rights of Infants, In Dickinson, H. T. (Ed.), *The Political Works of Thomas Spence*, Newcastle upon Tyne: Avero Publications LTD.

Sreenivasan, Gopal (1995). *The limits of Lockean rights in property*, Oxford: Oxford University Press.

Steiner, H. (1981). "Liberty and Equality", *Political Studies*, 29, pp. 555-69;

Steiner, H. (1984). "A Liberal Theory of Exploitation", *Ethics*, 94(1984), pp. 225-241.

Stewart, Dugald (1980). "Account of the Life and Writings of Adam Smith, LL.D.", In *A. Smith, Essays on Philosophical Subjects*, ed. W. Wightman and J. Bryce, Oxford University Press, pp. 269-352.

Tuck, R. (1979). *Natural Rights Theories: their origin and development*, New York: Cambridge University Press.

Tully, J. (1982). A discourse on property: John Locke and his adversaries, Cambridge/New York: Cambridge University Press.

Vives, Juan Luis (1998[1526]). De Subventione Pauperum, Sive de humanisnecessitatibus, english translation by Alice Tobriner, On the Assistance to the Poor, Toronto & London: University of Toronto Press (Renaissance Society of America Reprints).

Wacht, M. (1982). "Privateigentum bei Cicero und Ambrosius", Jahrbuch für Antike und Christentum, vol. 25, pp. 28-64.

Wagner, A. (2006). "Armenfürsorge in (Rechts-)Theorie und Rechtsordnung der Frühen Neuzeit", In

Schmidt, Sebastian and Jens Aspelmeier (eds.), *Norm und Praxis der Armenfürsorge in Spätmittelalter und früher Neuzeit*, Stuttgart: Franz Steiner Verlag, pp. 21-59.

Waldron, J. (1979). "Enough and as Good Left for Others". *Philosophical Quarterly*, 29 (117), pp. 319-28.

Waldron, J. (1982). "The Turfs My Servant Has Cut". Locke Newsletter, 13, pp. 9-20.

Waldron, J. (1984). "Locke, Tully, and the Regulation of Property", Political Studies, vol. 32 (1), pp. 98-106.

Waldron, J. (1988). *The Right to Private Property*, Oxford: Clarendon Press.

Waldron, J. (1992). "Superseding Historic Injustice", Ethics, 103 (1). pp. 4-28.

Wood, Neal (1984). *John Locke and Agrarian Capitalism*, Berkeley, Los Angeles and London: University of California Press.

Wood, Neal (1988). *Cicero's Social and Political Thought*, Berkeley, Los Angeles and Oxford: University of California Press.

Zeller, S. (2006). *Juan Luis Vives, (Wieder)entdeckung eines Europäers. Humanisten und Sozialreformers jüdischer Herkunft im Schatten der spanischen Inquisition*, Freiburg im Breisgau: Lambertus-Verlag.

Zeller, S. (2017). *Europas Humanisten und die Juden. Das Beispiel des Spaniers Juan Luis Vives* (1492-1540). Regensberg: Schnell Und Steine.

Zwolinski, Matt (2015). "Property Rights, Coercion, and the Welfare State, The Libertarian Case for a Basic Income for All", *The Independent Review*, vol. 19, no. 4, pp. 515–529.

2장 모두의 것에서 나오는 모두의 몫

강남훈 (2015). 「섀플리 가치와 공유경제에서의 기본소득」, 「마르크스주의 연구」, 12권 2호, 131-154.

곽노완 (2007). 「기본소득과 사회연대소득의 경제철학 – 빠레이스, 네그리, 베르너에 대한 비판과 변형」, 「시대와 철학」, 제18권 2호, 183-218.

곽노완 (2017). 「사회주의와 기본소득 - 로머의 사회배당 및 하워드의 기본소득 개념의 재구성」, 「마르크스주의 연구」, 14권 3호, 122-143.

권정임 (2015). 「공유사회와 기본소득 - 미드의 아가토토피아 기획에 대한 비판과 변형」, 「시대와 철학」, 26권 2호(통권 71호), 7-50.

권진아 (2008). 「근대 유토피아 픽션 연구: Bellamy, Huxley, Orwell을 중심으로」, 서울대학교 영어영문학과 박사학위논문.

금민 (2017). 「공유부 배당의 논변 구조와 기본소득론의 사회상」, 월간 「좌파」, 48호, pp. 42-67.

손세호 (2008). 「에드워드 벨라미의 「뒤를 돌아보면서」를 뒤돌아보며」, 「미국사연구」, 제27집, 1-36.

아리스토텔레스 (2013). 「니코마코스 윤리학」, 천병희 역, 고양: 숲. Aristoteles (1995). *Nikomachische Ethik*, Philosophische Schriften in sechs Bänden, Bd. 3, Hamburg: Felix Meiner.

플라톤 (2013), 『국가』천병희 역, 고양: 숲. Platon (2000). *Der Staat - Politeia: Griechisch – Deutsch,* Thomas A. Szlezák (Hrsg.), Regensburg: Artemis & Winkler.

Barcelona Digital City (2016). "City Data Commons", available at: https://ajuntament.barcelona.cat/digital/ca

Babeuf, Gracchus (1967[1795]). "Manifest der Plebejer", in: Kool, F. and W. Krause (Hrsg.), Die Frühen Sozialisten, Freiburg im Breisgau: Walter-Verlag Olten, pp. 114-121.

Barnes, Peter (2014). *With Liberty and Dividends for All: How to Save Our Middle Class When Job's Don't Pay Enough,* San Francisco: Berrett-Koehler.

Bastani, Aaron (2019). *Fully Automated Luxury Communism,* London: Verso.

Bellamy, E. (1960[1889]). *Looking Backward: 2000-1887,* with a Foreword by Erich Fromm, Signet, New York: New American Library.

Buck, Susan J. (1998), *The Global Commons: An Introduction,* Washington, D.C. and Covelo, California: Island Press.

Cicero, Marcus Tullius (45 BC[1991]). *De finibus bonorum et malorum Liber III and Parodoxa Stoicorum,* Translation and Commentary by M. R. Wright, Warminster: Liverpool University Press.

Cole, G. D. H. (1935). *Principles of Economic Planning,* London: Macmillan and Co.

Cole, George Douglas Howard (1944). *Money: Its Present and Future,* London, Toronto, Melbourne, Sydney: Cassell.

Lutchmansingh, Larry D. (1991). "William Morris' Review of Bellamy's Looking Backward", *Utopian Studies,* No. 4, pp. 1~5.

Fichte, Johann Gottlieb (1880[2015]). *Der geschloßene Handelsstaat,* herausgegeben von Karl-Maria Guth, Berlin: Hofenberg.

Fromm, Erich (1966). "The Psychological Aspects of the Guarenteed Income", In Theobald, Robert (ed.), *The guaranteed income. Next step in Economic Evolution?,* New York: Doubleday & Company, pp. 175-184.

Grotius, Hugo (1964[1625]). *De iure belli ac pacis libri tres,* english translation by Francis Kelsey, New York: Oceana Publications Inc.

Hardin, Garrett (1968). "The Tragedy of the Commons," Science, No. 162 (Dec. 13), pp. 1243-1248.

Hayes, T. W. (1976). *Winstanley: the Digger,* Cambridge: Cambridge University Press.

Howard, M. W. (2005a). "Basic Income, Liberal Neutrality, Socialism, and Work". In Widerquistet, Karl, Michael Anthony Lewis and Steven Pressman (ed.), *The Ethics and Economics of the Basic Income Guarantee.* London: Routledge.

Howard, M. W. (2005b). "Liberal and Marxist Justification for Basic Income". In G. Standing (eds.), *Promoting Income Security as a Right: Europe and North America.* London: Anthem Press.

Keane, John (1995). *Tom Paine: A Political Life,* London: Bloomsbury Publishing Plc.

Lange, Oscar (1937). "Mr. Lerner's Note on Socialist Economics", *Review of Economic Studies,* 4(2), pp. 143-

144.

Lerner, Abba P. (1936). "A Note on Socialist Economics", *Review of Economic Studies*, 4(1), pp. 72-76.

Lessig, Lawrence (2002). "The Architecture of Innovation," *Duke Law Journal*, vol. 51, No. 6 (Apr.), pp. 1783-1801.

Macpherson, C. B. (1984). "Human Rights als Property Rights". In Becker, L. C. and K. Kipnis (eds.), *Property: Cases, Concepts, Critiques*, Englewood Cliffs, NJ: Prentice Hall.

Marx, Karl (1875): "Kritik des Gothaer Programms". In Marx, Karl and Friedrich Engels, *Werke* (MEW), Bd. 19, Berlin: Karl Dietz Verlag.

Marx, Karl (1890). *Das Kapital*. Bd.1, 4. Auflage, In Marx, Karl and Friedrich Engels, *Werke* (MEW), Bd. 23. Berlin: Karl Dietz Verlag.

McKean, M. and E. Ostrom (1995). "Common property regimes in the forest; just a relic from the past?", *Unasylva*, 46 (180), pp. 3-15.

Meade, James (1989). *Agathotopia: The Economics of Partnership*, London: Pergamon and Abreden University Press.

Meade, James (1993 [1964]). *Efficiency, Equality and the Ownership of Property*. Reprinted in James Meade, *Liberty, Equality and Efficiency*. Basingstoke: Palgrave. 1995.

Meade, James (1995). *Full Employment Regained? An Agathotopian Dream*, Cambridge: Cambridge University Press.

Morozov, Evgeny and Francesca Bria (2017). *Die smarte Stadt neu denken. Wie urban Technologien demokratisiert werden können*, Berlin: Rosa Luxemburg Stiftung.

Morris, William. (2003[1890]). *News From Nowhere*. Leopold, D (ed.). New York, Oxford: Oxford University Press.

Ostrom, Elinor (1990). *Governing the Commons: The Evolution of Institutions for Collective Action*. Cambridge, UK: Cambridge University Press, 한국어판: 엘리너 오스트롬, 『공유의 비극을 넘어』, 알에이치코리아, 2010.

Ostrom, Elinor (1999), "Polycentricity, complexity, and the commons," Good Society, 9 (2), pp. 37-41.

Ostrom, Elinor (2000). "Private and Commons Property Rights", *Encyclopedia of Law and Economics. Vol. 2: Civil Law and Economics*, pp. 332-379.

Paine, Thomas (1969[1796]). *Agrarian Justice, In The Complete Writings of Thomas Paine*, New York: Citadel Press, Vol. 1, pp. 605-624.

Petegorsky, David W. (1995). *Left-wing Democracy in the English Civil War. Gerrard Winstanley and the Digger Movement*, London: Sutton Publishing LtdS (Originally published in the 1930s).

Roemer, John E. (1994). *A Future for Socialism*, Cambridge, MA: Harvard University Press. 한국어판: 존 로머, 『새로운 사회주의의 미래』, 고현욱, 강문구 옮김, 한울, 2006.

Sandell, B. (2011). "Gerrard Winstanley and the Diggers", *History Review*, Issue 70 (September). pp. 9-13.

Spence, Thomas (2014[1775]). *Property in Land Every One's Right*, In Bonnett, Alastair and Keith Armstrong (eds.), *Thomas Spence: The Poor Man's Revolutionary*, London: Breviary stuff, pp 7-11.

Spence, Thomas (1982[1797]). *The Rights of Infants*, In Dickinson, H. T. (Ed.), *The Political Works of Thomas Spence*, Newcastle upon Tyne: Avero Publications LTD.

Srnicek, Nick and Alex Williams (2016). *Inventing the Future: Postcapitalism and a World Without Work*, London: Verso.

Van der Veen, R. J. and Phillip Van Parijs, (2006). "A Capitalist Road to Communism", *Basic Income Studies*, vol. 1, Issue, 1, June.

Van Parijs, Philippe and Yannick Vanderborght (2017). *Basic Income: A Radical Proposal for a Free Society and a Sane Economy*. Cambridge, Massachusetts: Harvard University Press.

Varoufakis, Yanis. (2016). "The Universal Right to Capital Income", https://www.project-syndicate.org·commentary·basic-income-funded-by-capital-income

Wall, Derek (2014). *The Commons in History: Culture, Conflict, and Ecology*, Cambridge, MA: The MIT Press.

Widerquist, K. and M. Howard (2012). Alaska's Permanent Fund Dividend. Examining Its Suitability as a Model, eds., New York: Palgrave Macmillan US.

3장 플랫폼 자본주의와 빼앗긴 빅데이터

강남훈 (2016). 「인공지능과 기본소득의 권리」, 『마르크스주의 연구』, 2016, Vol.13 (4), pp.12-34.

강남훈 (2019). 『기본소득의 경제학』 박종철출판사.

금민 (2017). 「공유자산 배당으로서의 기본소득」, 과학기술정책연구원, *Future Horizon*, 34, pp. 18-21.

금민 (2018a). 「자동차의 시대가 저물어간다 - 플랫폼 자본주의와 교통인프라」, 정치경제연구소 대안, *Alternative Issue Paper*, No.1 (5월). https://alternative.house/alternative-issue-paper -no1/

금민 (2018b). 「최저임금제는 앞으로도 유효할까?」, 월간 「시대」, 57호, pp. 23-35.

금민 (2018c). 「데이터 기술 R&D PIE는 '공유지분권에 입각한 사회배당'과 결합되어야 한다」, 정치경제 연구소 대안, *Alternative Paper*, No. 6 (10월). https://alternative.house/alternative -paper-no6/

금민 (2019b). 「디지털 공유경제와 플랫폼 자본주의」, 정치경제연구소 대안, Alternative Issue Paper No.12 (6월). https://alternative.house/alternative-issue-paper-no12/

김교성, 백승호, 서정희 (2018). 『기본소득이 온다. 분배에 대한 새로운 상상』, 사회평론아카데미.

엥스터, 프랑크 (2019). 「AI란 무엇인가? 자본주의적 매개에 의한 지능의 생산」, 정치경제연구소, 『디지털 전환과 포스트자본주의. 공포와 낙관을 넘어』, 2019 Alternative Symposium 1차 자료집, pp. 7-21: Engster, Frank (2019). "What is AI? The Production of Intelligence by Capitalist Mediation", pp. 22-37. https://alternative.house/wp-content/uploads/2019 /05/2019-Alternative-Symposium-IPEA.pdf

이건민 (2018a). 「기본소득이 노동공급에 미치는 영향」 (The Effects of Basic Income on Labour Supply), 「사

회보장연구』, Vol. 34(1), p. 193-215.

이건민 (2018b). "기본소득의 소득 재분배 효과". 2018년 기본소득 연합학술대회 "기본소득, 한국사회의 미래를 비추다" 발표문.

이항우 (2014).「정동 경제의 가치 논리와 빅 데이터 폴리네이션」,『경제와 사회』, 104, pp. 142-172.

이항우 (2017).「정동 자본주의와 자유노동의 보상: 독점 지대, 4차 산업 그리고 보편적 기본소득』, 한울아카데미.

장흥배 (2018).「근로장려금과 저임금 노동시장. 근로장려금 확대에 드리운 미국 EITC의 어두운 그림자」, 정치경제연구소 대안, *Alternative Issue Paper*, No.3. https://alternative.house/ alternative-issue-paper-no3/

장흥배 (2019a).「플랫폼노동, 현황과 전망」, 정치경제연구소 대안, *Alternative Working Paper*, No.13. https://alternative.house/alternative-working-paper-no13/

장흥배 (2019b).「캘리포니아 AB5와 플랫폼 노동」, 월간『시대』, 71호, pp. 75-85.

정상준 (2011).「신용과 경제성장: 대안적 접근」,『사회경제평론』, Issue 36, pp. 7-48.

정상준 (2018).「마르크스와 자본의 시간: 자본순환과 회전의 화폐이론」,『한독사회과학논총』, 28권 3호, pp. 33-57. http://dx.doi.org/10.19032/zkdgs.2018.9.28.3.33

Andrade, Julio (2019). "Funding a UBI by Digital Royalties", In Torry, Malcolm (ed.), The Palgrave International Handbook of Basic Income, London: Palgrave Macmillan, pp. 185-190.

Arntz, M., T. Gregory and U. Zierahn (2016). "The Risk of Automation for Jobs in OECD Countries: A Comparative Analysis". *OECD Social, Employment and Migration Working Papers* No. 189. pp. 1-35, Paris: OECD Publishing.

Arrieta, I., Goff, L., Hernandez, D., Lanier, J., & Weyl, E. G. (2017). "Should we treat data as labor? Moving beyond 'free'". *American Economic Association Papers & Proceedings*, 1(1). https://ssrn.com/ abstract=3093683. Accessed 27 Jan 2019.

Autor, D. H., F. Levy and R. J. Murnane (2003). "The Skill Content of Recent Technological Change: An Empirical Exploration", *The Quarterly Journal of Economics*, 118 (4). pp. 1279-1333.

Autor, D. and D. Dorn (2013), "The Growth of Low-Skill Service Jobs and the Polarization of the US Labor Market," *American Economic Review* 103(5), pp. 1553-1597.

Bakhshi, H., Bravo-Biosca, A. and Mateos-Garcia, J. (2014). "Inside the Datavores: Estimating the Effect of Data and Online Analytics on Firm Performance", Nesta, March, www.nesta.org.uk/sites/default/files/ inside_the_datavores_technical_report.pdf.

Barba, Aldo and Giancarlo de Vivo (2012). "An 'Unproductive Labour' View of Finance", Cambridge Journal of Economics, vol. 36, no. 6, pp. 1479-1496.

Bastani, Aaron (2019). *Fully Automated Luxury Communism*, London: Verso.

Battelle, John (2017). "The Internet Big Five is now the World's Big Five", http://battellemedia.com/ archives/2017/05/the-internet-big-five-is-now-the-worlds-big-five.php

Bowles, J. (2014). "The computerisation of European jobs–who will win and who will lose from the impact of new technology onto old areas of employment?", Bruegel blog.

Bria, Francesca (2018). "A New Deal for Data", In McDonell, John (ed.), Economy for the Many, London; Verso.

Brynjolfsson, Erik and Mcafee, Andrew (2012a). "Jobs, Productivity and the Great Decoupling", The New York Times (Dec 12).

Brynjolfsson, E. and A. McAfee (2012b). Thriving in the Automated Economy, The Futurist, March-April 2012, pp. 27-31.

Brynjolfsson, Erik and Mcafee, Andrew (2013). "The Great Decoupling", *New Perspectives Quarterly*, *January*, Vol. 30 (1), pp. 61-63.

Brynjolfsson, E., L. M. Hitt and H.H. Kim (2011), "Strength in Numbers: How Does Data-Driven Decisionmaking Affect Firm Performance?", available at: http://papers.ssrn.com/sol3/papers. cfm?abstract_id=1819486.

Brynjolfsson, E. and A. McAfee (2014). *The second machine age: work, progress, and prosperity in a time of brilliant technologies*, Paperback, New York and London: W. W. Norton & Company (2014). 한국어판: 『제2의 기계시대』, 이한음 역, 청림출판. 2014.

Bundesministerium fur Verkehr und Digitale Infrastruktur (2017). Eigentumsordnung für für Mobilitätsdaten, available at: https://www.bmvi.de/SharedDocs/DE/Publikationen/DG/ eigentumsordnung-mobilitaetsdaten.pdf?__blob=publicationFile

Business Insider (2016). "Here's why the inventor of the Internet supports basic income", https://www. businessinsider.com/tim-berners-lee-supports-basic-income-2016-5

Carrascal, Juan Pablo and Christopher Riederer, Vijay Erramilli, Mauro Cherubini, Rodrigo de Oliveira (2015). "Your browsing behavior for a Big Mac: Economics of Personal Information Online". http:// jpcarrascal.com/docs/publications/WWW2013-Browsing _behavior_big_mac.pdf

Cole, George Douglas Howard (1935). *Principles of Economic Planning*. London: Macmillan. available at: https://archive.org/details/in.ernet.dli.2015.50252

Cole, George Douglas Howard (1944). *Money: Its Present and Future*, London, Toronto, Melbourne, Sydney: Cassell.

Daugareilh, Isabelle (2019). "Section 2. A comparative legal approach: France", In I. Daugareilh, C. Degryse & P. Pochet (ed.s), *The platform economy and social law: Key issues in comparative perspective*, European Trade Union Institute, Working Paper 2019. Oct.

Daum, Timo (2017). *Das Kapital sind wir: zur Kritik der digitalen Ökonomie*, Hamburg: Nautilus.

Daum, Timo (2018). *Die künstliche Intelligenz des Kapitals*, Hamburg: Nautilus.

Derrida, Jacques (1981). "Plato's Pharmacy", *Dissemination*, translated by Barbara Johnson, Chicago, University of Chicago Press, pp. 63-171.

The Economist. (2017). "Data is giving rise to a new economy: How is it shaping up?", www.economist. com/news/briefing/21721634-how-it-shaping-up-data-givingrise-new-economy. Accessed 27 Jan 2019.

Engster, Frank and Anderea Schröder (2014). "Maß und Messung", *Zeitschrift für kritische Sozialtheorie und Philosopie*, Bd. 1 Heft 1, pp. 109-147.

Engster, Frank (2014). *Das Geld als Maß, Mittel und Methode: Das Rechnen mit der Identität der Zeit*, Berlin: Neofelis Verlag.

European Commision (2018). "Time to establish a modern, fair and efficient taxation standard for the digital economy", Brussels (21.3.2018), COM(2018) 146 final, https://ec.europa.eu/taxation_customs/ sites/taxation/files/communication_fair_taxation_digital_economy_21032018_en.pdf

European Union (2016). "General Data Protection Regulation", *Official Journal of the European Union*, L 119, Vol. 59 (4. May). https://eur-lex.europa.eu/legal-content/ EN/TXT/PDF/ ?uri=OJ:L:2016:119:FULL

Ford, M. and J. Cumming (2015). *Rise of the Robots: Technology and the Threat of a Jobless Future*, New York: Basic Books.

Frey, Carl B. and Michael A. Osborne (2013). "The future of employment: how susceptible are jobs to computerisation?". Oxford Martin School, Programme on the Impacts of Future Technology, Reprint: *Technological Forecasting and Social Change* 114, 2017, pp. 254-280.

Fuchs, Christian (2019). "Karl Marx in the Age of Big Data Capitalism", In Chandler, David and Christian Fuchs (Eds.), *Digital Objects, Digital Subjects. Interdisciplinary Perspectives on Capitalism, Labour and Politics in the Ageof Big Data*, London: University of Westminster Press. pp. 53-71. https://www.jstor. org/stable/j.ctvckq9qb.6

Gorlach, Igor and Oliver Wessel (2008). "Optimal Level of Automation in the AutomotiveIndustry", *Engineering Letters*, 16:1 (EL-16-1-21).

Goos, Maarten, Manning Alan, and Anna Salomons (2014). "Explaining job polarization: routine biased technological change and offshoring", *American Economic Review*, 104 (8). pp. 2509-2526.

Graetz. Georg and Guy Michaels (2015). *Robots at Work*. IZA Discussion Paper No 8938.

Graeber, David (2018), *Bullshit Jobs: A Theory*, Allen Lane.

Gregory, T., A. Salomons and U. Zierahn (2015). *Technological Change and Regional Labor Market Disparities in Europe*, Mannheim: Centre for European Economic Research.

Harris, Seth D. and Alan B. Krueger (2015). "A Proposal for Modernizing Labor Laws for Twenty-First-Century Work: The 'Independent Worker'", The Hamilton Project, Discussion Paper 2015-10, https:// www.hamiltonproject.org/assets/files/modernizing_ labor_laws_for_twenty_first_century_work_ krueger_harris.pdf

Hardt, Michael and Antonio Negri (2000). *Empire*, Harvard: Harvard University Press

Hardt, Michael and Antonio Negri (2004). *Multitude*, London: Penguin.

Haskel, Jonathan and Stian Westlake (2017). *Capitalism without Capital - The Rise of the Intangible Economy*, Princeton and Oxford: Princeton University Press.

Huws, Ursula (2014). *Labor in the Global Digital Economy: The Cybertariat Comes of Age*, New York: Monthly Review Press.

International Monetary Fund and World Bank Group (2015), "The Labour Share in G20 Economies", Report prepared for the G20 Employment Working Group, 26-27 February 2015.

Kasy, Maximilian (2018). "Why a Universal Basic Income Is Better Than Subsidies of Low-Wage Work". Growthpolicy Working Paper. 22pp. [8 August 2018]

Koh, Dongya, Santaeulalia-Llopis, Raul and Yu Zheng (2015), "Labor Share Decline and Intellectual Property Products Capital", No 927, Working Papers from Barcelona Graduate School of Economics, 2015.

Lanier, J. (2013). *Who owns the future?* London: Penguin Books.

Lazzarato, Maurizio (2014). *Signs and machines: Capitalism and the Production of Subjectivity*, CA: Semiotext(e).

Marx, Karl (1890). *Das Kapital*. Bd.1, 4. Auflage, In Marx, Karl and Friedrich Engels, Werke (MEW), Bd. 23. Berlin: Karl Dietz Verlag.

Marx, Karl (2011[1864/65]). *Marx Engels Gesamtausgabe*. Band II/4.1 M: *Ökonomische Manuskripte 1863–1867*, Teil 1. (Manuskripte 1864/65 zum 1. und 2. Buch des „Kapital", Vortrag „Value, price and profit") 2. unveränd. Aufl., Berlin: Karl Dietz Verlag.

Marx, Karl (1983[1857–1858]). "Maschinenfragment. Fixes Kapitel und Entwicklung der produktivkräfte der Gesellschaft", In Marx, Karl and Friedrich Engels, *Grundrisse der Kritik der politischen Ökonomie, Werke (MEW)*, Bd. 42, pp. 590–609.

Marazzi, Christian (2008). *Capital and language: from the new economy to the war economy*, introduction by Michael Hardt; translated by Gregory Conti, Los Angeles, Cambridge, Mass.: MIT Press.

Mason, Paul (2015). Post-capitalism: *A Guide to Our Future*, Penguin Books.

Meade, James E. (1993[1964]). *Efficiency, Equality and the Ownership of Property*. Reprinted in James Meade, *Liberty, Equality and Efficiency*. Basingstoke: Palgrave.

Meade, James (1989). *Agathotopia: The Economics of Partnership*, London: Pergamon and Abreden University Press.

Miller, Annie (2017). *A Basic Income Handbook*. Luath Press Limited.

Mokyr, Joel, Chris Vickers and Nicolas L. Ziebarth (2015). "The History of Technological Anxiety and the Future of Economic Growth: Is This Time Different?". *Journal of economic perspectives*, 29(3), pp. 31-50.

Moore, V. Phoebe (2018). *The Quantified Self in Precarity: Work, Technology and What Counts*, Advances in Sociology series, Abingdon, Oxon: Routledge.

Moore, V. Phoebe (2019). "The Mirror for (Artificial) Intelligence: In Whose Reflection?" In *Special Issue of Comparative Labor Law & Policy Journal*, "Automation, Artificial Intelligence and Labour Protection", edited by Valerio De Stefano, Forthcoming.

Morozov, Evgeny and Francesca Bria (2017). *Rethinking the Smart City: Democratizing Urban Technology*, Rosa Luxemburg Foundation, New York Office. http://www.rosalux-nyc.org/wp-content/files_mf/morozovandbria_eng_final55.pdf

Morris-Suzuki, Tessa (1986), "Capitalism in the Computer Age", New Left Review I/160, November-December 1986.

Nichols, Austin, and Jesse Rothstein (2016), "The Earned Income Tax Credit." pp. 137-218 in Robert A. Moffitt (ed.), *The Economics of Means-Tested Transfer Programs in the United States*, Volume 1. Chicago: University of Chicago Press.

Negri, Antonio (1991). *Marx Beyond Marx: Lessons on the Grundrisse*, New York: Autonomedia.

Rifkin, Jeremy (2014). *The Zero Marginal Cost Society: The Internet of Things, the Collaborative Commons, and the Eclipse of Capitalism*, New York: St. Martin's Press.

Paine, Thomas (1969[1796]). "Agrarian Justice", *The Complete Writings of Thomas Paine*, New York: Citadel Press, Vol. 1, pp. 605~624.

Passarella, M. Veronese and Herve Baron (2014). "Capital's Humpback Bridge. Financialisation and the Rate of Turnover in Marx's economic Theory", Cambridge Journal of Economics, vol. 39, no. 5, pp. 1415-41.

Postone, Moishe (1993). *Time, labor, and social domination: A reinterpretation of Marx's critical theory*, Cambridge: Cambridge University Press.

Rochet, Jean-Charles and Tirole, Jean (2006). "Two-Sided Markets: A Progress Report", *The RAND Journal of Economics*, Vol. 37(3), pp. 645-667.

Rossi, Ugo (2016). "The Variegated Economics and the Potential Politics of the Smart City", : *Territory, Politics, Governance*, Volume 4, Issue 3, pp. 1-17..

Rothstein, Jesse (2010), "Is the EITC as Good as an NIT? Conditional Cash Transfers and Tax Incidence", In *American Economic Journal: Economic Policy*, Vol. 2, No. 1, February 2010. pp. 177-208.

Rushkoff, D. (2016). *Throwing rocks at the Google bus*, New York: Portfolio.

OECD (2014). *Data-driven Innovation for Growth and Well-being*, Interim Synthesis Report. https://www.oecd.org/sti/inno/data-driven-innovation-interim-synthesis.pdf

OECD (2015). "The Labour Share in G20 Economies", Report prepared for the G20 Employment Working Group, 26-27 February 2015.

OECD (2015). "Addressing the Tax Challenges of the Digital Economy, Action 1 - Final Report, OECD/G20 Base Erosion and Profit Shifting Project", OECD Publishing. https://read.oecd-ilibrary.org/taxation/addressing-the-tax-challenges-of-the-digital-economy-action-1-2015-final-report_9789264241046-en#page1

OECD (2018). "Rethinking Antitrust Tools for Multi-Sided Platforms", www.oecd.org/competition/rethinking-antitrust-tools-for-multi-sided-platforms.htm

Schwartmann, R. and C.-H. Hentsch (2015). "Eigentum an Daten – Das Urheberrecht als Pate fur ein Datenverwertungsrecht", *Recht der Datenverarbeitung (RDV)*, 5, pp. 221-230.

Schwartz, P. M. (2004). "Property, Privacy, and Personal Data", *Harvard Law Review*, 117, pp. 2056-2128.

Srnicek, Nick and Alex Williams (2016). *Inventing the Future: Postcapitalism and a World Without Work*,

London: Verso.

Srnicek, Nick (2017a). *Platform Capitalism*, Cambridge: Polity Books.

Srnicek, Nick (2017b). "The challenges of platform capitalism: Understanding the logic of a new business model", *Juncture*, Vol. 23(4), pp. 254-257.

Standing, Guy (2011). *The Precariat: The New Dangerous Class*. London & New York: Bloomsbury Academic. 한국어판: 가이 스탠딩, 「프레카리아트」, 김태호 역, 박종철출판사, 2014.

Standing, Guy (2017). *Basic Income: And How We Can Make It Happen*. Pelican Books. 한국어판: 가이 스탠딩. 「기본소득」, 안효상 역, 창비, 2018.

Standing, Guy (2016). The Corruption of Capitalism: Why Rentiers Thrive and Work Does Not Pay, London: Biteback Publishing, 한국어판: 가이 스탠딩, 「불로소득 자본주의」, 김병순 역, 여문책, 2019.

Stiegler, Bernard (2011). "Distrust and the Pharmacology of Transformational Technologies", T. B. Züslsdorf et al. (Eds.), *Quantum Engagements*, Heidelberg: AKA Verlag, pp. 27-39.

Stiegler, Bernard (2012). "Relational ecology and the digital pharmakon", *Culture Machine*. 13, pp. 1-19.

Valladao, Alfredo G. A. (2014). Masters of the Algorithms. The Geopolitics of the New Digital Economy from Ford to Google, Washington an Rabat: The German Marshall Fund of the United States and OCP Policy Center.

Varoufakis, Yanis (2016). "The Universal Right to Capital Income", *Project Syndicate*, https://www.project-syndicate.org/commentary/basic-income-funded-by-capital-income-by-yanis-varoufakis-2016-10/german?barrier=accesspaylog

Virno, Paolo (2007), "General Intellect", *Historical Materialism*, 15, pp. 3-8.

Vercellone, Carlo (2007). "From Formal Subsumption to General Intellect: Elements for Marxist Reading of Thesis of Cognitive Capitalism", *Historical Materialism*, 15, pp. 13-36.

Wark, McKenzie (2004). Hacker manifesto, Cambridge, MA: Harvard University Press, 2004.

World Bank (2015). "Ending Extreme Poverty and Sharing Prosperity: Progress and Policies", *Global Monitoring Report*, pp. 27-86.

World Economic Forum (2016). *The Future of Jobs: Employment, Skills and Workforce Strategy for the Fourth Industrial Revolution*, Global Challenge Insight Report.

Zuboff, Shoshana (2019). *The Age of Surveillance Capitalism: The Fight for a Human Future at the New Frontier of Power*, New York: Public Affairs.

4장 기본소득, 민주주의의 경제적 기초

강남훈 (2019). 「기본소득과 정치개혁. 모두를 위한 실질적 민주주의」, 진인진.

금민 (2010). 「기본소득의 정치철학적 정당성」, 「진보평론」, 45호, 진보평론사, pp. 157-204.

금민 (2014). 「기본소득 - '보편적인 것'과 '공통적인 것'을 가로지르는 새로운 사회화 형식」, 월간 「좌파」, 13호, 박종철출판사, pp. 45-80.

금민 (2018). 「공화주의적 기본소득론의 한계와 공유부 배당」, 기본소득한국네트워크, 2018년 기본소득 워크숍 '민주주의와 기본소득'(6월 22일) 발표문: Geum, Min, "Limits of Republican Basic Income Idea and Dividend of Common Wealth", https://basicincomekorea.org/180622_workshop-on-democracy-and-basic-income_papers/

서정희, 조광자 (2008). 「새로운 분배제도에 대한 구상 - 기본소득(Basic Income)과 사회적 지분급여(Stakeholder Grants) 논쟁을 중심으로」 (A Conception of New Redistribution Schemes -Based on Basic Income and Stakeholder Grants), 「사회보장연구」, 2008, Vol. 24(1), pp. 27-50.

알바레도, 샹셀, 피케티, 사에즈, 주크먼 (2018). 「세계 불평등 보고서 2018」, 장경덕 역, 파주: 글항아리.

조승래 (2018). 「공화주의와 기본소득론」, 「대구사학」, 2018, Vol. 130, pp. 483-508.

플라톤 (2013), 「국가」, 천병희 역, 고양: 숲. Platon (2000). *Der Staat - Politeia: Griechisch – Deutsch*, Thomas A. Szlezák (Hrsg.), Regensburg: Artemis & Winkler.

크라우치, 콜린 (2008). 「포스트 민주주의 - 민주주의 시대의 종말」, 이한 역, 미지북스: Crouch, Colin (2004), Post-Democracy. Themes for the 21st Century Series, Oxford: Wiley.

Ackerman, Bruce and Anne Alstott (1999). The Stakeholder Society, Yale University Press. 한국어판: 「분배의 재구성」, 나눔의 집, 2010.

Aristoteles (1998). Politics, trans. by Ernest Barker, introduction by R. F. Stalley, Oxford: Oxford University Press. 한국어판: 「정치학」, 천병희 옮김, 숲, 2009.

Atkinson, Anthony B. (1996). "The Case for a Participation Income", Political Quarterly, 67 (1). pp. 67-70.

Cassasas, David (2007). "Basic Income and the Republican Ideal: Rethinking Material Independence in Contemporary Societies", Basic Income Studies, Vol. 2, Issue 2, pp. 1-7. https://davidcasassas.files.wordpress.com/2017/04/basic-income-and-the-republican-ideal.pdf

Charlier, Joseph (2004[1848]). "Solution du problème social ou constitution humanitaire, basée sur la loi naturelle, et précédée de l'exposé de motifs". In The Origins of Universal Grants. An Anthology of Historical Writings on Basic Capital and Basic Income, translated by J. Cunliffe and G. Erreygers, "Solution of the Social Problem or Humanitarian Constitution, Based upon Natural Law, and Preceded by the Exposition of Reasons", London: Palgrave Macmillan, pp. 103-120.

Chase, Malcolm (2010). "Chartism and the Land: 'The Mighty People's Question'" In Cragoe, Matthew and Paul Readman (Ed.), The Land Question in Britain, 1750-1950, London: Palgrave Macmillan, pp. 57-73.

Chase, Malcolm (1988). 'People's Farm': English Radical Agrarianism 1775-1840, Oxford: Clarendon Press.

Cole, George Douglas Howard (1935). Principles of Economic Planning. London: Macmillan. available at: https://archive.org/details/in.ernet.dli.2015.50252

Fitzpatrick, T. (1999). Freedom and Security. An Introduction to the Basic Income Debate, London: Palgrave Macmillan.

Fourier, Charles (1967[1836]). La Fausse industrie, Paris: Anthropos.

Hart, Herbert Lionel Adolphus (1955). "Are There Any Natural Rights?", The Philosophical Review, 64(2), pp.175~191.

Jackson, Ben (2012). "Property-Owning Democracy: A short History", O'Neill, Martin and Thad Williamson (eds), Property-Owning Democracy. Rawls And Beyond, Malden, MA: Wiley-Blackwell. pp. 33~52.

Keane, J. (1995). Tom Paine: A Political Life, London: Bloomsbury.

Lamb, Robert (2015). Thomas Paine and the Idea of Human Rights, Cambridge: Cambridge University Press.

Locke, John (1988a[1689]). First Treatise. edited by Peter Laslett, Two Treatises of Government, Cambridge: Cambridge University Press.

Locke, John (1988b[1689]). Second Treatise. edited by Peter Laslett, Two Treatises of Government, Cambridge: Cambridge University Press.

Mill, John Stuart (1987[1849]). Principles of Political Economy, 2nd ed. New York: Augustus Kelley, Book II.

Mill, John Stuart (1977[1861]). Consideration on Representative Government, In Robson, J. M. (ed.), The Collected Works of John Stuart Mill, Volumme XIX: Essays on Politics and Society, Part 2, Toronto: University of Toronto Press, pp. 371-577.

Musgrave, Richard A. (1959). The Theory of Public Finance: A Study in Public Economy, New York: McGraw-Hill.

Nissan, David and Julian Le Grand (2000). A capital idea: start-up grants for young people, London: Fabian Society.

Meade, James E. (1993[1964]). Efficiency, Equality and the Ownership of Property. Reprinted in James Meade, Liberty, Equality and Efficiency. Basingstoke: Palgrave.

Paine, Thomas (1969[1792]). Rights of Man. Part the Second, In The Complete Writings of Thomas Paine, New York: Citadel Press, Vol. 1, pp. 345-458.

Paine, Thomas (1969[1795]). Dissertation on the First Principles of Government, In The Complete Writings of Thomas Paine, New York: Citadel Press, Vol. II, pp. 570-588.

Paine, Thomas (1969[1796]). Agrarian Justice, In The Complete Writings of Thomas Paine, New York: Citadel Press, Vol. 1, pp. 605-624.

Parssinen, T. M. (1973). "Thomas Spence and the Origins of English Land Nationalism," Journal of the History of Ideas, Vol. 34, No. 1, pp. 135-141.

Pelagidis, Theodore, Louka T. Katseli and John Milios (2018). Welfare State and Democracy in Crisis. Reforming the European Model, First Published 2001, London: Routledge.

Raventós, Daniel and David Casassas (2002). "Republicanism and Basic Income: The Articulation of the Public Sphere from the Repoliticization of the Private Sphere", Basic Income European Network, 9th International Congress Geneva, September 12th-14th.

Raventós, Daniel (2007). *Basic Income. The Material Conditions of Freedom*, translated from the Spanish by Julie Wa가, London: Pluto Press.

Raventós, Daniel and Julie Wark (2014). "A Republican Call for a Basic Income", In Stuart White and Niki Seth-Smith (eds.), Democratic Wealth: Building a Citizen's Economy, https://community-wealth.org/ sites/clone.community-wealth.org/files/downloads/book-white-smith.pdf (Opendemocracy/Politics in Spires)

Rawls, John (2001). Justice as Fairness: A Restatement, ed. Erin I. Kelly, Belknap Press: An Imprint of Harvard University Press, 2nd edition.

Rousseau, Jean-Jacques (1997[1762]), 'The Social Contract' and Other Later Political Writings, V. Gourevitch (ed.), Cambridge Texts in the History of Political Thought, Cambridge, UK: Cambridge University Press.

Spence, Thomas (2014[1775]). Property in Land Every One's Right, In Bonnett, Alastair and Keith Armstrong (eds.), Thomas Spence: The Poor Man's Revolutionary, London: Breviary stuff, pp. 7-11.

Spence, Thomas (1982[1797]). The Rights of Infants, In Dickinson, H. T. (Ed.), The Political Works of Thomas Spence, Newcastle upon Tyne: Avero Publications LTD.

Spence, Thomas (1982[1801]). The Restorer of Society to Its Natural State, In Dickinson, H. T. (Ed.), The Political Works of Thomas Spence, Newcastle upon Tyne: Avero Publications LTD.

Simmons, A. J. (1994). The Lockean Theory of Rights, Princeton: Princeton University Press.

Spitz, Jean-Fabien (2016). "Rousseau and the redistributive republic", In A. Lifschitz (Ed.), Engaging with Rousseau: Reaction and Interpretation from the Eighteenth Century to the Present, Cambridge: Cambridge University Press, pp. 74-94.

5장 기본소득, 기존 복지와 어떻게 다를까

강남훈 (2011). 「한국에서 기본소득 정책과 기초생활보장 정책의 재분배효과 비교」, 「마르크스주의 연구」 8(3). pp.76~98.

강남훈 (2017). 「한국형 기본소득 모델의 가구별 소득 재분배 효과」, 한국사회경제학회 2017년 겨울학술 대회 발표문.

강남훈 (2019). 「근로소득세 공제 없애고 기본소득을 지급할 때의 재분배 효과: 근로소득 천분위 자료 분석」, 「사회경제평론」 58. pp.1~27.

김교성, 백승호, 서정희, 이승윤 (2018). 「기본소득이 온다. 분배에 대한 새로운 상상」, 사회평론아카데미.

박종규 (2017). 「[금융 포커스] 지니계수로 본 인구 고령화의 소득 분배에 대한 영향」, 「금융브리프」 26(1), pp. 10~11.

백승호 (2010). 「기본소득 모델들의 소득 재분배 효과 비교분석」, 「사회복지연구」 41(3). pp.185~212.

윤자영 (2016). 「돌봄노동과 기본소득 모형」, 「여성학논집」 제33집 2호, pp. 3-29.

이건민 (2018). 「기본소득의 소득 재분배 효과: 테크니컬 노트」. 정치경제연구소 대안, *Alternative Working Paper*, No. 5 [2018년 9월 28일] https://alternative.house/alternative-working-paper-no5/

이병희, 반정호 (2008). 「통계로 본 노동 20년: 소득 분배(1982~2006)」. 「노동리뷰」 39, pp. 69~73.

조민서 (2019), 「실업과 현금지급의 사회정치 – 서울시 청년수당을 중심으로」 서울대학교 사회학과 석사학위논문.

최성은, 신윤정, 김미숙, 임완섭 (2009). 「아동수당 도입방안 연구」, 정책보고서 2009-74, 보건복지가족부 · 한국보건사회연구원.

최태훈, 염명배 (2017). 「기본소득제가 소득불평등 해소에 미치는 효과 분석: 최저소득보장제와 비교를 중심으로」. 「재정정책논집」, 19(4). pp.95~120.

포웰, 마틴 (2011). 「복지혼합: 복지를 이해하기 위한 첫 걸음」 김기태 역. 나눔의집.

Atkinson, Anthony B. (1996). "The Case for a Participation Income", *Political Quarterly* 67(1). pp. 67~70.

Charlier, Joseph (1848). "Solution du problème social ou constitution humanitaire, basée sur la loi naturelle, et précédée de l'exposé de motifs". In *The Origins of Universal Grants. An Anthology of Historical Writings on Basic Capital and Basic Income* (Translated by J. Cunliffe and G. Erreygers, "Solution of the Social Problem or Humanitarian Constitution, Based upon Natural Law, and Preceded by the Exposition of Reasons"), Palgrave Macmillan, 2004, pp. 103~120.

Cole, George Douglas Howard (1935). *Principles of Economic Planning*. London: Macmillan. available at: https://archive.org/details/in.ernet.dli.2015.50252

Cole, George Douglas Howard (1944). *Money: Its Present and Future*, London, Toronto, Melbourne, Sydney: Cassell.

Fitzpatrick, Tony (1999). *Freedom and Security: An Introduction to the Basic Income Debate*, Palgrave Macmillan UK.

Garfinkel, Irwin, Chien-Chung Huang, and Wendy Naidich (2003). "The Effects of Basic Income Guarantee on Poverty and Income Distribution". In: *Redesigning Distribution*, Chapter 8, pp. 117~141.

Harris, Jose (1997). William Beveridge: A Biography, 2nd ed., Oxford: Oxford University Press.

Hein, E. and M. Mundt (2013). "Financialization, the Financial and Economic Crisis, and the Requirements and Potentials for Wage-led Recovery", Lavoie, M. and E. Stockhammer (eds.), Wage-led Growth. An Equitable Strategy for Economic Recovery, ILO, Palgrave Macmillan UK, pp. 153~186

Mabel, E. and Dennis Milner (1918[2004]). "Scheme for a State Bonus". In Cunliffe, John and Guido Erreygers (Eds.), *The Origins of Universal Grants. An Anthology of Historical Writings on Basic Capital and Basic Income*, New York: Palgrave Macmillan, pp. 121~133.

Murray, Charles (2006). *In Our Hands: A Plan to Replace The Welfare State*. Washington, D.C.: Aei Press.

OECD (2016). "Income inequality remains high in the face of weak recovery", *Income Inequality Update* (November).

Paine, Thomas (1969[1796]). "Agrarian Justice", *The Complete Writings of Thomas Paine*, New York: Citadel Press, Vol. 1, pp. 605~624.

Rhys-Williams, Juliet (1943). *Something to Look Forward To: A Suggestion for a New Social Contract*, London: Macdonald. Reprinted: Cunliffe, John and Guido Erreygers (Eds.), *The Origins of Universal Grants: Anthology of Historical Writings on Basic Capital and Basic Income*, New York: Palgrave Macmillan, 2004, pp. 161~169.

Torry, Malcolm (2016). The Feasibility of Citizen's Income, London: Palgrave Macmillan.

Van Parijs, Philippe (1995). Real Freedom for All. What (if anything) can justify capitalism?, Oxford: Oxford University Press.

Van Parijs, Philippe and Yannick Vanderborght (2017). *Basic Income: A Radical Proposal for a Free Society and a Sane Economy*. Cambridge, Massachusetts: Harvard University Press.

Widerquist, Karl (2017). "The Cost of Basic Income: Back-ofthe-Envelope Calculations", bepress. Available at: https://works.bepress.com/widerquist/75/

6장 일자리 보장이 가난을 해결해줄까

강남훈(2017). 「낮은 기본소득은 임금을 낮출 것인가? - 임금보조금, 구직수당과 기본소득」, 「기본소득한국네트워크 2017년 회원의 날 학술발표회 자료집」(12월 9일), 32-52.

금민 (2018). 「일자리 없는 사회와 기본소득」, 「시대」, 55호 (2018년 1월호), 박종철출판사, 50-96.

김교성, 백승호, 서정희, 이승윤 (2018). 「기본소득이 온다. 분배에 대한 새로운 상상」, 사회평론아카데미.

김석원(2016). "Changes in future jobs", 2016 SPRI Spring Conference (3월 8일).

김세움(2016a). 「기술진보에 따른 노동시장 변화와 대응」, 한국노동연구원, 정책연구 2015-05.

김세움(2016b). 「기술진보에 따른 고용대체 고위험군 일자리 비중 분석」, 월간 「노동리뷰」, 2016년 7월호, 49~58.

도모히로, 이노우에(2019). 「모두를 위한 분배: AI 시대의 기본소득」, 김소운 역. 여문책.

랜덜 레이, L. 저(2017). 「균형재정론은 틀렸다: 화폐의 비밀과 현대화폐이론」, 홍기빈 역. 책담. Randall Wray, L. (2012). *Modern Money Theory: A Primer on Macroeconomics for Sovereign Monetary Systems*, Second Edition, London: Palgrave Macmillan.

서정희, 백승호(2017). 「제4차 산업혁명 시대의 사회보장 개혁: 플랫폼 노동에서의 사용종속관계와 기본소득」, 「기본소득한국네트워크 2017년 회원의 날 학술발표회 자료집」(12월 9일), pp. 2~31.

이건민 (2017). 「기본소득의 재분배효과」, 녹색전환연구소, 「전환소식」, 5월 8일, http://igt.or.kr/index.php?mid=column&document_srl=56704.

이대창, 문외솔 (2015). 「재정지원 일자리사업이 고용에 미치는 효과 분석」, 한국고용정보원.

이주희, 정성진, 안민영, 유은경 (2015). 「모호한 고용관계의 한국적 특성 및 전망」, 「동향과 전망」, 95. 252~289.

양재진 (2018). 「기본소득은 미래 사회보장의 대안인가?」, 『한국사회정책』, 제25권 제1호, 45~70.

정원호, 이상준, 강남훈(2016). 「4차 산업혁명 시대 기본소득이 노동시장에 미치는 효과 연구」, 한국직업능력개발원. 기본연구 2016-29.

채구묵 (2011). 「OECD 주요국 실업급여제도의 유형별 비교」, 『한국사회학』, 45(1). pp. 1-36.

최영준, 최정은, 유정민(2018). 「기술혁명과 미래 복지국가 개혁의 논점: 다시 사회투자와 사회보호로」, 『한국사회정책』, 제25권 제1호, pp. 3-43.

최희선 (2017). 『기본소득 보장인가, 일자리 보장인가: 4차 산업혁명과 일자리 정책의 방향』, 산업연구원 Issue Paper 2017-428.

홍민기, 홍백의, 윤자영, 박제성 (2013). 「고용중심적 복지정책에 대한 비판적 고찰」, 한국노동연구원.

Blaschke, Ronald (2006). "Sklaverei der Lohnarbeit als Ziel? Kritik der Kritik von Rainer Roth am Bedingungslosen Grundeinkommen (BGE)". Dresden, http://www.archiv- grundeinkommen.de/ blaschke/Sklaverei-der-Lohnarbeit-fuer-alle.pdf.

Blaschke, Ronald (2010). "Basic Income versus Minimum Income Guarantee", Berlin, Dresden & Seoul, http://www.archiv-grundeinkommen.de/ blaschke/20100128-Basic-Income- versus-Minimum-Income-Guarantee.pdf.

Bregman, Rutger (2017). *Utopia for Realists: And How We Can Get There. Bloosbury.* (뤼트허르 브레흐만, 『리얼리스트를 위한 유토피아 플랜』, 안기순 옮김, 서울; 김영사, 2017).

Chappell, Elliot (2019). "Could universal basic income go into Labour's 2019 manifesto?", LabourList, https://labourlist.org/2019/11/could-universal-basic-income-go-into- labours-2019-manifesto/

Clark, Charles M. A. (2003). "Promoting Economic Equity: The Basic Income Approach". In M. R. Tool and P. D. Bush (Eds.), *Institutional Analysis of Economic Policy*. Norwell, MA: Kluwer Academic Publishers, pp. 133-156.

Cowling, Sally, William F. Mitchell, and Martin J. Watts (2003). "The right to work versus the right to Income". Centre of Full Employment and Equity, Working Paper No. 03-08.

https://www.aspc.unsw.edu.au/sites/www.aspc.unsw.edu.au/files/uploads/aspc_historical_conferences/2003/ paper188.pdf.

Fitzpatrick, Tony (1999). *Freedom and security: An introduction to the basic income debate*. London: Macmillan Press Ltd.

Forstater, Mathew (2000). "Full Employment and Economic Flexibility". *Economic and Labour Relations Review*, vol. 11. Supplement. pp. 69~88.

Forstater, Mathew (2012). "Jobs and Freedom Now! Functional Finance, Full Employment, and the Freedom Budget". *The Review of Black Political Economy*, 39(1). pp. 63-78.

Gorz, André (1999). *Reclaiming Work: Beyond Wage-Based Society*. tranl. by Chris Turner, Polity Press (french Editions Galiée, 1997).

Gorz, André (2000). *Arbeit zwischen Misere und Utopie*. Frankfurt/Main: Suhrkamp.

Groot, Loek F. M. (2004). *Basic Income, Unemployment and Compensatory Justice*. Springer Science &

Business Media.

Harvey, Philip (1989). *Securing the right to employment: Social welfare policy and the unemployed in the United States*. Princeton, NJ: Princeton University Press.

Harvey, Philip (2005). "The Right to Work and Basic Income Guarantees: Competing or Complementary Goals?". *Rutgers Journal of Law & Urban Policy*, 2(1). pp. 8-63.

Harvey, Philip (2006). "Funding a Job Guarantee". *International Journal of Environment, Workplace and Employment*, 2(1). pp. 114-132.

Harvey, Philip (2012). "More for Less: The Job Guarantee Strategy". *Basic Income Studies*, 7(2). pp. 3-18.

Jordan, Bill (1996). *A Theory of Poverty and Social Exclusion*. Cambridge, MA: Polity Press.

Kalecki, Michal (1943). "Political Aspects of Full Employment". *The Political Quarterly*, 14(4). pp. 322-330.

Kolokotronis, Alexander and Sam Nakayama (2017). "Why Socialist Job Guarantees Are Better Than Universal Basic Income". DSA Libertarian Socialist Caucus. 30 September. https://truthout.org/articles/why-socialist-job-guarantees-are-better-than-universal-basic-income/

Krull, Stephan, Mohssen Massarrat, und Margareta Steinrücke (Hrsg.) (2009). *Schritte aus der Krise - Arbeitszeitverkürzung, Mindestlohn, Grundeinkommen: Drei Projekte, die zussammengehören*. Reader der Attac/AG ArbeitFairTeilen. Hamburg: VSA Verlag.

http://www.vsa-verlag.de/uploads/media/VSA_Krull_Massarrat_Steinruecke_Schritte_aus_der_Krise.pdf.

Lewis, Michael (2012). "Cost, Compensation, Freedom, and the Basic Income: Guaranteed Jobs Debate". *Basic Income Studies*, 7(2). pp. 41-51.

Miller, Annie (2017). *A Basic Income Handbook*. Edinburgh: Luath Press.

Minsky, Hyman (1986). *Stabilizing an unstable economy*. New Haven, CT: Yale University Press.

Mitchell, Bill (2016). "Work is important for human well-being". 14 September. http://bilbo.economicoutlook.net/blog/?p=34412.

Mitchell, William F. (1998). "The buffer stock employment model". *Journal of Economic Issues*, 32(2). pp. 547-555.

http://www.billmitchell.org/publications/journals/J30_1998.pdf.

Murray, Michael J. and Mathew Forstater (Eds.) (2013). *The Job Guarantee: Toward True Full Employment*. New York: Palgrave Macmillan.

Nikiforos, Michalis, Marshall Steinbaum, and Gennaro Zezza (2017). "Modeling the Macroeconomic Effects of a Universal Basic Income". Roosebelt Institute. August.

http://rooseveltinstitute.org/wp-content/uploads/2017/08/Modeling-the-Macroeconomic-Effects-of-a-Universal-Basic-Income.pdf.

Noguchi, Eri (2012). "The Cost-Efficiency of a Guaranteed Jobs Program: Really? A Response to Harvey". *Basic Income Studies*, 7(2). pp. 52-65.

Offe, Claus (2009). "Basic Income and the Labor Contract". *Analyse & Kritik*, 31(1). pp. 49-79. (*Basic*

Income Studies, 3(1), 2008).

Paul, Mark, William Darity Jr., and Darrick Hamilton (2017). "Why We Need a Federal Job Guarantee". *Jacobin*, 4 February. https://www.jacobinmag.com/2017/02/federal-job-guarantee-universal-basic-income-investment-jobs-unemployment.

Randall Wray, L. (1998). *Understanding modern money: The key to full employment and price stability*. Cheltenham, UK: Edward Elgar.

Roth, Rainer (2006). "Zur Kritik des bedingungslosen Grundeinkommens (BGE)". Frankfurt a. M., Februar. http://www.alptraum.org/downloads/bge_rr.pdf.

Santens, Scott (2017). "Why we should all have a basic income". Agenda Contributor. The WEF Annual Meeting 2017. 15 January, https://www.globalshapers.org/agenda/2017/01 /why-we-should-all-have-a-basic-income.

Srnicek, Nick and Alex Williams (2016). *Inventing the Future: Postcapitalism and a World Without Work*, 2nd ed., London: Verso Books,

Standing, Guy (2002). *Beyond the new paternalism: Basic security as equality*. London: Verso.

Standing, Guy (2005). "Why Basic Income is Needed For a Right to Work". Rutgers Journal of Law & Urban Policy, 2(1). pp. 91-102: Basic Income Studies, 7(2), 2012, pp.19~40.

Standing, Guy (2009). "The Precariat: Basic income in a Politics of Paradise". published as "Il precariato: il reddito di base in una politica del paradise", Basic Income Network Italia, Reddito per tutti: un'utopia concreta per l'era globale (Roma: Manifestolibri, 2009), pp. 72-85; English Version in: https://www. guystanding.com/files/documents/ The_Precariat_Basic_Income _in_a_Politics_of_Paradise.pdf.

Standing, Guy (2011). The Precariat: *The New Dangerous Class*. London & New York: Bloomsbury Academic. 한국어판: 가이 스탠딩,「프레카리아트: 새로운 위험한 계급」, 김태호 역, 박종철출판사, 2014.

Standing, Guy (2017). *Basic Income: And How We Can Make It Happen*. Penguin Books. 한국어판: 가이 스탠딩,「기본소득」, 안효상 역, 창비. 2018

Standing, Guy (2019). *Basic Income as Common Dividends: Piloting a Transformative Policy*. A Report for the Shadow Chancellor of the Exchequer. https://www.progressive economyforum.com/wp-content/ uploads/2019/05/PEF_Piloting_Basic_Income_Guy_Standing.pdf

Stern, Andy, and Lee Kravitz (2016). *Raising the Floor: How a Universal Basic Income Can Renew Our Economy and Rebuild the American Dream*. New York: Public Affairs. 한국어판: 앤디 스턴, 리 크래비츠, 「노동의 미래와 기본소득 : 21세기 빈곤 없는 사회를 위하여」, 박종영 옮김, 갈마바람, 2019.

Tcherneva, Pavlina R. (2003). "Job or Income Guarantee?". C-FEPS Working Paper No. 29. [August 2003], https://pdfs.semanticscholar.org/3172/bb4c545b54c243953e0b5fab78 d65c24b8d3.pdf

Tcherneva, Pavlina R. (2005). "The Art of Job Creation: Promises and Problems of the Argentinean Experience". *Special Report* 05/03. Center for Full Employment and Price Stability. Kansas City, MO. 19 September.

Tcherneva, Pavlina R. (2006). "Universal assurances in the public interest: Evaluating the economic viability of basic income and job guarantees". *International Journal of Environment, Workplace, and Employment*, 2(1). pp .69-88.

Tcherneva, Pavlina R. (2012a). "The Job Guarantee: Delivering the Benefits That Basic Income Only Promises – A Response to Guy Standing". Basic Income Studies, 7(2). pp. 66-87.

Tcherneva, Pavlina R. (2012b). "The role of fiscal policy: Lessons from stabilization efforts in the U.S. during the great recession". *International Journal of Political Economy*, 41(2). pp. 5-26.

Tcherneva, Pavlina R. (2018). "The Job Guarantee: Design, Jobs, and Implementation", Working Paper No. 902, Levy Economics Institute of Bard College. http://www. levyinstitute.org/pubs/wp_902.pdf

Tcherneva, P. R., and L. Randall Wray (2005a). "Common goals – different solutions: Can basic income and job guarantees deliver their own promises?". *Rutgers Journal of Law and Urban Policy*, 2(1). pp. 125-166.

Tcherneva, P. R., and L. Randall Wray (2005b). "Employer of Last Resort Program: A case study of Argentina's *Jefes de Hogar* program". CFEPS Working Paper No. 41. Kansas City. MO: Center for Full Employment and Price Stability. April. http://www.cfeps.org /pubs/wp-pdf/WP41-Tcherneva-Wray-all. pdf.

The Hill (2019a). "Sanders criticizes Yang's universal basic income proposal: *People want to work*", https:// thehill.com/hilltv/rising/458951-sanders-yangs-universal-basic-income -proposal-not-a-solution-to-impact-of-automation

The Hill (2019b). "Yang fires back at Sanders over universal basic income", https://thehill.com/homenews/ campaign/458972-yang-fires-back-at-sanders-over-universal-basic-income

Van Parijs, Philippe and Yannick Vanderborght (2017). *Basic Income: A Radical Proposal for a Free Society and a Sane Economy*. Cambridge, Massachusetts: Harvard University Press. 한국어판: 판 파레이스, 필리프, 야니크 판데르보흐트 『21세기 기본소득: 자유로운 사회, 합리적인 경제를 향한 거대한 전환』, 홍기빈 역. 흐름출판, 2018.

World Economic Forum (2016). *The Future of Jobs: Employment, Skills and Workforce Strategy for the Fourth Industrial Revolution*. Global Challenge Insight Report.

Wright, Erik Olin (2000). "Working-Class Power, Capitalist-Class Interests, and Class Compromise". *American Journal of Society*, 105(4). pp. 957-1002.

http://www.d.umn.edu/cla/faculty/jhamlin/4111/Readings/WrightWorkingClass.pdf.

Wright, Erik Olin (2006). "Basic Income as a Socialist Project". *Basic Income Studies*, 1(1). https://www.ssc. wisc.edu/~wright/Published%20writing/paper%20for%20basic%20income%20studies.pdf.

Yi, Gunmin (2017). "The Effects of Basic Income on Labour Supply". Paper for the 17th BIEN Congress. 25-27 September. Lisbon: *Implementing a Basic Income*, https:// basicincome.org/wp-content/ uploads/2015/01/Gunmin_Yi_The_Effects_of_Basic_Income_on_Labour_Supply.pdf (『사회보장연구』, 34권 1호, pp. 193~218).

고용노동부 (2017). 『2016 고용형태별근로실태조사 보고서』. available at: http://laborstat.molab.go.kr/newOut/renewal/statreport/onlinepublist.jsp?cd=8&koen=ko&select=4&P_ID=3&rptId=4.

국가통계포털 (2019), 「성/취업시간별 취업자」, 출처: 통계청, 『경제활동인구조사』, http://kosis.kr/statHtml/statHtml.do?orgId=101&tblId=DT_1DA7029S&vw_cd=MT_ZTITLE&list_id=B17&seqNo=&lang_mode=ko&language=kor&obj_var_id=&itm_id=&conn_path=MT_ZTITLE (2019.11.13),

권정임 (2013). 「기본소득과 젠더 정의」, 『마르크스주의 연구』, 10 (4). pp. 105-141.

김소영 (2016). 『미취학자녀를 둔 부부의 무급노동시간 변화와 관련요인: 1999년-2014년 생활시간조사 자료 분석』, 서울대학교 아동가족학 박사학위논문.

e-나라지표 (2018). 「남녀취업자의 주당 평균 노동시간」, 출처: 통계청, 『경제활동인구조사』, https://index.go.kr/potal/visual/VisualDtlPageDetail.do?idx_cd=3032

e-나라지표 (2019a). 「남성 대비 여성 임금 현황」, 출처: 고용노동부, 『고용형태별근로실태조사』, http://www.index.go.kr/potal/main/EachDtlPageDetail.do?idx_cd=2714

e-나라지표 (2019b). 「임금근로자의 성별 및 연령집단별 월간 근로시간」, 출처: 고용노동부, 『고용형태별근로실태조사』, http://www.index.go.kr/unify/idx-info.do?idxCd=4217

박이은실 (2014). 「페미니스트 기본소득 논의의 지평확장을 위하여: 고용, 노동 중심 논의에서 성적 주체성 실현 문제를 포함한 논의로」, 『페미니즘연구』, 14 (1). pp. 3-34.

서정희 (2017), 「기본소득과 사회 서비스의 관계설정에 관한 연구 - 사회 서비스 구축론에 대한 반론을 중심으로」, 『비판사회정책』, 57, pp. 7-45.

윤자영 (2012). 「사회재생산과 신자유주의적 세계화: 여성주의 정치경제학 이론적 검토」, 『마르크스주의 연구』, 9 (3). pp.184-211.

윤자영 (2014). 「사회재생산 패러다임과 젠더 정의」, 『여/성이론』, 31. pp. 11-27.

윤자영 (2016). 「돌봄노동과 기본소득 모형」, 『여성학논집』, 제33집 2호, pp. 3-29.

윤자영 (2018). 「돌봄불이익과 기본소득」, 『한국사회정책』, 제25권 제2호, pp. 31-55.

통계청 (2014). 「2014년 생활시간조사 결과」, 재인용: e-나라지표, 「맞벌이가구의 가사노동시간」, http://www.index.go.kr/potal/main/EachDtlPageDetail.do?idx_cd=3027

통계청 (2018). 『2018 일·가정 양립 지표』, http://kostat.go.kr/portal/korea/kor_nw/1/1/index.board?bmode=read&aSeq=372028

프레시안 (2016). "아내가 돈 많이 벌어도 남편 가사노동을 안 늘어". 5월 8일. http://www.pressian.com/news/article.html?no=136323.

Bezanson, Kate (2006). *Gender, the state, and social reproduction: Household insecurity in neo-liberal times*, Toronto: University of Toronto Press.

Carver, Terrell and Samuel A. Chambers (Eds.) (2011). *Carole Pateman: Democracy, Feminism, Welfare*, Routledge Innovators in Political Theory Series (Book 2). London: Routledge.

Christensen, Erik (2008). *The Heretical Political Discourse: A Discourse Analysis of the Danish Debate on Basic Income*, Aalborg Universitetsforlag.

Christensen, Erik (2002). "Feminist Arguments in Favour of Welfare and Basic Income in Denmark". Paper presented at the 9th Basic Income European Network Congress.

Deutscher Gewerkschaftsbund (2016). "Neu hier? Nur Mut: Wo Betriebsrat, Personalrat und Co. weiterhelfen können", http://www.was-verdient-die-frau.de/++co++dd462afa-d3dd-11e5-8ac6-52540023ef1a

Edholm, Felicity, Olivia Harris, and Kate Young (1978). "Conceptualising Women". Critique of Anthropology, 3(9-10), pp. 101-130.

Elgarte, Julieta (2008). "Basic Income and the Gendered Division of Labour". Basic Income Studies, 3(3), Article 4. 7pp.

Engels, Friedrich (2016[1892]). *Der Ursprung der Familie, des Privateigentums und des Staats*. Dearbooks, 한 글판: 『가족, 사유재산, 국가의 기원』, 김대웅 역, 두레, 2012.

Folbre, Nancy (1994). *Who Pays for the Kids?: Gender and the Structures of Constraint*. London and New York: Routledge.

Fraser, Nancy (2016). "Contradictions of Capital and Care". *New Left Review*, 100. pp. 99-117.

Fraser, Nancy (2013). "After the Family Wage: A Postindustrial Thought Experiment", in *Fortunes of Feminism. From State-Managed Capitalism to Neoliberal Crisis*. London: Verso. pp. 111-135.

Fraser, Nancy (2003). "Social Justice in the Age of Identity Politics: Redistribution, Recognition, and Participation". in Nancy Fraser and Axel Honneth (Eds.), *Redistribution or Recognition? A Political-Philosophical Exchange*, London: Verso. pp. 7-109.

Gheaus, Anca (2008). "Basic Income, Gender Justice and the Costs of Gender-Symmetrical Lifestyles". Basic Income Studies, 3(3).

Haipeter, Thomas (2013). 「독일의 양질의 시간제 일자리」, 한국노동연구원, 『국제노동브리프』, 2013년 9 월호, pp. 17-29.

Haug, Frigga (2011). "Die Vier-in-einem-Perspektive als Leitfaden für Politik", *Das Argument* 291, pp. 241-250.

Hohn, Hans-Willy (1984). *Die Zerstörung der Zeit: Wie aus einem göttlichen Gut eine Handelsware wurde*. Frankfurt a.M.: Fischer-Taschenbuch-Verlag.

Jordan, Bill (1998). *The New Politics of Welfare: Social Justice in a Global Context* (Vol. 2). London, Thousand Oaks, New Delhi: Sage Piblications.

Késenne, S. L. J. (1990). "Basic Income and Female Labour Supply: An Empirical Analysis". *Cahiers Economiques de Bruxelles*, 125. pp.81~92.

LeBaron, Genevieve (2010. "The Political Economy of the Household: Neoliberal Restructuring, Enclosures, and Daily Life". *Review of International Political Economy*, 17(5). pp. 889~912.

Leonard, Sarah and Nancy Fraser (2016). "Capitalism's Crisis of Care". *Dissent Magazine*. https://www.

dissentmagazine.org/article/nancy-fraser-interview-capitalism-crisis-of-care.

OECD (2016). "Gender data", http://www.oecd.org, oecd gender, Balancing paid work, unpaid work and leisure (2016. 12)

OECD (2016). OECD Employment Outlook 2016. Paris: OECD Publishing. http://dx.doi.org/10.1787/empl_outlook-2016-en

OECD (2019). "Gender wage gap (indicator)". doi: 10.1787/7cee77aa-en (Accessed on 29 November 2019)

Pateman, Carole (1988). "The patriarchal welfare state". *The welfare state reader*, pp. 134-151.

Picchio, Antonella (1992). *Social Reproduction: The Political Economy of the Labour Market*, Cambridge: Cambridge University Press.

Roberts, Adrienne (2013). "Financing social reproduction: the gendered relations of debt and mortgage finance in twenty-first-century America". *New Political Economy*, 18(1). pp.21-42.

Robeyns, Ingrid (2008). "Introduction: Revisiting the Feminism and Basic Income Debate". *Basic Income Studies*, 3(3), pp. 1-6.

Robeyns, Ingrid (2000). "Hush Money or Emancipation Fee? A Gender Analysis of Basic Income". in Robert van der Veen and Loek Groot (Eds.), *Basic Income on the Agenda: Policy Objectives and Political Chances*. Amsterdam: Amsterdam University Press. pp. 121-136.

Rosa, Hartmut (2005). *Beschleunigung: Die Veränderung der Zeitstrukturen in der Moderne*, Frankfurt a.M.: Suhrkamp.

Spiegel (2015). "Frauen arbeiten 23 Prozent weniger als Männer". 1 April. http://www.spiegel.de/karriere/berufsleben/gender-time-gap-frauen-arbeiten-kuerzer-als- maenner-a-1026548.html.

Standing, Guy (1992). "The Need for a New Social Consensus". in Philippe Van Parijs (Ed.), Arguing for Basic Income: Ethical Foundations for a Radical Reform. London: Verso.

Standing, Guy (1999). *Global Labour Flexibility: Seeking Distributive Justice*. London: MacMillan.

Standing, Guy (2009). "The Precariat: Basic income in a Politics of Paradise", published as "Il precariato: il reddito di base in una politica del paradise", in Basic Income Network Italia, *Reddito per tutti: un'utopia concreta per l'era globale* (Roma: Manifestolibri, 2009), pp. 72-85. English Version in: https://www.guystanding.com/files/documents/The_Precariat_-_Basic_Income_in_a_Politics_of_Paradise.pdf

Standing, Guy (2010). *Work after Globalisation: Building Occupational Citizenship*, Cheltenham: Edward Elgar.

Standing, Guy (2013). "Tertiary Time: The Precariat's Dilemma", in *Public Culture*, Vol. 25(1), pp. 5-23.

UNESCO Institute for Statistics (2012). *International Standard Classification of Education: ISCED 2011*, UNESCO Institute for Statistics.

Walter, Tony (1989). *Basic Income: Freedom from Poverty, Freedom to Work*, London: Marion Boyars.

Wielers, Rudi (2013년). 「네덜란드의 시간제 고용 경제」, 한국노동연구원, 「국제노동브리프」, 2013년 9월 호, pp. 4-16.

Wollstonecraft, Mary (1967[1792]). *A Vindication of the Rights of Woman with Strictures on Moral and*

Political Subjects. New York: Norton. 한글(발췌번역): 울스턴크래프트, 메리 (2011). 『여성의 권리 옹호』, 문수현 역, 책세상문고.

Zelleke, Almaz (2008). "Institutionalizing the Universal Caretaker Through a Basic Income?". *Basic Income Studies*, 3 (3), pp. 1-9.

8장 녹색 기본소득은 가능한가

강남훈 (2017). 「한국형 기본소득 모델의 가구별 소득 재분배 효과」, 한국사회경제학회 2017년 겨울학술대회 발표문.

국회예산정책처 (2016). 『대한민국 재정 2016』, 국회예산정책처.

금민 (2017). 「기본소득과 생태적 전환」, 월간 『시대』, 52호, pp. 20-41

이건민 (2018). 「기본소득의 소득 재분배효과: 테크니컬 노트」, 정치경제연구소 대안, *Alternative Working Paper No. 5*, https://alternative.house/alternative-working-paper-no5/

임소영 (2013). "주택용 전기요금의 현황과 개편 방향", 『재정포럼』, 3월호 pp. 8-26.

용혜인 (2019). 「기본소득당 핵심정책」, 2019년 한국 기본소득 포럼 발표문, https://basicincomekorea.org/wp-content/uploads/2019/11/Sess-7_PT3_%EC%9A%A9%ED%98%9C%EC%9D%B8_UBI-Forum-2019.pdf

정윤경, 박광수 (2013). 『가구특성별 에너지 소비지출 분석 연구』, 에너지경제연구원.

정원호, 이상준, 강남훈(2016). 『4차 산업혁명 시대 기본소득이 노동시장에 미치는 효과 연구』, 한국직업능력개발원, 기본연구 2016-29.

조혜경 (2019), 「스위스 탄소세 생태배당 모델, 성공적 환경정책의 모범사례로 부상하다」, 정치경제연구소 대안, *Alternative Issue Paper No.14*, https://alternative.house/alternative-issue-paper-no14/

쿡, 리처드 (2010). 「통화개혁과 '국민배당'」, 『녹색평론』, 통권 제111호, 녹색평론사.

히로노, 세키 (2010). 「사회신용론과 기본소득」, 『녹색평론』, 통권 제111호, 녹색평론사.

Andersson, Jan Otto (2016). "BIEN Stories: Jan Otto Andersson", BIEN Homepage, http://basicincome.org/news/2016/12/bien-stories-jan-otto-andersson.

Barnes, Peter (2008). *Kapitalismus 3.0: Ein Leitfaden zur Wiederaneignung der Gemeinschaftsgüter*. Hamburg: VSA-Verlag.

Blaschke, Ronald (2010). "Denk'mal Grundeinkommen! Geschichte, Fragen und Antworten einer Idee", In Ronald Blaschke, Adeline Otto, Norbert Schepers (Hrsg.), *Grundeinkommen. Geschichte – Modelle – Debatten*, Rosa-Luxemburg-Stiftung, Texte Bd. 67, Berlin: Dietz Verlag, pp. 9-292.

Busch, Ulrich (2013). *Wachstumsverzicht oder moderates Wachstum? Zum Disput zwischen Ökonomen und Nichtökonomen*, Rosa-Luxemburg-Stiftung, Reihe Analysen, Berlin: Dietz Verlag, http://rosalux.de/fileadmin/rls_uploads/pdfs/ Analysen/Analyse_Wachstumsverzicht.pdf

Burtless, Gary (1986). 'The Work Response to a Guaranteed Income: A Survey of Experimental Evidence', In A. H. Munnell (Ed.), *Lessons from the Income Maintenance Experiments*, Boston: Federal Reserve Bank of Boston, pp. 1-21.

Calnitsky, David (2016). '"More Normal than Welfare": The Mincome Experiment, Stigma, and Community Experience". *Canadian Review of Sociology/Revue canadienne de sociologie* 53(1). pp. 26~71.

Ekardt, Felix (2010). *Soziale Gerechtigkeit in der Klimapolitik*, Hans-Böckler-Stiftung, Staat und Zivilgesellschaft, No. 249.

Eriksson, Ralf and Jan Otto Andersson (2010). *Elements of Ecological Economics*, London: Routledge.

Forget, Evelyn L. (2011). "The Town with No Poverty: The Health Effects of a Canadian Guaranteed Annual Income Field Experiment", *Canadian Public Policy* 37(3). pp. 283-305.

Gorz, André (1985). *Paths to Paradise: On the Liberation from Work*, London: Palgrave Macmillan.

Gorz, André (1989). *Critique of Economic Reason*, London and New York: Verso.

Gorz, André (1999). *Reclaiming Work: Beyond the Wage-Based Society*, translated by Chris Turner. Cambridge: Polity Press.

Hermann, Christoph (2000). *Die 35-Stunden-Woche in Frankreich – Hintergrund, Einführung*, Effekte, FORBA-Schriftenreihe 4/2000, Wien: Bundesministerium für Wirtschaft und Arbeit.

Meadows, Donella H., Dennis L. Meadows and Jorgen Randers (1972). *The Limits to Growth: A Report for the Club of Rome's Project on the Predicament of Mankind*, New York: Universe Books.

Munnell, Alicia H. (1986). "Lessons from the Income Maintenance Experiments: An Overview". Conference Series; [Proceedings], 30, Boston: Federal Reserve Bank of Boston: 1-21, http://bostonfed. org/-/media/Documents/conference/30/conf30.pdf

Opielka, Michael (2004). *Sozialpolitik, Grundlagen und vergleichende Perspektiven*. Reinbek bei Hamburg: Rowohlt.

Opielka, Michael and Georg Vobruba (Eds.). (1986). *Das garantierte Grundeinkommen: Entwicklung und Perspektiven einer Forderung* (Vol. 34), Frankfurt a. M.: Fischer Taschenbuch.

Opielka, Michael and Georg Vobruba (1986). "Warum das Grundeinkommen diskutieren?". In Michael Opielka und Georg Vobruba (Eds.), *Das garantierte Grundeinkommen: Entwicklung und Perspektiven einer Forderung* (Vol. 34), Frankfurt a. M.: Fischer Taschenbuch. pp. 5-15.

Robins, Philip K. (1985). "A Comparison of the Labor Supply Findings from the Four Negative Income Tax Experiments", *Journal of Human Resources* 20 (4), pp. 567-582.

Rosa, Hartmut (2005). *Beschleunigung: Die Veränderung der Zeitstrukturen in der Moderne*, Frankfurt a. M.: Suhrkamp.

Schachtschneider, Ulrich (2014). *Freiheit, Gleichheit, Gelassenheit: Mit dem Ökologischen Grundeinkommen aus der Wachstumsfalle*, München: Oekom.

Schmid, Thomas (Ed.). (1984). *Befreiung von falscher Arbeit: Thesen zum garantierten Mindesteinkommen*, Berlin: Verlag Klaus Wagenbuch.

Van Parijs, Philippe (1985). "Marx, l'écologisme et la transition directe du capitalisme au communisme", In Chavance, Bernard (Ed.). *Marx en Perspective*, Paris: Editions de l'Ecole des Hautes Etudes en Sciences Sociales, pp. 135-55.

Vobruba, Georg (1986). "Die Entflechtung von Arbeiten und Essen. Lohnarbeitszentrierte Sozialpolitik und garantiertes Grundeinkommen", In Opielka, Michael und Georg Vobruba (Eds.). *Das garantierte Grundeinkommen. Entwicklung und Perspektiven einer Forderung*, Frankfurt a. M.: Fischer Taschenbuch. pp. 37-52.

Vobruba, Georg (1989). *Arbeiten und Essen. Politik an den Grenzen des Arbeitsmarktes*, Wien: Passagen Verlag.

Vobruba, Georg (1990). "Lohnarbeitszentrierte Sozialpolitik in der Krise der Lohnarbeit", In Vobruba, Georg (Ed.). *Strukturewandel der Sozialpolitik. Lohnarbeitszentrierte Sozialpolitik und soziale Grundsicherung*, Frankfurt a. M.: Suhrkamp.

Vobruba, Georg (2000). *Alternativen zur Vollbeschäftigung. Die Transformation von Arbeit und Einkommen*, Frankfurt a. M.: Suhrkamp.

Wright, Erik Olin (2006). "Basic Income as a Socialist Project". *Basic Income Studies* 1(1). 10 pp.

마치며

박지형 (2017). 「신보호주의와 세계무역체제」, 「국제·지역연구」, 26권 2호(여름), pp. 15-38

Autor, D., Lawrence F. Katz, and Melissa S. Kearney (2006). "The Polarization of the U.S. Labor Market", American Economic Review, Vol. 96, No. 2, pp. 189-194.

Autor, D. and D. Dorn (2013), "The Growth of Low-Skill Service Jobs and the Polarization of the US Labor Market," American Economic Review 103(5), pp. 1553~1597.

Autor, D., D. Dorn, and G. Hanson (2013a). "The Geography of Trade and Technology Shocks in the United States", American Economic Review, 103(3), pp. 220-225.

Autor, D., D. Dorn, and G. Hanson (2013b). "The China Syndrome: Local Labor Market Effects of Import Competition in the United States", American Economic Review, 103 (6), pp. 2121-2168.

Autor, D., D. Dorn, G. Hanson, and K. Majlesi (2016a). "Importing Political Polarization? The Electoral Consequences of Rising Trade Exposure." Working Paper 22637, Cambridge, MA.: National Bureau of Economic Research,

Autor, D., D. Dorn, G. Hanson, and K. Majlesi (2016b). "A Note on the Effect of Rising Trade Exposure on the 2016 Presidential Election". Appendix to Autor, Dorn, Hanson, and Majlesi "Importing Political Polarization? The Electoral Consequences of Rising Trade Exposure", Working Paper 22637, Cambridge, MA.: National Bureau of Economic Research,

Downs, Anthony (1957). "An Economic Theory of Political Action in a Democracy", Journal of Political Economy, Vol. 65, No. 2, pp. 135-150.

Goos, Maarten, Manning Alan, and Anna Salomons (2014). "Explaining job polarization: routine biased technological change and offshoring", *American Economic Review* 104(8). pp. 2509~2526.

Kirchheimer, Otto (1996[1966]). "The Transformation of the Western European Party System", In La Palombara, J. & M. Weiner (Eds.), Political Parties and Political Development, Princeton, New Jersey: Princeton University Press, Chap. 6, pp. 177-210.

Mayer, W. (1984). "Endogenous Tariff Formation." *American Economic Review*, 74 (5), pp. 970-987.

모두의 몫을 모두에게
지금 바로 기본소득

ⓒ 금민, 2020 Printed in Seoul, Korea

초판 1쇄 찍은날 2020년 3월 31일
초판 1쇄 펴낸날 2020년 4월 8일

지은이	금민
펴낸이	한성봉
편집	조유나·하명성·최창문·김학제·이동현·신소윤·조연주
콘텐츠제작	안상준
디자인	전혜진·김현중
마케팅	박신용·오주형·강은혜·박민지
경영지원	국지연·지성실
펴낸곳	도서출판 동아시아
등록	1998년 3월 5일 제1998-000243호
주소	서울시 중구 소파로 131 [남산동 3가 34-5]
페이스북	www.facebook.com/dongasiabooks
전자우편	dongasiabook@naver.com
블로그	blog.naver.com/dongasiabook
인스타그램	www.instargram.com/dongasiabook
전화	02) 757-9724, 5
팩스	02) 757-9726

ISBN   978-89-6262-330-7   93300

이 도서의 국립중앙도서관 출판예정도서목록(CIP)은
서지정보유통지원시스템 홈페이지(http://seoji.nl.go.kr)와
국가자료종합목록 구축시스템(http://kolis-net.nl.go.kr)에서
이용하실 수 있습니다. (CIP제어번호 : CIP2020012773)

만든 사람들

편집	최창문
디자인	전혜진
본문조판	김경주